Contabilidade Pública na Gestão Municipal

O GEN | Grupo Editorial Nacional – maior plataforma editorial brasileira no segmento científico, técnico e profissional – publica conteúdos nas áreas de ciências sociais aplicadas, exatas, humanas, jurídicas e da saúde, além de prover serviços direcionados à educação continuada e à preparação para concursos.

As editoras que integram o GEN, das mais respeitadas no mercado editorial, construíram catálogos inigualáveis, com obras decisivas para a formação acadêmica e o aperfeiçoamento de várias gerações de profissionais e estudantes, tendo se tornado sinônimo de qualidade e seriedade.

A missão do GEN e dos núcleos de conteúdo que o compõem é prover a melhor informação científica e distribuí-la de maneira flexível e conveniente, a preços justos, gerando benefícios e servindo a autores, docentes, livreiros, funcionários, colaboradores e acionistas.

Nosso comportamento ético incondicional e nossa responsabilidade social e ambiental são reforçados pela natureza educacional de nossa atividade e dão sustentabilidade ao crescimento contínuo e à rentabilidade do grupo.

NILTON DE AQUINO ANDRADE

Contabilidade Pública na Gestão Municipal

Métodos com base nas Normas Brasileiras de
Contabilidade Aplicadas ao Setor Público (NBCASP)
e nos padrões internacionais de contabilidade

6ª edição

O autor e a editora empenharam-se para citar adequadamente e dar o devido crédito a todos os detentores dos direitos autorais de qualquer material utilizado neste livro, dispondo-se a possíveis acertos caso, inadvertidamente, a identificação de algum deles tenha sido omitida.

Não é responsabilidade da editora nem do autor a ocorrência de eventuais perdas ou danos a pessoas ou bens que tenham origem no uso desta publicação.

Apesar dos melhores esforços do autor, do editor e dos revisores, é inevitável que surjam erros no texto. Assim, são bem-vindas as comunicações de usuários sobre correções ou sugestões referentes ao conteúdo ou ao nível pedagógico que auxiliem o aprimoramento de edições futuras. Os comentários dos leitores podem ser encaminhados à **Editora Atlas Ltda.** pelo e-mail faleconosco@grupogen.com.br.

Direitos exclusivos para a língua portuguesa
Copyright © 2017 by
Editora Atlas Ltda.
Uma editora integrante do GEN | Grupo Editorial Nacional

Reservados todos os direitos. É proibida a duplicação ou reprodução deste volume, no todo ou em parte, sob quaisquer formas ou por quaisquer meios (eletrônico, mecânico, gravação, fotocópia, distribuição na internet ou outros), sem permissão expressa da editora.

Rua Conselheiro Nébias, 1384
Campos Elísios, São Paulo, SP – CEP 01203-904
Tels.: 21-3543-0770/11-5080-0770
faleconosco@grupogen.com.br
www.grupogen.com.br

Designer de capa: Caio Cardoso

Imagem da capa: Bakal | Stockphoto

Projeto Gráfico e Editoração Eletrônica: Ronaldo Alexandre

Dados Internacionais de Catalogação na Publicação (CIP)
(Câmara Brasileira do Livro, SP, Brasil)

Andrade, Nilton de Aquino

Contabilidade pública na gestão municipal / Nilton de Aquino Andrade. – 6. ed. – [2. Reimpr.] – São Paulo : Atlas, 2018.
"Métodos com base nas Normas Brasileiras de Contabilidade Aplicadas ao Setor Público (NBCASP) e nos padrões internacionais de contabilidade."

Bibliografia.
ISBN 978-85-97-00918-7

1. Contabilidade pública – Brasil 2. Municípios – Governo e administração – Brasil I. Título

Índices para catálogo sistemático:
1. Brasil : Contabilidade pública : Gestão municipal : Administração pública 352.430981.
2. Brasil : Municípios : Administração : Contabilidade pública : Administração pública 352.430981

02-3251

CDD-352.430981

A minha esposa Leide Moreira e a
meus filhos Diego e Naiara,
pela compreensão e apoio irrestrito.

Material Suplementar

Este livro conta com o seguinte material suplementar:

- Exercícios propostos com resoluções (acesso livre)

O acesso ao material suplementar é gratuito. Basta que o leitor se cadastre em nosso *site* (www.grupogen.com.br), faça seu *login* e clique em Ambiente de Aprendizagem, no menu superior do lado direito.

É rápido e fácil. Caso tenha dificuldade de acesso, entre em contato conosco (sac@grupogen.com.br).

Sumário

Apresentação, xv

Prefácio à 6ª Edição, xix

Prefácio à 5ª Edição, xxi

Prefácio à 4ª Edição, xxiii

Prefácio à 3ª Edição, xxv

Prefácio à 2ª Edição, xxvii

Prefácio à 1ª Edição, xxix

Agradecimentos, xxxi

Introdução, 1

1 Contabilidade das Instituições Públicas, 5
  1.1 Conceito de contabilidade pública, 5
  1.2 Funções da contabilidade, 7
      1.2.1 Classificação, 7
      1.2.2 Registro, 7
      1.2.3 Informação, 8
      1.2.4 Controle, 8
      1.2.5 Análise, 8
  1.3 Estrutura do sistema contábil, 9
  1.4 Regimes contábeis, 9
      1.4.1 Regime de caixa, 9

1.4.2 Regime de competência, 10

1.4.3 Regime misto, 10

1.5 Fatos permutativos, 11

1.6 Fatos modificativos, 11

1.7 Livros contábeis, 11

1.8 Método de partidas dobradas, 12

1.9 Controle interno, 13

1.10 Fiscalização e controle externo, 15

1.11 Tribunais de contas, 15

1.11.1 Competências constitucionais dos tribunais de contas, 16

1.11.2 Competências legais dos tribunais de contas, 16

1.12 Poder Legislativo, 17

1.13 Normas do Conselho Federal de Contabilidade, 18

2 Entidades Públicas, 19

2.1 Conceito de entidade pública, 19

2.2 Classificação dos serviços públicos, 20

2.2.1 Quanto à competência para sua execução, 20

2.2.2 Quanto a sua essencialidade, 20

2.2.3 Quanto aos usuários, 21

2.2.4 Quanto às formas e meios de prestação dos serviços públicos, 21

2.3 Administração direta, 21

2.3.1 Fundos especiais, 22

2.4 Administração indireta, 22

2.4.1 Autarquia, 22

2.4.2 Empresa pública, 24

2.4.3 Sociedade de economia mista, 24

2.4.4 Fundação pública, 25

2.4.5 Empresa estatal dependente, 26

2.4.6 Consórcios públicos, 26

3 Instrumentos Básicos de Planejamento, 28

3.1 Plano plurianual, 29

3.1.1 Diretrizes de governo, 30

3.1.2 Programas de governo, 30

3.1.3 Objetivos, 30

3.1.4 Ações de governo, 31

3.1.5 Metas físicas, 31

3.2 Lei de Diretrizes Orçamentárias, 35

3.2.1 Prioridades da gestão pública, 36

3.2.2 Metas fiscais da administração, 37

3.3 Lei Orçamentária Anual, 46

3.4 Orçamento público, 47
    3.4.1 Orçamento-programa, 48
3.5 Reserva de contingência, 53
3.6 Contabilização das contribuições ao regime próprio de previdência, 55

4 Receitas sob o Enfoque Orçamentário, 61
4.1 Conceito de receita, 61
4.2 Classificação das receitas orçamentárias, 62
    4.2.1 Fontes de recursos, 63
    4.2.2 Receitas correntes, 66
    4.2.3 Receitas de capital, 68
    4.2.4 Receita de alienação de bens, 69
4.3 Ingressos extraorçamentários, 70
4.4 Estágios da receita, 71
    4.4.1 Previsão, 71
    4.4.2 Lançamento, 71
    4.4.3 Arrecadação, 71
    4.4.4 Recolhimento, 71
4.5 Deduções da receita, 72
    4.5.1 Renúncia de receita, 72
    4.5.2 Deduções da receita orçamentária, 73
4.6 Estimativa do impacto orçamentário-financeiro, 75
4.7 Receita corrente líquida, 76
4.8 Receita líquida real, 77

5 Despesas sob o Enfoque Orçamentário, 78
5.1 Conceito de despesa, 78
5.2 Classificação das despesas orçamentárias, 78
    5.2.1 Classificação institucional, 79
    5.2.2 Classificação funcional, 83
    5.2.3 Classificação estrutural programática, 87
    5.2.4 A despesa segundo sua natureza, 91
    5.2.5 Classificação das células ou dotações orçamentárias, 104
    5.2.6 Demonstrativo da classificação completa da célula orçamentária de despesa, 105
    5.2.7 Condições para a realização das despesas, 106
5.3 Dispêndios extraorçamentários, 108
5.4 Estágios da despesa, 109
    5.4.1 Fixação, 109
    5.4.2 Programação, 109
    5.4.3 Licitação, 110
    5.4.4 Empenho, 111
    5.4.5 Liquidação, 112

5.4.6 Suprimento, 115
5.4.7 Pagamento da despesa, 115
5.5 Tipos de empenho, 118
5.5.1 Empenho ordinário, 118
5.5.2 Empenho global, 118
5.5.3 Empenho por estimativa, 118
5.5.4 Liquidações parciais, 119
5.5.5 Anulação de empenho, 119
5.5.6 Anulação de liquidação, 119
5.5.7 Memorial de regularização de despesa, 119
5.6 Despesa obrigatória de caráter continuado, 120

6 Controle da Informação Orçamentária, 121
6.1 Conceito da informação orçamentária, 121
6.2 Limitação de empenho, 122
6.3 Relatório resumido da execução orçamentária, 123
6.4 Relatório de gestão fiscal, 126
6.5 Créditos do orçamento, 127
6.5.1 Créditos orçamentários, 127
6.5.2 Créditos adicionais, 127
6.6 Transposição, remanejamento e transferência de dotações, 131
6.6.1 Transposições de créditos orçamentários, 134
6.6.2 Remanejamentos de créditos orçamentários, 134
6.6.3 Transferências de créditos orçamentários, 134
6.7 Restos a pagar, 135
6.7.1 Pagamento de restos a pagar, 142
6.8 Serviços da dívida pública a pagar, 142
6.9 Despesas de exercícios anteriores, 143

7 Contas de Controles Devedores e Credores, 144
7.1 Conceito de contas de controles, 144
7.2 Os atos potenciais e sua execução, 144
7.3 Controle da administração financeira (7.2) e execução da administração financeira (8.2), 146
7.4 Dívida ativa (7.3) e execução da dívida ativa (8.2.3), 147
7.5 Riscos fiscais (7.4) e execução dos riscos fiscais (8.4), 147
7.6 Controle de custos (7.8) e apuração dos custos (8.8), 147
7.7 Programação financeira, 149
7.7.1 Cotas, 149
7.7.2 Distribuição das cotas, 151
7.7.3 Comparativo da receita arrecadada e a meta bimestral de arrecadação, 152
7.7.4 Cronograma de execução mensal de desembolso e programação financeira, 153

7.8　Dívida ativa, 157
    7.8.1　Dívida ativa tributária, 160
    7.8.2　Dívida ativa não tributária, 160
7.9　Riscos fiscais, 161
7.10　Fontes e vínculos, 161
7.11　Contabilização dos repasses financeiros dentro da mesma esfera de governo, 163

8　Execução de Informação Patrimonial, 164

8.1　Conceito de execução de informação patrimonial, 164
8.2　Subsistema patrimonial, 165
8.3　Inventário geral, 166
8.4　Bens públicos, 169
    8.4.1　Bens de consumo, 170
    8.4.2　Bens do ativo não circulante, 172
    8.4.3　Bens intangíveis, 174
8.5　Bens incorporados e desincorporados, 175
    8.5.1　Carga patrimonial, 176
8.6　Balanço patrimonial, 176
8.7　Demonstração das variações patrimoniais, 176
    8.7.1　Variações patrimoniais qualitativas, 177
    8.7.2　Variações patrimoniais quantitativas, 177
8.8　Demonstração do resultado econômico, 180
8.9　Avaliação do imobilizado, 181
8.10　Balanço financeiro, 185
    8.10.1　Caixa e bancos, 186
    8.10.2　Boletim diário de caixa, 187
    8.10.3　Conta única, 187
8.11　Lançamentos patrimoniais, 188
8.12　Dívida ativa *versus* dívida passiva, 188
8.13　Encerramento diário da contabilidade, 189

9　Dívidas, 190

9.1　Conceito de dívida, 190
9.2　Dívida passiva, 190
    9.2.1　Dívida flutuante, 190
    9.2.2　Dívida fundada ou consolidada, 193
    9.2.3　Precatórios, 195
    9.2.4　Resultado primário, 200
    9.2.5　Resultado nominal, 202
    9.2.6　Limite de dívidas públicas, 205

10　Limites, Exigências Legais e Recursos Vinculados, 207

10.1　Limites constitucionais e legais, 207

10.1.1 Gastos com pessoal, 207

10.2 Despesas previdenciárias, 211

10.3 Pensionistas, 212

10.4 Serviços de terceiros, 212

10.5 Financiamento da saúde, 213

    10.5.1 Despesas afetas e não afetas à saúde, 214

    10.5.2 Atribuições dos entes federados para com a gestão da saúde, 216

    10.5.3 A saúde perante o orçamento e a contabilidade, 217

    10.5.4 Consórcios de saúde, 218

    10.5.5 Transparência e visibilidade da gestão da saúde, 219

    10.5.6 Base de cálculo de aplicação na saúde, 219

    10.5.7 Limite mínimo de aplicação na saúde, 220

10.6 Fundo especial, 221

    10.6.1 Fundo municipal de saúde, 221

    10.6.2 Fundo de assistência social, 226

10.7 Financiamento da educação e aplicação no ensino, 227

    10.7.1 Financiamento e aplicação no ensino, 227

    10.7.2 Fundo de Manutenção e Desenvolvimento da Educação Básica e de Valorização dos Profissionais da Educação (FUNDEB), 233

10.8 Receita de alienação de bens, 243

10.9 Contabilização das câmaras municipais, 243

    10.9.1 Contabilização das transferências ao Poder Legislativo, 243

    10.9.2 Limitação de gastos das câmaras municipais, 244

    10.9.3 Gastos com pessoal do Legislativo, 246

10.10 Audiência pública, 246

10.11 Transparência pública, 248

10.12 Acesso à informação pública, 250

11 Plano de Contas e Lançamentos Contábeis, 252

11.1 Estrutura do plano de contas, 252

11.2 Legendas e convenções, 256

11.3 Modelo de plano de contas, 260

11.4 Lançamentos contábeis, 299

    11.4.1 Previsão inicial da receita, 302

    11.4.2 Previsão adicional da receita, 302

    11.4.3 Anulação da previsão da receita, 303

    11.4.4 Receita de impostos, 304

11.5 Lançamentos da despesa, 311

    11.5.1 Fixação da despesa, 311

    11.5.2 Abertura de crédito adicional suplementar, 311

    11.5.3 Abertura de crédito adicional especial, 313

    11.5.4 Abertura de crédito adicional extraordinário, 313

11.5.5 Distribuição de cotas do crédito, 314

11.5.6 Bloqueio de crédito orçamentário, 314

11.5.7 Desbloqueio de crédito orçamentário, 314

11.5.8 Despesa com serviços contratados, 315

11.5.9 Aquisição de bens móveis, 317

11.5.10 Depreciação, 319

11.5.11 Despesa com construção de bens imóveis de domínio patrimonial, 319

11.5.12 Despesa com aquisição e consumo de material, 321

11.5.13 Despesa com adiantamento a servidor sem devolução de recursos, 323

11.5.14 Despesa com adiantamento a servidor com devolução de recursos, 326

11.5.15 Despesa com folha de salários dos servidores, 330

11.5.16 Despesa com encargos patronais da folha de salários dos servidores, 332

11.5.17 Despesa com serviços contratados não realizados com a respectiva anulação, 333

11.5.18 Restos a pagar, 335

11.5.19 Contratação de empresa para prestação de serviços, 336

11.5.20 Contratação de empresa para prestação de serviços de consultoria durante o exercício X1, mediante processo licitatório, 338

11.5.21 Ajuste de perdas de créditos de impostos e contribuições, 340

11.5.22 Lançamento no ente beneficiário pelo recebimento de transferência orçamentária, 343

11.6 Lançamentos de fatos contábeis independentes da execução orçamentária, 344

11.6.1 Instituições financeiras, 344

11.6.2 Depósitos, 344

11.6.3 Bens móveis, 346

11.6.4 Bens imóveis, 347

11.6.5 Almoxarifado, 348

11.6.6 Dívida ativa tributária, 350

11.6.7 Registro de precatórios judiciais na dívida consolidada, 351

11.7 Encerramento das contas do sistema orçamentário em 31 de dezembro, 353

11.7.1 Encerramento da despesa orçamentária, 353

11.7.2 Encerramento do controle de emissão de empenhos, 354

11.7.3 Lançamentos de Inscrições de Restos a Pagar Não Processados no Exercício – em 31 de dezembro, 354

11.7.4 Lançamentos de Inscrições de Restos a Pagar Processados do Exercício – em 31 de dezembro, 355

11.7.5 Encerramento da receita, 355

11.7.6 Encerramento dos créditos adicionais, 356

11.7.7 Lançamentos de prorrogação de restos a pagar efetuados pelo ente público, 356

11.7.8 Lançamentos referentes à prorrogação de Restos a Pagar Não Processados, 357

xiv Contabilidade Pública na Gestão Municipal • Andrade

11.7.9 Lançamentos de encerramento das variações patrimoniais aumentativas – contas de resultado, 357

11.7.10 Lançamentos de encerramento das variações patrimoniais diminutivas – contas de resultado, 358

11.7.11 Transferência do resultado do exercício, 358

11.7.12 Encerramento das contas de controle, 358

11.8 Modelos de lançamentos contábeis – Razonetes "T", 359

11.9 Balancete de verificação de débito e crédito, 379

12 Demonstrativos Contábeis e Consolidações, 387

12.1 Demonstrativos contábeis, 387

12.2 Conceito de balanço, 388

12.2.1 Balanço orçamentário, 388

12.2.2 Balanço financeiro, 395

12.2.3 Balanço patrimonial, 397

12.2.4 Demonstração das variações patrimoniais, 407

12.2.5 Demonstração de controle devedores e credores, 410

12.2.6 Demonstração dos fluxos de caixa, 411

12.2.7 Demonstração das mutações do patrimônio líquido/social, 415

12.2.8 Demonstração do resultado econômico (DRE), 417

12.2.9 Demonstração da dívida fundada, 418

12.2.10 Demonstração da dívida flutuante, 420

12.2.11 Notas explicativas, 420

12.3 Prestação de contas, 422

12.4 Consolidação de balanços, 423

12.5 Diário, 424

12.6 Razão, 424

12.7 *Home page* contas públicas, 424

12.8 Prazos e datas para prestação de contas, 426

12.9 Modelos de demonstrativos, 431

13 Análise das Demonstrações Contábeis, 435

13.1 Objetivos da análise de balanços, 437

13.2 Metodologia da análise de balanços, 438

13.2.1 Análise horizontal ou de evolução, 438

13.2.2 Análise vertical ou de estrutura, 440

13.2.3 Análise de índices ou quocientes, 442

Considerações Finais, 449

Referências, 453

Índice Remissivo, 459

Apresentação

Sensibilizado e envaidecido, recebi do Dr. Nilton de Aquino Andrade, Bacharel em Ciências Contábeis, honrosa missão de apresentar sua obra *Contabilidade pública na gestão municipal*.

Audacioso trabalho que o Autor, experiente conhecedor dos meandros da Contabilidade Pública, dos Orçamentos Públicos, da execução orçamentária e dos controles internos e externos da Administração Pública Municipal, empreendeu, com segurança e técnica, características suas reveladoras de conhecimento contábil extraordinário, aliado à prática, também de feição extraordinária.

Guy Braibant, Presidente Honorário de Seção do Conselho de Estado Francês, tempos passados, travou um diálogo com o Prof. Charles Eisemann, da Universidade de Paris, e, no fim da sua conversa, assim disse ao Prof. Charles Eisemann:

> *"Au fond, nous autres, les praticiens, nous voyons les arbres mais nous ne voyons pas la forêt et vous les professeurs, vous voyez la forêt mais vous ne voyez pas les arbres"* (cf. Colloque sur le deuxième centenaire du Conseil d'État, *La Revue Administrative*, Paris: PUF, v. 1, 2001, p. 5).

Este diálogo das árvores e da floresta vem a propósito do livro do Autor. É que conhece, o Autor, na forma e no conteúdo, a Contabilidade Pública na Gestão Municipal. Vê a floresta em sua mágica imensidão... E, ainda, não só o conhecimento sobreleva o Autor na matéria, mas também na vivência diuturna. Vê as árvores que compõem a floresta com todos os seus mistérios... De consequência, afirma-se que ele detém, a um só tempo, as luzes do conhecimento científico e a força da experiência, no tratamento da Contabilidade Pública na Gestão Municipal. É a satisfação do diálogo fecundo da floresta e das árvores, que se encontra em sua obra, de maneira incontroversa.

O Autor di-lo no Prefácio: é uma obra voltada para a "prática diária das atividades exercidas pelos municípios e órgãos da administração direta e indireta...". Não veio fazer doutrina em Finanças, Orçamentos e Contabilidade Pública. Apresenta-se como profissional, operador consagrado do cotidiano das Administrações Públicas Municipais. Distante das elucubrações e das tertúlias científicas, na sua especialidade – opção que fez aqui –, a obra do Autor identifica, nos seus 13 Capítulos, como se realizam os atos e fatos dos gestores públicos municipais, no âmbito da Contabilidade, dos Orçamentos e dos Controles da despesa e da receita pública municipal.

O trabalho é apresentado de forma clara, elegante e crítica. A documentação normativa, doutrinária e bibliográfica é preciosa, porque vasta, segura e diversificada. As referências aos textos fundamentais (Constituição Federal) e aos pronunciamentos das Cortes de Contas, recentes ou clássicos, são feitas com cuidado e com escrúpulo.

É verdade que não se pode, no quadro de uma simples apresentação, evocar todas nem a maioria das questões tratadas neste livro. Mas podem-se reter algumas reflexões que emergem de sua leitura e de seu manuseio, *prima facie*.

Há que se destacar, dentro das grandes mensagens da obra, o reconhecimento de se profissionalizar a Contabilidade Pública local. A despeito da Lei nº 4.320/64, com quase 40 anos de vigência, a despeito do que se produziu, na matéria, pelo Decreto-lei nº 200/67, do que se previu e se determinou na Carta Cidadã de 1988 e na Lei de Responsabilidade Fiscal (LC nº 101, de 2000), tem-se na tradução do livro que a transparência dos atos e fatos públicos, um dos eixos da LRF, se instala altaneira como condição *sine qua non* para o equilíbrio fiscal, e para o equilíbrio entre as receitas e despesas – **irmãs gêmeas**, despertadas agora na lógica da LRF.

A merecer destaque especial está a referência às dificuldades da aplicação das normas e gestão das contas públicas, construídas no passado e advindas estas últimas na herança financeira desastrosa da indisciplina fiscal vivida em mandatos eletivos anteriores. Somente quem conhece a fundo a realidade financeira de Municípios é que poderia referir-se com segurança à questão da indisciplina fiscal, como domina o Autor.

O planejamento, outro eixo da LRF, é homenageado pelo Autor, vislumbrando no seu processo (de planejamento) – aspecto prático e dinâmico do plano –, a ação governamental. Se não houver planejamento, inexistirá disciplina fiscal.

O crescimento da legislação (leis, decretos, portarias e instruções ministeriais e interministeriais) está a revelar que os profissionais da Contabilidade Pública têm que estar atentos ao acompanhamento das mutações normativas, sob pena de se emperrar, se não dificultar, as ações dos gestores municipais contra quem, hoje, existe acervo punitivo extraordinário, no plano administrativo, criminal, cível e político. Daí, o préstimo do livro em sua atualidade.

Há que se reconhecer na gênese do livro a busca contínua na representação política de mecanismo para se alcançar exitosa instrumentalização jurídica. A participação da sociedade e do governo municipal para se ter confortável e satisfatória gestão da coisa pública. A soma de direitos e de deveres a demonstrar a cidadania. A constatação de que o Brasil apresenta níveis consideráveis de arrecadação de receitas. O espírito de crescimento qualitativo da Administração Pública e de mudanças de mentalidade e do perfil de administrar, exigindo, por via de consequência, grandes transformações administrativas e até de culturas. O grande diferencial na exaltação da Contabilidade Pública, em relação à contabilidade privada, é destacado. São, pois, alguns temas excitantes desenvolvidos pelo Autor.

Ainda, não se pode olvidar eixo nuclear da nova gestão administrativa, a saber, o controle. Seja ele interno, seja ele externo. A ideia e a noção do controle estão intimamente conectadas com o planejamento, do qual o controle é palavra-chave, ao lado da previsão, organização, comando e coordenação, para se valer da doutrina de Henri Fayol. Ter-se-á, na dicção do Autor, o controle pela legalidade e pela efetividade, explicitando-se o comando dos princípios da legalidade e da eficiência, previstos no art. 37 da Constituição Federal.

Ver-se-ão e apreender-se-ão, para quem nunca viu suficientemente e tampouco suficientemente compreendeu, conceitos de institutos contábeis, com que se defronta, diuturnamente, cuja conformação, porém, é fugidia aos leigos. Eis outra vantagem do livro: propicia o entendimento, seguro e atualíssimo, dos intricados da Contabilidade Pública e dos Orçamentos.

Estas observações, no entanto, estariam apenas prolongando o pensamento do Autor. O interesse da obra, atual, é extremamente profundo pela vinculação e pela harmonia que o Autor desenvolveu no diálogo fértil das árvores e da floresta. Estou convencido de que o interesse do livro, como sinto e mais do que sinto, será partilhado por grande número de leitores, contadores públicos, controladores e advogados públicos, desejosos de melhor compreender o que significa a Contabilidade Pública na Gestão Municipal. Foi e é o propósito do Autor. Ele o conseguiu, integralmente.

Belo Horizonte, abril de 2002.

Prof. Dr. José Nilo de Castro

Advogado Militante, Especialista e Mestre em Direito Público
pela UFMG, Doutor em Direito Administrativo pela Sorbonne
(Paris), Advogado e Professor Pós-Universitário em Direito
Administrativo, Municipal e Urbanístico, Sócio Titular das
Organizações JN&C, Autor de vários livros e dezenas de artigos sobre
sua área de atuação, no Brasil e no exterior. Faleceu em 6-4-2012.

Prefácio à 6ª Edição

Esta é a sexta edição do livro *Contabilidade pública na gestão municipal*. Está atualizada nos termos da Lei de Responsabilidade Fiscal, das Portarias da Secretaria do Tesouro Nacional (STN) e das Normas Brasileiras de Contabilidade Aplicadas ao Setor Público (NBCASP), expressando em linguagem simples e de fácil entendimento a aplicação das mudanças de conceitos e rotinas contábeis do setor público. Este conhecimento trabalha o estudo da convergência das Normas Internacionais de Contabilidade juntamente com os estudos apresentados no Manual de Contabilidade aplicada ao setor público publicado pela STN.

Foram editadas as Normas Brasileiras de Contabilidade (NBC T 16) pelo Conselho Federal de Contabilidade, devidamente discutidas em audiências públicas por meio da Internet, cujos conteúdos estão implícitos no conteúdo deste Livro.

O leitor poderá observar que os lançamentos contábeis praticados neste livro foram utilizados para a geração dos razonetes e dos demonstrativos contábeis, proporcionando ao estudante desta disciplina maior segurança na interpretação dos dados e no conhecimento contábil.

Com a aplicação dessas Normas de Contabilidade, os profissionais da área pública serão mais reconhecidos e valorizados, pois estarão sintonizados com os movimentos da economia nacional e mundial e assim tendem a um permanente crescimento, pois tanto o profissional da área empresarial quanto o da área pública passará a expressar uma mesma linguagem patrimonial.

Assim, também, haverá maior transparência das contas públicas, pois ela será mais efetiva, em vista dessa unificação do idioma contábil e de maior participação da sociedade nas políticas públicas.

O estudioso dessa disciplina poderá interagir com o autor através do *site* <www.niltonandrade.com.br>, onde são disponibilizados testes de conhecimento e artigos de sua autoria ou coautoria e consultas à legislação vigente, incluindo *links* para Leis, Resoluções e Portarias da Secretaria do Tesouro Nacional (STN) e as Normas Brasileiras de Contabilidade Pública, todas afins ao conteúdo do livro.

Especialmente, a partir desta 6ª edição, o leitor terá acesso a 150 questões de contabilidade pública, devidamente respondidas e comentadas de forma a facilitar o entendimento e a aplicação do conhecimento em sala de aula.

Espera-se que esta nova edição atenda às expectativas do leitor. Bom estudo!

O Autor

Prefácio à 5ª Edição

Esta é a quinta edição do livro *Contabilidade pública na gestão municipal*. Está atualizada nos termos da Lei de Responsabilidade Fiscal, das Portarias da Secretaria do Tesouro Nacional (STN) e das Normas Brasileiras de Contabilidade Aplicadas ao Setor Público (NBCASP), expressando em linguagem simples e de fácil entendimento a aplicação das mudanças de conceitos e rotinas contábeis do setor público. Este conhecimento trabalha o estudo da convergência das Normas Internacionais de Contabilidade juntamente com os estudos apresentados no Manual de Contabilidade aplicada ao setor público publicado pela STN.

Também foram editadas as Normas Brasileiras de Contabilidade (NBC T 16) pelo Conselho Federal de Contabilidade, devidamente discutidas em audiências públicas por meio da Internet.

Com a aplicação dessas Normas de Contabilidade, os profissionais da área pública serão mais reconhecidos e valorizados, pois estarão sintonizados com os movimentos da economia nacional e mundial e assim tendem a um permanente crescimento, pois tanto o profissional da área empresarial quanto o da área pública passará a expressar uma mesma linguagem.

Assim, também, haverá maior transparência das contas públicas, pois ela será mais efetiva, em vista dessa unificação do idioma contábil e de maior participação da sociedade nas políticas públicas.

O estudioso dessa disciplina poderá interagir com o autor através do *site* <www.niltonandrade.com.br>, onde são disponibilizados artigos de sua autoria ou coautoria e consultas à legislação vigente, incluindo *links* para Leis, Resoluções e Portarias da Secretaria do Tesouro Nacional (STN) e as Normas Brasileiras de Contabilidade Pública, todas afins ao conteúdo do livro. Espera-se que esta nova edição atenda às expectativas do leitor. Bom estudo!

O Autor

Prefácio à 4ª Edição

Esta é a quarta edição do livro *Contabilidade pública na gestão municipal*. Está totalmente atualizada com a inclusão da Lei Federal nº 4.320/64, Lei de Responsabilidade Fiscal, Portarias da Secretaria do Tesouro Nacional, entre outras, e das Normas Brasileiras de Contabilidade Aplicadas ao Setor Público (NBCASP), promovendo grande mudança nos conceitos praticados até então, mesmo porque estes convergem para as Normas Internacionais de Contabilidade. Essas normas foram editadas pelo Conselho Federal de Contabilidade, que uniu grupos de assessores especialistas, formados por contadores de notória especialização. Devido à experiência prática e também acadêmica, realizou seminários em diversas capitais pelo país e as colocou em audiências públicas para homologação, resultando nas NBCT 16.

Com essas normas de Contabilidade, os profissionais da área serão valorizados pelas grandes transformações em andamento, o que os sintonizará com os movimentos da economia nacional que apresentam permanente crescimento, assim como nos avanços da economia globalizada.

Trata-se de momento histórico para a Contabilidade pública, por mudanças que trarão aos contadores em geral um conhecimento único, uma vez que eliminarão o distanciamento entre o profissional da Contabilidade empresarial e o profissional da área pública.

Ambos falarão a mesma linguagem e os tratamentos aos fatos contábeis serão idênticos, contribuindo ainda mais para a verdadeira transparência das contas públicas e para a eficácia dos atos dos gestores com atendimento aos resultados planejados ou esperados.

Há ainda grande demanda para o atendimento às políticas públicas e essas estão expressas na Contabilidade por meio dos instrumentos de planejamento, tais como o Plano Plurianual, a Lei de Diretrizes Orçamentárias e o Orçamento Anual.

A nosso ver, faltam ainda políticas do controle social propriamente dito, em que o cidadão possa cobrar a aplicação dos recursos conforme o planejamento e também por meio da participação popular tão propalada e exigida legalmente, mas relegada em segundo plano por falta de motivação das comunidades locais.

Esta é mais uma prova de que a Contabilidade pública tem suas características neopatrimonialistas, corrente essa defendida pelo eterno Professor Dr. Antônio Lopes de Sá, ícone da Contabilidade brasileira e mundial.

O estudioso dessa disciplina poderá interagir com o autor através do *site* <www.niltonandrade.com.br>, onde são disponibilizados artigos de sua autoria ou coautoria e consultas à legislação vigente, incluindo Leis, Resoluções e Portarias da Secretaria do Tesouro Nacional (STN), Normas Brasileiras de Contabilidade Pública, todas afins ao conteúdo do livro.

Espera-se que esta nova edição atenda às expectativas do leitor. Bom estudo!

O Autor

Prefácio à 3ª Edição

Esta é a terceira edição do livro *Contabilidade pública na gestão municipal.*

Está totalmente atualizado com inclusão de temas importantes, tais como novos índices de análise de balanços, recursos vinculados para a educação (FUNDEB) e para a saúde, devidamente revisado conforme a legislação referenciada que poderá ser acessada por meio de um *site* específico.

As revisões fazem parte de temas que são do cotidiano das administrações públicas e principalmente colocam o estudioso desta disciplina a par da teoria e aliado à prática segura.

Tem-se observado que para atingir o equilíbrio das contas públicas e a responsabilidade fiscal, ainda é tímida a utilização de ferramentas gerenciais, tais como o fluxo de caixa previsto, o controle de cotas financeiras e mesmo o acompanhamento das metas bimestrais de arrecadação e do cronograma mensal de desembolso financeiro. Deve o contador municipal, assim como todos os profissionais das áreas administrativa e financeira das instituições públicas municipais, contribuírem para a disseminação do conhecimento e da prática destas ferramentas de gestão.

O estudioso dessa disciplina poderá interagir com o autor através do *site* <www.niltonandrade.com.br>, onde são disponibilizados artigos de sua autoria ou coautoria, *links* para *sites* de todos os Tribunais de Contas existentes no Brasil e consultas à legislação vigente, incluindo Leis, Resoluções e Portarias da Secretaria do Tesouro Nacional (STN), Instruções Normativas de órgãos fiscalizadores, todas afins ao conteúdo do livro.

Destaca-se a importância dessa interação por meio do *site*, em vista das constantes mudanças ocorridas na legislação brasileira, além do estímulo recebido por parte de muitos brasileiros, o que motiva a cada vez mais estudar e contribuir para a Ciência Contábil.

A ciência da Contabilidade para as instituições públicas tem evoluído enormemente nos últimos tempos. Assim, muitos trabalhos de relevante valor científico estão surgindo de estudiosos da área, principalmente por meio de novos livros, artigos científicos, dissertações e teses oferecidos no país.

Aliados ao planejamento, relatórios de avaliação de resultados são agregados à Contabilidade, o que permite o acompanhamento da sociedade por meio de audiências públicas, exigidas pela Lei de Responsabilidade Fiscal. Daí a comprovação de que os fatos endógenos e exógenos precisam ser trabalhados juntamente com os registros contábeis, de forma a apresentar balanços sociais e ambientais que provem para a sociedade a assistência do gestor para com ela e a aplicação do dinheiro público de forma transparente e responsável. Esta é mais uma prova de que a Contabilidade pública tem suas características neopatrimonialistas, corrente esta defendida pelo Professor Dr. Antônio Lopes de Sá, ícone da Contabilidade brasileira e mundial.

Espera-se que esta nova edição atenda às expectativas do leitor. Bom estudo!

O Autor

Prefácio à 2ª Edição

A ciência da Contabilidade para as instituições públicas tem evoluído enormemente nos últimos tempos e trabalhos de relevante valor científico estão surgindo de estudiosos da área, principalmente por meio de novos livros, artigos científicos, dissertações e teses oferecidos no país.

Esta obra é apresentada com atualização e inclusão de algumas definições que fazem parte do cotidiano das administrações públicas, entre elas audiência pública, limitação de empenho, impacto orçamentário-financeiro, contabilização orçamentária do regime próprio de previdência municipal, além de remodelagem dos quadros propostos para o plano plurianual e para a lei de diretrizes orçamentárias e atualização da legislação referenciada, que poderá ser acessada por meio de um *site* específico.

Tem-se observado que ainda falta para a gestão fiscal responsável a utilização de ferramentas gerenciais, tais como o fluxo de caixa previsto, o controle de cotas financeiras e mesmo o acompanhamento das metas bimestrais de arrecadação e do cronograma mensal de desembolso financeiro. Deve o contador municipal, assim como todos os profissionais das áreas administrativas e financeiras das instituições públicas municipais, contribuírem para a disseminação do conhecimento e da prática destas ferramentas de gestão.

O estudioso dessa disciplina poderá interagir com o autor através do *site* <www.niltonandrade.com.br>, onde são disponibilizados artigos de sua autoria ou coautoria, *links* para *sites* de todos os Tribunais de Contas existentes no Brasil e consultas à legislação vigente, incluindo Leis, Resoluções e Portarias da Secretaria do Tesouro Nacional (STN), Instruções Normativas de órgãos fiscalizadores, todas afins ao conteúdo do livro.

Destaca-se a importância dessa interação por meio do *site*, em vista das constantes mudanças ocorridas na legislação brasileira, além do estímulo recebido por parte de muitos brasileiros, o que motiva o autor a cada vez mais estudar e contribuir para a Ciência Contábil.

Esta é a segunda edição do livro *Contabilidade pública na gestão municipal*, que em dois anos teve duas tiragens.

Espera-se que esta nova edição atenda às expectativas do leitor. Bom estudo!

O Autor

Prefácio à 1ª Edição

Este livro surgiu da necessidade de um estudo voltado para a prática diária das atividades exercidas pelos municípios e órgãos da administração direta e indireta, permitindo que os usuários do ramo da contabilidade e finanças públicas municipais possam usufruir de um material consistente capaz de abranger e esclarecer dúvidas rotineiras e complexas.

Além disso, é eminente a vontade de se enaltecer e profissionalizar a contabilidade das instituições públicas. Para tanto, basta observar as exigências cada vez mais voltadas à transparência dos atos e fatos dos gestores públicos, além de determinações efetivas contidas em ditames legais, já existentes há algum tempo, que agora começam a tomar seu lugar ao sol, sendo cobrados mediante sanções administrativas, políticas e judiciais.

As dificuldades de gestão dos recursos públicos vinham-se arrastando de um governo a outro. Um ordenador de despesa assumia determinado cargo político e, mesmo sabendo das condições financeiras precárias da entidade, postergava ações concretas e efetivas, transferindo para outros mandatos o peso do desequilíbrio das contas públicas. Tal "caravana" de irresponsabilidades começa, nos tempos atuais, a sofrer desestímulos, mediante sanções sobre os ombros dos ordenadores de despesas que não assumem suas responsabilidades políticas e administrativas inerentes aos cargos que ocupam.

Não faz muito tempo, havia uma figura quase consensual de que a situação financeira ruim herdada de outras administrações não era de responsabilidade do ordenador de despesa atual e, portanto, este não se sentia obrigado a sanar excessos cometidos por outrem. Contudo, estamos verificando que a cada dia novas leis, decretos, resoluções, portarias e outras normas regulamentadoras etc. vêm surgindo para ceifar definitivamente a transferência das responsabilidades da má administração dos bens e recursos públicos.

Num passado recente, o processo decisório dos governos apresentava-se extremamente obscuro e inatingível. Permanecem em nossa memória articulações políticas sem a participação da sociedade, culminando em ações arbitrárias e em realidades mascaradas. No cenário atual, em que os partidos políticos se multiplicaram, as opiniões podem ser debatidas, a imprensa é mais atuante e oferece condições favoráveis à transparência e melhoria do serviço público. Vislumbramos a ruptura do estado latente em que se encontravam os controles das entidades públicas.

Um bom exemplo desse novo cenário é a Lei Complementar nº 101, sancionada em 4 de maio de 2000 e intitulada Lei de Responsabilidade Fiscal, que emana grandes aspirações no tocante ao planejamento, controle e verificação dos gastos públicos. Além desse dispositivo, a Lei nº 10.028/00 altera dispositivos de leis anteriores e define sanções sobre os crimes de responsabilidade.

O governo, seja ele federal, estadual ou municipal, tem o dever de disponibilizar aos cidadãos os serviços essenciais definidos na Constituição Federal e em outras normas legais. Porém, os governos se omitiam, alegando falta de recursos para atingimento de suas metas físicas. Não é nosso objetivo criticar algum governo ou instituição pública, mas alertar. O Brasil apresenta níveis consideráveis de arrecadação de receitas; leis específicas, como por exemplo a Lei nº 9.424/96, do Fundo de Manutenção e Desenvolvimento do Ensino Fundamental e de Valorização do Magistério (FUNDEF), contribuem para melhor distribuição do "bolo" de recursos governamentais. Portanto, não há como admitir o errôneo pensamento de inexistência de recursos para investimentos. Acreditamos que um planejamento estratégico, o desenvolvimento de um sistema de controle interno, a capacitação dos servidores públicos, atrelados à vontade política, conseguiriam resultados grandiosos, inclusive com utilização em menor escala de recursos estatais. Poder-se-ia, por exemplo, mesclar uma participação de governos com entidades privadas com divisão de atribuições para atingimento de objetivos comuns. Devemos citar aqui os projetos realizados pelo Terceiro Setor que surpreendem, ao substituírem o Estado em algumas ações principalmente de cunho social.

Envolvido por esse espírito de crescimento e mudança, concluímos que o atual cenário político-partidário do país necessita de grandes transformações, e em muitos casos transformações culturais para o cumprimento de normas e ditames legais.

Devemos contribuir para a melhoria do desempenho das entidades públicas, exercendo ou não alguma atividade ligada a essas. Somos acima de tudo cidadãos e a cidadania é constituída de direitos e deveres.

O Autor

Agradecimentos

Ao amigo Marcos Túlio da Costa, pela participação e colaboração na conferência da sexta edição.

Ao eterno SIM Instituto de Gestão Fiscal, sua equipe e seus clientes, o meu eterno respeito, afeto e gratidão.

À Mérito Público Assessoria e Consultoria Contábil, pela oportunidade de expressar o conhecimento em seus boletins técnicos mensais e no atendimento aos seus clientes.

À Fundação Instituto de Pesquisas Contábeis, Atuariais e Financeiras (FIPE-CAFI), pela oportunidade de participar do processo de convergência contábil dos padrões propostos pelo MCASP e IPSAS junto ao Estado de São Paulo.

Introdução

A contabilidade das instituições públicas deve ser entendida como um ramo da contabilidade geral, em que aparece legalmente a figura do orçamento público, que estima receitas e fixa despesas, planejando suas ações por meio do Plano Diretor, Plano Plurianual, Lei de Diretrizes Orçamentárias e Lei do Orçamento. A gestão do patrimônio público não visa ao "lucro financeiro", mas ao denominado "lucro social". Deve-se, pois, incentivar a elaboração de mecanismos capazes de realizar controles internos, capazes de dar confiabilidade indiscutível aos demonstrativos legais, a fim de satisfazer às necessidades de informações corretas e tempestivas perante a administração pública.

Um grande diferencial do ramo da contabilidade privada para o ramo da contabilidade pública é que, enquanto na área privada pode-se fazer tudo que a lei não proíbe, na pública permite-se realizar somente aquilo que a lei determina.

A União, os Estados e os Municípios podem utilizar em seus balanços os conceitos de índices dos quocientes, voltados para melhor análise dos resultados apresentados por sua execução orçamentária, financeira e patrimonial. Tal avanço há muito já estava presente nas demonstrações e análises da contabilidade privada. Os Municípios ainda o fazem de forma mais tímida, porém a Lei de Responsabilidade Fiscal exigiu maior rigor dos Municípios, neste sentido.

A máxima elucidada leva a contabilidade pública a distinguir ingressos e dispêndios em orçamentárias e extraorçamentárias, classificando-se estas como efeitos apenas transitórios de entradas e saídas de recursos.

A Lei nº 4.320/64, que instituiu as normas para o balanço e orçamento público, deve ser seguida pelos órgãos públicos da administração direta e indireta da União, Estados e Municípios, inclusive pelas fundações e autarquias e, ainda, para os fundos municipais e empresas estatais dependentes, no que se refere aos controles orçamentários e fiscais. Entretanto, com a edição das Normas Brasileiras de Contabilidade aplicadas ao setor público em 2008 pelo CFC por meio das NBC T 16, com base nas *International Public Sector Accounting Standards (IPSAS)*, cuja sigla em inglês significa Normas Internacionais de Contabilidade ao setor público, editadas pela Federação Internacional dos Contadores (IFAC), torna-se obrigatório o uso de todas as regras contábeis propriamente ditas, com o foco na aplicação da Ciência Contábil e nos padrões internacionais.

Essas normas formam o modelo de convergência da contabilidade às normas brasileiras de contabilidade aplicadas ao setor público. A partir daí, a Secretaria do Tesouro Nacional criou três grupos de estudos que estão em constante avanço na elaboração de conceitos e de manuais de Contabilidade para o setor público, incluindo procedimentos orçamentários e patrimoniais; plano de contas, demonstrativos contábeis e fiscais. Aguarda-se alteração da Lei nº 4.320/64 no que se refere à Contabilidade, mantendo-se as normas relativas ao orçamento.

Tomado por esse emaranhado de premissas iniciais, é bom deixar evidente que se deve entender "serviços públicos" como o conjunto de atividades e bens que são exercidos ou postos à disposição da coletividade (população), visando abranger e proporcionar maior grau de bem-estar social (lucro social) ou da prosperidade pública nas áreas da saúde, saneamento, educação, distribuição de rendas etc. Esses serviços públicos são prestados pelas instituições públicas direta ou indiretamente por meio de concessão[1] ou permissão.[2]

Outro ponto a ser considerado é que a grande maioria dos recursos das instituições públicas é derivada de transferências de outras esferas governamentais, porém, os entes públicos também auferem receitas próprias, por meio de tributos, contribuições, serviços, pela exploração de seu patrimônio, embasados em sua legislação específica, personalidade jurídica e capacidade econômica.

Há, ainda, grande entrave na relação planejamento-ação. A administração pública deveria exercer como rotina a pesquisa e acompanhamento sistemático da realidade e das necessidades da população, a fim de verificar onde, quando e quanto deverá ser investido para solucionar eventuais aspirações da sociedade. Tal distanciamento entre o planejamento e a ação é alimentado pelo descompasso entre os planejadores e o processo de planejamento, com seus executores.

O processo de planejamento não pode ser tolhido ou moldado para determinada esfera de governo ou órgãos governamentais. Cada um tem sua maneira e suas realidades são distintas. Cabe aos responsáveis pelo planejamento estudar e mensurar a realidade de cada entidade ou unidade gestora e, aí sim, elaborar o planejamento a ser seguido.

---

[1] Concessão: uma instituição pública, denominada concedente, concede a outrem, chamado concessionário, autorização legal, via contrato, para exercer determinada atividade pública.

[2] Permissão: uma instituição pública, denominada permitente, delega a outrem, chamado permissionário, autorização a título precário, ou seja, que pode ser rompido a qualquer tempo, de acordo com a autoridade pública.

Alia-se a estas dificuldades a escassez de recursos que é inversamente proporcional às demandas da população.

Nosso objetivo maior é a aplicação prática da teoria contábil, que é a classificação, o registro, o controle, a análise e o fornecimento de informações essenciais para que um gestor se capacite para tomar decisões, inserido num sistema de trabalho que vai da abertura ao encerramento do exercício e de sua gestão. Concomitantemente, também pretendemos transmitir conhecimentos e técnicas essenciais para que o Contador Municipal exerça seu papel de elemento principal no processo de controle e prestação de contas dos recursos públicos, empregados pelos governos locais, e para orientar o ordenador das despesas e demais autoridades competentes na observância das leis e da exatidão, além da legalidade dos gastos públicos, adequando, por conseguinte, a administração para seu cumprimento.

Para isso, incluímos nesta obra alguns controles de gestão da administração pública, todos voltados para a geração de informações necessárias à imediata e posterior tomada de decisão, buscando também a transparência e resultados satisfatórios à administração, assim como para a comunidade a qual representa. Estamos embasados na legislação atual, considerando todas as modificações estruturais e de conteúdo na matéria contábil das entidades públicas. O Plano de contas contábil, do ponto de vista do Direito financeiro, está alterado conforme os Manuais de Contabilidade aplicados ao Setor Público, na forma das Normas editadas pela Secretaria do Tesouro Nacional (STN) com vista a padronizar procedimentos contábeis e relatórios contábeis e fiscais.

Exaltamos que a contabilidade deverá evidenciar, em seus registros, o montante dos créditos orçamentários vigentes, a despesa empenhada, liquidada e a despesa realizada, à conta dos mesmos créditos, as dotações disponíveis e os recursos financeiros programados. Além disso, com nova estrutura para o plano de contas em que figuram o ativo, o passivo, as variações patrimoniais Diminutivas e as Aumentativas, o Controle da Aprovação do planejamento e orçamento, o controle da execução do planejamento e orçamento, os controles credores e os controles devedores.

Outro ponto que deve ser observado é que o melhor profissional, para gerir orçamento, tanto em sua elaboração, quanto em sua execução e principalmente em seu controle, é o profissional contábil ou contador. Este estudioso da ciência social aplicada tem sua formação enraizada em um notório conhecimento de análise dos registros contábeis, facilitando seu conhecimento e entendimento dos diversos números, planilhas e relatórios fornecidos pelos sistemas de processamento dos orçamentos, das estatísticas fiscais e da Contabilidade. Cabe aos gestores públicos incentivar e apostar numa melhora constante de seus demonstrativos, aumentando o número de contadores em seus quadros funcionais, entregando-lhes responsabilidade de gestão do patrimônio público, a fim de atingir resultados positivos, como tradicionalmente se vislumbra nos países mais desenvolvidos.

1

Contabilidade das Instituições Públicas

1.1 Conceito de contabilidade pública

Segundo a NBC T 16.1, aprovada pela Resolução nº 1.128/08, a contabilidade aplicada ao setor público é um ramo da ciência contábil que tem como objeto o patrimônio público, sobre o qual deverá fornecer informações aos seus usuários dos atos e fatos e os seus resultados alcançados, nos aspectos de natureza física, financeira, orçamentária e econômica, levando em consideração a evidenciação de todas as mutações ocorridas nos processos da gestão, a prestação de contas e o suporte para a tomada de decisão e para o controle social.

A contabilidade registra, permite o controle e análise dos atos e fatos administrativos e econômicos operados no patrimônio de uma entidade pública, possibilitando a geração de informações, variações e resultados sobre a composição deste, auferidos por sua administração e pelos usuários.

Suas informações proporcionam o acompanhamento permanente da situação da entidade em questão, da sua gestão envolvendo o início, o meio e o fim. É um importante elemento auxiliar de controle para o atingimento dos objetivos e finalidades e permite uma constante autoavaliação e autocorreção administrativa.

A contabilidade está diretamente relacionada com os Princípios Fundamentais de Contabilidade e com as normas contábeis direcionados ao controle patrimonial de entidades do setor público.

Reportando novamente à NBC T 16.1, entende-se por patrimônio o

> *"conjunto de direitos e bens, tangíveis ou intangíveis, onerados ou não, adquiridos, formados, produzidos, recebidos, mantidos ou utilizados pelas*

entidades do setor público, que seja portador ou represente um fluxo de benefícios, presente ou futuro, inerente à prestação de serviços públicos ou à exploração econômica por entidades do setor público e suas obrigações".

Ampliou-se o conceito de patrimônio. O fortalecimento dos bens intangíveis na economia atual tem sido o responsável pela valorização de marcas e patentes, *softwares*, ativos biológicos, tais como pesquisas sobre novas vacinas, reservas de petróleo e pré-sal, entre outros, muitas vezes ignorados. Não se pode mais excluir dos registros da contabilidade pública o patrimônio que diz respeito aos bens de uso comum, tais como ruas, estradas, parques, praças, entre outros, mesmo porque os mesmos se incluem no conceito de formação e produção do conceito ora mencionado.

Este livro dedicar-se-á somente ao ramo da contabilidade das instituições públicas, que abrange a escrituração contábil dos entes da Federação, ou seja, entidades com personalidade de direito público (União, Estados, Distrito Federal, Municípios e respectivas autarquias e fundações) no tocante ao registro de suas transações orçamentárias, financeiras, patrimoniais e de controle. Existe um destaque especial para os municípios no que tange aos exemplos e à menção de limites e obrigações legais.

Apesar de haver uma aproximação dos conceitos entre a contabilidade pública e a privada, ainda podemos traçar aquela que configura a maior distinção entre a contabilidade privada ou pessoal e a contabilidade das instituições públicas, ou seja, na contabilidade privada ou pessoal, pode-se fazer tudo aquilo que a lei não proíbe, enquanto na contabilidade das instituições públicas, pode-se fazer somente o que, por determinação legal, está ou foi expressamente permitido, ou melhor, deve-se efetuar previsão legal para se efetivar qualquer ação governamental. (Exemplo: só se inicia uma obra se esta já estiver incluída no orçamento e for condizente com o Plano Plurianual, a Lei de Diretrizes Orçamentárias e o Plano Diretor, além de respeitar o código de obras e o de posturas do município.)

Outra diferença marcante entre os ramos da contabilidade privada e da contabilidade aplicada ao serviço público é que, enquanto a primeira, após a formação de seu patrimônio, impulsionado pelas transações dos chamados capitais próprios e de terceiros, caminha em busca do chamado "lucro financeiro ou econômico", na contabilidade aplicada ao serviço público há a utilização de seu patrimônio, em razão dos objetivos sociais pretendidos, independentemente da geração de recursos ou resultados financeiros ou econômicos e, sim, intrinsecamente, preocupada com resultados sociais que beneficiem toda a população ou grande parte dela. Deve-se lembrar que os recursos controlados pela contabilidade das instituições públicas são próprios ou advindos de fontes externas, mediante tributos e transferências legalmente estabelecidas.

1.2 Funções da contabilidade

1.2.1 Classificação

Cada fato administrativo ocorrido na entidade, mediante documentos hábeis e legais, que comprovem operações realizadas em determinado período preestabelecido, deve ser agrupado em uma mesma natureza e característica sob determinada denominação condizente com sua realidade, para facilitar a leitura da informação e a característica do fato. A individualização dos fatos se agrupa e se organiza em "contas", representações sintéticas que se identificam pela natureza em sua ordem de liquidez ou de conversibilidade em moeda, no lado do ativo e pela ordem de exigibilidade no lado do passivo. A Secretaria de Orçamento e Finanças e a Secretaria do Tesouro Nacional editam normas de classificação dos planos de contas dos subsistemas (orçamentário, financeiro, patrimonial, de custos e compensado ou de controle), incluindo as receitas e as despesas, discriminadas em anexos, por meio de portarias.

Sua credencial para tal foi dada pelo art. 113 da Lei Federal nº 4.320/64, corroborada pelo Decreto nº 6.976, de 7 de outubro de 2009, cujo art. 7º expõe o seguinte:

> *Decreto nº 6.976/2009*
>
> *Art. 7º Compete ao órgão central do Sistema de Contabilidade Federal:*
>
> *[...]*
>
> *XXIV – exercer as atribuições definidas pelo art. 113 da Lei 4.320/64 de 17 de março de 1964, a saber: atender a consultas, coligir elementos, promover o intercâmbio de dados informativos, expedir recomendações técnicas, quando solicitadas, e atualizar, sempre que julgar conveniente, os anexos que integram aquela Lei;*

1.2.2 Registro

Com base na classificação contábil, previamente estabelecida por um planejamento, o registro tem por objetivo apontar o fato ocorrido e torná-lo, tempestivamente ou em data futura, uma prova em favor da entidade e de outros usuários da informação, tais como credores, devedores, instituições financeiras, órgãos fiscalizadores etc. Diversos são os documentos de registros, destacando-se entre eles o livro Diário e o Razão.

Conforme menciona a NBCT 16.5, que trata dos registros contábeis, a entidade do setor público deve manter procedimentos uniformes de registros contábeis, por meio de processo manual, mecanizado ou eletrônico, em rigorosa ordem cronológica, como suporte às informações. São características dos registros contábeis: comparabilidade, compreensibilidade, confiabilidade, fidedignidade, imparcialidade, integridade, objetividade, representatividade, tempestividade, uniformidade, utilidade, verificabilidade e visibilidade.

Os registros dos atos e fatos contábeis são suportados em documentação hábil como localização geográfica (cidade), data, contas debitadas e creditadas, histórico e valor, utilizando-se do método das partidas dobradas.

1.2.3 Informação

É a interpretação das demonstrações e dos registros com base nas classificações dos fatos, transparecendo o resultado das ações administrativas sobre o patrimônio da entidade. Surge de diversas formas, dependendo da decisão do analista de onde utilizar os dados necessários para extrair as informações.

Ressaltam-se a Lei da Informação e o Portal da Transparência, que são tratados, respectivamente, nas seções 10.11 e 10.12 deste livro.

1.2.4 Controle

É a aplicação dos métodos de acompanhamento e fiscalização dos atos, fatos e das demonstrações oriundas destes, buscando o aperfeiçoamento e a integridade da entidade ou ente público. É uma sistemática de alinhamento do processo de planejamento com a execução e em relação ao fim pretendido, reforçado com a avaliação de metas de resultado primário e nominal, entre outras inseridas pela Lei de Responsabilidade Fiscal.

Cabe ressaltar ainda que o controle na administração pública é identificado como interno e externo. Veja as seções 1.9 e 1.10, deste livro.

1.2.5 Análise

É o exame de cada parte e do todo contábil, mediante a aplicação de procedimentos próprios ou externos, buscando o conhecimento da natureza dos fatos, das proporções, da evolução e involução dos resultados, propiciando a tomada de decisão com eficiência e eficácia.

Em nosso Capítulo 13, apresentamos os objetivos e a metodologia aplicada na análise de demonstrativos contábeis.

1.3 Estrutura do sistema contábil

Conforme a NBC T 16.2, a estrutura dos sistemas contábeis do setor público é composta por quatro subsistemas: orçamentário, patrimonial, custos e compensação.

O orçamentário está voltado para os registros e evidenciação dos atos e fatos do planejamento e sua execução orçamentária, enquanto o patrimonial atua nas variações quantitativas e qualitativas do patrimônio público, incluindo a movimentação financeira. Já o subsistema de custos figura nas classes 7 e 8 juntamente com outras funções de controle; enquanto o de compensação registra atos de gestão, típicas de controle no patrimônio da entidade pública.

Sendo assim, é preciso entender que o plano de contas proposto para a gestão pública está parametrizado na estrutura das três naturezas de informação, ou seja, a orçamentária, a patrimonial e a de controle. O Capítulo 11 traz mais detalhes sobre esta estrutura.

1.4 Regimes contábeis

Esta expressão é utilizada para consolidar alguns "Princípios e Convenções Contábeis Geralmente Aceitos", no tocante às premissas básicas adotadas no momento da escrituração contábil, a fim de resguardar a transcrição da realidade do fato contábil.

Existem pela consagração das práticas contábeis três tipos de regime contábil, quais sejam:

1.4.1 Regime de caixa

O Regime Contábil de Caixa é aquele que destaca todas as entradas e saídas de recursos financeiros ou não, recebidos, pagos, arrecadados ou recolhidos, efetivamente, durante o exercício financeiro, ou mesmo durante a execução orçamentária, independentemente de referir-se a créditos ou a débitos de outros exercícios. Portanto, seria o caso de as despesas empenhadas, mas não pagas, e as receitas lançadas, mas não recebidas, serem automaticamente transferidas para o exercício financeiro seguinte.

A Lei nº 4.320/64 trouxe em seu art. 35 menção a este regime; entretanto, tal dispositivo encontra-se no capítulo dos orçamentos, caracterizando o seu enfoque orçamentário, razão pela qual é inadmissível considerá-lo para os fatos contábeis realizados propriamente ditos.

Ressalta-se que referida Lei, em que o conteúdo de seu art. 1º até o art. 84, trata de questões de planejamento, orçamento e execução orçamentária, razão pela qual tal regime não pode ser considerado como de contabilidade em si.

1.4.2 Regime de competência

Regime Contábil, também denominado Princípio da Competência, ditado pela Resolução do Conselho Federal de Contabilidade (CFC) nº 750/93, com nova redação apresentada na Resolução nº 1.282/10, que se refere ao reconhecimento simultâneo das receitas e das despesas que deverão ser incluídas na apuração do resultado do período em que ocorrerem, independentemente do recebimento e do pagamento, assim como as demais alterações no ativo e no passivo que resultem em aumento ou diminuição no patrimônio líquido. Com a avaliação das políticas fiscais e com a convergência às normas internacionais, o fortalecimento desse princípio vem mostrar a necessidade de abrangência de todos os fluxos dos recursos públicos.

Este princípio está diretamente relacionado ao Princípio da Oportunidade, pois se refere à tempestividade e à integridade do registro do patrimônio e das suas mutações efetuadas de forma imediata, com a extensão correta, independentemente das causas que as originaram.

Segundo o Manual de Estatísticas Fiscais Públicas, publicado pelo Fundo Monetário Internacional (FMI), o regime de competência determina em que momento se registram os fluxos. Com esse método, os fluxos se registram quando se cria, transforma, troca, transfere ou extingue valores econômicos.

Observa-se que a contabilidade pública propriamente dita é regulamentada pela Lei nº 4.320/64 a partir do art. 85. Assim, as variações aumentativas ou diminutivas de patrimônio podem ocorrer antes, depois ou no momento da arrecadação da receita orçamentária. A arrecadação será outra fase de registro, mas o reconhecimento de registro do direito de receber determinado será registrado no momento de seu conhecimento.

Destaca-se a contabilização dos chamados "Restos a Pagar", os quais, pelo regime de competência, incorporam a despesa realizada no exercício financeiro de sua origem.

1.4.3 Regime misto

Regime Contábil que mescla o regime de caixa e o regime de competência para apuração dos resultados dos exercícios. No Brasil, já o adotamos na contabilidade das instituições públicas, conforme a aplicação do entendimento geral adotado com relação ao que preceitua o art. 35, incisos I e II, da Lei nº 4.320/64. Entretanto, pelos novos conceitos e convergência para as normas internacionais de contabilidade busca-se adotar o regime de competência. As transferências financeiras de outros entes públicos poderão ser ora registradas conforme o regime de caixa, ora pelo regime de competência. Dependerá do tipo da informação que chegará ao Departamento de Contabilidade.

1.5 Fatos permutativos

Entende-se por fatos permutativos fatos contábeis que alteram o valor dos bens, direitos e obrigações, nos termos do novo conceito de patrimônio, sem modificar a situação líquida do patrimônio, fatos que denotam alterações equivalentes nas contas de uma instituição, em que houve, basicamente, uma permuta de um item da contabilidade por outro. Exemplo: aquisição de um imóvel com pagamento em cheque: houve diminuição da conta "Banco" na mesma proporção em que aumentou a conta "Imobilizado, Investimentos ou Inversões Financeiras", conforme o caso.

Adotando-se o conceito econômico, deve-se focar em pergunta do tipo: "fiquei mais rico, fiquei mais pobre ou permaneci como antes?". No caso de permanecer como antes, indica que se trata de um fato permutativo.

1.6 Fatos modificativos

Já os fatos modificativos devem ser vislumbrados como fatos contábeis que alteram o valor dos bens, direitos e obrigações, modificando a situação líquida do patrimônio para um valor menor. Denotam alguma mudança na estrutura patrimonial de uma instituição, ou melhor, mudança de característica contábil. Exemplo: pagamento dos salários dos funcionários no final do mês. Há uma redução do elemento ativo "disponível em Banco" e a diminuição da situação líquida da instituição. Também a baixa de um bem móvel por perda representa a redução da situação patrimonial. Considerando a analogia ora mencionada, ambos os exemplos confirmam a expressão "fiquei mais pobre".

Se formos exemplificar um fato modificativo que aumenta a situação líquida do patrimônio, temos como exemplos a doação recebida de um bem e o reconhecimento de um crédito tributário. Comprovam a expressão analógica: "fiquei mais rico".

1.7 Livros contábeis

Entre diversos relatórios contábeis, entre eles os balanços orçamentário, financeiro e patrimonial, além da demonstração das variações patrimoniais, relatórios comparativos, quadros de detalhamento de receita e despesa, destacam-se os livros Diário e Razão. Ambos são livros obrigatórios. O livro Diário é destinado ao registro dos fatos em ordem cronológica, como o próprio nome já diz, diária e cronologicamente independentemente da "conta contábil", o que permite aos usuários acompanhar os fatos, fazer revisões e inspeções. Já o livro Razão, por sua vez, destina-se ao registro individualizado dos fatos de cada "conta contábil", impresso na ordem do Plano de Contas da entidade, em que cada conta tem seus dados registrados em ordem cronológica. Veja mais detalhes nas seções 12.5 e 12.6.

Também são destacadas após a NBC T 16.6 – que trata das demonstrações contábeis, devidamente aprovada pela Resolução CFC nº 1.133/08, a Demonstração dos Fluxos de Caixa e a Demonstração do Resultado Econômico. Veja mais detalhes sobre tais relatórios no Capítulo 12.

1.8 Método de partidas dobradas

O método de partidas dobradas foi desenvolvido no final do século XV. Emergiu pela necessidade de prestação de contas patrimonial, levando-se em conta a entrada e saída de valores ou aumentos e diminuições, sistematizados por uma correlação de causa e efeito de um mesmo fenômeno, conforme afirma Sá (1999:21). Imbuídos nesse conceito surgiram os termos *dever* e *haver*, que evoluíram para os termos *débito* e *crédito*, utilizados na atualidade.

Este método partiu da ideia de que todo recurso investido no patrimônio é imediatamente consumido, por outro lado, aumentando ou diminuindo o patrimônio da instituição, mediante investimento de recursos ou sacrifício de algum bem. Neste ponto, surgiu a máxima expressão: "não existe débito sem crédito e vice-versa".

Pode-se concluir que: a todo débito corresponde um ou mais créditos cujo valor ou somatória se igualam, e a todo crédito corresponde um ou mais débitos, cujo valor ou somatória também se igualam.

Os lançamentos contábeis podem ser:

a) lançamento de primeira fórmula, sendo um débito para um crédito;

b) lançamento de segunda fórmula, sendo um débito para mais de um crédito;

c) lançamento de terceira fórmula, sendo mais de um débito para um crédito;

d) lançamento de quarta fórmula, sendo mais de um débito para mais de um crédito.

A transação contábil pelo método de partidas dobradas é hoje uma das maiores convenções mundiais. Atrelados a essa convenção contábil, apresenta-se uma representação esquemática, da qual podemos representar essa conclusão:

Conta do:	Aumenta a:	Diminui a:
Ativo	Débito	Crédito
Passivo	Crédito	Débito
Patrimônio Líquido	Crédito	Débito
Variações Aumentativas	Crédito	Débito (estorno)
Variações Diminutivas	Débito	Crédito (estorno)

Nas variações aumentativas, incluem-se as operações resultantes da execução orçamentária (receitas orçamentárias cujas mutações patrimoniais são aumentativas), assim como as operações independentes da execução orçamentária, também ativas. Nas variações diminutivas, incluem-se as operações resultantes da execução orçamentária (despesas orçamentárias, cujas mutações patrimoniais são diminutivas), além das operações independentes da execução orçamentária.

As variações permutativas não alteram o Patrimônio Líquido porque ora permutam seus dados com uma mesma classe de contas (Ativo ou Passivo) ou ainda podem aumentar os dois, ou mesmo reduzi-los.

1.9 Controle interno

A Administração Pública, assim como qualquer outra administração, necessita de um controle interno voltado para a elaboração dos planos e medidas para proteger os seus ativos, verificar a adequação e a funcionalidade destes, e promover a eficiência operacional e a confiabilidade dos registros contábeis.

A legislação impõe a existência do controle interno, dando-lhe atribuições diversas, mas não define a metodologia a ser feita, o que muitas vezes torna-o de difícil aplicação, tendo em vista o despreparo das administrações públicas e a falta de vontade política para que ele seja uma ferramenta importante para a gestão pública.

Segundo a definição fornecida pelo American Institute of Certified Public Accountants (AICPA), citada por Galloro e Associados (1998):

> *"Controle interno é o plano da organização e todos os conteúdos e medidas coordenados, adotados dentro da empresa para salvaguardar seus ativos, verificar a adequação e a confiabilidade de seus dados contábeis, promover a eficiência operacional e fomentar o respeito e obediência às políticas administrativas fixadas pela gestão."*

Dessa forma podemos concluir que controlar é assegurar que os recursos obtidos sejam aplicados de forma econômica, eficiente e eficaz para a realização das diretrizes da entidade pública, mediante o atendimento dos objetivos do Controle

Interno implícitos no conceito mencionado anteriormente, melhorando significativamente a confiabilidade dos dados de modo geral.

Como qualquer atividade administrativa, o controle precisa ser planejado. Nesta ótica, deve-se considerar as particularidades de cada ente ou setor a ser vigiado. O planejamento buscará exaltar: a) Exame prévio do que vai ser controlado; b) Objetivos do controle; c) Sistema ou técnica a serem controlados; d) Verificação dos resultados do planejamento; e) Realinhamento do plano ou sistema de controle.

O planejamento do controle permite responder a questões do tipo: O que controlar? Como controlar? Por que controlar? e Onde controlar?

Controladores ou membros de Comissão de Controle Interno têm suas responsabilidades independentemente da forma de provimento. O objetivo do controlador não é denunciar; esta seria a última opção. Primeiro deverá ele cuidar de implantar suas rotinas, fluxos, normas etc. e fazer com que estes itens se transformem em normas, por meio de um ato público. O gestor que publica o ato de regulamentação do controle interno também terá que cumprir tais normas.

Considerando que o sistema de controle interno deve contribuir para o controle externo, os relatórios periódicos elaborados pela controladoria poderão ser utilizados como base de fiscalização, logo eles não podem ocultar informações para os tribunais de contas, porque, por ocasião das inspeções técnicas, eles serão analisados.

Quanto à qualificação técnica em Contabilidade para desempenhar a função de controlador, estes precisam ser conhecedores da disciplina contábil, porque precisam assinar os relatórios de gestão fiscal, nos termos do art. 54 da LRF.

> *Art. 54. [...]*
>
> *Parágrafo único. O relatório também será assinado pelas autoridades responsáveis pela administração financeira e pelo controle interno, bem como por outras definidas por ato próprio de cada Poder ou órgão referido no art. 20.*

O Sistema de Controle Interno poderá ser constituído de vários subsistemas, que devem atuar de forma harmônica e integrada, para que possa dar informações instantâneas à administração pública, visando à tomada de decisão e à boa gestão dos recursos públicos, e é a contabilidade que poderá desempenhar esse papel fundamental no sentido de centralizar os controles, sendo esta uma área-meio, na qual todas as atividades da gestão passam em forma de registros e informações.

À medida que a administração se torna mais complexa, deverá aprimorar os seus sistemas de controle interno, buscando reduzir custos e capacitar os profissionais no sentido de buscar a aplicação das normas, rotinas e fluxos criados, e cumprir os princípios da administração pública.

Dessa forma, espera-se que as administrações públicas tenham uma definição bem clara e objetiva das atribuições dos controles internos, para que estes venham a agir de forma articulada e integrada.

1.10 Fiscalização e controle externo

Com base no ditame legal que diz: "Na Contabilidade Pública só se pode fazer aquilo que está devidamente prescrito em lei", pode-se entender o porquê da existência de diversas normas legais que exigem a transparência na gestão pública.

Por esse raciocínio, verifica-se a importância de um controle externo rigoroso feito pelo povo, por legisladores e pelo órgão intitulado *tribunal de contas*.

O controle externo é a etapa de verificação em que cabe aos órgãos externos de fiscalização de cada poder verificar, analisar, apurar e concluir entendimento sobre determinado assunto administrativo ou contábil. Verificamos que o controle externo pode ser exercido tanto pelo poder legislador do ente federado, como pelos tribunais de contas, conselhos e comissões especiais e até pelo cidadão.

Por conselhos podem ser considerados os conselhos comunitários locais que são obrigados por lei e exercem o acompanhamento direto de recursos vinculados ao poder público, tais como o do Fundo de Desenvolvimento da Educação Básica (FUNDEB), assistência social, criança e adolescente, idoso, segurança, ambiente, entre outros.

Todos os atos e fatos contábeis, administrativos e judiciais da entidade pública são passíveis de controles externos. Sua finalidade é exaltar eventuais distorções entre o objetivo do ato ou fato, com seu resultado. Qualquer disparidade nesse sentido pode, e deve, ser averiguada e até punida de acordo com a legislação em vigor.

No caso do município, devemos alertar que os conselhos e a Câmara Municipal são as representatividades mais indicadas para exercer o poder de controle externo das entidades da administração direta e indireta. Estes podem, em tempo real, corrigir distorções emanadas durante a execução de determinada despesa, a fim de evitar desvios. Já os tribunais de contas só poderão aplicar sanções e requerer compensações financeiras ou penais após a ocorrência do fato, sem ter evitado possíveis danos à municipalidade.

1.11 Tribunais de contas

Os tribunais de contas são órgãos públicos com autonomia administrativa e financeira em relação aos Três Poderes (Legislativo, Executivo e Judiciário) e funções técnicas, com o objetivo de verificar o cumprimento real dos ditames legais pelos entes públicos do país. São órgãos auxiliares do Poder Legislativo.

Esses órgãos atuam na esfera de sua competência, mas nos municípios atuam nos Poderes Legislativo e Executivo, com as respectivas administrações diretas e indiretas, nesse caso envolvendo fundos, fundações, autarquias, empresas públicas e os consórcios entre os entes da federação. No caso do Tribunal de Contas da União, suas competências estão previstas na Constituição Federal de 1988, nos arts. 71 a 74 e 161, parágrafo único, enquanto as normas aplicadas ao primeiro se estendem aos Tribunais dos Estados e dos Municípios, na forma do art. 75 da referida Carta Magna.

1.11.1 Competências constitucionais dos tribunais de contas

Em razão do exercício das competências constitucionais, incumbências foram atribuídas aos tribunais de contas, quais sejam, entre outras:

- apreciar as contas anuais dos gestores públicos;
- julgar as contas dos administradores e demais responsáveis por dinheiros, bens e valores públicos;
- apreciar a legalidade dos atos de admissão de pessoal e de concessões de aposentadorias, reformas e pensões civis e militares;
- realizar inspeções e auditorias por iniciativa própria ou por solicitação do Poder Legislativo;
- aplicar sanções e determinar a correção de ilegalidades e irregularidades em atos e contratos;
- fiscalizar as aplicações de subvenções e a renúncia de receitas;
- emitir parecer prévio sobre as contas para apreciação das Casas Legislativas;
- apurar denúncias apresentadas por qualquer cidadão, partido político, associação ou sindicato sobre irregularidades ou ilegalidades.

1.11.2 Competências legais dos tribunais de contas

Destacam-se entre suas atribuições:

- decidir sobre consulta formulada por autoridade competente acerca de dúvida na aplicação de dispositivos legais ou regulamentares concernentes à matéria de competência do tribunal;
- exercer o controle da legalidade e legitimidade dos bens e rendas de autoridades e servidores públicos;
- apreciar representações apresentadas por licitante, por contratado, pessoa física ou jurídica, acerca de irregularidades na aplicação da Lei de Licitações e Contratos;
- realizar tomadas de contas junto às entidades que deixarem de prestar contas ou que apresentarem situações que mereçam a revisão de processos.

A decisão do tribunal, da qual resulte imputação de débito ou cominação de multa, torna a dívida líquida e certa e tem eficácia de título executivo. Nesse caso, o responsável é notificado para, no prazo definido em lei orgânica ou regimento interno do tribunal, recolher o valor devido. Se o responsável, após ter sido notificado, não recolher tempestivamente a importância devida, é formalizado processo de cobrança executiva, o qual é encaminhado ao Ministério Público junto ao tribunal, que promoverá a cobrança judicial da dívida ou o arresto de bens.

1.12 Poder Legislativo

Entre outras funções que o Legislativo tem, como a de legislar, por exemplo, cabe ao mesmo o poder de exercer fiscalização financeira sobre os atos do Executivo, com o auxílio do Tribunal de Contas jurisdicionado, nos termos do art. 31 da Constituição da República, no caso dos municípios.

Conforme o mencionado pelo § 2º do mesmo artigo, o parecer prévio das contas públicas será emitido pelo Tribunal de Contas jurisdicionado sobre as contas prestadas anualmente pelo gestor, o qual só deixará de prevalecer por decisão de dois terços dos membros do Legislativo.

Cabe ainda ao Legislativo municipal disponibilizar as contas dos gestores executivos a qualquer contribuinte para o exame e a apreciação, o qual poderá questionar-lhes a legitimidade, nos termos da lei. Ressalta-se que a expressão *cidadão* não foi utilizada pela Constituição, que ao nosso ver seria a expressão mais correta.

Para atender ao art. 74 da Carta Magna, os Poderes Legislativo, Executivo e Judiciário manterão, de forma integrada, sistema de controle interno com as suas finalidades específicas.

Relacionadas ao processo contábil, o Poder Legislativo tem prazo definido para julgar as contas do Poder Executivo, normalmente definido pela lei orgânica do Tribunal jurisdicionado, assim como tem prazos para aprovar os instrumentos de planejamento, como o plano plurianual, a lei de diretrizes orçamentárias e o orçamento anual, atualmente definido pelo art. 35 do ADCT. Além disso, aprovar créditos adicionais ao orçamento, tanto por meio da lei orçamentária quanto de forma avulsa.

Para os casos de créditos especiais, é impreterível que, ao autorizar novas despesas no orçamento, as mesmas tenham a citação de programas e ações que serão alteradas, compativelmente com o plano plurianual. Nenhum programa ou ação poderá ser criado sem que já conste do plano plurianual.

As contas do Legislativo são consolidadas com as do Executivo, mas submetem-se ao processo de fiscalização financeira e orçamentária do Tribunal jurisdicionado.

Veja os limites de gastos do Poder Legislativo, junto à seção 10.9.3.

1.13 Normas do Conselho Federal de Contabilidade

Recomendamos acessar o sítio do Conselho Federal de Contabilidade com o objetivo de acompanhar todas as normas relativas à profissão do contabilista e da Ciência Contábil, especialmente aquelas voltadas para a contabilidade aplicada ao setor público, ou seja, as NBC T 16, cujas resoluções foram aprovadas em 25-11-2008, sendo que algumas delas já tiveram atualizações por legislação posterior:

São elas:

NBC T 16.1 – Conceituação, objeto e campo de aplicação – Resolução nº 1.128/08;

NBC T 16.2 – Patrimônio e Sistemas Contábeis – Resolução nº 1.129/08;

NBC T 16.3 – Planejamento e seus instrumentos sob o enfoque contábil – Resolução nº 1.130/08;

NBC T 16.4 – Transações no setor público – Resolução nº 1.131/08;

NBC T 16.5 – Registros contábeis – Resolução nº 1.132/08;

NBC T 16.6 – Demonstrações contábeis – Resolução nº 1.133/08;

NBC T 16.7 – Consolidação das normas contábeis – Resolução nº 1.134/08;

NBC T 16.8 – Controle interno – Resolução nº 1.135/08;

NBC T 16.9 – Depreciação, amortização e exaustão – Resolução nº 1.136/08;

NBC T 16.10 – Avaliação e mensuração de ativos e passivos em entidades do setor público – Resolução nº 1.137/08;

NBC T 16.11 – Sistema de informações de custos do setor público – Resolução nº 1.366/11.

Para se manter sempre a par de mudanças na legislação vigente, recomendamos acesso constante ao sítio eletrônico <www.niltonandrade.com.br> com vistas à verificação de atualização deste livro.

O Conselho Federal de Contabilidade (CFC), ao adequar suas normas às IPSAS (Normas Internacionais de Contabilidade aplicadas ao setor público), publicou no *Diário Oficial da União (DOU)* em outubro de 2016 novas resoluções com vigência a partir de 1-1-2017, sendo que a primeira revoga as NBC T 16.1, 16.2, 16.3, 16.4 e 16.5.

Nº 1 – NBC TSP – Estrutura Contábil – *DOU* 4-10-2016 – Estrutura Conceitual para Elaboração e Divulgação de Informação Contábil de Propósito Geral pelas Entidades do Setor Público – *Conceptual Framework;*

Nº 2 – NBC TSP 01 – Receita de Transação sem Contraprestação – *DOU* 28-10-2016 – Receita de Transação sem Contraprestação – IPSAS 9;

Nº 3 – NBC TSP 02 – *DOU* 28-10-2016 – Receita de Transação com Contraprestação IPSAS 23;

Nº 4 – NBC TSP 03 – *DOU* 28-10-2016 – Provisões, Passivos Contingentes e Ativos Contingentes – IPSAS 19

2

Entidades Públicas

2.1 Conceito de entidade pública

Numa definição estruturada, podem-se conceituar serviços públicos como todo serviço prestado pela administração, direta ou indireta, ou por seus delegados, sob normas e controles estatais, para satisfazer a necessidades essenciais ou secundárias da coletividade, ou simples conveniência do Estado.

Podem ser divididos em serviços públicos propriamente ditos e serviços de utilidade pública. Os primeiros são os que a administração presta diretamente à coletividade, reconhecendo ser essenciais para a sobrevivência do todo social e do próprio Estado. São tidos como privativos do Estado, ou seja, somente este pode prestá-los, sem que sejam passíveis de delegação ou terceirização. Os serviços de utilidade pública, por seu turno, são os que a administração, por reconhecer sua conveniência (não sendo considerados essenciais ou necessários), presta-os, diretamente ou sob o regime de concessão, permissão ou autorização, nas condições que preestabelecer e sob seu controle. Quando a delegação de tais serviços ocorre, os prestadores assumem a exclusividade de risco e ônus incidentes sobre a prestação de tais serviços, recebendo diretamente do usuário a respectiva remuneração.

Todos os usuários detêm direitos reconhecidos sob quaisquer serviços públicos ou de utilidade pública, com fundamento para a exigibilidade de sua prestação, nas condições regulamentares e em igualdade com os demais usuários.

Cabe à Administração Pública consolidar a utilização de todos os serviços disponíveis para a população. Conceitua-se Administração Pública como, segundo conceitos advindos do Direito Administrativo, todo o aparelhamento preordenado à realização de seus serviços que visa à satisfação das necessidades coletivas.

É importante relembrar que, no Brasil, a contabilidade pública é utilizada pelos três poderes: Executivo, Legislativo e Judiciário, tanto na administração direta, quanto na administração indireta. No entanto, na administração indireta, a contabilidade pública é utilizada apenas nas autarquias e fundações públicas. As empresas públicas e as sociedades de economia mista, por suas características especificamente comerciais, empregam o que determina a Lei nº 6.404/76, ou Lei das Sociedades por Ações, alterada pela Lei nº 10.303, de 31 de outubro de 2001. Entretanto, vale ressaltar que de acordo com o art. 50 da Lei de Responsabilidade Fiscal (LC nº 101/00), as empresas estatais dependentes precisam exercer os dois tipos de contabilidade.

> *"Art. 50. Além de obedecer às demais normas de contabilidade pública, a escrituração das contas públicas observará as seguintes:*
>
> *[...]*
>
> *III – as demonstrações contábeis compreenderão, isolada e conjuntamente, as transações e operações de cada órgão, fundo ou entidade da administração direta, autárquica e fundacional, inclusive empresa estatal dependente;"*

O art. 2º da mesma Lei apresenta o conceito de empresa estatal dependente.

> *"Art. 2º Para os efeitos desta Lei Complementar, entende-se como:*
>
> *[...]*
>
> *III – empresa estatal dependente: empresa controlada que receba do ente controlador recursos financeiros para pagamento de despesas com pessoal ou de custeio em geral ou de capital, excluídos, no último caso, aqueles provenientes de aumento de participação acionária."*

2.2 Classificação dos serviços públicos

2.2.1 Quanto à competência para sua execução

Pode ser prestado por entidades da administração direta ou indireta, nas seguintes esferas de governo:

   a) Administração federal;

   b) Administração estadual;

   c) Administração municipal.

2.2.2 Quanto a sua essencialidade

   a)   essenciais: são os considerados por lei ou por força de sua própria natureza como de necessidade pública ou de execução privativa da Administração Pública;

b)   não essenciais: os assim considerados por lei ou os que, pela própria natureza, são havidos como de utilidade pública, cuja execução é facultada aos particulares, por não configurarem serviços de execução privativa do Estado.

2.2.3 Quanto aos usuários

a)   gerais: os que atendem a toda a população sem objetivar determinados níveis de usuários;

b)   individuais: os que satisfazem a usuários predeterminados e de forma individual.

2.2.4 Quanto às formas e meios de prestação dos serviços públicos

a)   centralizados: são serviços prestados diretamente pelo Estado, sob sua exclusiva responsabilidade, onde o governo assume a titularidade e a execução dos trabalhos;

b)   descentralizados: serviços em que o Poder Público transfere a titularidade para que alguém os execute. Pode ser outorgado[1] ou delegado;[2]

c)   desconcentrados: serviços executados centralizadamente pela Administração, porém, com distribuição de atribuições entre seus diversos órgãos.

2.3 Administração direta

Tomado pela grandiosidade territorial de nosso país, fica evidente que há inúmeras funções do Estado, em diversas atividades, que contribuem para melhoria de vida dos usuários, que são os próprios contribuintes. Porém, é evidente que pela complexidade de determinados serviços e atividades há a necessidade de se dividirem tarefas com o fim de se atingir o objetivo maior de suprir as necessidades da população. Nesse contexto, o chefe do Poder Executivo centraliza certas atividades, tais como saúde, educação, obras públicas, planejamentos etc., chamadas administração direta, enquanto descentraliza outras atividades que mereçam atenção especial devido a seu nível de especialização, denominadas aqui de administração indireta.

---

[1]   Outorgado: transferido por lei, e só por lei pode ser retirado ou modificado.

[2]   Delegado: presume-se a transitoriedade, geralmente por prazo certo, que ao término do prazo contratual retorne ao delegante.

Em resumo, administração direta compreende o conjunto de atividades e serviços que são integrados na estrutura administrativa da Presidência da República, do Governo do Estado ou da Prefeitura Municipal.

2.3.1 Fundos especiais

Organização e estrutura de mecanismos financeiros, criados para atendimentos de objetivos específicos, sem personalidade jurídica própria, para desenvolver ou consolidar, por meio de financiamento ou negociação, uma atividade pública específica. Esse assunto será tratado no Capítulo 10, seção 10.6, intitulada Fundo Especial.

2.4 Administração indireta

Caracteriza-se como a descentralização dos serviços públicos, por meio das Fundações Públicas, Autarquias, Empresas Públicas e Sociedades de Economia Mista, todas com personalidade jurídica própria, independência administrativa, orçamentária e financeira (DL nº 200/67). Sua criação e extinção dependem de lei específica e devem observar os princípios gerais de Direito Administrativo (art. 37 da CF), estando jurisdicionadas à fiscalização financeira, patrimonial e orçamentária pelo Tribunal de Contas. Têm patrimônio e pessoal próprios e estão sujeitas ao controle (tutela, supervisão administrativa), com indicação ou nomeação dos dirigentes; designação de representantes nos órgãos administrativos (Assembleia, Conselho de Administração, Conselho Fiscal etc.); recebimento de relatórios, balancetes e informações diversas; possibilidade de intervenção; realização de auditorias (art. 26 do DL nº 200/67).

2.4.1 Autarquia

Serviço autônomo instituído por lei, com personalidade administrativa de direito público interno, possuidor de orçamento próprio e autonomia financeira, sem subordinação hierárquica, além de patrimônio e receitas próprias, capazes de executar as atividades típicas da Administração Pública, ou seja, possuidor de atribuições estatais específicas, que requeiram, para seu melhor funcionamento, uma gestão administrativa e financeira descentralizada.

As autarquias são pessoas jurídicas de direito público, nascidas do ente estatal que as criou; dessa forma, herdam seus privilégios e condições, exceto naquilo que houve expressa exclusão. São criadas e extintas por lei específica, sendo que a responsabilidade do Estado é apenas subsidiária. Os seus atos e contratos são considerados administrativos, regendo-se pela Lei Federal nº 8.666/93. As Autarquias podem, nos termos da(s) lei(s) que as criaram, cobrar tributos e tarifas, devendo observar as normas dos Códigos Tributários Nacional e Municipal e a Constituição Federal, principalmente o seu art. 150, inciso VI, alínea *a*, e seu § 2º.

Têm imunidade de impostos. Suas dívidas sujeitam-se a prescrição quinquenal (Decreto nº 20.910/32); seus bens são considerados bens públicos (não podem ser penhorados e são insusceptíveis de usucapião). O seu regime de pessoal é o mesmo do Estado, de natureza institucional (estatutária), havendo, após a EC nº 18/98, possibilidade de adoção do regime celetista.

Sua imunidade tributária não abrange as taxas, as contribuições de melhoria e as demais contribuições. E nem haveria motivo para isso, pois ambas são devidas em razão de prestação de atividade pública diretamente referida ao obrigado.

A autarquia tem sua contabilidade própria estatuída pela Lei Federal nº 4.320, de 17 de março de 1964, e seu plano de contas deve ser elaborado de acordo com as atividades que lhe são próprias, obedecendo à mesma estrutura do ente federativo em que está subordinada, para efeito de consolidação das contas, tanto orçamentárias, quanto financeiras, patrimoniais e de compensação. Exemplos: Instituto Nacional de Seguridade Social, Conselho Federal de Contabilidade, Banco Central, Instituto Nacional de Colonização e Reforma Agrária.

2.4.1.1 Institutos de previdência – RGPS e RPPS

Os institutos de previdência são autarquias. Ao constituir um regime próprio de previdência social para os seus servidores, o município assume compromisso de longo prazo. Uma vez pactuado o benefício e fixados os critérios para o seu financiamento (contribuições dos servidores e do ente público) e condições de acesso, definem-se parâmetros, os quais governantes futuros terão que obedecer. As alterações demandariam dificuldades adicionais, que dependeriam do Conselho fiscal e do Poder Legislativo.

Um planejamento mal elaborado não será percebido no médio prazo, entretanto, com o tempo e principalmente com o crescimento do percentual de servidores inativos e pensionistas sobre o total de servidores ativos, suas consequências, a exemplo do INSS, poderão comprometer seriamente a capacidade de financiamento do regime próprio.

Equacionar e administrar a questão previdenciária constitui um grande desafio para os gestores públicos municipais, sendo que o futuro das finanças públicas municipais dependerá de como será encaminhada essa matéria.

É importante destacar que na elaboração do orçamento deverão ser observadas as metas de resultados definidas na LDO, pois o instituto próprio de previdência é um órgão da administração indireta e suas ações deverão ser pautadas visando ao equilíbrio das contas públicas.

Um sistema de previdência equilibrado do ponto de vista atuarial é aquele em que há equilíbrio entre as contribuições exigidas e os benefícios que serão pagos, ou seja, o total de seus recursos, suas contribuições e suas reservas são suficientes para honrar todos os compromissos assumidos a médio e longo prazo. Por outro lado, um sistema equilibrado do ponto de vista financeiro é um sistema em que as contribuições são suficientes para cumprir os compromissos em cada exercício. Sistemas equilibrados são garantias de que todos os compromissos assumidos serão cumpridos e são elementos de segurança para os filiados.

Como autarquias, adotam a contabilidade pública e no seu plano de contas são detectadas as contas 2272.x.xx.yy.

2.4.2 Empresa pública

Entidade dotada de personalidade jurídica de direito privado, com patrimônio próprio, capital exclusivo e direção do Poder Público, seja União, Estado ou município, que utiliza órgãos da administração indireta, criados por lei, para desempenhar atividades de natureza empresarial (sem privilégios estatais, salvo as prerrogativas que a lei especificar em cada caso particular, para a realização das atividades desejadas pelo Poder Público) e cujo governo seja levado a exercer, por força de conveniência ou contingência administrativa, podendo tal entidade revestir-se de qualquer das formas admitidas em direito. Empresa pública é regida pela contabilidade comercial, de acordo com a Lei nº 6.404/76 – Lei das Sociedades por Ações –, alterada pela Lei nº 10.303, de 31 de outubro de 2001. Exemplos: Caixa Econômica Federal e Empresa Brasileira de Correios e Telégrafos.

Em caso de depender de recursos do tesouro do ente pelo qual a empresa pública é controlada, deverá também adotar a contabilidade pública de forma a atender ao art. 2º da LC nº 101, de 5 de maio de 2000 – Lei de Responsabilidade Fiscal.

2.4.3 Sociedade de economia mista

Entidade dotada de personalidade jurídica de direito privado, instituída por lei para exploração de atividade econômica sob a forma de sociedade anônima, cujas ações ordinárias (com direito a voto) pertençam, em sua maioria, ao Estado ou entidade da administração indireta. Quando a atividade for submetida a regime de monopólio estatal, a maioria acionária caberá apenas ao ente governamental, em caráter permanente. Com a mesma particularidade de características comerciais, também são regidas pela contabilidade comercial de acordo com a Lei nº 6.404/76 – Lei das Sociedades por Ações –, alterada pela Lei nº 10.303, de 31 de outubro de 2001. Exemplos: Petrobras e Banco do Brasil.

Também deve executar, em paralelo, a contabilidade pública no caso de dependência de recursos do Tesouro, conforme art. 2º da Lei de Responsabilidade Fiscal.

2.4.4 Fundação pública

Entidade com autonomia administrativa, patrimônio próprio, e funcionamento custeado, basicamente, por recursos do Poder Público (ainda que sob a forma de prestação de serviços) e criada mediante lei autorizativa especificamente para determinado fim. Sob a luz do entendimento jurídico, fundação pública é considerada por alguns autores pessoa jurídica de direito público e por outros como pessoa jurídica de direito privado. Seu objetivo de interesse comunitário é quase sempre de educação, ensino, pesquisa, assistência social etc. Possui similaridade com autarquia, diferindo-se desta pela destinação de receitas específicas para atingir seus objetivos. É regida pela Lei nº 4.320/64, que disserta sobre Contabilidade Pública, e seu plano de contas também deve ser elaborado, obedecendo à mesma estrutura do ente federativo em que está subordinada, para efeito de consolidação das contas públicas.

As fundações públicas são instituídas principalmente pela necessidade de atribuir a determinado tipo de serviço características e particularidades que ocupam lugar de destaque no conjunto das atividades do poder público, ou seja, uma desconcentração promovida no seio da administração, cujos fins no caso de Municípios deverão ser culturais ou de assistência (parágrafo único, art. 62 do novo Código Civil brasileiro – Lei nº 10.406, de 10 de janeiro de 2002).

As fundações diferem das autarquias pela destinação de receitas específicas para atingir seus objetivos, advindas, via de regra, de repasses do ente à qual estão vinculadas, não significando, entretanto, que não poderão ter outro tipo de arrecadação.

As despesas das fundações estão relacionadas aos fins para os quais foram criadas, ou seja, para uma fundação de caráter cultural deverão ser criadas despesas cujos programas estarão voltados para a função "13 – Cultura" e no caso de saúde para a função "10 – Saúde".

Assim como as autarquias, as fundações públicas podem, nos termos da(s) lei(s) que as criaram, cobrar tributos e tarifas, devendo observar as normas dos Códigos Tributários Nacional e Municipal e a Constituição Federal, principalmente o art. 150, inciso VI, alínea *a*, e seu § 2º, da Constituição Federal:

> "Art. 150. Sem prejuízo de outras garantias asseguradas ao contribuinte, é vedado à União, aos Estados, ao Distrito Federal e aos Municípios:
>
> [...]
>
> VI – instituir impostos sobre:
>
> a) patrimônio, renda ou serviços, uns dos outros;
>
> [...]
>
> § 2º A vedação do inciso VI, a, é extensiva às autarquias e às fundações instituídas e mantidas pelo Poder Público, no que se refere ao patrimônio, à renda e aos serviços, vinculados a suas finalidades essenciais ou às delas decorrentes."

As vedações de que tratam os dispositivos acima afirmam a necessidade de harmonia entre os entes públicos e o convívio equilibrado entre as várias entidades públicas, com uma reciprocidade mútua.

Assim como para as autarquias, a sua imunidade tributária não abrange as taxas e as contribuições de melhoria. Suas dívidas também se sujeitam à prescrição quinquenal (Decreto nº 20.910/32); seus bens são considerados bens públicos (não podem ser penhorados e são insusceptíveis de usucapião). Exemplos: Fundação Nacional do Índio e Fundação Nacional de Saúde.

2.4.5 Empresa estatal dependente

Terminologia introduzida pela Lei Complementar nº 101/00 que define empresa estatal dependente como uma empresa controlada que receba, do ente controlador, recursos financeiros para pagamento de despesas com pessoal ou de custeio em geral ou de capital, excluídos, no último caso, os provenientes de aumento de participação acionária.

Essas empresas fazem parte do orçamento fiscal, devendo, portanto, exercer controles contábeis compatíveis com a Administração Pública, nos termos da LC nº 101/00, art. 50, III.

2.4.6 Consórcios públicos

A gestão associada de serviços públicos foi prevista inicialmente no art. 241 da Constituição Federal de 1988 (CF/88). Para isso, foram criados os consórcios públicos que são parcerias formadas por dois ou mais entes públicos, normalmente municípios, que se associam para resolver problemas mais complexos, que em geral são difíceis de serem resolvidos por um único ente.

O consórcio público com personalidade jurídica de direito público integra a administração indireta de todos os entes da Federação consorciados, possui natureza autárquica, nos termos do inciso IV do art. 41 da Lei nº 10.406/2002 e, por isso, a execução orçamentária das receitas e despesas do consórcio público deverá obedecer às normas gerais de direito financeiro, aplicáveis às entidades públicas, regulamentadas pelo MCASP (Lei nº 4.320/64 e Lei Complementar nº 101/2000).

Com a regulamentação da Lei nº 11.107, de 6 de abril de 2005, por meio do Decreto nº 6.017, de 17 de janeiro de 2007, a STN editou a Portaria nº 274 de 13 de maio de 2016 que estabelece normas gerais de consolidação das contas dos consórcios públicos a serem observadas na gestão orçamentária, financeira e contábil, em conformidade com os pressupostos da responsabilidade fiscal. Também regulamenta a participação dos entes da Federação quando consorciados.

A referida Portaria conceitua, em seu art. 2º, o seguinte:

I – contrato de rateio: contrato por meio do qual os entes da Federação consorciados comprometem-se a transferir recursos financeiros para a realização das despesas do consórcio público, consignados em suas respectivas leis orçamentárias anuais;

II – orçamento do consórcio público: instrumento não legislativo elaborado pelo consórcio público que dispõe sobre a previsão de receitas e despesas necessárias à consecução dos fins do consórcio público, inclusive as relativas ao contrato de rateio;

III – código de fonte/destinação de recursos: código para a gestão orçamentário-financeira que vincule o ingresso de recursos à respectiva aplicação.

Conforme determina o art. 3º da referida Portaria, os consórcios públicos integram a administração indireta de todos os entes da Federação consorciados. Cabe ressaltar que as receitas de transferências recebidas pelos consórcios públicos em virtude do contrato de rateio deverão ser classificadas em códigos de fonte/destinação de recursos, que reflitam as finalidades da transferência. Assim também, os bens dos consórcios púbicos, recebidos em doação com ônus, somente integrarão o patrimônio após o cumprimento das condições estabelecidas pelo doador, devendo ser objeto de controle individualizado.

Define também que o consórcio público deverá prestar as informações necessárias para subsidiar a elaboração das leis orçamentárias anuais dos entes consorciados pelo menos trinta dias antes do menor prazo para encaminhamento dos respectivos projetos de lei ao Poder Legislativo.

Enquanto isso, os entes da Federação consorciados consignarão em suas leis orçamentárias anuais ou em créditos adicionais, por meio de programações específicas, dotações suficientes para suportar as despesas com transferências a consórcio público. Devem adotar modalidade de aplicação específica referente às transferências a consórcios públicos, observada a metodologia de elaboração estabelecida pelo Manual de Demonstrativos Fiscais, da Secretaria do Tesouro Nacional.

O Consórcio tem o seu orçamento aprovado pelo Conselho de Prefeitos associados. Sendo assim, tem previsão e fixação de despesas, como uma autarquia multigovernamental, tanto é que sua modalidade de aplicação é 70, que se desmembrou em 71, 72, 73, 74, 75 e 76.

O consórcio recebe o repasse de cada ente (ex.: Município) e o contabiliza como receita Orçamentária e executa a despesa como previsto em seu orçamento. Mensalmente, 15 dias após o encerramento do período de referência, entrega o relatório de prestação de contas aos municípios para que estes façam os lançamentos desta prestação de contas à sua contabilidade para consolidação dos dados movimentados.

3

Instrumentos Básicos
de Planejamento

É destacada uma diferença substancial entre a função do planejamento nas instituições públicas em detrimento das privadas. É que, enquanto na Administração Pública, principalmente na gestão municipal, tem-se o poder de alterar a estrutura organizacional por meio de uma legislação própria, mediante atos normativos do Poder Executivo e do Legislativo, na empresa privada não há uma imposição legal que limita, de certa forma, alguma tentativa de influenciar ou modificar o mesmo ambiente correlacionado. No entanto, assim mesmo este último atinge grandes resultados com planejamento eficaz.

Atrelado aos Princípios do Processo de Planejamento, como instrumento de planejamento, a própria Constituição Federal, em seu art. 165, fixa a hierarquia dos processos de planejamento do orçamento como:

- Plano Plurianual: instrumento que estabelece as diretrizes, os objetivos e as metas para as despesas de capital e para as relativas aos programas de duração continuada;
- Lei de Diretrizes Orçamentárias: compreende as metas e prioridades, além de orientar a elaboração da lei de orçamento anual; e
- Orçamento Anual: dispõe sobre a previsão da receita e a fixação da despesa, contendo programas de ação do governo e os diversos tipos de despesas necessários a cada um desses programas.

As peças orçamentárias devem relacionar-se entre si. O orçamento deve conter a representação monetária de parte do plano, além de explicitar a previsão de receitas e a fixação de despesas necessárias; já o Plano Plurianual deve exaltar todas as ações de forma coordenada, havendo compatibilidade de seus valores expressos com os demais instrumentos de planejamento.

Com o advento da Constituição da República de 1988, da Lei Complementar nº 101/00, da elaboração de atos normativos pelo Ministério do Orçamento e

Gestão (Secretaria de Orçamento Federal – SOF) e pelo Ministério da Fazenda (Secretaria do Tesouro Nacional – STN), especialmente as Portarias n°s 42 e 163, com as revisões posteriores e com a publicação da 6ª edição do *Manual de Contabilidade aplicada ao setor público*, tendo a Parte I denominada de "Procedimentos Contábeis Orçamentários" inserção de novas contas. Acesse as Portarias atuais por meio do *site* <www.niltonandrade.com.br>. Nesses campos, estão introduzidos conceitos gerenciais de eficiência, economicidade, eficácia e efetividade, como pode ser comprovado nos arts. 70 a 74 do referido texto constitucional.

Verifica-se, ainda, a determinação pela Constituição Federal de 1988, assim como da LC nº 101/00, para que se publiquem resumos da execução financeira e orçamentária, além de exigir acesso público dos demonstrativos e documentos, inclusive pela Internet, forçando à prestação de contas mediante a verificação pelo contribuinte da legitimidade destes atos e fatos.

A classificação da despesa trazida pela Portaria nº 42 do Ministério do Orçamento e Gestão dá aos programas um novo papel no planejamento: retratar os programas do governo, que devem ser criados pelo município segundo seu próprio plano, os quais serão os instrumentos de organização da ação governamental. Estes, por sua vez, devem conter os indicadores e as metas, tendo correspondência na lei orçamentária com projetos, atividades e operações especiais.

3.1 Plano plurianual

É um programa de trabalho elaborado pelo Executivo para ser executado no período correspondente a um mandato político, a ser contado a partir do exercício financeiro seguinte ao de sua posse, atingindo o primeiro exercício financeiro do próximo mandato. É a transformação, em lei, dos ideais políticos divulgados durante a campanha eleitoral, salientando os interesses sociais.

Considerando a legislação específica, os instrumentos para elaboração do Plano Plurianual (PPA) são: as diretrizes, os programas, explicitando os objetivos e ações, e estas detalhando as metas do governo.

O levantamento de receitas financiadoras do Plano Plurianual atende aos objetivos da Lei de Responsabilidade Fiscal, que visa ao crescimento econômico e à expansão das ações de governo. Os recursos de superávit orçamentário corrente mais as receitas de capital dão ao administrador a dimensão de sua capacidade de investimentos e expansão de serviços públicos. No entanto, com o Plano Plurianual abrigando realmente todas "as despesas de capital, as delas decorrentes e os programas de duração continuada" (por estes últimos deduz-se que são todos os programas), então o orçamento não ficará adstrito às receitas financiadoras na forma antes preconizada, tendo suporte na totalidade da receita pública sem, contudo, perder o norteamento balizador das disponibilidades de investimentos e expansão de ações, estes sim subordinados aos recursos financiadores, cuja disponibilidade a ação governamental deverá buscar, mediante o aumento permanente das receitas e a racionalização permanente das despesas.

A iniciativa do projeto de lei do PPA é do Poder Executivo, e todos os órgãos que compõem a administração têm grande responsabilidade pelo planejamento plurianual. Seu envio à Câmara deverá ser feito até 31 de agosto do primeiro ano de mandato, e devolvido para sanção do Poder Executivo até o final da segunda seção legislativa, ou seja, 31 de dezembro. Discordamos de outros prazos fixados nas leis orgânicas municipais, tendo em vista o que dispõem os arts. 24, 30, 165 da CF e 35 do ADCT, ou seja, o município não é competente para legislar sobre prazo desta lei.

3.1.1 Diretrizes de governo

Apontam ou traçam as direções, regulam os planos de governo, estabelecem critérios para o planejamento. São "bússolas" que dão rumo ao planejamento e são os resultados principais ou maiores, em longo prazo, que necessitarão ser desenvolvidos e que se pretendem alcançar. São, pois, o conjunto de programas, ações e de decisões orientadoras dos aspectos envolvidos no planejamento, sendo ainda o nível mais abstrato para formulação geral do plano de governo. As diretrizes têm seus objetivos e estabelecem critérios macros que definem as estratégias de governo. Cada diretriz é detalhada por programas, que podem ser especificados por seus respectivos objetivos.

3.1.2 Programas de governo

São o instrumento de organização da atuação governamental. Articulam o conjunto de ações que concorrem para um objetivo comum e preestabelecido, mensuradas por indicadores estabelecidos no Plano Plurianual, visando à solução de um problema ou ao atendimento de uma necessidade ou demanda da sociedade. Os programas de governo são os instrumentos das diretrizes e devem estabelecer os objetivos (resultados esperados dos programas). São executados pelas ações (mensuráveis por metas). Esses programas integram PPA e orçamento, e são, portanto, o elo de integração entre esses dois instrumentos de planejamento.

3.1.3 Objetivos

Os objetivos são o detalhamento ou a decomposição dos programas, que deverão ser atendidos, de forma a concretizar as diretrizes, indicando os resultados pretendidos pela administração a serem realizados pelas ações. Em linguagem comum, o objetivo é o histórico ou a descrição que se dá para uma diretriz ou para um programa.

3.1.4 Ações de governo

As ações são as iniciativas necessárias para cumprir os objetivos dos programas sobre os quais devem ser estabelecidas as metas. Compõem-se dos projetos, atividades e operações especiais, nos termos definidos pela Portaria STN nº 42, de 14 de abril de 1999. Os projetos são identificados por número impar, as atividades por um número par e as operações especiais pelo número zero, cada um com mais o sequencial de três dígitos, para formar as identificações numéricas. Exemplos: 1.001, 1.002, 2.001, 2002 e 0.001.

3.1.5 Metas físicas

São a mensuração das ações de governo para definir quantitativa e qualitativamente o que se propõe ser atendido e qual parcela da população se beneficiará com a referida ação.

Também, podem-se entender as ações como um marco ou ponto que se pretende alcançar em curto prazo e que, em conjunto, concretizam os programas. Devem ser estabelecidas como alvos a serem atingidos, quantificados no tempo, de tal forma que sejam de fácil aferição em sua realização. Resumem-se em especificação e quantificação físicas dos detalhamentos definidos.

Os projetos e atividades são instrumentos de realização dos programas em nível orçamentário e das ações selecionadas para o exercício, detalhados em dotações orçamentárias, junto à lei orçamentária anual.

A seguir, apresentam-se diagramas que ilustram o plano plurianual. A Figura 3.1 representa a relação existente entre o Plano Plurianual (PPA), a Lei de Diretrizes Orçamentárias (LDO) e a Lei Orçamentária Anual (LOA); o Quadro 3.1 representa a diferença entre nomenclaturas utilizadas no PPA e LOA; o Quadro 3.2 representa o anexo de diretrizes e programas de governo, enquanto os Quadros 3.3 e 3.4 representam como podem ser desenvolvidos os anexos do PPA com detalhamentos e quantitativos físicos e financeiros para um quatriênio. Logo, vê-se na figura que os programas são os mesmos existentes no PPA e na LOA. Já quanto às ações do PPA, apesar de figurarem nos dois instrumentos de planejamento com nomes diferentes (ações ou operações especiais, atividades e projetos) trata-se da mesma coisa.

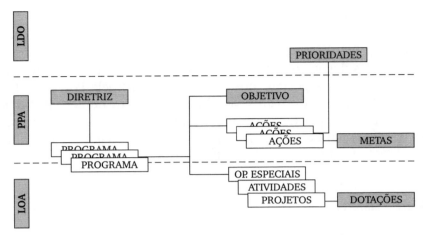

Figura 3.1 *Relação entre os três instrumentos de planejamento – PPA, LDO e LOA.*

Quadro 3.1 *Distinção entre as nomenclaturas utilizadas no PPA e LOA.*

		O QUE É (conceito)	OBJETIVO	RESULTADO
	PROGRAMA Art. 2º Portaria 42	Instrumento de organização da ação governamental	Concretização dos objetivos pretendidos	Medido por indicadores estabelecidos no plano plurianual (metas)
Ações	**PROJETO** Art. 2º Portaria 42	Instrumento de programação: • conjunto de operações; • limitadas no tempo	Alcançar o objetivo de um programa	Resulta um produto que concorre para a expansão ou o aperfeiçoamento da ação de governo
Ações	**ATIVIDADE** Art. 2º Portaria 42	Instrumento de programação: • conjunto de operações que se realizam de modo contínuo e permanente	Alcançar o objetivo de um programa	Resulta um produto necessário à manutenção da ação de governo
Ações	**OPERAÇÕES ESPECIAIS** Art. 2º Portaria 42	Ver observação(*)	Detalhamento da função "Encargos Especiais"	Não contribuem para a manutenção; Não resultam um produto; Não geram contraprestação direta sob a forma de bens ou serviços

(*) Amortizações e encargos, aquisição de títulos, pagamento de sentenças judiciais, transferências a qualquer título, ressarcimentos de toda ordem, indenizações, pagamento de inativos, participações acionárias, contribuição a organismos nacionais e internacionais, compensações financeiras.

Quadro 3.2 *Anexo de diretrizes e programas de governo.*

MODELO DE PLANO PLURIANUAL CONSOLIDADO DE X1 a X4	
Anexo I – Diretrizes e Programas da Administração	
0001	**MANTER OS SERVIÇOS PÚBLICOS OFERECIDOS**
PROGRAMAS	• Encargos Especiais • Administração Pública Municipal • Edificações Públicas • Controle Central de Administração Financeira • Controle de Tributação e Administração Tributária • Controle Interno • Programa de Planejamento e Gestão
0002	**INVESTIR NA EDUCAÇÃO**
PROGRAMAS	• Programa de Alimentação Escolar • Atendimento ao Ensino Fundamental • Atendimento ao Ensino Profissional • Universalização da Educação Infantil • Atendimento à Educação Especial • Formação Pedagógica para Docentes • Transporte Escolar • Bolsa de Estudos • Livros Didáticos • Atendimento ao Ensino Médio
0003	**AMPLIAR ACESSO DA POPULAÇÃO À SAÚDE PÚBLICA**
PROGRAMAS	• Atenção à Saúde Básica • Assistência Médica e Odontológica • Abastec. de Medicamentos, Imunobiológicos Hemoderivados • Controle de Doenças • Vigilância Sanitária • Saúde da Família • Sistemas de Água e Esgoto
0004	**ASSEGURAR SERV. DE ASSIST. SOCIAL À POPULAÇÃO**
PROGRAMAS	• Assistência Social Geral • Assistência Social à Criança e ao Adolescente

Quadro 3.3 *Modelo de anexo – programas, ações e metas da administração.*

Programas/Objetivos		Metas			
		Ações	Unidade	Ano X1 a X4	Valor Previsto
1003	Atenção à Saúde Básica	• 2.001 – Participar de consórcios intermunicipais	Consórcio	1	50.000,00
	Executar as ações de prevenção e de melhoria do atendimento médico--ambulatorial e hospitalar	• 2.002 – Criar programas de saúde da família	Programa	1	200.000,00
		• 1.001 – Construir unidades de saúde	Unidades	3	1.000.000,00
		• 2.003 – Adquirir medicamentos básicos/distribuição gratuita	Pacientes	400	500.000,00
		• 1.002 – Equipar unidades de saúde	Aparelhos	50	300.000,00
		Subtotal			2.050.000,00
1202	Atendimento ao Ensino Fundamental	• 2.004 – Capacitar professores	Professores	400	20.000,00
		• 1.003 – Aparelhar escolas	Escolas	20	80.000,00
	Garantir o ingresso e a permanência do aluno, assegurando--lhe ensino de qualidade	• 1.004 – Construir escolas	Escolas	3	800.000,00
		• 1.005 – Reformar escolas	Escolas	12	100.000,00
		Subtotal			1.000.000,00

Fonte: Elaborado pelo autor.

Obs.: Adotou-se como convenção o código da função para ser os dois primeiros dígitos do código do programa. Na elaboração do PPA, deve-se criar mais uma coluna no quadro em referência para identificar a localização ou setorização em que as ações serão desenvolvidas, de forma a atender o art. 165, § 4º, da Constituição da República.

Quadro 3.4 *Modelo de anexo – indicadores das ações e metas da administração.*

Programas/Objetivos		Metas		
		Ações	População beneficiada	Quanti-dade
1003	Atenção à Saúde Básica Executar as ações de prevenção e de melhoria do atendimento médico--ambulatorial e hospitalar	• 2.005 – Participar de consórcios intermunicipais	Pessoas atendidas/ano	10.000
		• 2.006 – Criar programas de saúde da família	Famílias atendidas/ano	2.390
		• 1.006 – Construir unidades de saúde	Famílias atendidas/ano	3.000
		• 2.007 – Adquirir medicamentos básicos/distribuição gratuita	População atendida/ano	6.000
		• 1.007 – Equipar unidades de saúde	População atendida/ano	10.000
		Subtotal		
		. . . .		
1202	Atendimento ao Ensino Fundamental Garantir o ingresso e a permanência do aluno, assegurando-lhe ensino de qualidade	• 2.008 – Capacitar professores	Professores capacitados/ano	400
		• 1.008 – Aparelhar escolas	Alunos beneficiados	3.450
		• 1.009 – Construir escolas	Alunos beneficiados	1.220
		• 1.010 – Reformar escolas	Escolas	1.230
		Subtotal		
		. . . .		

Fonte: Elaborado pelo autor.

Obs.: Os códigos são sequenciais e de livre escolha da entidade, apenas devem obedecer à quantidade de dígitos, sendo que nas ações, o primeiro dígito ímpar significa projeto, o par significa atividade e o zero significa operações especiais, conforme exposto nas seções 3.1.4 e 5.2.3.3.2, Lei de Diretrizes Orçamentárias.

3.2 Lei de Diretrizes Orçamentárias

Estabelecerá as prioridades das metas presentes no Plano Plurianual da Administração Pública, ou melhor, o planejamento operacional anual, incluindo as despesas de capital para o exercício financeiro subsequente, orientará a elaboração da Lei Orçamentária Anual e disporá sobre alterações na legislação tributária local, além de definir a política da aplicação das agências financeiras oficiais de fomento. Deve ser aprovada pelo Poder Legislativo até o final do primeiro semestre do ano, conforme o art. 165, § 2º, da Constituição Federal.

Com o advento da Lei Complementar nº 101/00 ou Lei de Responsabilidade Fiscal, a Lei de Diretrizes Orçamentárias (LDO) passou ainda a ressaltar: equilíbrio entre receitas e despesas; critérios e formas de limitação de empenho, visando ao cumprimento de metas fiscais e do resultado primário e nominal, além de direcionar formas de limites de gastos com pessoal, limites de dívidas, uso da reserva de contingência, avaliação dos passivos contingentes e outros riscos capazes de afetar o equilíbrio das contas públicas, e a inclusão de anexos de Metas Fiscais e Riscos Fiscais.

Ressalta-se que os municípios com população abaixo de 50 mil habitantes podem emitir e publicar seus Relatórios de Gestão Fiscal e Relatório Resumido da Execução Orçamentária semestralmente.

A iniciativa do projeto de LDO é do Poder Executivo, mas os departamentos de planejamento e de contabilidade têm grande responsabilidade na correta elaboração do referido texto e anexos. Seu envio à Câmara deverá ser feito até 15 de abril de cada ano, sendo devolvido para sanção do Poder Executivo até o final da primeira seção legislativa. Discordamos de outros prazos fixados nas leis orgânicas municipais tendo em vista o que dispõem os arts. 24, 30, 35 e 165 do ADCT, ou seja, o município não é competente para legislar sobre prazo dessa lei. Já os Estados e o Distrito Federal podem alterar tais prazos.

3.2.1 Prioridades da gestão pública

Hierarquia a que devem submeter-se as metas. Quais as mais importantes, quais têm precedência ou que devem ser realizadas antes. Traduzem-se no cronograma para execução das metas, a fim de realizarem-se ações que resultam em serviços prestados quantificáveis.

São, pois, o grau de precedência que representa o projeto e/ou a atividade dentro da programação estabelecida, tanto para a unidade orçamentária quanto para o órgão setorial e o órgão central.

As prioridades da LDO definem critérios para eleição de quais ações serão detalhadas no orçamento anual até o nível de elemento de despesa.

Para a inclusão das metas e prioridades do governo no "Anexo de Metas e Prioridades da Administração", é necessário reportar-se ao PPA, com a intenção de orientar as escolhas dos programas e ações para a elaboração da Lei Orçamentária.

Se no PPA constar a meta de construção de duas unidades de saúde e outra meta para aquisição de equipamentos para esses postos, será necessário avaliar se a construção dos postos será feita concomitantemente, se a prioridade para o exercício a que se refere o planejamento é a construção de uma só unidade, se a aquisição dos equipamentos das unidades será feita também nesse exercício, ou em ano posterior, para somente depois dessa análise fazer a inclusão da meta no anexo citado.

Demonstra-se a seguir no Quadro 3.5 um exemplo de Anexo de Metas e Prioridades da Administração, onde se encontra a seleção de ações definidas nos anexos do PPA.

Note-se que a organização e a definição das prioridades demonstram um real planejamento, dando segurança ao Poder Legislativo e à comunidade que participou do processo decisório do que fará parte da Lei Orçamentária e consequentemente será executado no ano vindouro e nos seguintes. Referir-se à comunidade é reportar a participação popular exigida pela Lei de Responsabilidade Fiscal, especificamente no art. 48, parágrafo único. Diante disso, todos os setores da administração poderão iniciar seu planejamento no que compete a cada um.

Quadro 3.5 *Anexo de metas e prioridades da administração.*

Programas e ações	Produto	Unid. medida	Meta
Programa: 1001 – Programa de Saúde Bucal nas Escolas de Ensino Fundamental			
Objetivo: *Garantir a Saúde Bucal, diminuindo a incidência de cáries no aluno do Ensino Fundamental*			
001 Aquisição de gabinete odontológico	Gabinete adquirido	Unidade	3
002 Aplicação de flúor	Aluno assistido	Milhar	1.500
003 Veiculação de programas de rádio	Programa veiculado	Minutos	300
Programas e ações	**Produto**	**Unid. medida**	**Meta**
Programa: 0401 – Capacitação de Servidores Públicos			
Objetivo: *Garantir qualidade nos serviços e no atendimento ao público interno e externo*			
004 Treinamento de servidores	Servidor treinado	Unidade	528
005 Distribuição de material didático	Material distribuído	Milhar	1.480

3.2.2 *Metas fiscais da administração*

Entende-se como o relatório-base para o equilíbrio das contas públicas e a chave para a gestão fiscal responsável.

A elaboração desse anexo está obrigada para a União, Estados e municípios independentemente do número de habitantes. A não apresentação desse anexo implicará penalidade para o gestor público, especialmente o Chefe do Poder Executivo, de valor equivalente a 30% de seus vencimentos anuais, na forma do art. 5º da Lei nº 10.028/00. Ressalta-se que durante os primeiros cinco anos de vigência da LRF, os municípios com menos de 50 mil habitantes estavam dispensados da emissão deste anexo, conforme define o seu art. 63.

Nesse anexo, estarão estabelecidos:

- as metas anuais, em valores correntes e constantes, relativas a receitas, despesas, resultados nominal e primário e montante da dívida pública, para o exercício a que se refere e para os dois subsequentes;
- avaliação do cumprimento das metas relativas ao ano anterior;
- demonstrativo das metas anuais, instruído com memória e metodologia de cálculo que justifiquem os resultados pretendidos, comparando-as com as fixadas nos três exercícios anteriores e evidenciando a consistência delas com as premissas e os objetivos da política econômica nacional;
- evolução do patrimônio líquido, também nos últimos três exercícios, destacando a origem e a aplicação dos recursos obtidos com a alienação de ativos;
- avaliação da situação financeira e atuarial dos regimes próprios de previdência;
- demonstrativo da estimativa e compensação da renúncia de receita e da margem de expansão das despesas obrigatórias de caráter continuado.

Entende-se por valores correntes o valor de um bem, de um serviço ou destes consolidados registrados no momento de seu pagamento. Sanches (1997, p. 277) afirma que "os valores a preços correntes embutem o efeito da inflação ocorrida durante o período de apuração (mês, trimestre, semestre ou ano)".

Os valores constantes são os valores correntes corrigidos, por meio de métodos apropriados, que possam eliminar os efeitos da inflação no período em estudo e torná-los comparáveis com os valores de outro período adotado como base. Sanches (1997, p. 277) recomenda que para comparar valores correntes "é preciso depurá-los do efeito da inflação" e que "é necessário transformá-los em valores constantes".

3.2.2.1 Anexo de metas fiscais

As planilhas, apresentadas nos Quadros 3.6 a 3.12, que compõem o Anexo de Metas Fiscais, foram normatizadas por meio da 6ª edição do Manual de Demonstrativos Fiscais, aplicadas às três esferas de governo (União, Estados e Municípios). Recomenda-se consultar as possíveis atualizações por meio do *site* <www.niltonandrade.com.br> ou <www.stn.fazenda.gov.br>.

Quadro 3.6 *Item I – Metas fiscais atuais comparadas com as fixadas nos três exercícios anteriores.*

ESPECIFICAÇÃO	VALORES A PREÇOS CORRENTES										
	Anos anteriores					Ano atual		Anos seguintes			
	X–3	X–2	%	X–1	%	X0	%	X+1	%	X+2	%
Receita Total											
Receitas Primárias (I)											
Despesa Total											
Despesas Primárias (II)											
Resultado Primário (III) = (I – II)											
Resultado Nominal											
Dívida Pública Consolidada											
Dívida Consolidada Líquida											

ESPECIFICAÇÃO	VALORES A PREÇOS CONSTANTES										
	Anos anteriores					Ano atual		Anos seguintes			
	X–3	X–2	%	X–1	%	X0	%	X+1	%	X+2	%
Receita Total											
Receitas Primárias (I)											
Despesa Total											
Despesas Primárias (II)											
Resultado Primário (III) = (I – II)											
Resultado Nominal											
Dívida Pública Consolidada											
Dívida Consolidada Líquida											

Fonte: Manual de Demonstrativos Fiscais (MDF) – 6ª edição.

Quadro 3.7 *Item II – Avaliação do cumprimento das metas fiscais do exercício anterior.*

Demonstrativo II (LRF, art. 4º, § 2º, inciso I)   R$ 1,00

ESPECIFICAÇÃO	Metas Previstas em X–1 (a)	% PIB	Metas Realizadas em X0 (b)	% PIB	Variação	
					Valor (c) = (b – a)	% (c/a) × 100
Receita Total						
Receitas Primárias (I)						
Despesa Total						
Despesas Primárias (II)						
Resultado Primário (III) = (I – II)						
Resultado Nominal						
Dívida Pública Consolidada						
Dívida Consolidada Líquida						

Fonte: Manual de Demonstrativos Fiscais (MDF) – 6ª edição.

Quadro 3.8 *Item III – Memória e metodologia de cálculo.*

Descrição	Memória de cálculo	Metodologia
IPTU		

Fonte: Elaborado pelo autor.

Quadro 3.9 *Item IV – Metas anuais.*

Demonstrativo I (LRF, art. 4º, § 1º)   R$ 1,00

ESPECIFICAÇÃO	Ano X 0			Ano X + 1			Ano X + 2		
	Valor Corrente (a)	Valor Constante	% PIB (a/ PIB) × 100	Valor Corrente (b)	Valor Constante	% PIB (b/ PIB) × 100	Valor Corrente (c)	Valor Constante	% PIB (c/ PIB) × 100
Receita Total									
Receitas Primárias (I)									
Despesa Total									
Despesas Primárias (II)									
Resultado Primário (III) = (I – II)									
Resultado Nominal									
Dívida Pública Consolidada									
Dívida Consolidada Líquida									

Fonte: Manual de Demonstrativos Fiscais (MDF) – 6ª edição.

Quadro 3.10 *Item V – Evolução do patrimônio líquido.*

Demonstrativo IV (LRF, art. 4º, § 2º, inciso III) R$ 1,00

PATRIMÔNIO LÍQUIDO	X – 3	%	X – 2	%	X – 1	%
Patrimônio/Capital						
Reservas						
Resultado Acumulado						
TOTAL						

REGIME PREVIDENCIÁRIO						
PATRIMÔNIO LÍQUIDO	X – 3	%	X – 2	%	X – 1	%
Patrimônio						
Reservas						
Lucros ou Prejuízos Acumulados						
TOTAL						

Fonte: Manual de Demonstrativos Fiscais (MDF) – 6ª edição.

Quadro 3.11 *Item VI – Origem e aplicações dos recursos obtidos com a alienação de ativos.*

Demonstrativo V (LRF, art. 4º, § 2º, inciso III) R$ 1,00

RECEITAS REALIZADAS	X – 3 (a)	X – 2 (b)	X – 1 (c)
RECEITAS DE CAPITAL – ALIENAÇÃO DE ATIVOS (I)			
Alienação de Bens Móveis			
Alienação de Bens Imóveis			
DESPESAS EXECUTADAS	X – 3 (d)	X – 2 (e)	X – 1 (f)
APLICAÇÃO DOS RECURSOS DA ALIENAÇÃO DE ATIVOS (II)			
DESPESAS DE CAPITAL			

Continua

DESPESAS EXECUTADAS	X – 3 (d)	X – 2 (e)	X – 1 (f)
Investimentos			
Inversões Financeiras			
Amortização da Dívida			
DESPESAS CORRENTES DOS REGIMES DE PREVIDÊNCIA			
Regime Geral de Previdência Social			
Regime Próprio de Previdência dos Servidores			
SALDO FINANCEIRO	X – 3 (g) = ((Ia – IId) + IIIh)	X – 2 (h) = ((Ib – IIe) + IIIi)	X – 1 (i) = (Ic – IIf)
VALOR (III)			

Fonte: Manual de Demonstrativos Fiscais (MDF) – 6ª edição.

Quadro 3.12 *Item VII – Demonstração da estimativa e compensação de renúncia de receita.*

Tabela 8 (LRF, art. 4º, § 2º, inciso V)   R$ 1,00

TRIBUTO	MODALIDADE	SETORES/ PROGRAMAS/ BENEFICIÁRIO	RENÚNCIA DE RECEITA PREVISTA			COMPENSAÇÃO
			X0	X + 1	X + 2	
TOTAL						

Fonte: Manual de Demonstrativos Fiscais (MDF) – 6ª edição.

Nota: X0 é o ano de referência da LDO.

Observação: Havendo a intenção do ente público na concessão de benefício de ordem tributária que implique renúncia de receita, o quadro do item VII deve ser preenchido com as respectivas informações.

Quadro 3.13 *Item VIII – Margem de expansão das despesas obrigatórias de caráter continuado.*

AMF – Tabela 9 (LRF, art. 4º, § 2º, inciso V) R$ 1,00

EVENTOS	Valor Previsto para \<Ano de Referência\>
Aumento Permanente da Receita (–) Transferências Constitucionais (–) Transferências ao FUNDEB	
Saldo Final do Aumento Permanente de Receita (I)	
Redução Permanente de Despesa (II)	
Margem Bruta (III) = (I + II)	

Saldo Utilizado da Margem Bruta (IV)
   Novas DOCC
   Novas DOCC geradas por PPP	

Margem Líquida de Expansão de DOCC (V) = (III – IV)	

Fontes: Manual de Demonstrativos Fiscais (MDF) – 6ª edição.

Item VIII – Avaliação do regime próprio de previdência (se houver)

Este anexo deve espelhar a análise do cálculo atuarial em relação ao exercício.

Outros quadros são exigidos no que tange a receitas e despesas previdenciárias do regime próprio de previdência dos servidores e projeção atuarial. Deixaremos de demonstrar o formulário, mas o mesmo poderá ser encontrado no Manual de Demonstrativos Fiscais (MDF) da STN, como Demonstrativo 6.

3.2.2.2 Anexo de riscos fiscais

Por ser obrigatório para todos os municípios independentemente do número de sua população, esse anexo deve conter os riscos fiscais, onde serão avaliados os passivos contingentes e outros riscos capazes de afetar o equilíbrio das contas públicas, informando as providências a serem tomadas, caso sejam concretizadas.

Para a elaboração desse anexo, será necessária a avaliação do que é incerto ou eventual, devendo para isso basear-se em ocorrências anteriores e experiências, tais como calamidades públicas, frustração de arrecadação, demandas judiciais etc. Conforme a 6ª edição do Manual de Demonstrativos Fiscais, os Riscos Fiscais *"são a possibilidade da ocorrência de eventos que venham a impactar, negativamente, as contas públicas"* e são classificados em dois grupos: riscos orçamentários e riscos decorrentes da gestão da dívida. A seguir, os conceitos nela trazidos:

"Os riscos orçamentários referem-se à possibilidade de as obrigações explícitas diretas sofrerem impactos negativos devido a fatores tais como as receitas previstas não se realizarem ou à necessidade de execução de despesas inicialmente não fixadas ou orçadas a menor. Como riscos orçamentários, podem-se citar, dentre outros casos:

- *frustração na arrecadação devido a fatos não previstos à época da elaboração da peça orçamentária;*
- *restituição de tributos realizada a maior que a prevista nas deduções da receita orçamentária;*
- *discrepância entre as projeções de nível de atividade econômica, taxa de inflação e taxa de câmbio quando da elaboração do orçamento e os valores efetivamente observados durante a execução orçamentária, afetando o montante de recursos arrecadados;*
- *discrepância entre as projeções, quando da elaboração do orçamento, de taxas de juros e taxa de câmbio incidente sobre títulos vincendos e os valores efetivamente observados durante a execução orçamentária, resultando em aumento do serviço da dívida pública;*
- *ocorrência de epidemias, enchentes, abalos sísmicos, guerras e outras situações de calamidade pública que não possam ser planejadas e que demandem do Estado ações emergenciais, com consequente aumento de despesas."*

Os riscos orçamentários, decorrentes da gestão da dívida, referem-se a possíveis ocorrências externas à administração e podem resultar em aumento do serviço da dívida pública no ano de referência à Lei de Diretrizes Orçamentárias. Segundo o Manual de Demonstrativos Fiscais, esses riscos são verificados a partir de dois tipos de eventos: um decorre de fatos como compromissos assumidos pelo governo para fluxo futuro, tais como aposentadorias e pensões e outro são os passivos contingentes que representam dívidas, cuja existência depende de fatores imprevisíveis, tais como resultados dos julgamentos de processos judiciais.

Assim, a União em sua LDO classifica os riscos em duas categorias: orçamentários e de dívida, sendo que, na primeira, considera aqueles riscos que dizem respeito à possibilidade de as receitas e despesas previstas não se confirmarem, enquanto na segunda incluem-se os riscos de passivos trabalhistas, entre outros.

Dessa forma, é possível confirmar que os precatórios não se enquadram no conceito de Risco Fiscal, baseando-se no § 1º do art. 100 da Constituição Federal de 1988.

O anexo (Quadro 3.14) preenchido com um prévio estudo proporcionará ao gestor a elaboração de normas e procedimentos que deverão ser tomados, caso ocorram.

Deve-se ressaltar que a Lei de Responsabilidade Fiscal definiu em seu art. 5º, III, *b*, que a Reserva de Contingência poderá ser utilizada, nesse caso, para a cobertura de recursos orçamentários para a abertura de créditos adicionais. Veja a seção 3.5 deste capítulo.

Quadro 3.14 *Anexo de riscos fiscais.*

(LRF, art. 4º, § 3º) R$ 1,00

PASSIVOS CONTINGENTES		PROVIDÊNCIAS	
Descrição	Valor	Descrição	Valor
Demandas Judiciais			
Dívidas em Processo de Reconhecimento			
Avais e Garantias Concedidas			
Assunção de Passivos			
Assistências Diversas			
Outros Passivos Contingentes			
SUBTOTAL		SUBTOTAL	

DEMAIS RISCOS FISCAIS PASSIVOS		PROVIDÊNCIAS	
Descrição	Valor	Descrição	Valor
Frustração de Arrecadação			
Restituição de Tributos a Maior			
Discrepância de Projeções			
Outros Riscos Fiscais			
SUBTOTAL		SUBTOTAL	
TOTAL		TOTAL	

Fontes: STN e Manual de Demonstrativos Fiscais.

3.3 Lei Orçamentária Anual

Instrumento legal que deve conter o orçamento fiscal dos poderes da União, dos Estados e Municípios, de seus fundos, órgãos e entidades da administração pública direta e indireta, o orçamento de investimento das empresas em que o Poder Público, direta ou indiretamente, detenha a maioria do capital social com direito a voto e o orçamento da seguridade social, incluindo todas as entidades e órgãos a ela vinculados (Constituição Federal, art. 165, § 5º).

A Lei Orçamentária Anual, também chamada Lei de Meios, é pois uma lei especial que contém a discriminação da receita e da despesa pública, de forma a evidenciar a política econômica financeira e o programa de trabalho do governo, obedecidos os princípios de unidade, universalidade e anualidade.

Observe-se também que o limite percentual de créditos adicionais suplementares deve ser estipulado na Lei Orçamentária, não caracterizando matéria estranha a ela, conforme determina o art. 165, § 8º, da Constituição Federal.

3.4 Orçamento público

Orçamento público ou orçamento-programa é a materialização do planejamento do Estado, quer na manutenção de sua atividade (ações de rotina), quer na execução de seus projetos (ações com início, meio e fim). Configura o instrumento do Poder Público para expressar seus programas de atuação, discriminando a origem e o montante dos recursos (receitas) a serem obtidos, bem como a natureza e o montante dos dispêndios (despesas) a serem efetuados.

O orçamento público é, pois, o elo entre o planejamento e as funções executivas da organização, em que a alocação de recursos visa à consecução de objetivos e metas.

O orçamento público de hoje é denominado de orçamento-programa, pois em sua elaboração consideram-se todos os custos dos programas e ações, sem perder de vista sua estrutura voltada para os aspectos administrativos e de planejamento, norteados por seu principal critério de classificação, hoje delimitada em institucional, funcional, programática e natureza da despesa. Ressalte-se que o orçamento-programa discrimina as despesas, demonstrando em quê e para quê serão despendidos os recursos e quem será o responsável pela execução de seus programas.

Deve-se salientar ainda que, se de um lado o planejamento se inicia pelo Plano Plurianual, o orçamento-programa detalha cada uma de suas etapas dentro de um período de tempo, no caso do Brasil o ano civil ou financeiro, que vai de 1º de janeiro a 31 de dezembro de cada ano.

Em seu conceito puro, orçamento é a função primordial da gestão pública de estimar as receitas e fixar as despesas. Momento em que se define legalmente, pelas dotações orçamentárias, a formalização de utilização dos recursos disponíveis nas instituições públicas.

O orçamento público não é somente uma contabilidade de previsão de receitas e fixação de despesas; ele é maior e atinge grande número de pessoas, expressando as políticas a serem desenvolvidas pela entidade pública, os interesses que nele predominam e os setores beneficiados. Além de ser aberto à participação popular, na definição das prioridades, o orçamento público tem sua elaboração feita pelo Poder Executivo e sua aprovação, pelo Poder Legislativo, dentro do processo legislativo normal.

Salienta-se ainda que, enquanto as receitas possuem apenas um fluxo por causa da "unidade de tesouraria", as despesas são descentralizadas por "órgãos ou secretarias".

Ressalta-se a necessidade de alguns conceitos:

a) Ciclo orçamentário: é o período em que são realizadas todas as operações relativas ao orçamento.

b) Exercício financeiro: tempo de execução do ciclo operacional, ou de execução do orçamento. Compreende esse período o espaço de tempo em que são realizadas todas as operações financeiras, patrimoniais e orçamentárias.

c) Ano financeiro: período de tempo de 12 (doze) meses contados a partir de uma data qualquer, em que se executa parte de um orçamento, um orçamento inteiro ou mais de um orçamento.

d) Ano civil: é o ano-calendário, que vai do dia 1º de janeiro a 31 de dezembro do mesmo ano. No Brasil, o exercício financeiro, o ano financeiro e o ano civil coincidem.

O orçamento público é pois uma das primeiras peças de planejamento e controle ao alcance dos entes públicos. É apresentado em forma de orçamento-programa.

A iniciativa do projeto de lei é do Poder Executivo, mas os departamentos de planejamento e de contabilidade têm grande responsabilidade na correta elaboração do referido texto e anexos. Seu envio à Câmara deve ser feito até 31 de agosto de cada ano, sendo devolvida para sanção do Poder Executivo até o final da segunda seção legislativa, ou seja, até 31 de dezembro. Discordamos de outros prazos fixados nas leis orgânicas municipais, tendo em vista o que dispõem os arts. 24, 30, 165 e 35 do ADCT, ou seja, o município não é competente para legislar sobre prazo dessa lei, entretanto os Estados têm tal prerrogativa.

3.4.1 Orçamento-programa

O orçamento-programa é o documento que evidencia a política econômico-financeira e o programa de trabalho da administração, discriminando as despesas segundo sua natureza, dando ênfase aos fins ou objetivos, e não à forma como será gerado ou gasto o recurso, de modo a demonstrar em quê e para quê o governo gastará, e também quem será responsável pela execução de seus programas.

O orçamento anual tem como objetivo definir, em termos de receitas e despesas, os parâmetros estabelecidos pela Lei de Diretrizes Orçamentárias, ou melhor, define normas para o orçamento fiscal ou tributário, para o orçamento da seguridade social e orçamento de investimento em empresas.

Quando bem elaborado, transforma-se em instrumento de planejamento, deixando de ser apenas formalidade legal, permitindo que a execução orçamentária ocorra na mais perfeita ordem.

É notório que a modernização administrativa comece com a elaboração de um orçamento-programa condizente com a realidade, tanto no que diz respeito aos valores previstos e fixados como nas codificações definidas em seu corpo. Esse instrumento deve reger as ações dos entes públicos, inclusive seus ordenadores e responsáveis. Eventuais problemas no orçamento representam dificuldades que podem até comprometer o sucesso da administração e aumentar consideravelmente os riscos de punições pelos organismos fiscalizadores.

O orçamento-programa é claramente um documento de significado político, e a responsabilidade de geri-lo recai sobre os que detêm, de fato, poder de decisão. Após sua aprovação, pelo Poder Legislativo, as ações prosseguem na fase de execução orçamentária, onde o controle do processo de decisão está inteiramente sob a responsabilidade do Poder Executivo.

Com o advento da Lei de Responsabilidade Fiscal, todas as peças orçamentárias passaram a ter maior notoriedade quanto a sua obrigatoriedade, necessidade e importância no processo de tomada de decisão e prestação de contas. Com isso, o setor público começou a organizar-se sob a nova sistemática de governabilidade dos entes federados.

Deve-se ressaltar que a simples contraposição das receitas estimadas *versus* despesas fixadas, paralelamente com suas respectivas realizações, é de fácil elaboração. A não consideração dos determinados projetos em andamento e obrigações assumidas, seja por convênios, subvenções ou transferências, é que pode influenciar demasiadamente no distanciamento da elaboração do orçamento para com a real situação da entidade.

A contabilidade pública só permite realizar despesas que estejam previamente autorizadas, por isso, além da necessidade explícita, os órgãos fiscalizadores forçam os administradores dos recursos públicos a planejar seu orçamento o mais próximo da realidade possível, ou seja, formalizar em relatórios, com estimativas de receitas e fixação das despesas, a fim de cumprirem esse ditame legal.

O orçamento-programa é, pois, a evolução do controle preventivo, sinalizando uma nova sistemática de apropriação e controle de recursos públicos.

Deve-se observar ainda que, na elaboração do orçamento, é legalmente exigido que haja o equilíbrio entre as receitas estimadas e as despesas fixadas, podendo haver superávit corrente, em que as receitas correntes superem as despesas correntes. Deve, ainda, haver um esforço para se proceder à maximização do controle orçamentário no intuito de elaborar bem as codificações orçamentárias, melhorando os controles, a clareza dos lançamentos e a praticidade na execução do orçamento. Como última análise, voltada diretamente para a operacionalização do orçamento anual, antes da Lei de Responsabilidade Fiscal tinha-se erroneamente como primeiro passo a fixação da despesa, depois a previsão da receita.

Hoje, obrigatoriamente, têm de se atrelar as receitas à realidade de cada entidade pública, fazendo com que, se superestimado estiver o orçamento da despesa, seja efetuada a distribuição de quotas financeiras mensais, em valores menores, de forma que proporcione a adequação da despesa em dotações fixadas até o montante necessário para que seja cumprida com base também na adequação ao Quadro de Metas Bimestrais de Arrecadação, adequando-se portanto à estimativa anterior da receita.

Alguns entes públicos, como os Estados, por exemplo, têm seus orçamentos aprovados até o nível de modalidade de aplicação; e neste caso, fazem a distribuição das dotações orçamentárias no início do exercício por meio de decretos, e neste caso devem existir roteiros contábeis que façam tais lançamentos nas contas contábeis devidamente detalhadas pelas dotações orçamentárias.

3.4.1.1 Classificações presentes no orçamento-programa

A 6ª edição aprovou o Manual de Contabilidade aplicada ao setor público, em que na sua Parte I, denominada de "Procedimentos Contábeis Orçamentários", reúne conceitos, regras e procedimentos aos atos e fatos orçamentários e o seu relacionamento com a contabilidade.

3.4.1.1.1 *Classificação institucional*

Exalta a organização administrativa da esfera de poder para o qual o orçamento está sendo elaborado, adequando a estrutura administrativa de cada ente federado às entidades, órgãos, departamentos ou setores, que no maior detalhe são chamados de unidades administrativas, gestoras ou orçamentárias (veja a seção 5.2.1).

3.4.1.1.2 *Classificação funcional*

Visa refletir objetivos, metas, políticas, diretrizes, bem como ações planejadas e programadas para serem executadas ao longo de um período financeiro.

Com o objetivo de mensurar essa carga de trabalho, e para padronizar a linguagem contábil do país em dados consolidados, utiliza-se uma classificação estruturada da forma como segue:

Funções de governo: resume o mais alto nível de agregação de informação sobre a atuação ou desempenho do governo em cada um de seus setores, ou melhor, delimita as atribuições que o governo deve realizar em benefício da população.

Subfunções de governo: resume-se a ser um detalhamento pormenorizado das funções do governo e compreendem um programa ou um conjunto de programas (veja a seção 5.2.2).

3.4.1.1.3 Classificação programática

a) Programa: nada mais é que o desdobramento de uma subfunção de governo, exaltando um compromisso com os objetivos finais, que devem ser produzidos por um trabalho ou esforço governamental.

b) Projetos e atividades: estes se expressam no nível mais detalhado de agregação de informações sobre o planejamento governamental, confirmando-se em convenções que expressam as ações planejadas que constituirão o programa de trabalho a ser executado ao longo de um período financeiro. Dependendo do sistema informatizado adotado, os projetos podem ser divididos em subprojetos e atividades em subatividades, com o objetivo de facilitar as avaliações de metas estabelecidas.

c) Operações especiais: fazem parte dessa classificação as despesas que não contribuem para a manutenção das ações de governo, das quais não resulta um produto, e não geram contraprestação direta sob a forma de bens ou serviços.

O projeto visa sempre à criação, ampliação, melhoria ou aperfeiçoamento de um serviço, e seu produto pode ser ou não um bem de capital. Já a atividade possui a continuidade no tempo, delimitada convencionalmente a cada exercício financeiro para efeito de orçamento, além de haver maior dificuldade na mensuração de seus objetivos em termos físicos (veja a seção 5.2.3).

3.4.1.1.4 Classificação segundo a natureza da despesa

A natureza da despesa será composta por classificação econômica (corrente e de capital), por grupo de natureza de despesas (códigos de 1 a 6) e, também, pela informação gerencial denominada "modalidade de aplicação" (códigos 20 a 99) a qual tem por finalidade indicar se os recursos são aplicados diretamente por órgãos ou entidades no âmbito da mesma esfera de governo ou por outro ente da federação e suas respectivas entidades, e objetiva, precipuamente, possibilitar a eliminação da dupla contagem dos recursos transferidos ou descentralizados.

A natureza da despesa identifica o objeto final do que será previsto ou desembolsado, o elemento da despesa a que pertence, conforme os códigos 01 a 99 (veja a seção 5.2.4).

3.4.1.1.5 Classificação segundo a natureza da receita

A receita orçamentária é classificada em categorias econômicas, ou seja, Receitas Correntes e de Capital. Cada categoria econômica subdivide-se em fontes, estas dividindo-se em subfontes. As subfontes dividem-se em rubricas, que, por sua vez, são detalhadas em sub-rubricas (veja a seção 4.2).

3.4.1.1.6 Quadros demonstrativos da LOA

Vários são os quadros demonstrativos que compõem o orçamento. Adicionando as exigências da Constituição Federal, da Lei Federal nº 4.320/64 e da LRF, o projeto de Lei Orçamentária Anual conterá os seguintes anexos:

Especificação dos quadros demonstrativos	LRF
Mensagem, que conterá: exposição circunstanciada da situação econômico-financeira, documentada com demonstração da dívida fundada e flutuante, saldos de créditos especiais, restos a pagar e outros compromissos financeiros exigíveis; exposição e justificação da política econômico-financeira do governo; justificação da receita e despesa, particularmente no tocante ao orçamento de capital.	Lei nº 4.320/64, art. 22, I
Projeto de Lei de Orçamento.	Lei nº 4.320/64, art. 22, II
Tabelas explicativas, das quais, além das estimativas de receita e despesa, constarão, em colunas distintas e para fins de comparação: a) a receita arrecadada nos três últimos exercícios anteriores àquele em que se elaborou a proposta; b) a receita prevista para o exercício em que se elabora a proposta; c) a receita prevista para o exercício a que se refere a proposta; d) a despesa realizada no exercício imediatamente anterior; e) a despesa fixada para o exercício em que se elabora a proposta; e f) a despesa prevista para o exercício a que se refere a proposta.	Lei nº 4.320/64, art. 22, III
Constará da proposta orçamentária, para cada unidade administrativa, descrição sucinta de suas principais finalidades, com indicação da respectiva legislação.	Lei nº 4.320/64, art. 22, parágrafo único
Demonstrativo da compatibilidade da programação dos orçamentos com os objetivos e metas conforme Anexo de metas fiscais da LDO.	LRF, art. 5º, I
Demonstrativo regionalizado do efeito, sobre as receitas e despesas, decorrente de isenções, anistias, remissões, subsídios e benefícios de natureza financeira, tributária e creditícia.	CF, art. 165, § 6º
Sumário geral da receita por fontes e da despesa por funções do governo.	Lei nº 4.320/64, art. 2º, § 1º, I
Quadro demonstrativo da Receita e Despesa segundo as Categorias Econômicas, na forma do Anexo nº 1.	Lei nº 4.320/64, art. 2º, § 1º, II
Quadro discriminativo da receita por fontes e respectiva legislação.	Lei nº 4.320/64, art. 2º, § 1º, III
Quadro das dotações por órgãos do governo e da administração.	Lei nº 4.320/64, art. 2º, § 1º, IV
Quadros demonstrativos da receita e planos de aplicação dos fundos especiais.	Lei nº 4.320/64, art. 2º, § 2º, I
Quadros demonstrativos da despesa, na forma dos Anexos nºs 6 a 9.	Lei nº 4.320/64, art. 2º, § 2º, II
Quadro demonstrativo do programa anual de trabalho do governo, em termos de realização de obras e de prestação de serviços.	Lei nº 4.320/64, art. 2º, § 2º, III
Demonstrativo das medidas de compensação a renúncias de receita e ao aumento de despesas obrigatórias de caráter continuado.	LRF, art. 5º, II
Dotação específica para Reserva de Contingência, cuja forma de utilização e montante são definidos com base na receita corrente líquida e serão estabelecidos na Lei de Diretrizes Orçamentárias.	LRF, art. 5º, III

3.5 Reserva de contingência

Contingência é a possibilidade de um fato acontecer ou não, envolvendo normalmente uma situação de risco com um grau de incerteza, quanto à sua ocorrência.

A Reserva de Contingência foi deliberada pela Portaria nº 38, de 5 de junho de 1978, da Seplan, passando a ser classificada independentemente das Despesas Correntes e das Despesas de Capital, conforme transcrição:

> "Art. 6º A inclusão nos orçamentos anuais de dotação global não especificamente destinada a determinado programa ou unidade orçamentária, cujos recursos serão utilizados como fonte compensatória para abertura de créditos suplementares quando se evidenciarem insuficientes, durante o exercício, as dotações orçamentárias constantes do orçamento anual [...] ocorrerá com o título de RESERVA DE CONTINGÊNCIA, não subordinado às Despesas Correntes ou de Capital, sob o código 9.0.0.0."

Com o advento da Lei Complementar nº 101/00, a Reserva de Contingência, até então presente em 99% dos orçamentos municipais, foi restringida ao "atendimento de passivos contingentes e outros riscos e eventos fiscais imprevistos" (alínea *b*, inciso III, do art. 5º, da citada lei).

Deve-se observar que o § 3º, do art. 4º, elucida:

> "A lei de diretrizes orçamentárias conterá Anexo de Riscos Fiscais, onde serão avaliados os passivos contingentes e outros riscos capazes de afetar as contas públicas, informando as providências a serem tomadas, caso se concretizem."

Ora, tal imposição demonstra que, ao mesmo tempo em que as entidades públicas têm de mensurar e listar os Riscos Fiscais a que estariam sujeitas, elas teriam que somente utilizar a Reserva de Contingência para cobrir os passivos contingentes e outros riscos e eventos fiscais imprevistos. Dificilmente será possível aplicar tal dispositivo. Vejamos: se acontecesse um fato que possibilitasse a utilização da Reserva de Contingência, paralelamente poder-se-ia dizer que houve falha na elaboração do Anexo de Riscos Fiscais, que não enumerou tal acontecimento.

Na verdade, houve grande movimentação para se eliminar a chamada Reserva de Contingência, que era integralmente utilizada para suplementações de valores em dotações orçamentárias mal mensuradas à época da elaboração do orçamento.

A Reserva de Contingência é, pois, a dotação global não especificamente destinada a determinado órgão, unidade orçamentária, programa ou natureza da despesa, cujos recursos serão utilizados para abertura de créditos adicionais.

Deve-se ainda observar o que determina o art. 5º da referida norma legal, em seu inciso III, letra *b*, qual seja:

> *"Art. 5º [...] o projeto de lei orçamentária anual, elaborado de forma compatível com o plano plurianual, com a lei de diretrizes orçamentárias e com as normas desta Lei Complementar:*
>
> *[...]*
>
> *III – conterá reserva de contingência, cuja forma de utilização e montante, definido com base na receita corrente líquida, serão estabelecidos na lei de diretrizes orçamentárias, destinada ao:*
>
> *b) atendimento de passivos contingentes e outros riscos e eventos fiscais imprevistos."*

Ainda conforme o art. 8º da Portaria Interministerial nº 163, de 4 de maio de 2001, onde menciona:

> *"Art. 8ºA dotação global denominada 'Reserva de Contingência', permitida para a União no art. 91 do Decreto-lei nº 200, de 25 de fevereiro de 1967, ou em atos das demais esferas de Governo, a ser utilizada como fonte de recursos para abertura de créditos adicionais e para o atendimento ao disposto no art. 5º, inciso III, da Lei Complementar nº 101, de 2000, sob coordenação do órgão responsável pela sua destinação, será identificada nos orçamentos de todas as esferas de Governo pelo código '99.999.9999.xxxx.xxxx', no que se refere às classificações por função e subfunção e estrutura programática, onde o 'x' representa a codificação da ação (Projeto/Atividade) e o respectivo detalhamento.*
>
> *Parágrafo único. A classificação da Reserva referida no* caput, *quanto à natureza da despesa, será identificada com o código '9.9.99.99.99'."*

Daí, conclui-se que a Reserva de Contingência pode ser utilizada para os casos imprevistos no orçamento, ou seja, podem ser utilizados seus recursos para a abertura de um crédito especial, tendo em vista que ele não estava previsto. É preciso, então, buscar os conceitos das palavras *imprevistos* e *imprevisíveis*, quando a primeira indica que poderia ter sido previsto, mas não foi, enquanto a segunda caracteriza que seria impossível prever.

Pode-se exemplificar a Reserva de Contingência como recebimento ou pagamento futuro resultante de uma condição existente, tendo a incerteza sobre o valor envolvido. As multas por rompimento de contrato, ações trabalhistas, cíveis, comerciais e tributárias, decorrentes de ações judiciais são outros exemplos.

Na ocorrência de riscos fiscais dá-se a possibilidade de receitas e despesas previstas não se confirmarem, que em geral decorre de variação real (crescimento ou não) da economia e de flutuação cambial, afetando a arrecadação, assim como aumentos do salário-mínimo, folha de pagamento de pessoal e da relação dívida *versus* PIB, em função do incremento da taxa de juros que neste caso acarreta excesso de despesa.

3.6 Contabilização das contribuições ao regime próprio de previdência

A Secretaria do Tesouro Nacional (STN) definiu regras para atender ao art. 51 da Lei Complementar nº 101/00, Lei de Responsabilidade Fiscal (LRF), que trata da consolidação das contas públicas. Em 2001, a STN excluiu a classificação orçamentária das transferências intragovernamentais, ou seja, as transferências financeiras no mesmo âmbito do governo. A partir de 2006, a Contribuição Patronal ao RPPS voltou novamente a ser classificada orçamentariamente, porém em forma de operações intraorçamentárias, conforme Portaria STN-SOF nº 688, de 14 de outubro de 2005, atualizada pela Portaria Interministerial STN/SOF nº 338, de 26 de abril de 2006. Assim, a partir do exercício de 2007, houve a inclusão das contas que registram os lançamentos intraorçamentários para os institutos de previdência, caracterizando o repasse referente à parte patronal.

No mundo orçamentário não foram restabelecidas as extintas transferências intragovernamentais, mesmo porque a transferência para o Poder Legislativo, assim como qualquer outra forma de repasse para a execução de ações de responsabilidade de outra entidade integrante do orçamento público, ainda é classificada de forma extraorçamentária, simplesmente por meio de repasse financeiro.

As despesas intraorçamentárias são classificadas na modalidade de aplicação 91 – Aplicação Direta decorrente de Operação entre Órgãos, Fundos e Entidades integrantes dos Orçamentos Fiscal e da Seguridade Social. Assim, como exemplo, devem ser classificadas no orçamento anual as despesas com contribuição patronal ao RPPS do pessoal civil na natureza da despesa 3.1.91.13 – Contribuições Patronais.

Como contrapartida às despesas intraorçamentárias, a STN, por meio da Portaria STN nº 338/06, alterou a Portaria STN nº 163/01 e criou as seguintes categorias econômicas:

– 7000.00.00 – Receitas Correntes Intraorçamentárias;

– 8000.00.00 – Receitas de Capital Intraorçamentárias.

Assim, para as receitas foram estabelecidas regras para identificar as operações intraorçamentárias:

- quando uma receita corrente é também intraorçamentária, o primeiro dígito, no caso 1, deve ser substituído por 7 na amostragem por meio de relatórios, quadros e anexos;
- quando uma receita de capital é também intraorçamentária, o primeiro dígito, no caso 2, deve ser substituído por 8 na amostragem por meio de relatórios, quadros e anexos.

Os entes públicos (Municípios, Estados, DF e União) que possuem previdência própria[1] devem contabilizar o superávit apurado pela diferença entre a receita e a despesa dos Institutos de Previdência Municipal, na forma da Reserva Orçamentária do Regime Próprio de Previdência Social (RPPS), cujo objetivo é registrar e evidenciar a existência de um fundo a ser utilizado para benefícios previdenciários futuros.

Nogueira (2004, p. 1-3), em artigo publicado no *Boletim Técnico* 165, do Grupo SIM, no qual o autor deste livro pôde colaborar, sintetizou e exemplificou o que foi disciplinado pela referida Portaria Ministerial, demonstrando as formas contábeis sobre as contribuições ao Regime Próprio de Previdência Social, as quais são apresentadas a seguir.

A Reserva Orçamentária contém a seguinte classificação e descrição, em que o Código 7.7.99.99 tem a denominação de Reserva Orçamentária do Regime Próprio de Previdência Social (RPPS).

Função	Subfunção	Programa	Projeto/Atividade	Natureza da Despesa
99	999	9999	9.999	7.7.99.99

Como apurar o Valor da Reserva: na elaboração dos orçamentos devem ser apuradas a receita e a despesa orçamentárias a serem realizadas no exercício seguinte, bem como a apuração dos ingressos extraorçamentários originada das Transferências Patronais a serem realizadas pelas entidades públicas, com o intuito de evidenciar a Reserva correspondente ao superávit, utilizando a mesma metodologia da Reserva de Contingência descrita na Portaria Interministerial nº 163, STN/SOF, de 4-5-2001.

A seguir, os Quadros 3.15 a 3.18 apresentam a apuração do Valor da Reserva para os orçamentos simulados de entidades municipais, incluindo o orçamento do Regime Próprio de Previdência, na forma do Anexo I da Lei nº 4.320/64. A simulação limita-se ao caso de superávit. Existindo déficit, deve ser analisado o caso concreto.

Considerando os dados:

- Total de Receitas Orçamentárias no Poder Executivo: R$ 1.000,00.
- Total de Despesas Orçamentárias no Poder Executivo incluída a transferência intraorçamentária: R$ 600,00.
- Valor do Repasse Anual a ser transferido ao Poder Legislativo: R$ 300,00.
- Valor da Reserva de Contingência: R$ 100,00.

---

[1] Retificação da orientação contida no Manual da Receita, da Portaria nº 219/04, publicada no *Diário Oficial da União*, nº 164, seção 1, p. 36, de 25-8-2004.

O Quadro 3.15 tem embutido, na despesa orçamentária, o valor referente à Transferência Patronal ao Regime Próprio de Previdência Social (RPPS).

Quadro 3.15 *Demonstração da transferência patronal do Poder Executivo.*

Na contabilidade do PODER EXECUTIVO CENTRAL Valores em R$			
Receita		Despesa	
Previsão	Valor	Dotação	Valor
Receita orçamentária total	1.000,00	Despesa orçamentária total	600,00
Subtotal I	**1.000,00**	**Subtotal I**	**600,00**
		Reserva contingência	100,00
		Repasse concedido	300,00
Total geral	**1.000,00**	**Total geral**	**1.000,00**

Fonte: Adaptado de Nogueira (2004, p. 2), *Boletim Técnico* 165, do Grupo SIM.

O Quadro 3.16 demonstra a situação contábil junto ao Poder Legislativo, em que também há a Transferência Patronal ao RPPS embutida na sua receita orçamentária, na coluna da despesa, sendo que os dados são os seguintes:

- Total dos Repasses Financeiros Recebidos: R$ 300,00.
- Total de Despesas Orçamentárias: R$ 300.00.

Quadro 3.16 *Demonstração da transferência patronal junto ao Poder Legislativo.*

PODER LEGISLATIVO Valores em R$			
RECEITA		DESPESA	
Previsão	Valor	Dotação	Valor
Receita orçamentária total	0,00	Despesa orçamentária total	300,00
Subtotal I	**0,00**	**Subtotal I**	**300,00**
Repasse recebido	300,00		
Total geral	**300,00**	**Total geral**	**300,00**

Fonte: Adaptado de Nogueira (2004, p. 2), *Boletim Técnico* 165, do Grupo SIM.

O Quadro 3.17 apresenta o valor referente à Transferência Patronal, na coluna da despesa, a ser efetuada como repasse financeiro, sendo os seguintes dados da referida autarquia:

- Total de Receitas Orçamentárias: R$ 200,00.
- Total de Despesas Orçamentárias, embutida a transferência patronal ao RPPS: R$ 200,00.

Quadro 3.17 *Demonstração da transferência patronal junto a uma autarquia.*

Autarquia "X" Valores em R$			
Receita		Despesa	
Previsão	Valor	Dotação	Valor
Receita orçamentária total	200,00	Despesa orçamentária total	200,00
Total	**200,00**	**Total**	**200,00**

Fonte: Adaptado de Nogueira (2004, p. 2), *Boletim Técnico* 165, do Grupo SIM.

A seguir, o Quadro 3.18 apresenta, na coluna da receita, os valores referentes às Transferências Patronais ao regime de previdência próprio a ser efetuado como repasse financeiro pelas demais entidades municipais, sendo os seguintes dados do RPPS:

- Valor Total da Receita Orçamentária referente à Contribuição do Servidor: R$ 100,00.
- Valor Total da Receita Orçamentária referente à Aplicação Financeira: R$ 100,00.
- Valor Total das Despesas Orçamentárias do Instituto: R$ 50,00.
- Valor Total das Transferências Intraorçamentárias referentes à Contribuição Patronal das entidades municipais para o instituto: R$ 200,00 (Poder Executivo + Poder Legislativo + Autarquias).
- Valor da Reserva Orçamentária do RPPS apurada pela diferença entre Total de Receitas (Receita Servidor + Aplicação Financeira + Transferência Patronal Intraorçamentária) e o Total das Despesas do RPPS: R$ 350,00.

Quadro 3.18 *Demonstração da transferência patronal na coluna da receita junto à previdência própria.*

REGIME GERAL DE PREVIDÊNCIA PRÓPRIA Valores em R$			
Receita		**Despesa**	
Previsão	Valor	Dotação	Valor
Receita de contribuição do Servidor	100,00	Despesa orçamentária	50,00
Aplicações financeiras	100,00		
Transferência intraorçamentária	200,00		
Total da receita orçamentária	**400,00**	**Total da receita orçamentária**	**50,00**
		Reserva RPPS	350,00
Total geral	**400,00**	**Total geral**	**400,00**

Fonte: Adaptado de Nogueira (2004, p. 3), *Boletim Técnico* 165, do Grupo SIM.

Ao se analisarem os dados consolidados do ente público, no Quadro 3.18, vê-se como desnecessária a demonstração da Reserva Orçamentária do RPPS na receita, o que é feito apenas para fins de apuração e registro contábil. A execução correspondente refletirá o superávit fixado pela reserva que será utilizada para pagamento de benefícios previdenciários futuros em cada entidade. A seguir, apresentam-se os dados consolidados em que figuram o Poder Executivo, o Poder Legislativo, as Autarquias e o RPPS.

- Total de Receitas Orçamentárias: R$ 1.400,00.
- Total de Despesas Orçamentárias: R$ 950,00.
- Valor da Reserva Orçamentária do RPPS: R$ 350,00.

Quadro 3.19 *Demonstração da transferência patronal como despesa no orçamento consolidado.*

ORÇAMENTO CONSOLIDADO DO ENTE PÚBLICO Valores em R$			
Receita		**Despesa**	
Previsão	Valor	Dotação	Valor
Receita orçamentária total	1.600,00	Despesa orçamentária total	1.150,00
Subtotal I	**1.600,00**	**Subtotal I**	**1.150,00**
		Reserva RPPS	350,00
		Reserva contingência	100,00
Total geral	**1.600,00**	**Total geral**	**1.600,00**

Fonte: Adaptado de Nogueira (2004, p. 3), *Boletim Técnico* 165, do Grupo SIM.

No momento da elaboração do orçamento, é importante o consenso entre as entidades sobre o valor que será previsto como despesa intraorçamentária referente à transferência patronal ao RPPS, para que este possa também prever sua receita financeira de igual valor.

No caso de municípios que contribuem para o Regime Geral de Previdência Social, os procedimentos são contabilizados normalmente na forma orçamentária.

4

Receitas sob o Enfoque Orçamentário

4.1 Conceito de receita

Orçamentariamente, define-se como todo e qualquer recolhimento aos cofres públicos em dinheiro ou outro bem representativo de valor que o governo tem direito de arrecadar em virtude de leis, contratos, convênio e quaisquer outros títulos, de que seja oriundo de alguma finalidade específica, cuja arrecadação lhe pertença ou caso figure como depositário dos valores que não lhe pertençam. É, pois, o conjunto de ingressos financeiros, provenientes de receitas orçamentárias ou próprias e receitas extraorçamentárias ou de terceiros, que produzirão acréscimos ao patrimônio da instituição, seja União, Estados, Municípios ou Distrito Federal, suas autarquias e fundações.

Apesar de definidas pelo art. 35 da Lei nº 4.320/64, contido no capítulo de orçamento público, pelas Normas Brasileiras de Contabilidade, especificamente a Resolução nº 750/93, as receitas e as despesas públicas serão registradas pelo regime de competência, determinando em que momento se registra os fluxos. Com este método, os fluxos se registram quando se cria, transforma, troca, transfere ou extingue o valor econômico. Neste caso, há necessidade de observar a natureza da informação contábil. Enquanto no mundo orçamentário observa-se o regime de caixa, no mundo patrimonial, sempre que as informações existirem, deve-se ater ao regime de competência.

Depara-se, ainda, com os chamados fatos modificativos e permutativos, os quais passam, na contabilidade pública, impreterivelmente pelo resultado do exercício, por meio das contas das variações patrimoniais aumentativas e diminutivas. Esse assunto foi tratado no Capítulo 1, itens 1.5 e 1.6. É de grande valia relembrar esses conceitos. Veja também as seções 8.7.1. e 8.7.2.

Deve-se salientar ainda que, para cumprir determinados ditames legais, principalmente no que se refere a limites obrigatórios, não se pode utilizar o somatório total das receitas da instituição, e sim observar o que a norma legal dita sobre o assunto, como, por exemplo, a Receita Corrente Líquida definida pela Lei Complementar nº 101/00, assim como pelas Resoluções nos 40/01 e 43/01 do Senado Federal.

4.2 Classificação das receitas orçamentárias

A receita orçamentária é classificada conforme a 6ª edição do Manual de Contabilidade aplicada ao setor público, em sua Parte I – Procedimentos contábeis orçamentários (PCO), visando à identificação da origem do recurso segundo o fato gerador. Sua classificação contém todas as informações necessárias para as alocações orçamentárias e o seu detalhamento é visualizado da seguinte forma:

Níveis	Código	Nomenclatura Orçamentária	Sigla	Nomenclatura Usual (exemplo)
1º Nível	1	Categoria econômica	C	Receitas correntes
2º Nível	1	Origem	O	Receitas tributárias
3º Nível	1	Espécie	E	Impostos
4º Nível	2	Rubrica	R	Impostos sobre Patrimônio e Renda
5º Nível	02	Alínea	AA	IPTU – Imposto s/ Propriedade Predial Territorial Urbano
6º Nível	00	Subalínea	SS	(detalhamento dispensado para o IPTU)

A Portaria Interministerial SOF/STN nº 163, de 7 de maio de 2001, atualizada pela Portaria Conjunta STN/SOF nº 1, de 13 de julho de 2012, atualizou o Anexo VIII,[1] por meio da 5ª edição do Manual de Contabilidade aplicada ao setor público, que detalha a configuração exigida legalmente para formalização da receita orçamentária atualizada aos moldes das três esferas de governo.

Cabe ressaltar que o Manual de Contabilidade aplicada ao setor público define o número de dígitos a serem utilizados na classificação da receita, ou seja, um total de oito. Como exemplo, na Tabela 4.1, citamos parte da classificação destinada aos municípios, extraída do Ementário da Receita do referido manual:

---

[1] Anexos criados por Portaria SOF – Secretaria de Orçamento e Finanças do Ministério do Planejamento e Orçamento, constantemente atualizados por portarias.

Tabela 4.1 *Discriminação das naturezas de receita.*

Código	Descrição
1000.00.00	Receitas Correntes
1100.00.00	Receita Tributária
1110.00.00	Impostos [...]

O Anexo IV do referido manual apresenta desdobramentos da natureza da receita de código 1325.00.00 como opcional. Recomendamos que o mesmo seja utilizado de forma oficial, devido à facilidade de controles, assim como para gerar exportações de dados para os respectivos órgãos fiscalizadores, mesmo porque tais rentabilidades de aplicações financeiras compõem a base de cálculo de aplicação da saúde e da educação. Veja Tabela 4.2.

Tabela 4.2 *Desdobramentos das naturezas de receita.*

Código	Descrição
1325.01.00	Remuneração de Depósitos de Recursos Vinculados
1325.01.01	Receita de Remuneração de Depósitos Bancários de Recursos Vinculados – *Royalties*
1325.01.02	Receita de Remuneração de Depósitos Bancários de Recursos Vinculados – FUNDEB
1325.01.03	Receita de Remuneração de Depósitos Bancários de Recursos Vinculados – Fundo de Saúde
1325.01.05	Receita de Remuneração de Depósitos Bancários de Recursos Vinculados – Manutenção e Desenvolvimento do Ensino – MDE
1325.01.06	Receita de Remuneração de Depósitos Bancários de Recursos Vinculados – Ações e Serviços Públicos de Saúde
1325.01.07	Receita de Remuneração de Depósitos Bancários de Recursos Vinculados – FUNDE-TUR
1325.01.09	Receita de Remuneração de Depósitos Bancários de Recursos Vinculados – Contribuição de Intervenção no Domínio Econômico (CIDE)

4.2.1 Fontes de recursos

Algumas rubricas mencionadas nas Tabelas 4.3a, 4.3b e 4.3c ainda poderiam ser divididas em mais dois dígitos. Entretanto, a Portaria Ministerial STN nº 303, de 28 de abril de 2005, aprovou, em seu art. 1º, a 2ª edição do Manual de Receitas Públicas, que deverá ser utilizado pela União, Estados, Distrito Federal e Municípios. Ela apresentou o código de destinação dos recursos públicos, partindo de um identificador de uso (IDUSO), vinculando a destinação da receita a uma despesa específica, utilizando para isso no mínimo quatro dígitos; o quinto dígito pode ser utilizado para atender a peculiaridades internas. Esta decisão é mantida na 6ª edição do MCASP.

Paralelamente ao controle orçamentário, as informações de natureza de controle financeiro apresentam as contas de inscrição e de execução de disponibilidades por destinação de recursos, cujos códigos são os desmembramentos das contas 72xx.z.xx.yy e 82xx.z.xx.yy.

A referida metodologia constitui instrumento que interliga todo o processo orçamentário-financeiro, que vai desde a previsão da receita até a execução da despesa, cabendo a cada sistema informatizado tratá-lo de forma a exercer o devido controle, possibilitando maior transparência dos gastos públicos, inclusive atendendo ao disposto nos arts. 8º e 50, da LRF, ora transcritos:

> "Art. 8º [...]
>
> *Parágrafo único. Os recursos legalmente vinculados a finalidade específica serão utilizados exclusivamente para atender ao objeto de sua vinculação, ainda que em exercício diverso daquele em que ocorrer o ingresso.*
>
> *Art. 50. Além de obedecer às demais normas de contabilidade pública, a escrituração das contas públicas observará as seguintes:*
>
> *I – a disponibilidade de caixa constará de registro próprio, de modo que os recursos vinculados a órgão, fundo ou despesa obrigatória fiquem identificados e escriturados de forma individualizada;"*

Segundo o Manual, a codificação da destinação da receita indica a vinculação, evidenciando, a partir do ingresso, as destinações dos valores; e, quando da realização da despesa, demonstra a fonte de financiamento da mesma, estabelecendo a interligação entre a receita e a despesa.

A seguir, a referida especificação.

1º dígito	IDUSO – identificador de uso
2º dígito	Grupo de fontes de recursos
3º e 4º dígitos	Especificação das fontes de recursos
5º ou mais dígitos	Detalhamento das fontes de recursos

O primeiro dígito IDUSO indica se os recursos compõem contrapartida nacional de empréstimos ou de doações ou a outras aplicações, sendo:

Tabela 4.3a *Codificação para Fonte de Recursos – Origem.*

0	Recursos não destinados à contrapartida
1	Contrapartida – Banco Internacional para a Reconstrução e o Desenvolvimento (BIRD)
2	Contrapartida – Banco Interamericano de Desenvolvimento (BID)
3	Contrapartida de empréstimos com enfoque setorial amplo
4	Contrapartida de outros empréstimos
5	Contrapartida de doações

O segundo dígito, grupo de destinação de recursos, divide os recursos em originários do Tesouro ou de Outras Fontes e indica o exercício em que foram arrecadados, se corrente ou anterior, sendo:

Tabela 4.3b *Codificação para Fonte de Recursos – Exercícios.*

1	Recursos do Tesouro – Exercício Corrente
2	Recursos de Outras Fontes – Exercício Corrente
3	Recursos do Tesouro – Exercícios Anteriores
6	Recursos de Outras Fontes – Exercícios Anteriores
9	Recursos Condicionados

Conforme o MCASP, os códigos 3 e 6 são utilizados para registro do superávit financeiro do exercício anterior, que servirá de base para abertura de créditos adicionais, respeitando as especificações das destinações de recursos.

Resumindo, quando se define as fontes de recursos para a receita, essas mesmas fontes são utilizadas para as despesas a que se referem as aplicações. Assim, exemplificaremos uma fonte de recurso para a receita e despesa.

A especificação das fontes de recursos, que são o terceiro e quarto dígitos, individualiza cada destinação destas designando-as de primária e não primária, sendo:

Tabela 4.3c *Codificação para Fonte de Recursos – Destinação.*

	Fontes Primárias
00	Recursos Ordinários (ex.: parcela do IPTU livre para aplicação)
XX	A ser especificado pelo ente (ex.: parcela do IPTU comprometido, conforme legislação)
	Fontes não Primárias
XX	A ser especificado pelo ente (ex.: alienação de bens)

O quinto ou demais dígitos trata do detalhamento das fontes de recursos e é o maior nível de detalhamento, em que podem ser elencadas as suas particularidades, ou seja, identificará o nome do recurso. Ex.: convênio, merenda escolar, FUNDEF, PAB etc.

Detalhamento	
XXXXXX	A ser especificado pelo ente

Dessa forma, a receita de uma determinada fonte custeará a despesa vinculada a esta, uma vez que os códigos da fonte de receita serão iguais aos códigos apresentados para a despesa. Veja na seção 4.2.1 mais detalhes sobre o controle de fonte de recursos.

4.2.2 Receitas correntes

São as que se destinam aos gastos correntes e decorrem de um fato modificativo, ou seja, todas as transações que, efetivadas pelas entidades da Administração Pública e que, no mundo patrimonial, resultem em constituição ou majoração de seu patrimônio, ou que estejam assim definidas em lei. As receitas correntes constituem-se em receitas tributárias, de contribuições, patrimoniais, agropecuárias, industriais, de serviços, transferências correntes e outras receitas correntes. Elas dividem-se em:

4.2.2.1 Receitas tributárias

São as receitas derivadas de tributos[2] em geral, ou seja, dos impostos, taxas e contribuição de melhoria. Entende-se por imposto um tributo cuja obrigação é exigida coercivamente pelo Estado e que tem por fato gerador uma situação independente de contraprestação direta deste. Já as taxas são tributos cobrados pelo setor público em razão do poder de polícia ou da utilização, efetiva ou potencial, de serviços públicos divisíveis e específicos, prestados ou postos a sua disposição. Diferem do imposto por haver uma contraprestação imediata e direta do Estado. Por último, a contribuição de melhoria caracteriza-se como um tributo, cobrado mediante lei específica, destinado a custear obras públicas de que decorra valorização imobiliária, ou seja, é arrecadada dos proprietários de imóveis beneficiados por obras públicas, que terão como limite total a despesa realizada, tendo regulamento específico junto ao art. 81, do Código Tributário Nacional.

Incluem-se nesta classificação as receitas de retenções de Imposto de Renda, efetuadas nas folhas de pagamento das entidades da administração direta e indireta, as quais pertencem ao Município e ao Estado, tendo em vista a determi-

---

[2] Tributos: é toda prestação compulsória, em moeda ou cujo valor nela possa exprimir, que não constitua sanção de ato ilícito, instituída em lei e cobrada mediante atividade administrativa plenamente vinculada.

nação do art. 158 da Constituição Federal. Também serão registradas as demais retenções de Imposto de Renda efetuadas no pagamento de pessoas físicas e de pessoas jurídicas. Se estas receitas pertencem ao ente público arrecadador, são receitas orçamentárias próprias e não seriam transferências intergovernamentais. Nesse caso quem tem o poder de arrecadá-las seria o Poder Executivo, sendo que o Poder Legislativo e os órgãos da administração indireta deverão registrá--las como receitas extraorçamentárias e transferi-las para o Poder Executivo por meio de despesa extraorçamentária. Como exemplo, verifica-se que o repasse do Fundo de Participação dos Municípios (FPM) é feito à Prefeitura Municipal, deduzidos os valores das retenções de Imposto de Renda retidos no Município, conforme determina o art. 159 da Constituição Federal.

4.2.2.2 Receitas de contribuições

São arrecadações de receitas destinadas à manutenção dos programas e serviços sociais e de interesse público – contribuição social e econômica. São comumente utilizadas para a contabilização das receitas das autarquias das instituições previdenciárias.

4.2.2.3 Receitas patrimoniais

São receitas provenientes da arrecadação, pelo Poder Público, de valores provenientes de recebimentos advindos de seu patrimônio mobiliário (rentabilidade de aplicações financeiras e de títulos), imobiliário (aluguéis e arrendamentos) e participação societária.

4.2.2.4 Receitas agropecuárias

São as receitas advindas diretamente de atividades agropecuárias típicas do setor privado, mas que estão sob o domínio do poder público, tais como: criação animal e produção vegetal.

4.2.2.5 Receitas industriais

Entende-se por industrial a receita proveniente de exploração direta de atividades tipicamente industriais, tais como: indústria extrativa mineral, indústria de transformação, indústria de construção e receita de serviços industriais de utilidade pública (produção e distribuição de energia elétrica, água, saneamento etc.).

4.2.2.6 Receitas de serviços

Devem ser entendidas como receitas de serviços as receitas provenientes da prestação de serviços comerciais, financeiros, de comunicação, de transporte, saúde, armazenagem, educacionais, culturais, além de serviços de pedágios, estações viárias, utilização de faróis, tarifas aeroportuárias e assemelhados.

4.2.2.7 Transferências correntes

São recursos financeiros recebidos de outras entidades de direito público ou privado, destinadas a atender a gastos classificados em despesas correntes. Em geral, são as transferências definidas nos arts. 158 e 159 da Constituição Federal, além de transferências de convênios, programas de governo etc.

4.2.2.8 Outras receitas correntes

São as receitas correntes originárias da cobrança de multas e juros de mora, indenizações e restituições, receitas de dívida ativa, entre outras, destinadas a despesas correntes que não possam ser enquadradas nas demais.

4.2.3 Receitas de capital

São as receitas que se destinam à cobertura de despesas de capital a título de investimentos, com intitulação legal, e que no mundo patrimonial decorrem de um fato permutativo, ou seja, que não cria acréscimo ao patrimônio público. As receitas de capital dividem-se em operações de crédito, alienação de bens, amortizações de empréstimos, transferências de capital e outras receitas de capital. Dividem-se em:

4.2.3.1 Operações de crédito

São os recursos oriundos de contratos de constituição de dívidas, para captação de recursos monetários, de bens ou serviços, por meio de empréstimos e financiamentos internos ou externos, para acobertar a realização de projetos e atividades das entidades públicas.

4.2.3.2 Alienação de bens

Como o próprio nome já diz, são os recursos obtidos de alienação ou venda de bens patrimoniais móveis ou imóveis, ou seja, sua conversão em moeda corrente.

4.2.3.3 Amortização de empréstimos

Refere-se aos valores recebidos como pagamento por empréstimos efetuados a outras entidades de direito público ou privado.

4.2.3.4 Transferências de capital

São recursos financeiros recebidos de outras entidades de direito público ou privado, destinados a atender a gastos classificados em despesas de capital.

4.2.3.5 Outras receitas de capital

São as receitas de capital que constituirão uma classificação genérica que não se enquadram em nenhuma das fontes anteriores ou que não estejam especificadas em lei.

Deve-se observar que o superávit do orçamento corrente, isto é, a diferença positiva entre as receitas e despesas correntes, embora não constitua item orçamentário, é computado com a receita de capital por ocasião da apuração do resultado orçamentário.

4.2.4 Receita de alienação de bens

Entende-se por alienação de bens ou alienação de ativos o ato de ceder bens a outrem, mediante contrapartida compensatória, em numerário, outros bens ou direitos. No caso do ente público, deve-se observar que, para que se possa proceder à alienação de bens imóveis, conforme o art. 17 da Lei nº 8.666/93, é necessário que se tenha uma lei autorizativa para efetuar o ato, enquanto para alienar bens móveis depende de avaliação prévia e de licitação. Deve-se ainda verificar que toda receita de alienação de bens tem de seguir o que determina o art. 44 da Lei Complementar nº 101, de 4 de maio de 2000, que prescreve:

> "Art. 44. É vedada a aplicação da receita de capital derivada da alienação de bens e direitos que integram o patrimônio público para o financiamento de despesa corrente, salvo se destinada por lei aos regimes de previdência social, geral e próprio dos servidores públicos."

Além desse artigo deve-se observar o inciso VI, do art. 50, da mesma lei:

> "Art. 50. [...]
> VI – a demonstração das variações patrimoniais dará destaque à origem e ao destino dos recursos provenientes da alienação de ativos."

Tal dispositivo possibilita o controle sobre o destino dado aos recursos de alienação de bens. Trata-se, então, de um recurso vinculado, cuja prestação de contas é feita para os órgãos fiscalizadores e para os usuários em geral, e é peça obrigatória do Relatório Resumido da Execução Orçamentária, nos termos do art. 53, § 1º, inciso III, devidamente formatado pela Portaria STN nº 407/10,[3] cujo Anexo XI do Manual de demonstrativos fiscais – volume II – apresenta instruções e anexos do Relatório resumido da execução orçamentária, cujo nome do Anexo é Demonstrativo da Receita de Alienação de Ativos e Aplicações de Recursos. *Links* da legislação podem ser acessados por meio do *site* <www.stn.fazenda.gov.br> ou ainda em <www.niltonandrade.com.br>.

A exceção mencionada no art. 44 supracitado é justa, tendo em vista o objetivo maior da Previdência, que é a manutenção dos inativos, ou seja, uma despesa de custeio.

4.3 Ingressos extraorçamentários

Os ingressos extraorçamentários referem-se à entrada de recursos que não integram o orçamento público, ou seja, são todos recolhimentos efetuados, que constituirão compromissos exigíveis a curto prazo, cujo pagamento independe de autorização legislativa, razão pela qual classificadas em contas financeiras adequadas, preexistentes no plano de contas da entidade. O ente público figurará apenas como depositário de valores que, a princípio, não lhe pertencem. São exemplos: cauções, fianças, depósitos em garantia, consignações, retenções na fonte, salários não reclamados, contas a classificar *a posteriori*, antecipações de receitas orçamentárias, recebimentos de recursos entre órgãos da mesma esfera de governo, entre outros.

Deve-se observar que, embora o dinheiro recebido de receitas extraorçamentárias incorpore-se às disponibilidades financeiras da entidade, há o surgimento de um passivo exigível a curto prazo que deverá ser restituído ao depositário em datas definidas ou assim que for solicitado.

Alguns ingressos extraorçamentários poderão ser convertidos em receitas orçamentárias. Tal situação acontecerá se, por exemplo, uma empresa detentora de uma caução no ente público, para execução de determinado serviço, descumprir alguma cláusula contratual que dê direito ao tomador de serviços de resgatar o valor a título de ressarcimento por descumprimento contratual. Esse assunto é tratado com maiores detalhes na seção 9.2.1, que trata sobre a Dívida Flutuante.

---

[3] Atualizações das Portarias estão disponíveis no *site*: <www.niltonandrade.com.br>.

4.4 Estágios da receita

O ingresso de recursos na receita possui etapas ou operações para que sejam cumpridos as normas e os ditames legais pertinentes à matéria. São quatro estágios:

4.4.1 Previsão

São as estimativas de receitas, discutidas e incorporadas no orçamento, com base em estudos, comparações e planejamento.

4.4.2 Lançamento

Fase meramente administrativa que identifica e individualiza o contribuinte, formalizando o crédito tributário. Configura-se o lançamento em três tipos: direto ou de ofício, quando por iniciativa da autoridade administrativa própria; por declaração, quando o sujeito passivo, na forma da legislação tributária, prestar à autoridade administrativa as informações sobre matéria de fato, indispensáveis a sua efetivação; e por homologação, quando a legislação atribuir ao sujeito passivo o dever de antecipar o pagamento sem prévio exame da autoridade administrativa.

Com as Normas Brasileiras de Contabilidade aplicadas ao setor público NBC T 16, as entidades públicas obrigatoriamente passarão a contabilizar os lançamentos de tributos, o que até então era ignorado na contabilidade. Assim, ao lançar o Imposto Predial Territorial e Urbano (IPTU), o registro da receita a receber será efetivamente contabilizado, com a obrigatoriedade de lançamento de uma conta retificadora dentro do grupo de Ajustes de Perdas de Crédito a Curto Prazo.

4.4.3 Arrecadação

A arrecadação ocorre no instante em que o contribuinte comparece perante as repartições públicas ou agentes arrecadadores para pagamento ou transferência por depósito, geralmente da rede bancária, das guias de arrecadação. Atualmente, a rede bancária exige que as guias sejam impressas com o código de barras, nos moldes da Federação Brasileira de Bancos (Febraban).

4.4.4 Recolhimento

É a transferência desses recursos aos cofres das instituições públicas competentes, efetivamente, ficando disponíveis para utilização pelos gestores financeiros. Recolhimento confunde-se com a arrecadação, tendo em vista que os recursos não são trazidos para os cofres municipais e sim apenas registrados por ocasião da baixa do tributo, assim como pela incorporação ao disponível. Existem, ainda, municípios que não possuem agências bancárias ou similares, por isso recebem seus próprios recursos, e quando isso ocorre, essas duas etapas se confundem. No caso de a arrecadação ser feita pelo banco com guias com o código de barras, o recolhimento dá-se eletronicamente, sendo efetuados a baixa tributária e os registros contábeis.

4.5 Deduções da receita

4.5.1 Renúncia de receita

Ato emanado do Poder Público, mediante autorização legislativa que proporciona a uma ou várias pessoas de direito privado, jurídicas ou físicas, o direito de não recolhimento aos cofres públicos de determinado tributo, por determinado tempo, mediante condições preestabelecidas e por motivos políticos, econômicos, financeiros ou institucionais, com o objetivo de incentivar o crescimento econômico, fomentar o desenvolvimento de determinada região ou ampliar a concorrência. A existência de renúncia de receita está condicionada a sua autorização expressa na Lei de Diretrizes Orçamentárias, entre outras exigências trazidas pela Lei Complementar nº 101/00, ou Lei de Responsabilidade Fiscal, a saber:

> "*Art. 14. [...] estimativa do impacto orçamentário-financeiro no exercício em que deva iniciar sua vigência e nos dois seguintes, atender ao disposto na lei de diretrizes orçamentárias e a pelo menos uma das seguintes condições:*
>
> *I – demonstração pelo proponente de que a renúncia foi considerada na estimativa de receita da lei orçamentária, na forma do art. 12, e de que não afetará as metas de resultados fiscais previstas no anexo próprio da lei de diretrizes orçamentárias;*
>
> *II – estar acompanhada de medidas de compensação, no período mencionado no* caput, *por meio do aumento de receita, proveniente da elevação de alíquotas, ampliação da base de cálculo, majoração ou criação de tributo ou contribuição.*
>
> *§ 1º A renúncia compreende anistia, remissão, subsídio, crédito presumido, concessão de isenção em caráter não geral, alteração de alíquota ou modificação de base de cálculo que implique redução discriminada de tributos ou contribuições, e outros benefícios que correspondam a tratamento diferenciado.*
>
> *§ 2º Se o ato de concessão ou ampliação do incentivo ou benefício de que trata o* caput *deste artigo decorrer da condição contida no inciso II, o benefício só entrará em vigor quando implementadas as medidas referidas no mencionado inciso.*
>
> *§ 3º O disposto neste artigo não se aplica:*

I – às alterações das alíquotas dos impostos previstos nos incisos I, II, IV e V do art. 153 da Constituição, na forma do seu § 1º;

II – ao cancelamento de débito cujo montante seja inferior ao dos respectivos custos de cobrança."

Recomenda-se que sejam consultados os lançamentos contábeis, estudados no Capítulo 11.

4.5.2 Deduções da receita orçamentária

Na contabilidade das administrações públicas, utiliza-se do critério de dedução de receita orçamentária por meio de uma conta redutora de receita, quando no orçamento não há a previsão de despesa para transferir a outro ente a parcela de repartição de recursos e também no caso de uma restituição de tributos recebidos a maior ou indevidamente.

Conforme o item 3.6.1 do MCASP, 6ª edição,

"Se houver parcelas a serem restituídas, em regra, esses fatos não devem ser tratados como despesa orçamentária, mas como dedução de receita orçamentária, pois correspondem a recursos arrecadados que não pertencem à entidade pública e não são aplicáveis em programas e ações governamentais sob a responsabilidade do ente arrecador, não necessitando, portanto, de autorização orçamentária para a sua execução."

Este procedimento poderá ser utilizado em três situações.

a) restituições de receitas orçamentárias;
b) recursos cuja tributação e arrecadação competem a um ente da Federação, mas são atribuídos a outro(s) ente(s);
c) renúncia de receita.

4.5.2.1 Restituições de receitas orçamentárias

Conforme o MCASP, 6ª edição, seção 3.6.1, consiste na devolução total ou parcial de receitas orçamentárias que foram recolhidas a maior ou indevidamente, as quais, em observância aos princípios constitucionais da capacidade contributiva e da vedação ao confisco, devem ser devolvidas. Não há necessidade de autorização orçamentária para sua devolução. Na União, com base no art. 18 da Lei nº 4.862/65 e regulamentado pelos Decreto-lei nº 1.755/79 e Decreto nº 93.872/86, a restituição é tratada como dedução de receita. Se fosse registrada como despesa orçamentária, a receita corrente líquida ficaria com um montante maior que o real, pois não seria deduzido o efeito dessa arrecadação imprópria.

A dedução possibilita maior transparência das informações relativas à receita bruta e líquida.

Assim, afirma o MCASP que,

> "com o objetivo de possibilitar uma correta consolidação das contas públicas, recomenda-se que a restituição de receitas orçamentárias recebidas em qualquer exercício seja feita por dedução da respectiva natureza de receita orçamentária. Para as rendas extintas no decorrer do exercício, deve ser utilizado o mecanismo de dedução até o montante de receita passível de compensação. O valor que ultrapassar o saldo da receita a deduzir deve ser registrado como despesa. Entende-se por rendas extintas aquelas cujo fato gerador da receita não representa mais situação que gere arrecadações para o ente.

> No caso de devolução de saldos de convênios, contratos e congêneres, deve-se adotar os seguintes procedimentos:

> a. Se a restituição ocorrer no mesmo exercício em que foram recebidas transferências do convênio, contrato ou congênere, deve-se contabilizar como dedução de receita até o limite de valor das transferências recebidas no exercício;

> b. Se o valor da restituição ultrapassar o valor das transferências recebidas no exercício, o montante que ultrapassar esse valor deve ser registrado como despesa orçamentária.

> c. Se a restituição for feita em exercício em que não houve transferência do respectivo convênio/contrato, deve ser contabilizada como despesa orçamentária."

4.5.2.2 Recursos cuja tributação e arrecadação competem a um ente da Federação, mas são atribuídos a outro(s) ente(s)

Conforme MCASP, seção 3.6.1.2,

> "No caso em que se configure em orçamento apenas o valor pertencente ao ente arrecadador, deverá ser registrado o valor total arrecadado, incluindo os recursos de terceiros. Após isso, estes últimos serão registrados como dedução da receita e será reconhecida uma obrigação para com o "beneficiário" desses valores. A adoção desse procedimento está fundamentada no fato de que não há necessidade de aprovação parlamentar para transferência de recursos a outros entes que decorra da legislação. As transferências constitucionais ou legais constituem valores que não são passíveis de alocação em despesas pelo ente público arrecadador. Assim, não há desobediência ao princípio do

orçamento bruto, segundo o qual receitas e despesas devem ser incluídas no orçamento em sua totalidade, sem deduções."

Ressalta, no entanto, que os entes federados podem optar pela inclusão dessa receita no orçamento, e nesse caso o recebimento será integralmente computado como receita, sendo efetuada uma despesa quando da entrega ao beneficiário.

Importante destacar que esses procedimentos são aplicáveis apenas para recursos que não pertençam ao ente arrecadador, como é o exemplo de parcelas do ICMS que são arrecadadas pelos Estados e repassadas aos municípios.

4.5.2.3 Renúncia de receita

Prevista do art. 14 da Lei de Responsabilidade Fiscal, a renúncia de receita por meio da concessão ou ampliação de incentivo ou benefício de natureza tributária dos entes públicos deve observar condições específicas, como as já tratadas na seção 4.5.

A metodologia para evidenciar as renúncias deve se basear em um registro na natureza de receita orçamentária, em contrapartida a uma dedução de receita (conta redutora de receita). Os detalhes podem ser consultados no item 3.6.1.3 do MCASP, 6ª edição.

4.6 Estimativa do impacto orçamentário-financeiro

Trata-se de um documento que contém informações sobre o impacto positivo, negativo ou neutro, na variação patrimonial da entidade. Refere-se à concessão, ampliação de incentivo ou benefício de natureza tributária do qual decorra renúncia de receita ou, ainda, à criação, expansão ou aperfeiçoamento de ação governamental que acarrete aumento da despesa que possa comprometer o equilíbrio das contas públicas municipais, visando atender ao disposto nos arts. 14 e 16 da Lei Complementar nº 101, de 4 de maio de 2000.

No caso das receitas, é necessário informar se a renúncia foi considerada na estimativa de receita prevista na lei orçamentária, e se afetará as metas previstas de resultados fiscais, assim como se estará acompanhada de medidas de compensação, por meio do aumento de receita, provenientes da elevação de alíquotas, ampliação da base de cálculo, majoração ou criação de tributo ou contribuição.

No caso de despesas, toda ação que acarrete o seu aumento, principalmente por meio de processos licitatórios ou mesmo por dispensa ou inexigibilidade, deverá ser acompanhada da estimativa do impacto orçamentário-financeiro elaborada pelo órgão específico de compras ou contratos e ainda de declaração do ordenador da despesa de que tal ação esteja de acordo com a Lei Orçamentária Anual, com a Lei de Diretrizes Orçamentárias e com o Plano Plurianual (veja mais detalhes na seção 5.2.7).

76 Contabilidade Pública na Gestão Municipal • Andrade

Ressalta-se que os reflexos do impacto deverão ser observados no exercício de início da vigência da ação e nos dois seguintes, podendo o PPA ser alterado ou ampliado durante a sua execução, por lei específica, na forma do texto constitucional, art. 167, § 1º, combinado com a Lei nº 4.320/64, art. 23, parágrafo único.

Na composição do processo de despesa, a estimativa de impacto orçamentário-financeiro deverá ser preparada antes do parecer jurídico; e a declaração antes da homologação do processo.

4.7 Receita corrente líquida

O conceito desse termo é dado pela Lei Complementar nº 101/00, art. 2º, IV, transcrito a seguir, que exclui entre as receitas correntes as referentes a duplicidades, tais como transferências intragovernamentais, transferências ao FUNDEB, contribuição de servidores municipais aos institutos de previdência e assistência social, assim como as de compensação financeira entre os institutos, que é apurada somando-se as receitas arrecadadas no mês em referência e nos 11 anteriores.

"IV – receita corrente líquida: somatório das receitas tributárias, de contribuições, patrimoniais, industriais, agropecuárias, de serviços, transferências correntes e outras receitas também correntes, deduzidos:

a) na União, os valores transferidos aos Estados e Municípios por determinação constitucional ou legal, e as contribuições mencionadas na alínea a do inciso I e no inciso II do art. 195, e no art. 239 da Constituição;

b) nos Estados, as parcelas entregues aos Municípios por determinação constitucional;

c) na União, nos Estados e nos Municípios, a contribuição dos servidores para o custeio do seu sistema de previdência e assistência social e as receitas provenientes da compensação financeira citada no § 9º do art. 201 da Constituição.

§ 1º Serão computados no cálculo da receita corrente líquida os valores pagos e recebidos em decorrência da Lei Complementar nº 87, de 13 de setembro de 1996, e do fundo previsto pelo art. 60 do Ato das Disposições Constitucionais Transitórias.

§ 2º Não serão considerados na receita corrente líquida do Distrito Federal e dos Estados do Amapá e de Roraima os recursos recebidos da União para atendimento das despesas de que trata o inciso V do § 1º do art. 19.

§ 3º A receita corrente líquida será apurada somando-se as receitas arrecadadas no mês em referência e nos onze anteriores, excluídas as duplicidades."

O Demonstrativo da Receita Corrente Líquida Municipal foi padronizado pelo Anexo III do MDF,[4] fazendo parte integrante do Relatório Resumido da Execução Orçamentária, na forma da LC nº 101/00, art. 53, inciso I, havendo outras versões isoladas de determinados Tribunais de Contas.[5]

A receita corrente líquida corresponde, pois, ao somatório das receitas tributárias, de contribuições, patrimoniais, industriais, agropecuárias, de serviços, transferências correntes e demais receitas correntes de todos os órgãos da administração direta e indireta, deduzidas a arrecadação de contribuições dos segurados, a compensação financeira entre fundos de previdência, a arrecadação das contribuições patronais e as transferências intragovernamentais.

Apesar das contribuições patronais não serem mencionadas de forma explícita nas alíneas do artigo mencionado, entendemos que sua exclusão se faz justa em vista da redação contida no § 3º do mesmo artigo.

Para a apuração da receita corrente líquida, será utilizado o somatório das receitas arrecadadas no mês em referência e nos 11 meses anteriores, excluídas as duplicidades.

Houve polêmica quanto à dedução do FUNDEB, no montante da receita corrente líquida; porém, com a criação da conta retificadora da receita, essa dúvida desaparece, tendo em vista que será considerada a receita efetiva do FUNDEB, deduzindo então o valor referente aos 15% retidos sobre as transferências constitucionais.

4.8 Receita líquida real

Citada e definida pela Resolução do Senado Federal nº 78, de 1998, que dispunha sobre as operações de crédito interno e externo dos Estados, do Distrito Federal, dos Municípios e de suas respectivas autarquias e fundações, além de concessão das garantias, seus limites e condições de autorização.

Com a edição das Resoluções nºs 40/01 e 43/01 do Senado, essa nomenclatura é substituída por Receita Corrente Líquida, quando também se revogou a Resolução nº 78/98.

---

[4] A 6ª edição do Manual de Demonstrativos Fiscais (MDF) está disponível no *site* da Secretaria do Tesouro Nacional (STN) e também por meio de *link* no *site* <www.niltonandrade.com.br>.

[5] Exemplo: Anexo 5 da IN nº 3/01 do Tribunal de Contas do Estado de Minas Gerais.

5

Despesas sob o Enfoque Orçamentário

5.1 Conceito de despesa

Constitui-se de toda saída de recursos ou de todo pagamento efetuado, a qualquer título, pelos agentes pagadores para saldar gastos fixados na Lei do Orçamento ou em lei especial e destinados à execução dos serviços públicos, entre eles custeios e investimentos, além dos aumentos patrimoniais, pagamento de dívidas, devolução de importâncias recebidas a títulos de caução, depósitos e consignações.

As despesas públicas são divididas em despesas orçamentárias e dispêndios extraorçamentários e, por convenção contábil, são vislumbradas por regime de competência, assim como as receitas públicas passam a ter o mesmo tratamento com a adoção do novo plano de contas, adequado às Normas Brasileiras de Contabilidade Aplicadas ao Setor Público (NBCASP).

Deve-se lembrar dos conceitos de fatos modificativos e permutativos, os quais passam, na contabilidade pública, impreterivelmente pelo resultado do exercício, pelas contas das Variações Patrimoniais Diminutivas (VPD) e Variações Patrimoniais Aumentativas (VPA), além das contas de controles constantes dos grupos 7 e 8 do plano de contas. Esse assunto é tratado nas seções 8.7.2.1 e 8.7.2.2.

5.2 Classificação das despesas orçamentárias

Despesas orçamentárias são as que estejam discriminadas e fixadas no orçamento, estando, por conseguinte, previamente autorizadas pelo Legislativo, instituídas pelas normas legais e com adoção pelos três níveis de governos. Essas despesas podem ser classificadas da seguinte forma:

5.2.1 Classificação institucional

A princípio, a classificação institucional corresponde à estrutura organizacional e administrativa da entidade ou órgão, sendo estabelecida por meio de lei aprovada no âmbito de cada ente governamental. A classificação institucional permite o agrupamento dos créditos orçamentários nos órgãos e/ou unidades que integram a estrutura administrativa do ente e que vão realizar as tarefas que lhes competem no programa de trabalho.

O nível da classificação institucional onde são alocados os créditos orçamentários é denominado unidade orçamentária, seja ele um órgão ou uma unidade administrativa ou gestora. De acordo com o art. 14 da Lei nº 4.320/64, a unidade orçamentária é o agrupamento de serviços subordinados ao mesmo órgão ou repartição a que serão consignadas dotações próprias.

Portanto, a unidade orçamentária agrega, pois, toda despesa que esteja discriminada e fixada no orçamento, sendo ela a responsável pela aplicação dos recursos públicos. Neste sentido, menciona-se a lição de Machado Jr. e Reis:[1]

> *"Em última análise, unidade orçamentária é o órgão ou agrupamento de serviços com autoridade para movimentar dotações. O que a Lei 4.320 pretendeu foi separar os conceitos de unidade orçamentária e unidade administrativa, de modo a permitir um sistema descentralizado da execução do orçamento."*

Cabe ressaltar que o art. 4º da Lei nº 8.142/90 exige que o Município crie Fundo de Saúde para possibilitar o recebimento dos recursos do Sistema Único de Saúde (SUS). Por sua vez, o § 3º do art. 77 do ADCT, com a redação introduzida pela Emenda Constitucional nº 29/00, determina que os recursos do SUS e também o limite mínimo a ser aplicado nas ações e serviços públicos com recursos do Município (15%) deverão ser aplicados por meio do Fundo de Saúde.

Assim também é a exigência da Lei nº 8.742/93, denominada Lei Orgânica da Assistência Social, a qual, por meio de seu art. 30, parágrafo único, determina que é condição para o recebimento dos recursos do Fundo Nacional de Assistência Social (FNAS) a comprovação orçamentária dos recursos próprios destinados à Assistência Social, alocados em seus respectivos Fundos de Assistência Social.

Portanto, tanto o Fundo Municipal de Saúde quanto o Fundo Municipal de Assistência Social devem figurar no orçamento como unidade orçamentária.

Observa-se que nem toda unidade orçamentária corresponde a uma unidade administrativa ou gestora, uma vez que a unidade orçamentária pode corres-

---

[1] MACHADO JR., José Teixeira; REIS, Heraldo da Costa. *A Lei 4.320 comentada*. 31. ed. rec. atual. Rio de Janeiro: IBAM, 2002/2003. p. 58.

ponder a um órgão ou a uma unidade administrativa, por exemplo, um Instituto Municipal de Previdência, cuja estrutura administrativa nem sempre é detalhada em unidades administrativas. Contudo, o orçamento adapta-se à sua estrutura e por conseguinte terá um gestor responsável pela sua execução, caracterizando assim a unidade orçamentária.

O Quadro 5.1, a seguir, apresenta uma forma de estrutura em que mostra uma unidade orçamentária subordinada a uma unidade administrativa, sendo que em ambas são discriminadas as dotações orçamentárias:

Quadro 5.1 *Órgãos e unidades administrativas e/ou orçamentárias municipais.*

Códigos	Tipo	Nomenclatura
01.00.00	Órgão	Câmara Municipal
01.01.00	Unidade Administrativa	Gabinete da Câmara
02.00.00	Órgão	Prefeitura Municipal
02.01.00	Unidade Administrativa	Gabinete e Secretaria do Prefeito
02.02.00	Unidade Administrativa	Secretaria de Administração
02.03.00	Unidade Administrativa	Secretaria de Finanças
02.04.00	Unidade Administrativa	Secretaria de Educação
02.05	Unidade Administrativa	Secretaria de Saúde
02.05.01	Unidade Orçamentária	Fundo de Saúde
02.06	Unidade Administrativa	Secretaria de Assistência Social
02.06.01	Unidade Orçamentária	Fundo de Assistência Social
02.06.02	Unidade Orçamentária	Fundo da Criança e do Adolescente
02.06.03	Unidade Orçamentária	Fundo do Idoso
02.07	Unidade Administrativa	Secretaria de Cultura, Turismo e Meio Ambiente
02.08	Unidade Administrativa	Secretaria de Obras e Serviços Urbanos
03.00.00	Órgão	Autarquia X
04.00.00	Órgão	Fundação Y
05.00.00	Órgão	Instituto de Previdência Municipal Z

Fonte: Elaborado pelo autor.

O ente público também poderá considerar as partições da administração direta (secretarias) como órgãos e os fundos a eles subordinados, por sua vez, como unidades administrativas. O Quadro 5.2 apresenta parte desta estrutura administrativa, na qual as secretarias municipais figuram como órgãos.

Quadro 5.2 *Órgão e unidade orçamentária.*

Órgão		Unidades orçamentárias	
Códigos	Nomenclatura	Códigos	Nomenclatura
06	Secretaria de Assistência Social	06.01	Fundo de Assistência Social
		06.02	Fundo da Criança e do Adolescente
		06.03	Fundo do Idoso

Fonte: Elaborado pelo autor.

Entendemos que tanto a estrutura apresentada no Quadro 5.1 quanto a estrutura do Quadro 5.2 podem ser utilizadas pelos entes públicos, pois elas atendem plenamente a todas as exigências legais.

Cabe ressaltar que o Ministério de Assistência Social, por meio do art. 30 da Lei nº 9.720/98, denominada Lei Orgânica da Assistência Social, assim como as portarias ministeriais que definem a Norma Operacional Básica (NOB/SUAS) da gestão de saúde pública exigem que os repasses sejam feitos aos Fundos Municipais em forma de unidade orçamentária. O Tribunal de Contas do Estado de Minas Gerais, por sua Consulta nº 715.541, manifestou entendimento sobre os fundos municipais como unidades orçamentárias.

O importante é que toda unidade orçamentária esteja contida em uma unidade administrativa ou unidade gestora, mesmo porque esta unidade administrativa é a que tem um gestor nomeado para fazer a sua gestão. O Quadro 5.3 apresenta outra forma de estrutura em que mostra uma unidade orçamentária subordinada a uma unidade administrativa, sendo que em ambas são discriminadas as dotações orçamentárias:

Quadro 5.3 *Órgãos e unidades administrativas e/ou orçamentárias municipais.*

Códigos	Tipo	Nomenclatura
01.00.00	Órgão	Poder Legislativo
01.01.00	Unidade Administrativa	Gabinete da Câmara
02.00.00	Órgão	Poder Executivo
02.01.00	Unidade Administrativa	Gabinete e Secretaria do Prefeito
02.02.00	Unidade Administrativa	Secretaria de Administração
02.03.00	Unidade Administrativa	Secretaria de Finanças
02.04.00	Unidade Administrativa	Secretaria de Educação
02.04.01	Unidade Orçamentária	Divisão de Ensino Regular – Recursos Próprios Vinculados
02.04.02	Unidade Orçamentária	Divisão de Ensino Regular – Recursos do FUNDEB

Continua

Códigos	Tipo	Nomenclatura
02.04.03	Unidade Orçamentária	Divisão de Ensino Geral – Recursos Próprios não Vinculados
02.05	Unidade Administrativa	Secretaria de Saúde
02.05.01	Unidade Orçamentária	Fundo Municipal de Saúde – Recursos Vinculados
02.05.02	Unidade Orçamentária	Fundo Municipal de Saúde – Recursos Próprios
02.05.03	Unidade Orçamentária	Fundo Municipal de Assistência Social
02.06	Unidade Administrativa	Secretaria de Cultura, Turismo e Meio Ambiente
02.07	Unidade Administrativa	Secretaria de Obras e Serviços Urbanos
03.00.00	Órgão	Autarquia X
04.00.00	Órgão	Fundação Y
05.00.00	Órgão	Instituto de Previdência Municipal Z

Fonte: Elaborado pelo autor.

O ente público também poderá utilizar os níveis de secretarias municipais como órgãos e os fundos a eles subordinados como unidades orçamentárias, dando outro *status* à sua estrutura administrativa. O Quadro 5.4 apresenta parte desta estrutura administrativa em que a secretaria municipal figura como órgão.

Quadro 5.4 *Órgão e unidade orçamentária.*

Órgão	Unidade Orçamentária
Secretaria de Assistência Social	Fundo de Assistência Social
	Fundo da Criança e do Adolescente
	Fundo do Idoso

Fonte: Elaborado pelo autor.

O instituto de previdência próprio nem sempre tem uma estrutura administrativa complexa e muitas vezes se limita a apenas uma unidade orçamentária. Neste caso, a interpretação de órgão é igual à unidade orçamentária.

Entendemos que tanto a estrutura apresentada no Quadro 5.3 quanto a estrutura do Quadro 5.4 atendem aos controles dos fundos e à exigência do Ministério de Assistência Social. Cabe ressaltar que se deve evitar o uso do termo *subunidade*, tendo em vista que a mesma não foi acatada pelos órgãos repassadores de recursos federais.

Despesas sob o Enfoque Orçamentário **83**

5.2.2 Classificação funcional

A classificação funcional tem por finalidade delimitar a despesa, definindo-a por sua função, ou seja, pelo *"maior nível de agregação das diversas áreas de despesa que competem ao setor público"*.[2] Em síntese, é a classificação que se subdivide em funções e subfunções, com a finalidade de refletir as políticas, diretrizes, objetivos no planejamento das ações dos administradores públicos. Trata-se de uma classificação independente dos programas.

Ressalte-se que esse texto foi preparado para atender às administrações públicas, na nova classificação funcional, tendo em vista que, até o exercício de 2001, foi praticada a classificação, na forma do Anexo 5, definida pela Portaria SOF (Secretaria de Orçamento e Finanças) nº 9, de 28 de janeiro de 1974, quando definiu pela estrutura de classificação funcional-programática, ou seja, "funções, programas e subprogramas".

Por ser de aplicação comum e obrigatória no âmbito dos Municípios, dos Estados e da União, a classificação funcional permitirá a consolidação nacional dos gastos do setor público.

A classificação funcional, embora tenha como escopo principal a identificação das áreas em que as despesas estariam sendo realizadas, preservou, em sua lógica de aplicação, a matricialidade da funcional-programática, ou seja, as subfunções poderão ser combinadas com funções diferentes daquelas a que estejam vinculadas. Ademais, justamente por significar área de despesa, chega-se às funções e subfunções por intermédio dos projetos e atividades, daí por que a entrada no classificador funcional deve ser o último ato do processo de planejamento e do orçamento.

Definições:

a) Função: deve ser entendida como o maior nível de agregação das diversas áreas de despesa que competem ao setor público. A função "Encargos Especiais" engloba as despesas em relação às quais não se possa associar um bem ou serviço a ser gerado no processo produtivo corrente, tais como: dívidas, ressarcimentos, indenizações e outras afins, representando, portanto, uma agregação neutra. Ainda no caso da função "Encargos Especiais", os programas corresponderão a um código vazio, do tipo "0000".

b) Subfunções: representam as partições da função, visando agregar determinado subconjunto de despesa do setor público; podem ser combinadas com diferentes funções das que estejam vinculadas. Na nova classificação, a subfunção identifica a natureza básica das ações que se aglutinam em torno das funções.

---

[2] Redação dada pelo § 1º, do art. 1º, da Portaria nº 42, de 14 de abril de 1999.

A seguir, expõe-se o Anexo com os códigos de Funções e Subfunções de Governo, apresentado pela Portaria nº 42/99.

Funções	Subfunções
01 – Legislativa	031 – Ação Legislativa
	032 – Controle Externo
02 – Judiciária	061 – Ação Judiciária
	062 – Defesa do Interesse Público no Processo Judiciário
03 – Essencial à Justiça	091 – Defesa da Ordem Jurídica
	092 – Representação Judicial e Extrajudicial
04 – Administração	121 – Planejamento e Orçamento
	122 – Administração Geral
	123 – Administração Financeira
	124 – Controle Interno
	125 – Normatização e Fiscalização
	126 – Tecnologia da Informatização
	127 – Ordenamento Territorial
	128 – Formação de Recursos Humanos
	129 – Administração de Receitas
	130 – Administração de Concessões
	131 – Comunicação Social
05 – Defesa Nacional	151 – Defesa Aérea
	152 – Defesa Naval
	153 – Defesa Terrestre
06 – Segurança Pública	181 – Policiamento
	182 – Defesa Civil
	183 – Informação e Inteligência
07 – Relações Exteriores	211 – Relações Diplomáticas
	212 – Cooperação Internacional
08 – Assistência Social	241 – Assistência ao Idoso
	242 – Assistência ao Portador de Deficiência
	243 – Assistência à Criança e ao Adolescente
	244 – Assistência Comunitária
09 – Previdência Social	271 – Previdência Básica
	272 – Previdência do Regime Estatutário
	273 – Previdência Complementar
	274 – Previdência Especial
10 – Saúde	301 – Atenção Básica
	302 – Assistência Hospitalar e Ambulatorial
	303 – Suporte Profilático e Terapêutico
	304 – Vigilância Sanitária
	305 – Vigilância Epidemiológica
	306 – Alimentação e Nutrição

Continua

Funções	Subfunções
11 – Trabalho	331 – Proteção e Benefícios ao Trabalhador
	332 – Relação de Trabalho
	333 – Empregabilidade
	334 – Fomento ao Trabalho
12 – Educação	361 – Ensino Fundamental
	362 – Ensino Médio
	363 – Ensino Profissional
	364 – Ensino Superior
	365 – Educação Infantil
	366 – Educação de Jovens e Adultos
	367 – Educação Especial
	368 – Educação Básica[3]
13 – Cultura	391 – Patrimônio Histórico, Artístico e Arqueológico
	392 – Difusão Cultural
14 – Direitos da Cidadania	421 – Custódia e Reintegração Social
	422 – Direitos Individuais, Coletivos e Difusos
	423 – Assistência aos Povos Indígenas
15 – Urbanismo	451 – Infraestrutura Urbana
	452 – Serviços Urbanos
	453 – Transportes Coletivos Urbanos
16 – Habitação	481 – Habitação Rural
	482 – Habitação Urbana
17 – Saneamento	511 – Saneamento Básico Rural
	512 – Saneamento Básico Urbano
18 – Gestão Ambiental	541 – Preservação e Conservação Ambiental
	542 – Controle Ambiental
	543 – Recuperação de Áreas Degradadas
	544 – Recursos Hídricos
	545 – Meteorologia
19 – Ciência e Tecnologia	571 – Desenvolvimento Científico
	572 – Desenvolvimento Tecnológico e Engenharia
	573 – Difusão do Conhecimento Científico e Tecnológico
20 – Agricultura	601 – Promoção da Produção Vegetal
	602 – Promoção da Produção Animal
	603 – Defesa Sanitária Vegetal
	604 – Defesa Sanitária Animal
	605 – Abastecimento
	606 – Extensão Rural
	607 – Irrigação
21 – Organização Agrária	631 – Reforma Agrária
	632 – Colonização

Continua

---

[3] Incluída pela Portaria SOF nº 54, de 4 de julho de 2011 (*DOU* de 05-07-2011).

Funções	Subfunções
22 – Indústria	661 – Promoção Industrial 662 – Produção Industrial 663 – Mineração 664 – Propriedade Industrial 665 – Normalização e Qualidade
23 – Comércio e Serviços	691 – Promoção Comercial 692 – Comercialização 693 – Comércio Exterior 694 – Serviços Financeiros 695 – Turismo
24 – Comunicações	721 – Comunicações Postais 722 – Telecomunicações
25 – Energia	751 – Conservação de Energia 752 – Energia Elétrica 753 – Combustíveis Minerais[4] 754 – Biocombustíveis[5]
26 – Transporte	781 – Transporte Aéreo 782 – Transporte Rodoviário 783 – Transporte Ferroviário 784 – Transporte Hidroviário 785 – Transportes Especiais
27 – Desporto e Lazer	811 – Desporto de Rendimento 812 – Desporto Comunitário 813 – Lazer
28 – Encargos Especiais	841 – Refinanciamento da Dívida Interna 842 – Refinanciamento da Dívida Externa 843 – Serviço da Dívida Interna 844 – Serviço da Dívida Externa 845 – Outras Transferências[6] 846 – Outros Encargos Especiais 847 – Transferências para a Educação Básica[7]

---

[4] Incluída pela Portaria SOF nº 37, de 16 de agosto de 2007 (*DOU* de 17-08-2007).

[5] Incluída pela Portaria SOF nº 37, de 16 de agosto de 2007 (*DOU* de 17-08-2007).

[6] Incluída pela Portaria SOF nº 37, de 16 de agosto de 2007 (*DOU* de 17-08-2007).

[7] Incluída pela Portaria SOF nº 37, de 16 de agosto de 2007 (*DOU* de 17-08-2007).

5.2.3 Classificação estrutural programática

A partir da edição da Portaria SOF nº 42, de 14 de abril de 1999, os programas deixaram de ter o caráter de classificador, cada nível de governo passou a ter sua estrutura própria, adequada à solução de seus problemas, e originária do processo de planejamento desenvolvido durante a formulação do Plano Plurianual.

Há convergência entre as estruturas do Plano Plurianual e do orçamento anual com base no programa "módulo" comum integrador do PPA com o orçamento. Em termos de estruturação, o plano termina no programa e o orçamento começa no programa, o que confere a esses documentos uma integração desde a origem, sem a necessidade, portanto, de se buscar uma compatibilização entre módulos diversificados. O programa age como único módulo integrador, e os projetos e as atividades, como instrumento de realização dos programas, o que equivale às ações definidas no PPA.

Cada programa contém, no mínimo, objetivo, indicador que quantifica a situação que o programa tem por fim modificar e os produtos (bens e serviços) necessários para atingir o objetivo. Os produtos dos programas são os projetos e atividades. A cada projeto ou atividade só pode estar associado um produto, que, quantificado por sua unidade de medida, dá origem à meta.

Os programas são compostos de atividades, projetos e uma nova categoria de programação denominada operações especiais. Estas últimas podem fazer parte dos programas quando entendido que efetivamente contribuem para a consecução de seus objetivos. As operações especiais, quando associadas a programas finalísticos, apresentam, na maioria dos casos, produtos associados. Daí a necessidade de caracterização desses produtos. Quando não, as operações especiais não se vincularão a programas.

A estruturação dos programas e respectivos produtos, consubstanciados em projetos e em atividades, junto ao orçamento-programa é sempre revisada anualmente, e seu resultado, disponibilizado, para que os órgãos setoriais e as unidades orçamentárias apresentem suas propostas orçamentárias. Deve-se estar atento ao que diz a lei do Plano Plurianual, que, na maioria delas, inclusive a da União, admite que os programas sejam alterados apenas por lei, enquanto as ações destes possam ser alteradas por ocasião da elaboração dos orçamentos, e são, portanto, os projetos, as atividades e as operações especiais. A seguir, são apresentadas algumas definições.

5.2.3.1 Programa e ações de governo

O programa instrumento de organização da ação governamental, por meio do desdobramento da classificação programática, onde se faz a ligação entre os planos de longo e médio prazo aos orçamentos, visando à concretização dos objetivos pretendidos. É mensurado por indicadores estabelecidos no Plano Plurianual e no orçamento anual. Um programa é compostos por ações, que no orçamento figuram como projetos, atividades e operações especiais, nos termos definidos pela Portaria STN nº 42, de 14 de abril de 1999. Veja seção 3.1.

Os projetos são identificados por número ímpar, as atividades por um número par e as operações especiais pelo número Zero, cada um com mais o sequencial de três dígitos, para formar as identificações numéricas. Exemplos.: 1.001, 1.002, 2.001, 2.002 e 0.001.

5.2.3.2 Projeto

É um instrumento de programação para alcançar o objetivo do programa e que envolve um conjunto de operações, limitadas no tempo, das quais resulta um produto que concorre para a expansão, o crescimento ou o aperfeiçoamento da ação de governo.

5.2.3.3 Atividade

É um instrumento de programação para alcançar o objetivo de um programa e que envolve um conjunto de operações que se realizam de modo contínuo e permanente, das quais resulta um produto necessário à manutenção da ação de governo.

5.2.3.4 Operações especiais

Fazem parte dessa classificação as despesas que não contribuem para a manutenção das ações de governo, das quais não resulta um produto e não geram contraprestação direta sob a forma de bens ou serviços. Exemplo: operações de créditos e todas as transferências das modalidades 20 a 80, definidas pela Portaria Interministerial nº 163/01.

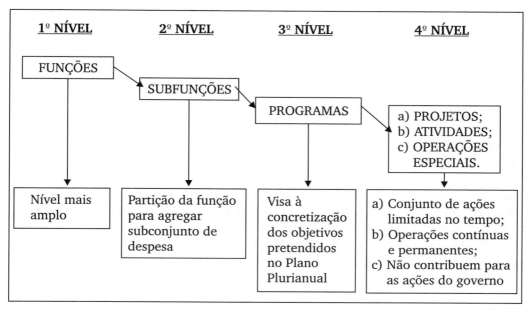

Figura 5.1 *Discriminação da despesa por funções de acordo com a Portaria SOF nº 42, de 14 de abril de 1999.*

A Portaria Ministerial nº 42/99, com alterações trazidas pela Portaria nº 524, de 15 de outubro de 2002, definiu a nova classificação funcional e programática. Inicialmente, a classificação foi utilizada pela União, Estados e Distrito Federal. Além do prazo mencionado, também foram alteradas a numeração e a abrangência dada a cada função, fazendo com que cada item vislumbre de forma mais clara a sua "função", além do número de dígitos que compõem as subfunções.

Segue um exemplo para melhor entendimento, constando versão utilizada pelos entes públicos desde o exercício financeiro de 2002.

Nomenclatura Orçamentária	Nomenclatura Usual
Função	12 – Educação
Subfunção	361 – Ensino Fundamental
Programas	1202 (*) Atendimento ao Ensino Fundamental
Atividade (ou Projeto)	2.001(*) Manutenção do Transporte Escolar
Natureza da despesa	319011 – Vencimentos e Vantagens Fixas – Pessoal Civil

(*) Numeração específica e livre para cada ente federado.

Observação: Na classificação anterior à Portaria nº 42/99, a função Educação estava agregada à função Cultura, no número 08. Agora, cada uma está sob a numeração de 12 e 13, respectivamente. Tal separação transmite maior clareza nos dados e informações prestadas.

5.2.3.5 Sugestões sobre as descrições de programas

A classificação programática, a seguir sugerida, tem como parâmetro a utilização dos códigos de funções como os dois primeiros dígitos, equivalendo à combinação destes com os números sequenciais 01, 02, 03 etc. Em outras palavras, a opção ora apresentada vincula os programas às respectivas funções e os concebe em ordem crescente de acordo com suas prioridades, identificados por dois dígitos. Podem, portanto, em cada classificação funcional, alocar até 99 programas, ou seja, de "01" a "99", eliminando riscos de coincidência de codificação. São citados apenas alguns exemplos:

Código/ Programa (*)	Nomenclatura	Código Projeto/ Atividade	Nomenclatura
Programas Relativos à Função Administração			
0401	Administração e gestão pública	2.001	Manutenção da folha de pagamento e encargos administrativos
		2.002	Manutenção dos demais custeios administrativos
		1.001	Aquisição de veículo para fiscalização fazendária
		1.002	Implementação do plano de informatização
Programas Relativos à Função Saúde			
1001	Atenção à saúde da comunidade	2.003	Manutenção da assistência médica
		2.004	Manutenção da assistência odontológica
		2.005	Promoção e controle da qualidade
		2.006	Manutenção da saúde da família
		1.003	Construção de unidades de saúde em bairros
1002	Controle de doenças transmissíveis	2.007	Campanha de higienização de lotes vagos, águas paradas e vacinação

Continua

Despesas sob o Enfoque Orçamentário **91**

Código/ Programa (*)	Nomenclatura	Código Projeto/ Atividade	Nomenclatura
Programas Relativos à Função Educação			
1201	Atendimento ao ensino fundamental	2.008	Manutenção da folha de pagamento e encargos do ensino
		2.009	Manutenção da folha de pagamento e encargos relativos ao FUNDEB
		2.010	Manutenção dos custeios dos prédios escolares
		2.011	Formação pedagógica para docentes
		2.012	Manutenção do transporte escolar
		1.004	Construção de unidades escolares
1202	Atendimento ao ensino médio	2.013	Manutenção do transporte escolar
1203	Atendimento ao ensino profissional	2.014	Manutenção de curso profissionalizante
1204	Programa de alimentação escolar	2.015	Manutenção da merenda escolar com recursos próprios
		2.016	Manutenção da merenda escolar com recursos de transferências
1205	Atendimento à educação especial	2.017	Subvenção à APAE
Programas Relativos à Função Encargos Especiais			
0001	Manutenção da dívida pública	2.018	Amortização de operações de créditos
		2.016	Amortização de parcelamentos de débitos

(*) Foi utilizado para os dois primeiros dígitos do Programa o código da Função, definida pela Portaria nº 42/99.

5.2.4 A despesa segundo sua natureza

Em publicação no *Diário Oficial da União*, de 7 de maio de 2001, a STN e a SOF divulgaram a Portaria nº 163/01, definindo as normas para uniformização da execução orçamentária da União, Estados, Distrito Federal e Municípios.

Alterações nessas classificações podem existir por meio de novas Portarias Ministeriais ou interministeriais. Estamos nos baseando na 6ª edição do Manual de Contabilidade Aplicada ao Setor Público,[8] em seu capítulo "Procedimentos Orçamentários".

Tem esse Manual o objetivo de facilitar a consolidação nacional dos Balanços da Contas Públicas e cumprir dispositivo da Lei de Responsabilidade Fiscal. A uniformização dos procedimentos nas três esferas de governo – federal, estadual e municipal – exige a utilização de uma mesma classificação orçamentária de receitas e despesas públicas.

Considerando que os sistemas informatizados precisam apresentar relatórios comparativos das despesas de um exercício com outro anterior, recomenda-se que sejam observados os parâmetros de comparação da nova estrutura com a anterior.

5.2.4.1 Por categorias econômicas da despesa

A estrutura da despesa inicia-se pela classificação econômica e é onde a natureza da despesa é considerada. Essas despesas dividem-se em despesas correntes e de capital, as quais se subdividem em Grupos de Natureza de Despesa (GND), conforme especificação a seguir:

3 – Despesas Correntes:
- GND 1 – Pessoal e Encargos Sociais;
- GND 2 – Juros e Encargos da Dívida;
- GND 3 – Outras Despesas Correntes;

4 – Despesas de Capital:
- GND 4 – Investimentos;
- GND 5 – Inversões Financeiras;
- GND 6 – Amortizações da Dívida;

- GND 9 – Reserva de Contingência. (Obs.: Este GND não se enquadra em nenhuma das classificações anteriores.)

5.2.4.2 Por grupo de natureza das despesas

Trata-se da classificação da despesa, que tem sido utilizada como forma gerencial pela União e Estados, tratada pela Portaria Ministerial nº 5, de 20 de maio

---

[8] Livro atualizado em 2016, permanecendo normas da Portaria nº 163/99. A partir de 2016, possíveis atualizações das Portarias emitidas pelos Ministérios estarão disponíveis no *site* <www.niltonandrade.com.br>.

de 1999, e que também é mencionada pela Lei nº 9.755, de 16 de dezembro de 1998, sobre a criação da *homepage* Contas Públicas e Instrução Normativa 28/99, do Tribunal de Contas da União. A partir da vigência da Lei de Responsabilidade Fiscal, ou seja, a Lei Complementar nº 101, de 4 de maio de 2000, especificamente no art. 52, inciso I, alínea *b,* e inciso II, alíneas *b* e *c,* a menção ao "Grupo de Natureza das Despesas" determina a apresentação de relatórios periódicos na forma estabelecida, a qual envolve a prestação de contas dos recursos transferidos a outros entes ou entidades, e há uma padronização de relatórios, assim como um planejamento maior de quem repassa o recurso.

Deve-se, pois, entender por Grupos de Natureza de Despesa a agregação de elementos de despesa que apresentam as mesmas características quanto ao objeto de gasto.

Para melhor elucidar esse assunto, recomenda-se consultar o Manual de Contabilidade Aplicada ao Setor Público, em sua edição mais recente. A classificação por grupo de despesas consiste na decomposição da despesa em algumas categorias básicas, em que estes grupos são formados pela mistura de algumas categorias econômicas e alguns elementos de despesa.

5.2.4.2.1 Despesas correntes (Código 3)

Pode-se definir como o grupo de despesas operacionais realizadas pela Administração Pública, a fim de executar a manutenção dos equipamentos e promover o funcionamento dos órgãos de suas atividades básicas, mas essas despesas não contribuem, diretamente, para a formação ou aquisição de um bem de capital. A despesa corrente apresenta-se como fato modificativo ou diminutivo, junto ao patrimônio.

5.2.4.2.1.1 GND – Pessoal e encargos sociais (31)

Despesas orçamentárias com pessoal ativo e inativo e pensionistas, relativas a mandatos eletivos, cargos, funções ou empregos, civis, militares e de membros de Poder, com quaisquer espécies remuneratórias, tais como vencimentos e vantagens, fixas e variáveis, subsídios, proventos da aposentadoria, reformas e pensões, inclusive adicionais, gratificações, horas extras e vantagens pessoais de qualquer natureza, bem como encargos sociais e contribuições recolhidas pelo ente às entidades de previdência, conforme estabelece o *caput* do art. 18 da Lei Complementar nº 101, de 2000.[9]

---

[9] Texto conforme o MCASP aprovado pela Portaria Interministerial STN/SOF nº 1, de 20 de junho de 2011.

5.2.4.2.1.2 GND – Juros e encargos da dívida (32)

São despesas com o pagamento de juros, comissões e outros encargos de operações de crédito internas e externas contratadas, bem como da dívida pública mobiliária.

5.2.4.2.1.3 GND – Outras despesas correntes (33)

São despesas com aquisição de material de consumo, pagamento de diárias, contribuições, subvenções, auxílio-alimentação, auxílio-transporte, além de outras despesas da categoria econômica "Despesas Correntes" não classificáveis nos demais grupos de natureza de despesa.

5.2.4.2.2 Despesas de capital (Código 4)

Define-se como o grupo de despesas que contribui para formar um bem de capital ou acrescentar valor a um bem já existente, mediante aquisições ou incorporações entre entidades do setor público para o setor privado, ou seja, com o propósito de formar e/ou adquirir ativos reais, abrangendo, entre outras ações, o planejamento e a execução de obras, a compra de instalações, equipamentos, material permanente, títulos representativos do capital de empresas ou entidades de qualquer natureza, bem como as amortizações de dívida e concessões de empréstimos.

Essas despesas contribuem, diretamente, para a formação ou aquisição de um bem de capital. As despesas de capital geram mutações patrimoniais ou fatos permutativos junto à contabilidade patrimonial.

5.2.4.2.2.1 GND – Investimentos (44)

No conceito orçamentário, são despesas orçamentárias com o planejamento e a execução de obras, inclusive com a aquisição de imóveis considerados necessários à realização destas últimas, e com a aquisição de instalações, equipamentos e material permanente. Em resumo, são despesas que correspondem à aquisição ou surgimento de novos bens ou adicionam novo valor aos já existentes.

5.2.4.2.2.2 GND – Inversões financeiras (45)

Entende-se como uma despesa que não resulta na aquisição ou formação de um bem novo. São ainda consideradas as aquisições de bens para efeito de aplicação de recursos financeiros excedentes em caixa da instituição pública.

São, pois, as despesas com a aquisição de imóveis ou bens de capital já em utilização; aquisição de títulos representativos do capital de empresas ou entidades de qualquer espécie, já constituídas, quando a operação não importe aumento do capital; e com a constituição ou aumento do capital de empresas, além de outras despesas classificáveis neste grupo.

5.2.4.2.2.3 GND – Amortização de dívida (46)

São despesas orçamentárias com o pagamento e/ou refinanciamento do principal e da atualização monetária ou cambial da dívida pública interna e externa, contratual ou mobiliária.

5.2.4.3 Por modalidades de aplicação

A natureza da despesa será composta, também, pela informação gerencial denominada "Modalidade de Aplicação", a qual tem por finalidade indicar se os recursos são aplicados diretamente por órgãos ou entidades no âmbito da mesma esfera de governo ou por outro ente da federação e suas respectivas entidades, e objetiva, precipuamente, possibilitar a eliminação da dupla contagem dos recursos transferidos ou descentralizados.[10]

A classificação da despesa por modalidade de aplicação tem como objetivo evidenciar a utilização de recursos que já estão comprometidos com o atendimento de determinadas entidades ou entes da federação ou do exterior. A vinculação desses recursos acontece por meio de dispositivos constitucionais, contratos ou convênios.

Em se tratando de despesas normais e cotidianas da União, Estados e Municípios, que não sejam de transferências, a tabela SOF – Secretaria de Orçamento e Finanças – apresenta a modalidade de aplicação de código 90, denominada "Aplicações Diretas".

A modalidade de aplicação corresponde à forma de realização da despesa, que pode ser direta, pela unidade orçamentária de cuja programação faz parte a despesa, ou indireta, mediante a transferência a outro órgão integrante ou não do orçamento. São elas:

20 – Transferências à União

Despesas realizadas pelos Estados, Municípios ou pelo Distrito Federal, mediante transferência de recursos financeiros à União, inclusive para suas entidades da administração indireta.

---

[10] Redação dada pelo § 1º, do art. 3º, da Portaria Interministerial nº 163, de 7 de maio de 2001.

22 – Execução orçamentária delegada à União

Despesas orçamentárias realizadas pelos Estados, Municípios ou pelo Distrito Federal, mediante transferência de recursos financeiros à União, inclusive para suas entidades da administração indireta.

30 – Transferências a Estados e ao Distrito Federal

Despesas realizadas mediante transferência de recursos financeiros da União ou dos Municípios aos Estados e ao Distrito Federal, inclusive para suas entidades da administração indireta.

31 – Transferências a Estados e ao Distrito Federal – fundo a fundo

Despesas orçamentárias realizadas mediante transferência de recursos financeiros da União ou dos Municípios aos Estados e ao Distrito Federal por intermédio da modalidade fundo a fundo.

32 – Execução Orçamentária delegada a Estados e ao Distrito Federal

Despesas orçamentárias realizadas mediante transferência de recursos financeiros, decorrentes de delegação ou descentralização a Estados e ao Distrito Federal para execução de ações de responsabilidade exclusiva do delegante.

35 – Transferências Fundo a Fundo aos Estados e ao Distrito Federal à conta de recursos de que tratam os §§ 1º e 2º do art. 24 da Lei Complementar nº 141, de 2012

Despesas orçamentárias realizadas mediante transferência de recursos financeiros da União ou dos Municípios aos Estados e ao Distrito Federal por intermédio da modalidade fundo a fundo, à conta de recursos referentes aos restos a pagar considerados para fins da aplicação mínima em ações e serviços públicos de saúde e posteriormente cancelados ou prescritos, de que tratam os §§ 1º e 2º do art. 24 da Lei Complementar nº 141, de 2012.

36 – Transferências Fundo a Fundo aos Estados e ao Distrito Federal à conta de recursos de que trata o art. 25 da Lei Complementar nº 141, de 2012

Despesas orçamentárias realizadas mediante transferência de recursos financeiros da União ou dos Municípios aos Estados e ao Distrito Federal por intermédio da modalidade fundo a fundo, à conta de recursos referentes à diferença da aplicação mínima em ações e serviços públicos de saúde que deixou de ser aplicada em exercícios anteriores, de que trata o art. 25 da Lei Complementar nº 141, de 2012.

40 – Transferências a Municípios

Despesas realizadas mediante transferência de recursos financeiros da União ou dos estados aos Municípios, inclusive para suas entidades da administração indireta.

41 – Transferências a Municípios – fundo a fundo

Despesas orçamentárias realizadas mediante transferência de recursos financeiros da União, dos Estados ou do Distrito Federal aos Municípios por intermédio da modalidade fundo a fundo.

42 – Execução orçamentária delegada a Municípios

Despesas orçamentárias realizadas mediante transferência de recursos financeiros, decorrentes de delegação ou descentralização a Municípios para execução de ações de responsabilidade exclusiva do delegante.

45 – Transferências Fundo a Fundo aos Municípios à conta de recursos de que tratam os §§ 1º e 2º do art. 24 da Lei Complementar nº 141, de 2012

Despesas orçamentárias realizadas mediante transferência de recursos financeiros da União, dos Estados ou do Distrito Federal aos Municípios por intermédio da modalidade fundo a fundo, à conta de recursos referentes aos restos a pagar considerados para fins da aplicação mínima em ações e serviços públicos de saúde e posteriormente cancelados ou prescritos, de que tratam os §§ 1º e 2º do art. 24 da Lei Complementar nº 141, de 2012.

46 – Transferências Fundo a Fundo aos Municípios à conta de recursos de que trata o art. 25 da Lei Complementar nº 141, de 2012

Despesas orçamentárias realizadas mediante transferência de recursos financeiros da União, dos Estados ou do Distrito Federal aos Municípios por intermédio da modalidade fundo a fundo, à conta de recursos referentes à diferença da aplicação mínima em ações e serviços públicos de saúde que deixou de ser aplicada em exercícios anteriores de que trata o art. 25 da Lei Complementar nº 141, de 2012.

50 – Transferências a instituições privadas sem fins lucrativos

Despesas realizadas mediante transferência de recursos financeiros a entidades sem fins lucrativos que não tenham vínculo com a Administração Pública.

60 – Transferências a instituições privadas com fins lucrativos

Despesas realizadas mediante transferência de recursos financeiros a entidades com fins lucrativos que não tenham vínculo com a Administração Pública.

67 – Execução de Contrato de Parceria Público-Privada – PPP

Despesas orçamentárias do Parceiro Público decorrentes de Contrato de Parceria Público-Privada – PPP, nos termos da Lei nº 11.079, de 30 de dezembro de 2004, e da Lei nº 12.766, de 27 de dezembro de 2012.

70 – Transferências a instituições multigovernamentais

Despesas realizadas mediante transferência de recursos financeiros a entidades criadas e mantidas por dois ou mais entes da Federação, ou por dois ou mais países, inclusive o Brasil.

71 – Transferências a consórcios públicos mediante contrato de rateio

Despesas realizadas mediante transferência de recursos financeiros a entidades criadas sob a forma de consórcios públicos nos termos da Lei nº 11.107/05, mediante contrato de rateio, objetivando a execução dos programas e ações dos respectivos entes consorciados. É um novo conceito introduzido às transferências intraorçamentárias.

72 – Execução orçamentária delegada a consórcios públicos

Despesas orçamentárias realizadas mediante transferência de recursos financeiros, decorrentes de delegação ou descentralização a consórcios públicos para execução de ações de responsabilidade exclusiva do delegante.

73 – Transferências a consórcios públicos mediante contrato de rateio à conta de recursos de que tratam os §§ 1º e 2º do art. 24 da Lei Complementar nº 141, de 2012

Despesas orçamentárias realizadas mediante transferência de recursos financeiros a entidades criadas sob a forma de consórcios públicos nos termos da Lei nº 11.107, de 6 de abril de 2005, por meio de contrato de rateio, à conta de recursos referentes aos restos a pagar considerados para fins da aplicação mínima em ações e serviços públicos de saúde e posteriormente cancelados ou prescritos, de que tratam os §§ 1º e 2º do art. 24 da Lei Complementar nº 141, de 13 de janeiro de 2012, observado o disposto no § 1º do art. 11 da Portaria STN nº 72, de 1º de fevereiro de 2012.

74 – Transferências a consórcios públicos mediante contrato de rateio à conta de recursos de que trata o art. 25 da Lei Complementar nº 141, de 2012

Despesas orçamentárias realizadas mediante transferência de recursos financeiros a entidades criadas sob a forma de consórcios públicos nos termos da Lei nº 11.107, de 6 de abril de 2005, por meio de contrato de rateio, à conta de recursos referentes à diferença da aplicação mínima em ações e serviços públicos de saúde que deixou de ser aplicada em exercícios anteriores, de que trata o art. 25 da Lei Complementar nº 141, de 2012, observado o disposto no § 1º do art. 11 da Portaria STN nº 72, de 2012.

75 – Transferências a Instituições Multigovernamentais à conta de recursos de que tratam os §§ 1º e 2º do art. 24 da Lei Complementar nº 141, de 2012

Despesas orçamentárias realizadas mediante transferência de recursos financeiros a entidades criadas e mantidas por dois ou mais entes da Federação ou por dois ou mais países, inclusive o Brasil, exclusive as transferências relativas à modalidade de aplicação 73 (Transferências a Consórcios Públicos mediante contrato de rateio à conta de recursos de que tratam os §§ 1º e 2º do art. 24 da Lei Complementar nº 141, de 2012), à conta de recursos referentes aos restos a pagar considerados para fins da aplicação mínima em ações e serviços públicos de saúde e posteriormente cancelados ou prescritos, de que tratam os §§ 1º e 2º do art. 24 da Lei Complementar nº 141, de 2012.

76 – Transferências a Instituições Multigovernamentais à conta de recursos de que trata o art. 25 da Lei Complementar nº 141, de 2012

Despesas orçamentárias realizadas mediante transferência de recursos financeiros a entidades criadas e mantidas por dois ou mais entes da Federação ou por dois ou mais países, inclusive o Brasil, exclusive as transferências relativas à modalidade de aplicação 74 (Transferências a Consórcios Públicos mediante contrato de rateio à conta de recursos de que trata o art. 25 da Lei Complementar nº 141, de 2012), à conta de recursos referentes à diferença da aplicação mínima em ações e serviços públicos de saúde que deixou de ser aplicada em exercícios anteriores, de que trata o art. 25 da Lei Complementar nº 141, de 2012.

80 – Transferências ao exterior

Despesas realizadas mediante transferência de recursos financeiros a órgãos e entidades governamentais pertencentes a outros países, a organismos internacionais e a fundos instituídos por diversos países, incluindo os que tenham sede ou recebam os recursos no Brasil.

90 – Aplicações diretas

Aplicação direta, pela unidade orçamentária, dos créditos a ela alocados ou oriundos de descentralização de outras entidades integrantes ou não dos Orçamentos Fiscal ou da Seguridade Social, no âmbito da mesma esfera de governo.

91 – Aplicação direta decorrente de operação entre órgãos, fundos e entidades integrantes dos Orçamentos Fiscal e da Seguridade Social

É uma nova classificação incluída pela Portaria STN nº 688/06 da STN, instituindo o conceito de operações intraorçamentárias e visando atender ao art. 51 da LRF, que trata da consolidação das contas públicas.

93 – Aplicação direta decorrente de operação de órgãos, fundos e entidades integrantes dos Orçamentos Fiscal e da Seguridade Social com Consórcio Público do qual o ente participe

Despesas orçamentárias de órgãos, fundos, autarquias, fundações, empresas estatais dependentes e outras entidades integrantes dos orçamentos fiscal e da seguridade social decorrentes da aquisição de materiais, bens e serviços, além de outras operações, exceto no caso de transferências, delegações ou descentralizações, quando o recebedor dos recursos for consórcio público do qual o ente da Federação participe, nos termos da Lei nº 11.107, de 6 de abril de 2005.

94 – Aplicação direta decorrente de operação de órgãos, fundos e entidades integrantes dos Orçamentos Fiscal e da Seguridade Social com Consórcio Público do qual o ente não participe

Despesas orçamentárias de órgãos, fundos, autarquias, fundações, empresas estatais dependentes e outras entidades integrantes dos orçamentos fiscal e da seguridade social decorrentes da aquisição de materiais, bens e serviços, além de outras operações, exceto no caso de transferências, delegações ou descentralizações, quando o recebedor dos recursos for consórcio público do qual o ente da Federação não participe, nos termos da Lei nº 11.107, de 6 de abril de 2005.

95 – Aplicação direta à conta de recursos de que tratam os §§ 1º e 2º do art. 24 da Lei Complementar nº 141, de 2012

Aplicação direta, pela unidade orçamentária, dos créditos a ela alocados ou oriundos de descentralização de outras entidades integrantes ou não dos Orçamentos Fiscal ou da Seguridade Social, no âmbito da mesma esfera de governo, à conta de recursos referentes aos restos a pagar considerados para fins da aplicação mínima em ações e serviços públicos de saúde e posteriormente cancelados ou prescritos, de que tratam os §§ 1º e 2º do art. 24 da Lei Complementar nº 141, de 2012.

96 – Aplicação direta à conta de recursos de que trata o art. 25 da Lei Complementar nº 141, de 2012

Aplicação direta, pela unidade orçamentária, dos créditos a ela alocados ou oriundos de descentralização de outras entidades integrantes ou não dos Orçamentos Fiscal ou da Seguridade Social, no âmbito da mesma esfera de governo, à conta de recursos referentes à diferença da aplicação mínima em ações e serviços públicos de saúde que deixou de ser aplicada em exercícios anteriores, de que trata o art. 25 da Lei Complementar nº 141, de 2012.

99 – A definir

Modalidade de utilização exclusiva do Poder Legislativo, vedada a execução orçamentária enquanto não houver sua definição, e que pode ser utilizada para classificação orçamentária da Reserva de Contingência, nos termos do parágrafo único do art. 8º desta Portaria.

5.2.4.4 Por elementos de despesa

Na classificação por Elementos de Despesa, foram criadas novas espécies classificatórias e rearranjadas as contas em grupos, de forma a destacar os agregados de despesas que no âmbito da Administração Pública são expressivos e merecem acompanhamento gerencial, tendo em vista o planejamento exigido pela legislação. As definições de cada elemento de despesa estão listadas a seguir e definidas na Portaria Interministerial STN/SOF nº 163/01.

01 – Aposentadorias do RPPS, Reserva Remunerada e Reformas dos Militares

03 – Pensões do RPPS e do Militar

04 – Contratação por Tempo Determinado

05 – Outros Benefícios Previdenciários do Servidor ou do Militar

06 – Benefício Mensal ao Deficiente e ao Idoso

07 – Contribuição a Entidades Fechadas de Previdência

08 – Outros Benefícios Assistenciais do Servidor ou do Militar

10 – Seguro-Desemprego e Abono Salarial

11 – Vencimentos e Vantagens Fixas – Pessoal Civil

12 – Vencimentos e Vantagens Fixas – Pessoal Militar

13 – Obrigações Patronais

14 – Diárias – Civil

15 – Diárias – Militar

16 – Outras Despesas Variáveis – Pessoal Civil

17 – Outras Despesas Variáveis – Pessoal Militar

18 – Auxílio Financeiro a Estudantes

19 – Auxílio-Fardamento

20 – Auxílio Financeiro a Pesquisadores

21 – Juros sobre a Dívida por Contrato

22 – Outros Encargos sobre a Dívida por Contrato

23 – Juros, Deságios e Descontos da Dívida Mobiliária

24 – Outros Encargos sobre a Dívida Mobiliária

25 – Encargos sobre Operações de Crédito por Antecipação da Receita

26 – Obrigações decorrentes de Política Monetária

27 – Encargos pela Honra de Avais, Garantias, Seguros e Similares

28 – Remuneração de Cotas de Fundos Autárquicos

29 – Distribuição de Resultado de Empresas Estatais Dependentes

30 – Material de Consumo

31 – Premiações Culturais, Artísticas, Científicas, Desportivas e Outras

32 – Material de Distribuição Gratuita

33 – Passagens e Despesas com Locomoção

34 – Outras Despesas de Pessoal decorrentes de Contratos de Terceirização

35 – Serviços de Consultoria

36 – Outros Serviços de Terceiros – Pessoa Física

37 – Locação de Mão de Obra

38 – Arrendamento Mercantil

39 – Outros Serviços de Terceiros – Pessoa Jurídica

41 – Contribuições

42 – Auxílios

43 – Subvenções Sociais

45 – Subvenções Econômicas

46 – Auxílio-Alimentação

47 – Obrigações Tributárias e Contributivas

48 – Outros Auxílios Financeiros a Pessoas Físicas

49 – Auxílio-Transporte

51 – Obras e Instalações

52 – Equipamentos e Material Permanente

53 – Aposentadoria do RGPS – Área Rural

54 – Aposentadoria do RGPS – Área Urbana

55 – Pensões do RGPS – Área Rural

56 – Pensões do RGPS – Área Urbana

57 – Outros Benefícios do RGPS – Área Rural

58 – Outros Benefícios do RGPS – Área Urbana

59 – Pensões Especiais

61 – Aquisição de Imóveis

62 – Aquisição de Produtos para Revenda

63 – Aquisição de Títulos de Crédito

64 – Aquisição de Títulos Representativos de Capital já Integralizado

65 – Constituição ou Aumento de Capital de Empresas

66 – Concessão de Empréstimos e Financiamentos

67 – Depósitos Compulsórios

71 – Principal da Dívida Contratual Resgatado

72 – Principal da Dívida Mobiliária Resgatado

73 – Correção Monetária ou Cambial da Dívida Contratual Resgatada

74 – Correção Monetária ou Cambial da Dívida Mobiliária Resgatada

75 – Correção Monetária da Dívida de Operações de Crédito por Antecipação de Receita

76 – Principal Corrigido da Dívida Mobiliária Refinanciado

77 – Principal Corrigido da Dívida Contratual Refinanciado

81 – Distribuição Constitucional ou Legal de Receitas

82 – Aporte de Recursos pelo Parceiro Público em Favor do Parceiro Privado Decorrente de Contrato de Parceria Público-Privada – PPP

83 – Despesas Decorrentes de Parceria Público-Privada – PPP, exceto Subvenções Econômicas, Aporte e Fundo Garantidor

84 – Despesas Decorrentes da Participação em Fundos, Organismos, ou Entidades Assemelhadas, Nacionais e Internacionais

91 – Sentenças Judiciais

92 – Despesas de Exercícios Anteriores

93 – Indenizações e Restituições

94 – Indenizações e Restituições Trabalhistas

95 – Indenização pela Execução de Trabalhos de Campo

96 – Ressarcimento de Despesas de Pessoal Requisitado

97 – Aporte para Cobertura do Déficit Atuarial do RPPS

98 – Compensações ao RGPS

99 – A Classificar

5.2.4.5 Subelementos ou Desdobramentos

A Portaria 448, de 13 de setembro de 2002, divulgou o detalhamento das naturezas de despesas orçamentárias para as seguintes classificações: 339030, 339036, 339039 e 449052. O conteúdo do detalhamento foi divulgado por meio de seguintes anexos.

> *Anexo I – 339030 – Material de Consumo.*
>
> *Anexo II – 339036 – Outros Serviços de Terceiros – Pessoa Física, da Portaria nº 448, de 13 de setembro de 2002.*
>
> *Anexo III – 339039 – Outros Serviços de Terceiros – Pessoa Jurídica, da Portaria nº 448, de 13 de setembro de 2002.*
>
> *Anexo IV – 449052 – Equipamentos e Material Permanente, da Portaria nº 448, de 13 de setembro de 2002.*

5.2.5 *Classificação das células ou dotações orçamentárias*

Para classificação da despesa quanto a sua natureza devem ser identificados a categoria econômica e seu grupo de despesa, a forma de sua realização ou a modalidade de aplicação dos recursos, se diretamente por unidades orçamentárias ou indiretamente mediante transferência de recursos, além de seu elemento da despesa e de seu desdobramento facultativo (conforme o caso).

Vislumbramos sua estrutura de classificação da natureza da despesa como: "c.g.mm.ee.dd" a ser observada na execução orçamentária de todas as esferas de governo, cujo código de identificação é composto por seis dígitos, mais dois do desdobramento facultativo do elemento da despesa:

1º dígito: categoria econômica (c);

2º dígito: grupo de natureza da despesa (g);

3º e 4º dígitos: modalidade de aplicação (mm);

5º e 6º dígitos: elemento de despesa (ee);

7º e 8º dígitos: desdobramento facultativo (dd).

A associação dos seis primeiros números constituirá o código referente à classificação da despesa quanto a sua natureza, para composição do orçamento.

Deve-se atentar que, na ocasião da elaboração da Lei Orçamentária, a discriminação da despesa, quanto a sua natureza, far-se-á, no mínimo, por categoria econômica, grupo de natureza de despesa e modalidade de aplicação (art. 6º da Portaria Interministerial nº 163, de 4 de maio de 2001).[11]

Entretanto, considerando o art. 15 da Lei nº 4.320/64, que exige a discriminação da despesa no mínimo por elemento e ainda que existem vinculações de determinados recursos, assim como o cumprimento aos limites legais e constitucionais, a distribuição dos recursos orçamentários, quanto ao nível de elemento de despesa, torna-se necessária para que as espécies classificatórias sejam agrupadas e agregadas para efeito de acompanhamento gerencial, aproveitando ainda as facilidades trazidas pela informática.

A alocação dos créditos orçamentários na Lei Orçamentária Anual deverá ser feita diretamente à unidade orçamentária responsável pela execução das ações correspondentes, ficando vedada a consignação de recursos a títulos de transferências para unidades integrantes dos orçamentos fiscal e da seguridade social (art. 7º da Portaria Interministerial nº 163/01).

5.2.6 *Demonstrativo da classificação completa da célula orçamentária de despesa*

Com base em todos os exemplos e classificações até então mencionados, o Quadro 5.5 apresenta a estrutura completa da classificação orçamentária, trazendo, além do tipo de classificação, dos códigos e das nomenclaturas, um exemplo de cada detalhe, que combinados formam o código orçamentário completo, ou seja: 02.05.01.10.301.1001.2.010 3.1.90.11.01.0.2.xx.xxxxxx, devidamente especificado. Neste quadro estão adaptados os identificadores de uso mencionados pela receita, conforme estudado na seção 4.2.

Quadro 5.5 *Detalhamento do código da despesa.*

Tipo de classificação	Códigos	Nomenclatura	Exemplo
Institucional	02	Órgão	Prefeitura
	05	Unidade	Secretaria de Saúde
	01	Unidade Orçamentária	Fundo Municipal de Saúde – Recursos próprios
Funcional	10	Função	Saúde
	301	Subfunção	Atenção básica
Programática	1001	Programa	Saúde para todos
	2.010	Atividade	Manutenção do Programa de Saúde da Família (PSF)

Continua

---

[11] Alterações conforme a 5ª edição do Manual de Contabilidade aplicada ao setor público.

Tipo de classificação	Códigos	Nomenclatura	Exemplo
Econômica	3	Categoria Econômica	Despesas correntes
	1	Grupo de Natureza da Despesa	Pessoal e encargos sociais
	90	Modalidade de Aplicação	Aplicações diretas
	11	Elemento de Despesa	Vencimentos e vantagens fixas – Pessoal Civil
	01	Desdobramento	(uso específico para alguns códigos)
Destinação da Receita Pública	0	IDUSO	Recursos não destinados a contrapartidas
	2	Grupo de Fonte de Recursos	Recursos de outras fontes – Exercício Corrente
	xx	Especificação das Fontes de Recursos	Destinado a atender ao PSF
	xxxxxx	Detalhamento	Pagamento de médicos

Fonte: Elaborado pelo autor.

5.2.7 Condições para a realização das despesas

Deve-se observar que a realização das despesas, hoje, está condicionada à observância de alguns requisitos, estabelecidos na legislação ora vigente, especialmente destacada a Lei Complementar nº 101/00, que, em seus arts. 15, 16 e 17, obrigam a comprovar a situação orçamentária e financeira, quanto à criação, expansão ou aperfeiçoamento da ação governamental, pelos seguintes documentos:

I – estimativa do impacto orçamentário-financeiro no exercício em que deva entrar em vigor e nos dois subsequentes;

II – declaração do ordenador da despesa de que o aumento tem adequação orçamentária e financeira com a Lei Orçamentária Anual e compatibilidade com o Plano Plurianual e com a Lei de Diretrizes Orçamentárias.

Deve-se atentar para a estimativa do impacto orçamentário-financeiro prescrita no inciso I, do art. 16. Ressalta-se que tal determinação pode ser considerada grande avanço para o planejamento, já que obriga o legislador a justificar toda ação que acarrete aumento da despesa, principalmente em processos licitatórios, inclusive os de dispensa e inexigibilidade.

Cabe ressaltar que tal obrigação tende a ser mais voltada para a ação governamental denominada "projeto", nos termos da Portaria nº 42/99 do Ministério do Orçamento e Gestão, já que a maioria das "atividades", em regra, não cria, não expande e não aperfeiçoa a ação governamental, apenas mantém as ações governamentais já criadas. É claro que podem existir exceções.

Este também é o entendimento de Toledo Junior e Rossi (2002, p. 112), ao comentarem o art. 16 da LRF.

A LRF define casos em que se obriga a elaboração do impacto orçamentário-financeiro, por gerarem aumento de despesa, tais como:

1) Desapropriação, nos termos do art. 16, § 4º, II, caracterizado como "Projeto".

2) Quando se tratar de assunção, de reconhecimento ou de confissão de dívidas, conforme o § 1º, do art. 29, caracterizado como "operações especiais".

Também define casos de dispensa de tal instrumento, nos termos do § 3º do art. 16, tais como as despesas consideradas irrelevantes, definidas na Lei de Diretrizes Orçamentárias (LDO).

Quadro 5.6 *Modelo de estimativa de impacto orçamentário-financeiro.*

MODELO DE ESTIMATIVA DO IMPACTO ORÇAMENTÁRIO-FINANCEIRO				
Processo Licitatório nº___/X1, Tomada de Preços _____/X1 As despesas referentes à contratação de empresa para prestação de serviços em engenharia para escoramento e alteamento da ponte ABC, serão contabilizadas na dotação orçamentária abaixo discriminada:				
Classificação Orçamentária	**Cód. Despesa**	**Código reduzido da dotação**	**Saldo da dotação**	**Valor estimado da obra**
	449051			–
o qual será suficiente para garantir o empenho de tais despesas no exercício de X1, as quais estimamos um montante de **R$** . . . . A referida despesa é objeto de dotação específica e suficiente, estando abrangida por crédito genérico, na classificação acima, previstas no programa de trabalho, assim como atende à Lei de Diretrizes Orçamentárias e encontra-se adequada aos parâmetros financeiros da administração; não infringindo, portanto, quaisquer disposições da legislação especificamente o art. 16 da LC nº 101/00. Estimamos também que o total de tais despesas com a referida contratação, comprometerá . . . . . . % da receita arrecadada no exercício financeiro atual. Salientamos ainda que tais despesas serão empenhadas no exercício de X1 e que não ficarão parcelas remanescentes para serem empenhadas nos exercícios seguintes, portanto não haverá impacto orçamentário nos exercícios seguintes (caso impacte, expressar o como). Concluímos, portanto, que a entidade disporá de recursos orçamentários e financeiros suficientes para a realização desta despesa.				
Data		Assinaturas:		

Quadro 5.7 *Declaração da verificação da estimativa do impacto orçamentário-financeiro.*

DECLARAÇÃO DA VERIFICAÇÃO DA ESTIMATIVA DO IMPACTO ORÇAMENTÁRIO-FINANCEIRO
Licitação Tomada de preço . . . ./X1 referente à construção da Ponte ABC, com Recursos vinculados do . . . .
Conforme informações da Secretaria de Fazenda e do Departamento de Contabilidade, declaro para fins de cumprimento da Lei Complementar nº 101/00, que despesas referentes à **construção da Ponte ABC** com recursos vinculados do . . . . e contrapartida do município destinado ao programa de desenvolvimento da agropecuária do município, é compatível com a LDO (Lei de Diretrizes Orçamentárias) no que se refere às metas da Administração, assim como é compatível com o PPA (Plano Plurianual). Declaro, ainda, com base na Estimativa do Impacto Orçamentário e Financeiro que os desembolsos de tal investimento não afetarão em proporção um aumento de despesa, considerando . . . . . .
Data: Assinatura:

Entre os princípios que são adotados pela Lei de Responsabilidade Fiscal, encontram-se, entre outros, a prevenção do déficit público imoderado e reiterado, determinando o equilíbrio entre aquilo que espera a sociedade e os recursos à disposição do governo para sua consecução e, por fim, que a dívida pública seja limitada em níveis de prudência, compatível com a receita e o patrimônio público. Ao adotar a primeira interpretação, mais restritiva, pode o ordenador, sem que assim sinta, estar violando os princípios insertos na Lei de Responsabilidade Fiscal, pois, nessa hipótese, mesmo que não estivesse criando, expandindo ou aperfeiçoando ação governamental, poderia estar criando forte desequilíbrio entre receita e despesa, gerando, via de consequência, déficits públicos.

5.3 Dispêndios extraorçamentários

São os pagamentos realizados pela Administração Pública e que não dependem de autorização legislativa. Tais pagamentos correspondem à restituição ou entrega de valores recebidos como cauções, depósitos, consignações e outros, criando uma obrigação quando da entrada da receita.

Também se consideram dispêndios extraorçamentários os referentes à baixa de operações de créditos denominada Antecipação de Receita Orçamentária, da qual se origina a sigla ARO, efetuada em prazo inferior a 12 meses. De acordo com o art. 38 da Lei Complementar nº 101/00, as operações de ARO ocorrem no período entre 10 de janeiro e 10 de dezembro de cada ano.

Despesas sob o Enfoque Orçamentário **109**

Recomenda-se estudo mais completo, na seção 9.2.1, onde é tratada a Dívida Flutuante.

5.4 Estágios da despesa

Os estágios caracterizam importantes funções da Administração Pública e devem ser adotados com o objetivo não só de assegurar a qualidade das operações, em termos de eficiência e eficácia, como também para resguardar a administração de possíveis erros, fraudes ou desvios, de modo a garantir transparência e confiabilidade dos atos dos dirigentes.

Dividem-se as fases da despesa pública em:

5.4.1 Fixação

É considerado o primeiro estágio da despesa. Constitui-se na determinação, por meio de estudos e cálculos fundamentados, do montante total a ser registrado como valor máximo orçamentário a ser consumido pela Administração Pública na execução do orçamento.

5.4.2 Programação

Resume-se na elaboração de um cronograma de desembolso para utilização dos créditos orçamentários, por meio de decreto do Poder Executivo, com o objetivo de disciplinar os gastos na mesma proporção que a previsão de realização das receitas. Nessa fase, a distribuição de cotas orçamentárias deverá ser feita, "imediatamente após a promulgação da Lei de Orçamento e com base nos limites fixados", onde "o Poder Executivo aprovará um quadro de cotas trimestrais da despesa que cada unidade orçamentária fica autorizada a utilizar".[12] A Lei Complementar nº 101/00, a nosso ver, em seu art. 9º, deu novo tratamento às cotas, fixando a bimestralidade. Nada impede que sejam distribuídas mensalmente. O objetivo da programação de despesa é assegurar recursos necessários e suficientes à melhor execução dos programas de trabalho do governo e proporcionar equilíbrio entre a receita arrecadada e a despesa realizada, de modo a reduzir ao mínimo eventuais insuficiências de tesouraria.[13] Após ser cumprido o que determina a lei, no tocante às previsões, o responsável pelo controle da programação de despesas pode, e deve, adotar a sistemática de correções mensais, aumentando ou diminuindo os repasses mensais, para melhor equalização com a realidade.

---

[12]   Redação baseada no art. 47 da Lei nº 4.320/64.

[13]   Redação baseada no art. 48 da Lei nº 4.320/64, alíneas *a* e *b*.

Estas cotas visam colaborar para a Programação Financeira e para o Cronograma de Execução Mensal de Desembolso, documento pelo qual a administração poderá adequar a despesa em relação à receita efetivamente arrecadada e a arrecadar no período.

Esse estágio verifica-se após a aprovação da Lei de Orçamento, quando o Poder Executivo, por meio de ato normativo, define um programa de utilização de créditos orçamentários aprovados para o exercício, visando disciplinar os gastos na mesma medida em que se realizam as receitas. Esse estágio foi oficialmente incluído pela Lei Complementar nº 101/00, conforme destacamos:

> *"Art. 8º Até trinta dias após a publicação dos orçamentos, nos termos em que dispuser a lei de diretrizes orçamentárias e observado o disposto na alínea c do inciso I do art. 4º, o Poder Executivo estabelecerá a programação financeira e o cronograma de execução mensal de desembolso."*

5.4.3 Licitação

Mecanismo legal que as entidades governamentais devem promover a fim de proporcionar uma disputa entre os interessados em celebrar negócios de conteúdo material ou patrimonial com a administração. Seu objetivo é escolher a proposta mais vantajosa às conveniências públicas, para adquirir bens e/ou serviços destinados a sua manutenção e expansão. Pode-se fundamentar que se exalta a ideia de competição isonômica entre os que preencham os requisitos predefinidos no edital de licitação, além de se comprometerem a cumprir as obrigações que assumirão em contrato.

Existem ocasiões em que a licitação é dispensável ou inexigível, porém somente nos casos expressamente previstos em lei, ou seja, que se enquadrem no que determinam os arts. 24 e 25 da Lei nº 8.666/93 (Lei das Licitações).

Em resumo, esse procedimento destina-se a garantir a observância do princípio constitucional da igualdade de condições e a selecionar a proposta mais vantajosa para a administração, segundo os princípios básicos da legalidade, impessoalidade, moralidade, igualdade, publicidade, probidade administrativa, vinculação ao instrumento convocatório, julgamento objetivo e outros princípios correlatos.

São modalidades de licitação a concorrência, a tomada de preços, a carta-convite, o pregão, o concurso e o leilão.[14]

Para garantir saldos orçamentários para esta fase de licitação, adota-se o "bloqueio de recursos orçamentários" ou "reserva de dotação" ou o chamado "pré-empenho", em que há a dedução do saldo da dotação orçamentária sem a identificação do credor, mesmo porque este ainda não é conhecido.

---

[14] Existe um anteprojeto de lei em discussão para tramitar, em breve, no Congresso Nacional criando novas modalidades de licitação, substituindo as atuais.

5.4.4 Empenho

Ato prévio da autoridade competente reconhecendo e criando para o Estado a obrigação de pagamento, pendente ou não, de implemento de condição. Materializa-se por meio de documento chamado "nota de empenho" e oficializa-se com a baixa da despesa na dotação orçamentária. É a garantia de que existe o crédito necessário para a liquidação de um compromisso assumido, sendo proibida a realização de qualquer despesa sem empenho prévio.

A despesa deverá ser precedida do empenho, caso contrário será de responsabilidade pessoal de seu ordenador, razão pela qual o empenho deve ser autorizado por autoridade competente para assumir compromissos em nome da entidade.

O empenho é um instrumento importante não só para assegurar o princípio da legalidade, ou seja, se há a autorização orçamentária para a realização da despesa, mas sobretudo para assegurar o equilíbrio orçamentário, já que a essa não poderá exceder o crédito autorizado.

A obrigação pode ser pendente ou não de implemento de condições, mas há que se ressaltar que a despesa somente poderá ser paga quando atendidos os quesitos condicionais. Na verdade, o empenho não cria a obrigação de pagamento, mas ratifica a garantia de pagamento, assegurada na relação contratual existente entre a entidade e seus fornecedores e prestadores de serviços.

Dessa forma, para o fornecedor ou prestador de serviços, o empenho é uma garantia de que o compromisso será pago, desde que observado o cumprimento das cláusulas contratuais. Para a administração, o empenho é um instrumento de controle do crédito orçamentário, uma vez que vincula dotação para cumprir determinada obrigação.

São modalidades de empenho: ordinário, global e por estimativa, que serão tratados na seção 5.5.

Conforme o art. 61 da LF nº 4.320/64, é necessário que o empenho indique o nome do credor, a importância da despesa e a especificação, que também é denominada de histórico. Assim, para cada empenho será emitida uma nota de empenho.

Recomenda-se que o histórico da nota de empenho tenha clareza e possa tirar todas as dúvidas de quem o analisa. Em técnicas de administração são utilizados os conceitos dos cinco "w" e dois "h", em que se vê as seguintes perguntas: *What* – o quê?, *When* – quando? *Who* – quem? *Why* – por quê? *Where* – onde? *How* – como? *How much* – quanto?

A classificação da despesa já responde a algumas destas perguntas: o "quanto" está respondido pelo valor. O "quando" está explícito na data. O "quem" está no nome do fornecedor. O "que" está, muitas vezes, na classificação, mas é preciso detalhá-lo mais no histórico, de forma sintética, tendo em vista que este detalhe poderá estar na nota fiscal. Porém, deve-se lembrar de que se o empenho é prévio, significa que a nota fiscal é sempre emitida *a posteriori*. Logo, o "quê", o "por quê" e o "onde" precisam estar mais bem trabalhados no histórico.

Toda movimentação de empenho da despesa deve ser registrada nas contas do PCASP junto ao grupo 6221.z.xx.yy, que é o controle da movimentação de saldos orçamentários, e 6229.x.xx.xx, que é a execução do controle por documento, ambos sendo movimentados nas demais fases de despesa.

5.4.5 Liquidação

É a fase de verificação do direito adquirido pelo credor ou do implemento de condição, com base nos títulos ou na documentação hábil e importância exata a pagar do respectivo crédito. O art. 63 da Lei nº 4.320/64 traz o conceito de liquidação. Entretanto, não basta simplesmente dar direito ao credor; é preciso confirmar toda a documentação que deu origem ao processo, tais como requisição, autorização, licitação, contrato ou acordo respectivo, nota de empenho contendo o histórico da despesa, dotação orçamentária, autorização, medição dos serviços ou materiais, comprovantes da entrega do material ou da prestação do serviço etc.

> "*Art. 63. A liquidação da despesa consiste na verificação do direito adquirido pelo credor, tendo por base os títulos e documentos comprobatórios do respectivo crédito.*
>
> *§ 1º Essa verificação tem por fim apurar:*
>
> *I – a origem e o objeto do que se deve pagar;*
>
> *II – a importância exata a pagar;*
>
> *III – a quem se deve pagar a importância, para extinguir a obrigação.*
>
> *§ 2º A liquidação da despesa por fornecimentos feitos ou serviços prestados, terá por base:*
>
> *I – o contrato, ajuste ou acordo respectivo;*
>
> *II – a nota de empenho;*
>
> *III – os comprovantes da entrega de material ou da prestação efetiva do serviço.*"

Constata-se que é de praxe considerar como liquidação da despesa a entrega do material ou do serviço a qual se formaliza com carimbo e assinatura do responsável pelo recebimento no documento fiscal (nota fiscal, recibo etc.), mas, em algumas entidades, já se pratica a liquidação eletrônica.

Nessa fase, é verificado, por exemplo, se uma obra foi efetuada na forma especificada em contrato, se as faturas correspondem às medições, se o controle de ponto dos funcionários já foi informado no cálculo da folha de pagamento.

Reitere-se que a etapa de liquidação da despesa vai além do recebimento do material ou da confirmação da prestação do serviço, pois ela consiste na verificação do direito adquirido pelo credor. Como já foi dito, para que a administração reconheça a dívida como líquida e certa, é necessário que a documentação que suporta a transação seja idônea e que tenham sido seguidas todas as etapas antecedentes da liquidação.

Numa liquidação da despesa deve-se observar:

1. Foi realizada a estimativa do Impacto Orçamentário-Financeiro e a Declaração do Ordenador da Despesa, conforme o art. 16 da Lei nº 101/00?

2. Foi realizada a atualização do cadastro do fornecedor?

3. O fornecedor cadastrado está em dia com suas obrigações fiscais? Entende-se por obrigações fiscais todo o arcabouço dos impostos, primeiramente junto ao próprio município, em relação aos impostos locais e também acercar-se de certidões negativas de débitos junto ao Instituto Nacional do Seguro Social (INSS) e ao Fundo de Garantia do Tempo de Serviço (FGTS).

4. A documentação entregue pelo fornecedor está correta, ou seja, estritamente com o que rege o edital?

5. A dotação orçamentária utilizada é a correta para a apropriação da despesa?

6. Foi levado em conta o disposto no art. 26 da Lei nº 8.666/93?

7. Foi observado o disposto nos arts. 27 a 32 da Lei nº 8.666/93?

8. Foi incorporada ao processo a justificativa da necessidade do procedimento aquisitório?

9. Foi emitido e anexado ao processo o parecer jurídico devidamente justificado?

10. Foi publicado, no *Diário Oficial* e jornal de maior circulação regional, o ato inexigibilidade de licitação, tomada de preço ou concorrência?

11. Foi feito o projeto básico (no caso de obras)?

12. Foi feito o cronograma físico-financeiro (no caso de obras e serviços continuados)?

13. Foi apresentada planilha de custo (no caso de obras)?

14. Foi feito o bloqueio orçamentário?

15. Foi publicado o extrato do contrato no *Diário Oficial*?

16. Foram tomadas as devidas providências diante dos problemas detectados nessa checagem?

17. Outras particularidades.

Com a nova sistemática adotada pelo MCASP, adotou-se um intervalo anterior à liquidação da despesa, denominada de "em liquidação", para apropriação de uma variação patrimonial diminutiva antes da liquidação, tendo em vista que o fato gerador da obrigação pode ocorrer antes do empenho. Este mecanismo evita que o fato gerador do passivo seja contabilizado em duplicidade. Conforme o MCASP, caso esse procedimento não seja feito, o passivo financeiro será contado duplamente, pois seu montante será considerado tanto na conta crédito empenhado a liquidar quanto na conta de obrigação anteriormente contabilizada no passivo exigível.

O registro "em liquidação" deve ocorrer nos casos em que há a entrega de um determinado produto adquirido a um departamento do ente público, em que não há o profissional portador do conhecimento hábil para validar a liquidação da despesa. Ex.: medicamentos que dependem de um farmacêutico e computadores, que dependem de um técnico de informática.

5.4.5.1 Liquidação e pagamento do empenho por estimativa

Segundo a Lei nº 4.320/64, art. 58: "O empenho da despesa é o ato emanado de autoridade competente que cria para o Estado obrigação de pagamento pendente ou não de implemento de condição." Logo, empenhar é um ato, ou seja, uma ação. Para esta ação, é emitido um documento chamado Nota de Empenho.

O § 2º, deste dispositivo legal, trata da possibilidade de realização do empenho por estimativa, o que leva a crer que o empenho poderá ter uma complementação ou uma anulação, porque é impossível estimar o valor correto. Neste caso, utilizar-se-ia o empenho global, como definido no art. 60, § 2º, da mesma Lei, que preconiza o seguinte: "Será feito por estimativa o empenho da despesa cujo montante não se possa determinar."

Considerando esta possibilidade, no caso de estimativa a menor, é necessário efetuar um reforço de empenho; e no caso de estimativa a maior, será necessário anular parcialmente o empenho de origem. Em ambos os casos, comprova-se que o empenho original teve seu saldo final alterado. Logo, não se justifica a elaboração dos documentos com números diferentes de empenho. Tanto a anulação de empenho quanto o empenho complementar merecem ser tratados como o mesmo empenho de origem, ou seja, o mesmo número, cabendo-lhes as siglas AE (anulação de empenho) ou EC (empenho complementar ou reforço de empenho) com números sequenciais.

Exemplo 1

EE 02230	R$ 1.000,00
AE 02230-01	R$ 100,00
Valor final do EE	R$ 900,00

Exemplo 2

EE 02231	R$ 1.500,00
EC 2231 01	R$ 80,00
Valor final do EE	R$ 1.580,00

5.4.6 Suprimento

É a mera entrega ou transferência às instituições financeiras ou ao próprio caixa dos recursos financeiros para pagamento dos débitos a serem quitados.

5.4.7 Pagamento da despesa

É o último estágio da despesa pública. É o momento em que se salda, com despacho do responsável pela Fazenda ou finanças como um todo, a dívida do poder público para com seus credores, repassando os valores numerários, mediante crédito em conta-corrente ou em espécie, quando autorizado, a seus responsáveis, os quais darão a devida quitação no documento. A programação do pagamento da despesa empenhada será processada pelo setor de Fazenda ou finanças, após sua regular liquidação, que poderá ser registrada em contas contábeis específicas.

Assim, o pagamento da despesa consiste na entrega do numerário ao credor em troca da quitação da dívida.

A Lei Federal nº 4.320/64 determina que o pagamento da despesa só deverá ser efetuado após sua regular liquidação, e o Decreto-lei nº 201/67 determina que é crime de responsabilidade do prefeito municipal antecipar ou inverter a ordem de pagamento a credores do município, sem vantagem para o erário.

A Constituição Federal determina que os pagamentos devidos pela Fazenda Municipal em virtude de sentença judiciária, exceto os créditos de natureza alimentícia, far-se-ão exclusivamente na ordem cronológica de apresentação dos precatórios e à conta dos créditos respectivos.

A Lei Federal nº 8.666/93, em seu art. 5º, determina que os órgãos da Administração Pública deverão obedecer "a estrita ordem cronológica das datas de suas exigibilidades...", para cada fonte diferenciada de recursos, no pagamento das obrigações relativas ao fornecimento de bens, locações, realização de obras e prestação de serviços, salvo quando presentes relevantes razões de interesse público e mediante prévia justificativa da autoridade competente, devidamente publicada.

Ainda, a Lei de Licitações nº 8.666/93 regulamenta que o agente público, sem autorização em lei, que pagar fatura com preterição da ordem cronológica de sua exigibilidade, poderá ser penalizado com pena de detenção de 2 (dois) a 4 (quatro) anos e pagamento de multa.

De acordo com o explanado, e com o que determina a legislação em vigor, para a realização dos pagamentos, o agente público deverá verificar primeiramente se a despesa já foi liquidada, em seguida a existência de recursos financeiros e finalmente a ordem cronológica de exigibilidade da despesa.

Aqui há um ponto de dúvida que ocorre geralmente na Tesouraria, qual seja, a ordem cronológica de exigibilidade da despesa.

Para se conhecer a ordem cronológica de exigibilidade da despesa, é necessário que se faça uma análise no processo de compras, seja ele mediante licitação ou dispensa, pois é no processo de compras que deve ser estabelecida a condição de pagamento. É inadmissível que a Administração Pública adquira mercadorias ou serviços sem determinar previamente o prazo de pagamento, visto que ele é indispensável para que o fornecedor estabeleça seu preço de venda.

Quando o processo de compras for feito por meio de licitação, as condições de pagamento estarão contidas no edital ou no contrato, e a administração deve desclassificar os fornecedores que apresentarem propostas comerciais com prazos inferiores aos definidos no edital.

Quando o processo de compras for feito com dispensa de licitação, as condições de pagamento estarão contidas na cotação, e a administração deve optar pelo fornecedor que apresentar o melhor preço e prazo de pagamento.

Portanto, a ordem de exigibilidade da despesa não é determinada pela data de emissão do empenho tampouco pela data de liquidação da despesa. Essas datas poderão ser utilizadas somente na hipótese de a data de exigibilidade ser a mesma para várias despesas e não haver recursos financeiros para quitar todas. A administração deve optar pelo pagamento das despesas liquidadas, tendo em vista o cumprimento dos arts. 62 e 63 da Lei Federal nº 4.320/64, conforme citação:

> "Art. 62. O pagamento da despesa só será efetuado quando ordenado após sua regular liquidação."

Em casos excepcionais, pode não haver recurso financeiro disponível para quitar as despesas de determinada fonte de recursos, mas haver recursos para quitar despesas de outra fonte, as quais têm a mesma ordem de exigibilidade. Nesse caso, poderão ser feitos pagamentos das despesas para as quais existam recursos financeiros na ordem cronológica de sua exigibilidade; na falta deles, as despesas devem ser proteladas até que haja disponibilidade financeira.

No que diz respeito à cronologia das despesas com folha de pagamentos e seus respectivos encargos, a questão deve ser resolvida à vista dos princípios reitores da atividade pública, presentes no art. 37, da Constituição Federal, ou seja, legalidade, impessoalidade, moralidade, publicidade e eficiência.

Considerando a Lei Federal nº 8.666/93, onde não há menção expressa de tais despesas, entendemos que, por questões dos referidos princípios de moralidade e de razoabilidade, e ainda por aspectos sociais, as despesas com pessoal devam ser pagas observando-se a cronologia de sua respectiva liquidação.

Despesas sob o Enfoque Orçamentário **117**

O mesmo raciocínio entendemos como aplicável às despesas referentes aos encargos da folha de pagamentos, posto que acessórias em relação àquelas. Vale aqui a máxima de direito segundo a qual o acessório acompanha o principal.

Deve-se considerar que, com o avanço da tecnologia e os serviços processados eletronicamente, num sistema *on line*, muitas instituições públicas têm adotado o sistema eletrônico de autorização e aprovação das fases da despesa, utilizando-se de senhas que reduzem o elevado número de papel e burocracias. Tal procedimento envolve a instituição bancária, e os arquivos devem ser encaminhados magneticamente ao banco, em forma de um borderô, com a lista dos credores, com sua respectiva conta bancária e valor, para o efetivo pagamento.

Essa sistemática depende de um *software* confiável e capaz de proceder tais transações de forma clara, legal e simplificada.

Com base no exemplo nº 2, da seção 5.4.5.1, é facilitada a liquidação da despesa, em vista da documentação comprobatória da realização da despesa e também se comprova que para efetuar o pagamento basta emitir o cheque ou comando eletrônico de pagamento no valor de R$ 1.580,00, dispensando, neste caso, a burocracia e a emissão de dois documentos de pagamento.

No caso de pagamentos parcelados, o critério observado é o mesmo, portanto, feito por meio de liquidações parciais, as quais somadas totalizam o valor final do empenho.

5.4.7.1 Como efetuar o pagamento da despesa

Para o pagamento da despesa, são necessários os seguintes requisitos e/ou procedimentos:

- Pessoa física:
    a) assinatura em recibo ou próprio empenho, quando o pagamento não fizer por meio bancário;
    b) desconto de Imposto de Renda Retido na Fonte;
    c) documentação ou procuração;
    d) 20% para INSS sobre pagamento de terceiros e outros;
    e) deve-se lembrar ainda do percentual de Grau de Risco, que varia de 1% a 3% e a contribuição a outras entidades, de acordo com a respectiva tabela do INSS.

- Pessoa jurídica:
    a) nota fiscal de venda ou prestação de serviços;
    b) quitação com identificação de carimbo de RECEBI(EMOS) contendo o nome, logotipo ou sigla da empresa, quando este não se fizer por meio bancário;

c) Imposto de Renda Retido da Fonte para valores acima de 10 reais (ver tabela própria);

d) desconto de ISS para firmas da localidade de acordo com o Código Tributário Municipal;

e) notas fiscais ou cupom a cada abastecimento de combustível. Ver Regulamento do ICMS;

f) subvenções: exigir lei, recibo e prestação de contas;

g) anexar boletos bancários autenticados e, em caso de depósito, anexá-lo como comprovante de pagamento.

5.5 Tipos de empenho

Há três tipos de empenho (empenho ordinário, global e por estimativa), e mais três tipos de "artifícios contábeis" que por analogia são necessários para o efetivo cumprimento da legislação, quais sejam anulação de empenho, reforço de empenho e memorial de regularização de despesa.

5.5.1 *Empenho ordinário*

É o tipo de empenho mais utilizado. Representa a despesa cujo valor é considerado líquido e certo para o credor, previamente conhecido e que deva ocorrer de uma só vez.

5.5.2 *Empenho global*

Quando o montante a ser pago também for previamente conhecido, mas deva ocorrer parceladamente no decorrer da execução orçamentária, geralmente em cada mês, durante a fluência do exercício. Esse tipo de empenho é muito comum nos casos de contratos. Para o pagamento, procede-se à emissão de liquidações parciais nos valores das parcelas até atingir o valor total do empenho global.

5.5.3 *Empenho por estimativa*

Destina-se a atender a despesa de valor não quantificável durante o exercício, ou seja, quando não se pode determinar previamente o montante exato a ser pago. Por não ser a respectiva base periódica homogênea, estima-se o valor total da despesa e procede-se à emissão de liquidações parciais até atingir o valor correto desta. No caso de insuficiência de saldo, o empenho poderá ser complementado, enquanto, no caso de sobras, poderão estas ser anuladas. Citam-se, como exemplo, as contas de água, luz, telefone, despesas com tarifas bancárias etc.

5.5.4 Liquidações parciais

Refere-se ao procedimento administrativo e legal de emissão de documento contábil capaz de efetuar a liquidação e o pagamento de despesas empenhadas, de forma global ou por estimativa. A emissão do documento de liquidação parcial tem de ser acompanhada de documento comprobatório de execução dos serviços (medição da obra, relatório de compras, nota fiscal parcial, duplicata, solicitação de pagamento ou simples referência ao documento que originou o empenho global ou estimativa com respectivo número da parcela a que se refere). As liquidações parciais determinam um controle de saldos liquidados relativos ao empenho original, diferente dos demais, cujos saldos são relativos à respectiva despesa, previamente empenhada. Podem ser anulados pela Nota de Anulação de Liquidação.

5.5.5 Anulação de empenho

É o procedimento usado para cancelar empenhos ou partes deles efetuados erroneamente ou a maior.

5.5.6 Anulação de liquidação

É o procedimento usado para cancelar liquidações ou partes delas efetuadas erroneamente ou a maior.

5.5.7 Memorial de regularização de despesa

São casos esporádicos, em que ocorrem despesas empenhadas em dotações indevidas que podem ser regularizadas mediante memorial. Trata-se, na verdade, de uma nota de empenho especial, lançada *a posteriori*, adaptada para regularização de lançamentos, o que não afrontará a figura do empenho prévio, porque este já ocorreu no lançamento de origem. Em geral, são emitidas nos casos de despesa empenhada em dotações erradas, com pagamento em mês cujo movimento contábil já se encontra encerrado.

A Contabilidade, em geral, utiliza o mecanismo do "estorno" para que, quando se verificar algum erro de lançamento, este não produza interferência em lançamentos e relatórios já emitidos, rubricados pelas autoridades competentes e publicados. O memorial nada mais é do que a regularização de um lançamento orçamentário com a adequação correta do evento.

Então, por que não usar a Nota de Empenho? Porque considerando a Lei nº 4.320/1964, essa precisa ser prévia, isto é, só poderá ser emitida antes da realização da despesa. Emitido o memorial, este apropria a despesa na dotação correta e sua contrapartida orçamentária ocorre com o estorno na dotação anteriormente utilizada.

Ressalte-se, ainda, a importância do referido memorial, tendo em vista que a lei determina a publicidade de relatórios, balancetes e balanços, e estes, se alterados, devem ser republicados.

Por se tratar de uma nota de empenho especial, a "liquidação" deve figurar em um documento, e o responsável por este estágio deverá ser o mesmo que liquidou o empenho de origem ou o que se estorna em virtude da utilização de memorial. O campo "Autorização de Pagamento" também deve ser confirmado com base na autorização de pagamento já existente no empenho de origem estornado.

Dessa forma, o empenho de origem não é considerado um documento cancelado, tendo em vista que ele é apropriado como despesa normal de um referido mês ou período, razão pela qual é recomendada a utilização de um carimbo com a expressão: "Empenho estornado em . . . ./. . . ./. . . ., através do Memorial de Despesa nº . . . . . .".

5.6 Despesa obrigatória de caráter continuado

O art. 17 da LRF define o que são as despesas obrigatórias de caráter continuado:

> *"Art. 17. Considera-se obrigatória de caráter continuado a despesa corrente derivada de lei, medida provisória ou ato administrativo normativo que fixem para o ente a obrigação legal de sua execução por um período superior a dois exercícios."*

Como exemplos podem ser citados os contratos, os convênios, os compromissos como água, energia elétrica, telefone e folha de pagamento. A LRF determina também que a Lei de Diretrizes Orçamentárias anual deverá prever estas despesas no Anexo de Metas Fiscais, assim como a Lei Orçamentária precisa ser acompanhada por demonstrativo regionalizado sobre o efeito destas, apresentando, no caso, medidas de compensação pelo aumento das despesas ou mesmo pela renúncia de receita. Por motivos de veto parcial, a LRF não estabeleceu os limites e as condições para a expansão das despesas obrigatórias de caráter continuado.

A União, os Estados da Federação e os Municípios em geral estão definindo tais limites em suas leis de diretrizes orçamentárias, o que se torna imprescindível para a gestão fiscal responsável.

6

Controle da Informação Orçamentária

6.1 Conceito da informação orçamentária

Sancionado o Orçamento Anual, proceder-se-á a seu registro no sistema de contabilidade para iniciar-se a chamada execução orçamentária. O subsistema orçamentário inicia-se justamente com o registro das receitas estimadas e despesas fixadas na Lei do Orçamento. A partir daí, a execução orçamentária passa a vigorar com a realização do planejamento público expresso na referida lei em conjunto com a Lei de Diretrizes Orçamentárias, Plano Plurianual e Anexo de Metas e Riscos Fiscais definidos na LC nº 101 de 4 de maio de 2000.

O Manual de Contabilidade Aplicada ao Setor Público (MCASP) e o Plano de Contas Aplicado ao Setor Público (PCASP) passaram a adotar três naturezas de informação: patrimonial, orçamentária e controle, sendo que a Resolução CFC nº 1.268/09, quatro subsistemas, sendo que o Manual mencionado adota um subsistema de informação de compensação e outro de custos, cuja movimentação está embutida nas classes 7 e 8 do subsistema de Controles. As classes 5 e 6 englobam o subsistema orçamentário, enquanto as classes 1, 2, 3 e 4 adotam o subsistema patrimonial.

Deve-se destacar que a execução orçamentária tem formalidades legais que devem ser seguidas. Essas premissas têm de cumprir todas as etapas da despesa (arts. 58 a 65 da Lei nº 4.320/64), ou seja, para a receita: o lançamento, a arrecadação; e para as despesas, o empenho e a liquidação, em conformidade com a legislação fiscal e tributária, além de observar as normas, súmulas e instruções normativas dos órgãos fiscalizadores dos entes públicos, a fim de que a execução seja legalmente aceita, sem sofrer questionamentos ou outro pedido de esclarecimentos. As outras fases não mencionadas referem-se ao planejamento e à execução financeira, abrangidos em outros capítulos.

Os valores registrados no orçamento não podem sofrer alterações, a não ser quando expresso na própria Lei Orçamentária Anual ou em lei específica, por meio dos chamados créditos adicionais. Os sistemas informatizados não permitem a realização da despesa maior que os valores fixados, o que nunca poderia mesmo ser admitido. A utilização dos créditos suplementares, dos especiais ou dos extraordinários permitirá a adequação da peça orçamentária a uma nova realidade surgida durante a execução do orçamento.

No entanto, órgãos públicos que não possuem um bom Sistema de Controle Interno correm o risco de realizar despesas sem recursos orçamentários disponíveis. Tal fato certamente será questionado pelos órgãos fiscalizadores com grande possibilidade de rejeição das contas anuais e também definido como crime de responsabilidade fiscal do gestor público.

Deve-se lembrar que com a promulgação da Lei nº 101, de 4 de maio de 2000, todos e quaisquer indícios de má gestão fiscal, orçamentária e financeira, por seus responsáveis, ou seja, o ordenador de despesa, serão questionados e punidos conforme o art. 73 do referido ditame legal, assim como da Lei nº 10.028/00, ou seja, o Código Penal brasileiro.

Deve-se ter em mente que o principal papel da Lei Orçamentária é, em primeiro lugar, autorizar gastos pelo ordenador de despesa até o montante previsto no orçamento, e em segundo lugar direcionar as ações de governo, conforme previsto no Plano Plurianual e na Lei de Diretrizes Orçamentárias.

Vale lembrar que na contabilidade pública só se pode fazer ou realizar aquilo que está previsto em lei. Sob esse ponto de vista, justifica-se a existência de uma lei que autorize diversos tipos de despesas aos diversos tipos de departamentos ou secretarias das administrações públicas.

A Lei Orçamentária é organizada em forma dos chamados créditos orçamentários, ou seja, em uma combinação da codificação contábil e nestes estão consignadas as chamadas dotações orçamentárias, ou recursos alocados para atender aos programas criados.

6.2 Limitação de empenho

Considerando que a responsabilidade na gestão fiscal pressupõe a ação planejada e transparente, em que se previnem riscos e corrigem desvios capazes de afetar o equilíbrio das contas públicas, nos termos da Lei Complementar nº 101/00, art. 1º, § 1º, ao se verificar no final de um bimestre que a realização da receita poderá não comportar o cumprimento das metas de resultado primário ou nominal estabelecidas no Anexo de Metas Fiscais, promover-se-á, por ato próprio e nos montantes necessários, nos 30 dias subsequentes, limitação de empenho e movimentação financeira, conforme os critérios fixados pela Lei de Diretrizes Orçamentárias, atendendo ao art. 9º da mesma Lei.

O não cumprimento do dispositivo legal, ou seja, a limitação de empenho e movimentação financeira, devidamente comprovada por ato público, implicará infração administrativa contra as leis de finanças públicas, nos termos da Lei Federal nº 10.028, de 19 de outubro de 2000, em seu art. 5º, III, cuja punição de multa é de 30% dos vencimentos anuais do agente que lhe der causa, na forma do disposto no art. 5º, § 1º, da referida Lei.

Com exceção daquelas despesas que constituem obrigações constitucionais e legais do ente, inclusive aquelas destinadas ao pagamento do serviço da dívida e as ressalvadas pela Lei de Diretrizes Orçamentárias, todas as outras despesas, quando evidenciado o desequilíbrio orçamentário-financeiro, deverão ser objeto de limitação de empenho e movimentação financeira, exatamente para que sejam cumpridas as metas de resultado entre receita e despesa.

O não atendimento à limitação de empenho, quando necessário, implicará também inscrições de restos a pagar, o que poderá comprometer o equilíbrio das contas públicas e proporcionará riscos por ocasião do último ano de mandato, quando nos dois últimos quadrimestres é vedado *contrair obrigação de despesa que não possa ser cumprida integralmente dentro dele, ou que tenha parcelas a serem pagas no exercício seguinte sem que haja suficiente disponibilidade de caixa*, nos termos do art. 42.

6.3 Relatório resumido da execução orçamentária

A Lei Complementar nº 101/00, por meio de seus arts. 52 e 53, regulamentou o § 3º do art. 165 da Constituição Federal, o qual trata da publicação do Relatório Resumido da Execução Orçamentária. O relatório foi atualizado pela 6ª edição do Manual de Demonstrativos Fiscais. O referido relatório inclui todos os poderes e o Ministério Público e deve ser publicado até 30 dias após o encerramento de cada bimestre.

O descumprimento do prazo previsto sujeita o ente ao não recebimento de transferências voluntárias e também o impede de contratar operações de crédito.

Será composto de:

- balanço orçamentário, que especifica, por categoria econômica, as receitas por fonte realizadas e a realizar, bem como sua previsão atualizada e as despesas por grupo de natureza com a dotação para o exercício, a despesa liquidada e o saldo;
- demonstrativos da execução das receitas por categoria econômica e fonte, com a previsão inicial, a previsão atualizada para o exercício, a realizada no bimestre, a realizada no exercício e a previsão a realizar e as despesas por categoria econômica e grupo de natureza da despesa com

a dotação inicial, dotação para o exercício, despesas empenhada e liquidada, no bimestre e no exercício;

- demonstrativos relativos à receita corrente líquida (evolução e previsão até o final do exercício), a receitas e despesas previdenciárias, a resultados nominal e primário, a despesas com juros e os restos a pagar;
- os valores referentes ao refinanciamento da dívida mobiliária constarão destacadamente nas receitas de operações de crédito e nas despesas com a amortização da dívida.

O Relatório Resumido da Execução Orçamentária referente ao último bimestre do exercício será acompanhado também de demonstrativos:

- de que as operações de crédito não excederam o montante das despesas de capital;
- das projeções atuariais dos regimes de previdência;
- da variação patrimonial, evidenciando a alienação de ativos e a aplicação dos recursos dela decorrentes.

Quando for o caso, serão apresentadas justificativas da limitação de empenho e da frustração de receitas, especificando as medidas de combate à sonegação e à evasão fiscal, adotadas e a adotar, e as ações de fiscalização e cobrança.

Embora seja chamado de relatório resumido, o Relatório Resumido da Execução Orçamentária dá um amplo conjunto de informações ao Executivo, ao Legislativo e à sociedade sobre a execução orçamentária e sua previsão, permitindo a maior parte dos controles previstos na Lei de Responsabilidade Fiscal. Como é relatório trabalhoso e de grande importância, deverá merecer toda a atenção e cuidado em sua elaboração.

Deve ser elaborado e publicado um único relatório para o Município, o qual deve conter os dados consolidados do Poder Executivo (prefeitura, fundos, autarquias, fundações e demais entidades da administração indireta municipal) e do Poder Legislativo (Câmara).

Em relação a seu conteúdo, a Secretaria do Tesouro Nacional, de acordo com o que determina as suas Portarias regulamentadoras,[1] definiu que o relatório deverá conter os seguintes anexos:

---

[1] Atualizações das Portarias estarão disponíveis no *site* <www.niltonandrade.com.br>.

Anexo	Nomenclatura
Anexo I	Balanço Orçamentário
Anexo II	Demonstrativo da Execução das Despesas por Função/Subfunção
Anexo III	Demonstrativo da Receita Corrente Líquida
Anexo IV	a) Demonstrativo das Receitas e Despesas Previdenciárias do Regime Geral de Previdência Social b) Demonstrativo das Receitas e Despesas Previdenciárias do Regime Próprio dos Servidores Públicos
Anexo V	Demonstração do Resultado Nominal
Anexo VI	Demonstrativo do Resultado Primário
Anexo VII	Demonstrativo dos Restos a Pagar por Poder e Órgão
Anexo VIII	Demonstrativo das Receitas e Despesas com Manutenção e Desenvolvimento do Ensino
Anexo IX	Demonstrativo das Receitas de Operações de Crédito e Despesas de Capital da União
Anexo X	a) Demonstrativo da Projeção Atuarial do Regime Geral de Previdência Social b) Demonstrativo da Projeção Atuarial do Regime Próprio de Previdência Social dos Servidores Públicos
Anexo XI	Demonstrativo da Receita de Alienação de Ativos e Aplicação dos Recursos
Anexo XII	Demonstrativo das Despesas com Saúde
Anexo XIII	Demonstrativo das Parcerias Público-Privadas
Anexo XIV	Demonstrativo Simplificado do Relatório Resumido da Execução Orçamentária

Observações:

1. Os anexos III, IV, V, VI, VII e IX poderão ser elaborados bimestral ou semestralmente, desde que seja feita a opção.

2. Os anexos XI, XIII e XIV integrarão o Relatório Resumido da Execução Orçamentária somente no último bimestre do exercício.

Esse relatório deve ser assinado pelo gestor da entidade ou ente público, pelo contador e pelo responsável pelo Controle Interno. Deve ainda ser elaborado após o encerramento de cada bimestre e publicado até 30 dias após o final do bimestre. Não foram permitidas a elaboração e a publicação deste relatório semestralmente, tendo em vista um veto parcial ao art. 63 da LRF.

A publicação deve ser feita no órgão oficial de publicação do município, o qual geralmente é definido pela lei municipal, que pode ser um jornal escrito ou o quadro de publicações da Prefeitura. Na hipótese de a legislação municipal omitir o assunto, sugere-se que ele seja publicado, no mínimo, no quadro de publicações da Prefeitura.

Como é um instrumento de transparência da gestão fiscal, a Lei Complementar nº 101/00 determinou que sua divulgação deve ser ampla, inclusive por meios eletrônicos de acesso público, ou seja, a Internet.

O não encaminhamento dos Relatórios ao Tribunal de Contas sujeita o responsável ao pagamento de multa prevista nas leis orgânicas dos respectivos tribunais e ficam sujeitos a sanções diversas, tais como: a perda do cargo e a declaração de inelegibilidade, em decorrência do que dispõe a Lei nº 8.429/92, Lei das Improbidades, e também do Decreto-lei nº 201/67, que trata do crime de responsabilidade de prefeitos e vereadores.

O descumprimento dos prazos previstos para a publicação do Relatório impedirá, até que a situação seja regularizada, que o ente da federação receba transferências voluntárias e contrate operações de crédito, exceto as destinadas ao refinanciamento do valor principal atualizado da dívida mobiliária.

6.4 Relatório de gestão fiscal

O Relatório de Gestão Fiscal foi estabelecido pelos arts. 54 e 55 da Lei Complementar nº 101/00 e atualmente é regulamentado pela 6ª edição do Manual de Demonstrativos Fiscais.

Esse relatório deve ser elaborado e publicado pelo Poder Executivo, porém incluindo também os dados do Poder Legislativo, tendo em vista tratar-se de um relatório consolidado. Os dados do Poder Executivo, por sua vez, incluirão os órgãos da administração direta e indireta municipal.

O Relatório de Gestão Fiscal, então definido pela Portaria nº 407/11 da Secretaria do Tesouro Nacional (STN), deverá conter os seguintes anexos:

Anexo	Nomenclatura
Anexo I	Demonstrativo das Despesas de Pessoal
Anexo II	Demonstrativo da Dívida Consolidada Líquida (União × Estados e Municípios)
Anexo III	Demonstrativo das Garantias e Contragarantias de Valores
Anexo IV	Demonstrativo das Operações de Crédito
Anexo V	Demonstrativo da Disponibilidade de Caixa e dos Restos a Pagar
Anexo VI	Demonstrativo Simplificado do Relatório de Gestão Fiscal

Observações:

1. Os anexos V, VI e VII integrarão o Relatório de Gestão Fiscal somente no último quadrimestre ou semestre do exercício para todos os órgãos municipais, sendo que o anexo VII deverá ser elaborado pelo Poder Executivo, em todos os quadrimestres.

2. A legislação mencionada encontra-se atualizada e disponível por meio de *link* no *site* <www.niltonandrade.com.br>.

O Relatório de Gestão Fiscal deve ser elaborado ao final de cada quadrimestre e publicado até 30 dias após o final do período. É facultado aos municípios com população inferior a 50 mil habitantes optar pela elaboração do relatório ao final de cada semestre e divulgação até 30 dias após o final do período, devendo haver um ato normativo que defina a opção do município por este período.

A publicação desse relatório deve seguir os moldes adotados para o Relatório Resumido da Execução Orçamentária, conforme já mencionado.

O não encaminhamento ao Tribunal de Contas do Relatório de Gestão Fiscal nos prazos e condições estabelecidos sujeita o responsável – prefeito municipal ou Presidente da Câmara, conforme exigências dos tribunais de contas – ao pagamento da multa prevista no art. 5º da Lei nº 10.028/00, a qual corresponde a 30% dos vencimentos anuais do ordenador da despesa.

Além disso, está o responsável sujeito ao pagamento de multa prevista nas leis orgânicas dos respectivos tribunais, e ainda à possível perda do cargo e à declaração de inelegibilidade em decorrência do que dispõe a Lei nº 8.429/92, Lei das Improbidades, e também do Decreto-lei nº 201/67, que trata do crime de responsabilidade de prefeitos e vereadores.

O descumprimento dos prazos previstos para a publicação do Relatório impedirá, até que a situação seja regularizada, que o ente da federação receba transferências voluntárias e contrate operações de crédito, exceto as destinadas ao refinanciamento do valor principal atualizado da dívida mobiliária.

6.5 Créditos do orçamento

São definidos pela combinação da classificação institucional, funcional, programática e econômica, tendo um valor definido para a execução orçamentária anual, na forma adotada pelo planejamento. Os créditos autorizados subdividem-se em:

6.5.1 Créditos orçamentários

São autorizações abertas que designam o montante de recursos disponíveis numa dotação, consignada na própria lei do orçamento. Seus lançamentos ocorrem, normalmente, no início do exercício.

6.5.2 Créditos adicionais

São mecanismos de ajustamento orçamentário, empregados para corrigir ou acertar distorções que surgem durante a execução do orçamento, quando em determinados níveis de itens programáticos há a evidência de insuficiência de recursos, enquanto outros apresentam excesso de disponibilidades, ou, ainda, quando não existem especificações que definem um projeto ou atividade.

Existe grande lacuna na legislação, a qual não identifica claramente qual é em nível de detalhe do crédito adicional, ou seja, se ele é autorizado para o fim de um projeto ou atividade ou se é utilizado para o detalhamento de um elemento de despesa específico. A nosso ver, o crédito adicional deve chegar ao nível de detalhe completo até o elemento de despesa, quando a lei orçamentária detalhar até este nível, tendo em vista que ele identificará a finalidade completa do desembolso de recursos públicos.

Junto ao PCASP, seus registros são efetivados nas contas de grupos 5221.2.xx. yy e 6221.2.xx.yy quando se refere à dotação adicional por tipo de crédito, enquanto 5221.3.xx.yy para lotação adicional por tipo de fonte.

Eles subdividem-se em:

6.5.2.1 Créditos suplementares

São créditos que visam suplementar, completar ou reforçar despesas insuficientemente consignadas no orçamento, autorizados por lei e abertos por decreto do Chefe do Poder Executivo, com obrigatória indicação de recursos que viabilizam o crédito, conforme o § 1º do art. 43 da Lei nº 4.320/64. A Lei Orçamentária pode, desde já, prever um limite em percentual ou valor. Sua vigência limita-se ao exercício financeiro em que foi aberto.

Em caso de necessidade de suplementar o orçamento além do valor autorizado pelo Legislativo, a lei que autorizar o crédito suplementar deverá definir valores por dotação, assim como indicar a fonte de recursos, mencionados neste capítulo, na seção 6.5.2.4.

A obrigatoriedade da indicação dos recursos de anulação que viabilizem as suplementações não implica destacar na lei municipal específica o detalhamento das dotações que serão anuladas, o que poderá ser definido por decreto do Poder Executivo, desde que a lei assim o defina.

6.5.2.2 Créditos especiais

São créditos abertos durante o exercício para amparar novos programas e despesas que não figuram no orçamento, ou seja, que não possuam dotações orçamentárias específicas. São autorizados por lei específica e abertos por decreto do Chefe do Poder Executivo e exigem indicação de recursos conforme o § 1º do art. 43 da Lei nº 4.320/64. Sua vigência é para o exercício financeiro e pode-se estender até o exercício seguinte, se for aberto nos últimos quatro meses do exercício, desde que sejam reabertos por decreto do Executivo e até os limites dos saldos residuais.

Controle da Informação Orçamentária **129**

6.5.2.3 Créditos extraordinários

São créditos destinados a cobrir despesas imprevisíveis e urgentes como decorrentes de guerra, comoção e subversão interna ou calamidade pública. A Lei nº 4.320/64, em seu art. 44, determina que: *"Os créditos extraordinários serão abertos por decreto do Poder Executivo, que deles dará imediato conhecimento ao Poder Legislativo."* Também podem viger no exercício seguinte, quando abertos nos últimos quatro meses do ano.

6.5.2.4 Outros tipos de créditos

A Lei de Responsabilidade Fiscal (LC nº 101/00) reforçou o valor da Reserva de Contingência, em seu art. 5º, III, quando determina que o orçamento terá a reserva de contingência, cuja forma de utilização e montante será definido pela Lei de Diretrizes Orçamentárias com base na receita corrente líquida. A sua destinação é para o atendimento de passivos contingentes e outros riscos e eventos fiscais imprevistos.

Já a Constituição Federal, em seu art. 166, § 8º, garantiu que os recursos decorrentes de veto, emenda ou rejeição do projeto de Lei Orçamentária Anual, que ficarem sem despesas correspondentes por ocasião da aprovação da Lei Orçamentária também poderão ser utilizados, conforme o caso, mediante créditos especiais ou suplementares, com prévia e específica autorização legislativa.

6.5.2.5 Fonte de recursos para créditos adicionais

Toda abertura de créditos adicionais depende da existência de fonte de recursos,[2] tendo em vista o princípio orçamentário do equilíbrio. Ressalte-se que a verificação de tais recursos deve ser averiguada pelos relatórios consolidados, isto é, não pode uma autarquia se dar ao luxo de utilizar seu excesso de arrecadação, sabendo-se que na administração direta ocorre insuficiência de arrecadação. Ao utilizar tais recursos isoladamente, provocará uma inconsistência na análise dos dados consolidados, em vista da utilização de um recurso orçamentário quimérico. A sua codificação contábil está distribuída nas contas do PCASP sobre os nos 5221.2.xx.yy.

Para suprir tais créditos, há como fontes:

- o superávit financeiro, que é apurado entre a diferença positiva do Ativo Financeiro e do Passivo Financeiro, verificado no Balanço Patrimonial. A apuração desse superávit financeiro é obtida com a utilização das contas patrimoniais com atributo "f" que estão demonstradas em um anexo do

---

[2] Lei Federal nº 4.320/64, art. 43, § 1º.

Balanço Patrimonial, na forma exigida pela Lei nº 4.320/64. Também outro anexo do Balanço Patrimonial demonstra o superávit financeiro por fonte de recursos;

- resultado de anulação parcial ou total de dotações orçamentárias, em que também poderá utilizar recursos da Reserva de Contingência, desde que atenda ao inciso III, do art. 5º, da Lei Complementar nº 101/00;

- operações de créditos ou empréstimos, devidamente aprovadas e desde que a administração possa realizá-las;[3] ressalta-se que a abertura de crédito especial ocorre posteriormente ao empréstimo e registro da sua receita orçamentária e inclusive vinculanda a um conta-corrente identificado de fonte financeira;

- excesso de arrecadação efetivamente apurado ou sua tendência. É importante ressaltar que, na não ocorrência do real excesso de arrecadação, deve a contabilidade registrar no final do exercício o cancelamento de tais créditos, visando atingir o equilíbrio entre as receitas e as despesas. Merece também destaque o fato de que determinados órgãos públicos têm utilizado como fonte de recursos o ingresso de verbas voluntárias ou convênios não previstos no orçamento, bem como não previstos pelo art. 43 da Lei Federal nº 4.320/64. Esses recursos, ao serem liberados para o ente ou entidade pública, provocarão aumento de receita e, consequentemente, aumento de despesas. Porém, o que normalmente acontece é que se cria nova despesa, contando com os recursos de convênios, e estes muitas vezes não se realizam por dificuldades políticas, principalmente. Trata-se, na verdade, de um tipo de excesso de arrecadação, que só se realiza na apuração do resultado final do exercício e do cômputo do total arrecadado. Também se deve ressaltar que o excesso de arrecadação se dá por meio da apuração em balanço consolidado, e dessa forma o excesso de arrecadação de uma autarquia poderá compensar a insuficiência de arrecadação de uma fundação, ou mesmo da administração direta;

- revigoramento de créditos adicionais: utiliza-se este quando o referido crédito não é utilizado no exercício de sua abertura e sim no exercício seguinte. Deve-se observar o art. 45 da Lei nº 4.320/64 e art. 167 da Constituição Federal de 1988. Ambos determinam:

Lei nº 4.320/64:

"Art. 45. Os créditos adicionais terão vigência adstrita ao exercício financeiro em que forem abertos, salvo expressa disposição legal em contrário, quanto aos especiais e extraordinários."

Constituição Federal:

---

[3] Limites definidos pelas Resoluções nºs 40/01 e 43/01 do Senado Federal.

"Art. 167. São vedados:

[...]

§ 2º Os créditos especiais e extraordinários terão vigência no exercício financeiro em que forem autorizados, salvo se o ato de autorização for promulgado nos últimos quatro meses daquele exercício, caso em que, reabertos nos limites de seus saldos, serão incorporados ao orçamento do exercício financeiro subsequente."

O dispositivo constitucional dispensa o legislador municipal de incluir, em texto próprio, a autorização para utilização dos saldos residuais dos créditos especiais e extraordinários no exercício seguinte, isso quer dizer que o art. 45 da Lei nº 4.320/64 se tornou inócuo.

6.6 Transposição, remanejamento e transferência de dotações

Considerando as vedações da Constituição Federal, verifica-se que é possível utilizar-se dos artifícios de transposição, remanejamento e transferência de recursos de uma categoria de programação para outra ou de um órgão para outro, desde que autorizado por lei. Considerando ainda que a Lei Orçamentária Anual não poderá ter autorização para matéria estranha ao orçamento, a não ser a abertura de crédito suplementar ou especial e operações de créditos por antecipação de receita, restou à LDO o espaço para autorizá-los. Confira o texto da Constituição Federal:

"Art. 165. Leis de iniciativa do Poder Executivo estabelecerão:

[...]

§ 8º A lei orçamentária anual não conterá dispositivo estranho à previsão da receita e à fixação da despesa, não se incluindo na proibição a autorização para abertura de créditos suplementares e contratação de operações de crédito, ainda que por antecipação de receita, nos termos da lei."

"Art. 167. São vedados:

[...]

V – a abertura de crédito suplementar ou especial sem prévia autorização legislativa e sem indicação dos recursos correspondentes;

VI – a transposição, o remanejamento ou a transferência de recursos de uma categoria de programação para outra ou de um órgão para outro, sem prévia autorização legislativa;"

A contabilidade evolui e os conceitos evoluem. Assumo neste artigo a mudança de conceito sobre os três instrumentos contábeis orçamentários ora mencionados na edição anterior.

Menciona o ilustre Conselheiro do Tribunal de Contas do Estado do Maranhão, Dr. José de Ribamar Caldas Furtado, em artigo publicado no Portal *Jus Navigandi*:

> *"Os remanejamentos, transposições e transferências de recursos de uma dotação para outra ou de um órgão para outro terão sempre um único motivo: repriorizações das ações governamentais.*
>
> a) **remanejamentos são realocações na organização de um ente público, com destinação de recursos de um órgão para outro;**
>
> b) **transposições são realocações no âmbito dos programas de trabalho, dentro do mesmo órgão;**
>
> c) **transferências são realocações de recursos entre as categorias econômicas de despesas, dentro do mesmo órgão e do mesmo programa de trabalho."**

J. Teixeira Machado Júnior e Heraldo da Costa Reis, e ainda Lino Martins da Silva, na sua obra *Contabilidade governamental*: um enfoque administrativo, também se manifestam no mesmo sentido.

Efetuando um estudo detalhado, surgem três perguntas:

Há necessidade de lei específica? Qual o conceito de categoria de programação? Qual o conceito de órgão?

Em resposta a primeira indagação, alguns tribunais de contas exigem lei específica, o que entendemos tratar-se de uma aberração, porque na administração pública o princípio da legalidade impera.

Quanto à lei específica entendemos ser dispensada, mesmo porque o art. 167, ora mencionado, não o exigiu. Com base nas duas leis mencionadas, não cabe a exigência de lei específica para a utilização de tais instrumentos. Por que exigir dos municípios se o Estado e a União os utilizam com autorização por meio da LDO?

Também verificando como analogia para estudos as últimas leis de diretrizes orçamentárias, vigentes para a União, presenciamos a autorização para o uso de tais instrumentos.

Em resposta a segunda indagação, sobre o conceito de categoria de programação, este deve ser definido na Lei de Diretrizes Orçamentárias, com base na classificação programática conforme a Portaria nº 42/99 da Secretaria do Tesouro Nacional. Assim, as categorias de programação deverão ser identificadas por programas e ações (atividades, projetos, operações especiais).

Em resposta a terceira indagação, sobre o conceito de órgão, a CF 88, art. 37, § 8º, apresenta órgão e entidade como algo distinto, senão vejamos:

> *§ 8º A autonomia gerencial, orçamentária e financeira dos órgãos e entidades da administração direta e indireta poderá ser ampliada median-*

te contrato, a ser firmado entre seus administradores e o poder público, que tenha por objeto a fixação de metas de desempenho para o órgão ou entidade, [...]."

Entretanto, a Lei nº 9.784, de 29 de janeiro de 1999, que regula o processo administrativo no âmbito da Administração Pública Federal, em seu art. 1º, § 2º:

> *"§ 2º Para os fins desta Lei, consideram-se:*
>
> *I – órgão – a unidade de atuação integrante da estrutura da Administração direta e da estrutura da Administração indireta;*
>
> *II – entidade – a unidade de atuação dotada de personalidade jurídica;*
>
> *[...]."*

Assim, um fundo municipal ou estadual, apesar de ter personalidade jurídica própria, não pode ser considerado como órgão, mesmo porque ele é associado a uma unidade orçamentária da estrutura organizacional.

Ressalta-se que a utilização do remanejamento, da transposição e das transferências deverá vir acompanhada de justificativa, o que pelo nosso entendimento nada impede do decreto do Poder Executivo o fazê-lo mediante considerações no próprio contexto.

Entretanto, a doutrina e decisões de Pleno das Cortes de Contas têm se manifestado no sentido contrário. É o caso do Tribunal de Contas mineiro que se manifestou sobre tais instrumentos nas consultas 735.383/07 e 742.472/08, sendo que na última ressaltou que não basta previsão na Lei Orçamentária: será indispensável que a autorização, com a indicação da forma de alocação de cada recurso e seu destino, além da justificativa pela adoção do instituto, se dê sempre por lei específica.

Assim, também, manifesta o Conselheiro do TCE-MA, Dr. José de Ribamar Caldas Furtado, já que se utiliza do fundamento da mudança de vontade do Poder Público, fato que, pela própria natureza, altera a lei orçamentária, citando o princípio da legalidade que exige, no caso, lei em sentido estrito e é o princípio da exclusividade que informa que ela é específica.

Portanto, a Lei de Diretrizes Orçamentárias municipal deverá autorizar a utilização desses instrumentos por meio de decreto, limitando-se a critérios de inviabilidade técnica, operacional ou econômica da execução do crédito orçamentário. Cabe também à LDO esclarecer em seu conteúdo o que é considerado categoria de programação. Recomenda-se a leitura da Nota Técnica nº 42/03 da Consultoria de Orçamentos, Fiscalização e Controle, do Senado Federal.

As contas do PCASP utilizadas para este controle estão distribuídas no grupo 5221.9.xx.yy.

A seguir, detalhamentos sobre os referidos instrumentos de manuseio do orçamento criados pela Constituição Federal.

6.6.1 *Transposições de créditos orçamentários*

As transposições são realocações de saldos orçamentários no âmbito dos programas de trabalho, dentro do mesmo órgão, ou seja, dentro de uma mesma categoria de programação.[4]

Pode o município ao definir a sua categoria de programação optar pela combinação de códigos das unidades orçamentárias, funções, subfunções, programas, atividades, projetos, operações especiais, de acordo com as codificações da Portaria SOF nº 42/99, de forma que haja a transposição entre quaisquer codificações da categoria econômica dentro desta codificação.

6.6.2 *Remanejamentos de créditos orçamentários*

Os remanejamentos ocorrem quando se quer realocar créditos orçamentários na organização de um ente público, com destinação de recursos de um órgão para outro.

6.6.3 *Transferências de créditos orçamentários*

As transferências são movimentações de recursos entre as categorias econômicas de despesas, dentro do mesmo órgão e do mesmo programa de trabalho.

Exemplo: há necessidade de transferir saldo orçamentário do elemento de despesa 33.90.30 – Material de consumo, para outro elemento de despesa com o código 31.90.11 – Vencimentos e vantagens fixas – Pessoal Civil. Será possível se estiver autorizado pela LDO até o nível de projeto/atividade/operações especiais.

Também, caso a LDO autorize apenas dentro do nível de categoria econômica, elemento de despesa e modalidade de aplicação, nesse caso, o município poderá remanejar apenas dentro da combinação desse respectivo código.

Exemplo: há necessidade de transferir saldo orçamentário do elemento de despesa 33.90.39 – Outros serviços de Terceiros – Pessoa jurídica para 33.90.36 – Outros serviços de Terceiros – Pessoa física, considerando que ao apurar a aber-

---

[4]   A Lei de Diretrizes Orçamentárias da União, Lei nº 12.309, de 9 de agosto de 2010: Dispõe sobre as diretrizes para a elaboração da lei orçamentária para o exercício financeiro de 2011, assim definiu categoria de programação: "Art. 5º, § 1º As categorias de programação de que trata esta Lei serão identificadas no Projeto de Lei Orçamentária de 2011 e na respectiva Lei, bem como nos créditos adicionais, por programas e respectivos projetos, atividades ou operações especiais e respectivos subtítulos, com indicação, quando for o caso, do produto, da unidade de medida e da meta física."

tura de uma licitação para transporte escolar, verificou-se a adjudicação para um prestador de serviço de natureza "pessoa física". Considerando que o saldo orçamentário concentrava-se junto à dotação específica de Pessoa Jurídica, bastaria nesse caso apenas remanejar parte do valor consignado na dotação de pessoa jurídica para a pessoa física, tendo em vista que não haveria fuga do objeto do contrato licitado.

Não se pode confundir com as transferências entre os entes das três esferas administrativas (Federal, Estadual e Municipal), como, por exemplo, os fundos de participação nas receitas federais, verbas do Sistema Único de Saúde (SUS) e os convênios; ou entre o Setor Público e entidades privadas para atender a despesas correntes ou de capital a título de subvenções, auxílios ou contribuições.

De acordo com o art. 7º da Portaria nº 163/01 da Secretaria do Tesouro Nacional (STN), ficam vedadas as alocações de recursos a título de transferências orçamentárias para entidades integrantes da mesma esfera de governo.

> *"Art. 7º A alocação dos créditos orçamentários na lei orçamentária anual deverá ser feita diretamente à unidade orçamentária responsável pela execução das ações correspondentes, ficando vedada a consignação de recursos a título de transferência para unidades integrantes dos orçamentos fiscal e da seguridade social."*

Dessa forma, as transferências para entidades integrantes da mesma esfera de governo não deverão ser classificadas como despesa orçamentária, e, sim, como transferências financeiras concedidas e recebidas.

6.7 Restos a pagar

Entende-se por restos a pagar todas as despesas empenhadas liquidadas ou não liquidadas e que não foram pagas até a data de encerramento do exercício financeiro, discriminadas em despesas processadas[5] e não processadas.[6]

A inscrição em restos a pagar ocorrerá na data de encerramento do exercício financeiro. Lembramos que a inscrição de despesas em restos a pagar não processados é procedida após o cancelamento dos empenhos que por força de lei ou fato superveniente não poderão ser liquidados. Os restos a pagar inscritos constituirão a dívida flutuante do Ente Público, no conceito da Lei nº 4.320/64.

---

[5] Despesas processadas: despesas empenhadas cujo fornecimento de material, execução da obra ou prestação do serviço tenha sido transcorrida até o estágio da liquidação, ou seja, o direito adquirido pelo credor encontra-se cumprido por já estar o material e/ou serviços entregues e a documentação completa, faltando apenas o pagamento.

[6] Despesas não processadas: despesas empenhadas cujo fornecimento do material, execução da obra ou prestação do serviço esteja na dependência de apuração da efetiva realização, ou seja, somente foi emitido o empenho.

Restos a Pagar Processados

Em 31 de dezembro os empenhos liquidados serão inscritos em restos a pagar processados, conforme lançamentos da seção 12.2.1.1. Ressalta-se que os restos a pagar processados não são passíveis de cancelamento, considerando que o serviço ou material foi entregue pelo fornecedor e atestado pelo Ente, restando apenas o cumprimento da última fase da despesa, que termina com o pagamento ao fornecedor.

Quando do pagamento de restos a pagar (RP) referente à despesa empenhada, deverá ser verificada a existência de diferença entre a despesa inscrita em RP e o valor real a pagar, caso exista diferença, adotar o seguinte procedimento:

a) Se o valor real a ser pago for superior ao empenho inscrito em RP – a diferença deverá ser empenhada a conta de despesas de exercícios anteriores.

b) Se o valor real a ser pago for inferior ao empenho inscrito em RP – o saldo existente, após o registro do pagamento do RP, deve ser cancelado.

O lançamento de Inscrições de Restos a Pagar Processados no Exercício – em 31 de dezembro é o seguinte:

Debite: 5.3.2.7.1.00.00 – RP Processados – Inscrição no Exercício

Credite: 6.3.2.7.1.00.00 – RP Processados a Liquidar – Inscrição no Exercício

Ressalta-se que neste caso não há lançamentos nas contas de natureza patrimonial. Os lançamentos em contas patrimoniais ocorrem somente quando da ocorrência do fato gerador do passivo, o que pode ser por exemplo na fase de "em liquidação" ou liquidação.

Após o registro dos restos a pagar em 31 de dezembro do ano anterior, é necessário que o órgão público, no primeiro dia do ano seguinte, realize os registros da transferência dos saldos dos restos a pagar, conforme a seguir, possibilitando, dessa forma, a execução dos restos a pagar processados.

Caso os restos a pagar processados inscritos no exercício anterior não sejam pagos até o final do exercício subsequente, o órgão poderá, ainda, prorrogar sua validade, observada a legislação pertinente. Nesse caso, deverá ser feito um registro contábil para a evidenciação desse fato, conforme demonstrado a seguir:

Prorrogação de Restos a Pagar Processados Inscritos no Exercício Anterior, que se realiza em 31 de dezembro do ano de X1:

Debite: 5.3.2.2.1.00.00 – RP Processados – Exercício anterior

Credite: 6.3.2.1.0.00.00 – RP Processados inscritos

Também é necessário que em 1º de janeiro haja o lançamentos de transferência de restos a pagar processados no início do exercício:

Debite: 5.3.2.1.0.00.00 – RP Processados – inscritos

Credite: 5.3.2.7.0.00.00 – RP Processados – Inscrição no exercício

Debite: 6.3.2.7.0.00.00 – RP Processados – Inscrição no exercício

Credite: 6.3.2.1.0.00.00 – RP Processados a pagar

Contas de restos a pagar não processados que são encerradas, com as seguintes contrapartidas:

Débito	Crédito
6322.0.00.00	5321.0.00.00
6322.0.00.00	5322.0.00.00
6329.0.00.00	5321.0.00.00
6329.0.00.00	5322.0.00.00
5322.0.00.00	5321.0.00.00

Restos a Pagar Não Processados (RPNP)

Corresponde às despesas empenhadas no exercício e que não foram liquidadas, inscritas no final do exercício financeiro. Caracteriza-se como despesa não liquidada o fato do material/serviço não ser entregue pelo fornecedor, ou, mesmo ser entregue, mas ainda não houve a aceitação/atestado pelo Ente Público.

Os lançamentos de inscrição dos restos a pagar não processados assemelham-se aos restos a pagar processados. No final do exercício o Ente deverá realizar o levantamento dos empenhos não liquidados para inscrição em restos a pagar não processados (conforme lançamentos da seção 11.7.3. Ao iniciar o novo exercício é necessária a reclassificação dos RPNP.

Pelo princípio do equilíbrio orçamentário, para fazer face a despesas, supõe-se que exista receita originária de arrecadação compondo o saldo de caixa, ou outra que será ainda arrecadada no próprio exercício. Dessa forma, toda despesa empenhada é contabilizada no exercício, que é suportada pelo saldo financeiro de caixa e equivalente de caixa. Assim, no exercício subsequente, parte do saldo inicial de caixa está comprometida com o passivo, estando os restos a pagar do exercício anterior incluídos neste.

Processos informatizados de controles contábeis, para o setor público, tratam os lançamentos de restos a pagar naturalmente, sem trauma para o usuário da contabilidade, utilizando de lançamentos padronizados e tabelas de eventos. Entretanto, ainda se adota o critério de identificar os documentos com um carimbo, onde se traz a expressão: "Restos a pagar do Exercício X". No Capítulo 11, os lançamentos contábeis facilitarão o entendimento dessa operação.

Vale ressaltar a particularidade introduzida pela Lei de Responsabilidade Fiscal, em seu art. 42, como segue:

> *"Art. 42. É vedado ao titular de Poder ou órgão referido no artigo 20, nos últimos dois quadrimestres do seu mandato, contrair obrigação de despesa que não possa ser cumprida integralmente dentro dele, ou que tenha parcelas a serem pagas no exercício seguinte sem que haja suficiente disponibilidade de caixa para este efeito.*
>
> *Parágrafo único. Na determinação da disponibilidade de caixa serão considerados os encargos e despesas compromissadas a pagar até o final do exercício."*

O dispositivo trazido pela Lei de Responsabilidade Fiscal preocupou-se diretamente com as despesas geradas pelos últimos oito meses do mandato, porém, todos *"os encargos e despesas compromissadas até o final do exercício"*, ou seja, contratadas para liquidação até 31 de dezembro do último ano de governo, além de "Restos a Pagar de Exercícios Anteriores" deverão ser computados no cálculo da disponibilidade de caixa que trata o parágrafo único desse artigo, a fim de autorizar ou não ao ordenador *"contrair obrigação de despesa que não possa ser cumprida integralmente..."* dentro do último exercício de seu mandato.

Ainda, na Lei Complementar nº 101/00 vislumbramos em seu art. 50, inciso V:

> *"Art. 50. [...]*
>
> *II – a despesa e a assunção de compromisso serão registradas segundo o regime de competência, apurando-se, em caráter complementar, o resultado dos fluxos financeiros pelo regime de caixa;*
>
> *[...]*
>
> *V – as operações de crédito, as inscrições em Restos a Pagar e as demais formas de financiamento ou assunção de compromissos junto a terceiros, deverão ser escrituradas de modo a evidenciar o montante e a variação da dívida pública no período, detalhando, pelo menos, a natureza e o tipo de credor;"*

Tal determinação vem evidenciar a tentativa constante do legislador em manter e aumentar, cada vez mais, o controle com os gastos públicos e sua transparência ou prestação de contas.

Além disso, deve-se ter em mente o que determina o art. 5º da Lei nº 8.666/93, que define a observância da ordem cronológica das contratações de *"fornecimento de bens, locações, realizações de obras e prestações de serviços..."*, quando de seu efetivo pagamento, fundamentando a obrigação legal de quitar os débitos já contraídos em detrimento dos posteriormente contratados.

A nosso ver, a figura do "Restos a Pagar" passa, à primeira vista, a ser um artifício contábil, fadado a desaparecer ou diminuir vertiginosamente, já que, se observado, e cumprido, o princípio do equilíbrio orçamentário, os restos a pagar desaparecerão em conjunto com o déficit público municipal, existente entre a receita arrecadada e a despesa empenhada.

A inscrição em restos a pagar agravou-se com a edição da Lei Federal nº 10.028, de 19 de outubro de 2000, que tipifica alguns crimes contra as finanças públicas, destacando-se como dispositivos do Código Penal brasileiro os arts. 359-C e 359-F, a saber:

> *"Art. 359-C. Ordenar ou autorizar a assunção de obrigação, nos dois últimos quadrimestres do último ano do mandato ou legislatura, cuja despesa não possa ser paga no mesmo exercício financeiro ou, caso reste parcela a ser paga no exercício seguinte, que não tenha contrapartida suficiente de disponibilidade de caixa:*
>
> *Pena – reclusão, de 1 (um) a 4 (quatro) anos.*
>
> *Art. 359-F. Deixar de ordenar, de autorizar ou de promover o cancelamento do montante de restos a pagar inscrito em valor superior ao permitido em lei:*
>
> *Pena – detenção, de 6 (seis) meses a 2 (dois) anos."*

O princípio do equilíbrio orçamentário é defendido desde 1964, com a edição da Lei Federal nº 4.320/64 e foi reforçado com a edição da Lei Complementar nº 101/00.

O texto legal contido, ainda, no art. 42, expressa sobre a: *"obrigação de despesa que não possa ser cumprida integralmente dentro dele"*, definindo que o gestor, ao assumir qualquer despesa nos dois últimos quadrimestres do mandato, deverá também estar buscando obter o superávit primário, ou seja, realizar a despesa sempre observando a certeza de seu adimplemento e o comportamento da receita do período. Tais despesas ocorreriam em todas as suas etapas (empenho, liquidação e pagamento).

Outro dispositivo importante é dado no mesmo artigo, quando estende a vedação de contrair despesas para: *"ou que tenha parcelas a serem pagas no exercício seguinte sem que haja suficiente disponibilidade de caixa para este efeito"*.

Trata esse dispositivo de despesas com exigibilidade, dentro do próximo exercício em relação ao último ano de mandato, as quais, ao existirem, devem estar garantidas pela existência comprovada da disponibilidade de caixa.

Destaque-se que o conceito de *"disponibilidade de caixa"* é trazido pelo parágrafo único do art. 42, o que não se confunde com a expressão *saldo financeiro em conta*, existente no dia 31 de dezembro do último ano de mandato. Sua apuração deve-se dar pela equação: Disponibilidade de Caixa = Ativo Financeiro (–) Passivo Financeiro, sendo que o Ativo Financeiro configura-se como saldo de caixa e de bancos; e o Passivo Financeiro como o montante das obrigações vencíveis até o último dia do mandato, incluindo toda a dívida flutuante, que congrega os depósitos e consignações e as antecipações de receitas orçamentárias; e, ainda, os restos a pagar de exercícios anteriores, saldos a pagar de empenhos do próprio exercício, os Serviços da Dívida a Pagar.

Estes conceitos de ativo e passivo financeiro são os da Lei nº 4.320/64 e os valores atualmente são demonstrados em um dos anexos do Balanço Patrimonial.

A seguir, alguns lançamentos de restos a pagar:

Os lançamentos de Inscrições de Restos a Pagar Não Processados no Exercício – em 31 de dezembro é o seguinte:

> Debite: 5.3.1.7.1.00.00 – RP não Processados – Inscrição no Exercício
>
> Credite: 6.3.1.7.1.00.00 – RP não Processados a Liquidar – Inscrição no Exercício

Caso haja previsão legal, poderá ocorrer a prorrogação dos restos a pagar não processados e inscritos no ano anterior, que ainda não tenham sido pagos até o final do exercício subsequente. Para evidenciar tal fato, é necessário realizar o lançamento, conforme demonstrado a seguir:

> Prorrogação de Restos a Pagar Não Processados em 31 de dezembro de X1
>
> Debite: 5.3.1.2.0.00.00 – RP não Processados – Exercício Anterior
>
> Credite: 5.3.1.1.0.00.00 – RP não Processados Inscritos

Após registro dos RP não processados em 31/12, é necessário que, no início do exercício subsequente, sejam realizados os lançamentos a seguir, possibilitando a execução dos restos a pagar não processados:

Em 1º de janeiro, é necessário efetuar os lançamentos de transferências de Restos a Pagar Não Processados:

> Debite: 5.3.1.1.0.00.00 – RP Não Processados Inscritos
>
> Credite: 5.3.1.7.0.00.00 – RP Não Processados – Inscrição no Exercício
>
> Debite: 6.3.1.7.1.00.00 – RP Não Processados a Liquidar – Inscrição no Exercício
>
> Credite: 6.3.1.7.0.00.00 – RP Não Processados a Liquidar

Quando do pagamento dos restos a pagar, devem-se realizar os lançamentos de baixa nas respectivas contas de controle, das classes 7 e 8.

Grande parte das contas transfere saldo para o exercício seguinte. Cabe ao leitor pesquisar as contas que não transferem saldos.

Contas de restos a pagar não processados que são encerradas, com as respectivas contrapartidas:

Débito	Crédito
6.3.1.4.0.00.00 – Restos a Pagar Não Processados Pagos	5.3.1.1.0.00.00 – Restos a Pagar Não Processados Inscritos
6.3.1.4.0.00.00 – Restos a Pagar Não Processados Pagos	5.3.1.2.0.00.00 – Restos a Pagar Não Processados – Exercícios Anteriores
6.3.1.9.0.00.00 – Restos a Pagar Não Processados Cancelados	5.3.1.1.0.00.00 – Restos a Pagar Não Processados Inscritos
6.3.1.9.0.00.00 – Restos a Pagar Não Processados Cancelados	5.3.1.2.0.00.00 – Restos a Pagar Não Processados – Exercícios Anteriores
6.3.1.3.0.00.00 – Restos a Pagar Não Processados Liquidados a Pagar	6.3.2.1.0.00.00 – Restos a Pagar Processados a Pagar
5.3.1.1.0.00.00 – Restos a Pagar Não Processados Inscritos	5.3.2.1.0.00.00 – Restos a Pagar Processados Inscritos
5.3.1.2.0.00.00 – Restos a Pagar Não Processados – Exercícios Anteriores	5.3.1.1.0.00.00 – Restos a Pagar Não Processados Inscritos

Contas de restos a pagar processados que são encerradas, com as respectivas contrapartidas:

Débito	Crédito
6.3.2.2.0.00.00 – Restos a Pagar Processados Pagos	5.3.2.1.0.00.00 – Restos a Pagar Processados Inscritos
6.3.2.2.0.00.00 – Restos a Pagar Processados Pagos	5.3.2.2.0.00.00 – Restos a Pagar Processados – Exercícios Anteriores
6.3.2.9.0.00.00 – Restos a Pagar Processados Cancelados	5.3.2.1.0.00.00 – Restos a Pagar Processados Inscritos
6.3.2.9.0.00.00 – Restos a Pagar Processados Cancelados	5.3.2.2.0.00.00 – Restos a Pagar Processados – Exercícios Anteriores
5.3.2.2.0.00.00 – Restos a Pagar Processados – Exercícios Anteriores	5.3.2.1.0.00.00 – Restos a Pagar Processados Inscritos

6.7.1 Pagamento de restos a pagar

Deve ser observada a ordem cronológica das datas de suas exigibilidades, atendendo ao art. 5º da Lei nº 8.666/93 e as disposições do Decreto-lei nº 201/67. Isso implica que o pagamento dos restos a pagar tem prioridade sobre as despesas do exercício atual. A inscrição dos restos a pagar, após confirmada a liquidação, gera o crédito para o credor, lembrando que este tem o prazo de um ano, contado da constituição de seu crédito, para reclamar administrativamente o respectivo pagamento.

Ultrapassado o prazo para a reclamação administrativa, o credor deve ajuizar a competente ação de cobrança de seu crédito, cujo prazo prescricional, de conformidade com a legislação em vigor, corresponde a cinco anos, contados da constituição definitiva do crédito.

Tanto o prazo para a reclamação administrativa quanto para o ajuizamento de qualquer procedimento judicial encontram-se previstos no inciso VI, § 10, do art. 178 do Código Civil brasileiro, Decreto nº 20.910, de 6 de janeiro de 1932, e Decreto-lei nº 4.597, de 19 de agosto de 1942.

O Decreto nº 20.910, art. 1º, define:

> "Art. 1º As Dívidas passivas [...] dos municípios, bem assim todo e qualquer direito ou ação contra a Fazenda [...] municipal, seja qual for a sua natureza, prescrevem em cinco anos contados da data do ato ou fato do qual se originaram."

Entendemos que a data, mencionada no Decreto, é a da liquidação por consistir na verificação o direito adquirido pelo credor (veja os lançamentos de pagamento de restos a pagar no Capítulo 11).

6.8 Serviços da dívida pública a pagar

Entende-se por serviços da dívida a pagar, conforme nomenclatura definida no art. 92, da Lei nº 4.320/64, as atividades relacionadas às necessidades das entidades públicas referentes aos valores correspondentes ao pagamento de parcelas de amortização e de juros e de demais encargos da dívida fundada ou consolidada, interna ou externa, empenhados no exercício, mas que deixaram de ser pagos efetivamente.

Essa expressão é utilizada no Passivo Circulante, nos termos do art. 92 da Lei Federal nº 4.320/64, quando então se excluem dos restos a pagar, tendo em vista sua natureza.

6.9 Despesas de exercícios anteriores

Essa denominação refere-se a uma dotação orçamentária que se destina a dar condições de empenhar as despesas resultantes de compromissos gerados em exercícios financeiros já encerrados, desde que o orçamento do exercício em que foram originadas possuísse saldo suficiente para atendê-las, e estas não tenham sido processadas em época própria. Refere-se a despesas com serviços prestados ou mercadorias adquiridas, cujo credor tenha cumprido efetivamente sua obrigação no prazo estabelecido. Incluem-se, ainda, nessa possibilidade os restos a pagar com prescrição interrompida, dentro do prazo de direito do credor, e os compromissos decorrentes de obrigação de pagamento criados em virtude de lei e reconhecidos após o encerramento do exercício.

O reconhecimento da dívida deve ser efetuado, formalmente, com expresso consentimento do ordenador da despesa e correspondente autorização de pagamento, que contenha o valor líquido e certo a pagar, o nome, o número de registro perante o fisco federal (CNPJ/CPF), o endereço do credor, a data de vencimento, um memorial de despesa com um histórico que descreva o motivo circunstanciado pelo não registro tempestivo, além de cópia ou original do documento fiscal a que se refere a despesa.

A Despesa de Exercícios Anteriores, presente na contabilidade das instituições públicas, pode ser entendida como "Ajustes de Exercícios Anteriores" na contabilidade privada.

Para atender ao que dispõe o art. 37 da Lei nº 4.320/64, deverá o gestor público amparar-se em um processo administrativo que dê mais autenticidade à autorização da despesa, o qual deverá conter, no mínimo:

- declaração do contador de que a despesa atende ao disposto no art. 37 da Lei nº 4.320/64;

- parecer jurídico;

- ato do prefeito reconhecendo que a despesa é realmente devida.

Se for essa a hipótese, naturalmente deverão ocorrer os ajustes na execução orçamentária para a garantia e a manutenção do equilíbrio orçamentário-financeiro, posto que a assunção de tais despesas implicará a limitação de outras.

Se não for a intenção do administrador proceder ao pagamento das despesas, objeto de anulações ocorridas no exercício anterior ou de cancelamentos de restos a pagar no exercício atual, pode o credor recorrer ao Poder Judiciário, para verificar seu direito. Se for deferida a pretensão do credor, oportunamente, a administração efetuará o pagamento das despesas nas classificações orçamentárias de sentenças judiciárias, cujos códigos podem ser 319091.00, 339091.00, 449091.00, 459091.00, utilizando-se dos créditos orçamentários ou especiais.

7

Contas de Controles Devedores e Credores

7.1 Conceito de contas de controles

Neste capítulo, serão tratadas as contas das classes 7 e 8 constantes do Plano de Contas. Apesar da Resolução CFC nº 1.129, que trata da NBC T 16.2, tratar as informações de Custos e as Contas de Compensação dentro de um subsistema específico, o MCASP as consideram como dentro da natureza de informação de controle. Assim, já que no Plano de Contas as contas contábeis não foram identificadas com o subsistema a que pertencem, neste livro, também consideraremos os custos como uma seção deste capítulo, tratadas dentro do grupo de contas de controle.

As contas de controle servem de forma geral para registrar, controlar e apresentar resultados de movimentações e saldos de itens que ultrapassam o controle orçamentário e patrimonial.

As contas desses dois subsistemas são apresentadas como de controles devedores e controles credores, que podem ser identificados dentro dos seguintes grupos: atos potenciais (7.1 e 8.1), administração financeira (7.2 e 8.2), dívida ativa (7.3 e 8.3), riscos fiscais (7.4 e 8.4), custos (7.8 e 8.8) e outros controles (7.9 e 8.9), dos quais passamos a relatar. Os números entre parênteses são os códigos das classes apresentadas no plano de contas.

7.2 Os atos potenciais e sua execução

As contas de atos potenciais têm a finalidade de controlar contabilmente os atos potenciais oriundos de contratos, convênios, acordos, ajustes e outros instrumentos congêneres que possam afetar o patrimônio da entidade de forma imediata ou indiretamente. Nem todos, muitas vezes, constam valores específicos, mas deve-se buscar uma forma de registrar o valor equivalente ao ato ou fato contábil, de forma a servir de garantia futura para os dois agentes que se relacionam.

Assim, os direitos e as obrigações conveniados ou contratados; a responsabilidade por valores, títulos e bens de terceiros; as garantias e contragarantias de valores recebidas e concedidas; e outros atos potenciais do ativo e do passivo merecem o registro. Segundo o MCASP, as contas de controle dividem-se em atos potenciais (7.1) e execução dos atos potenciais (8.1) e compreendem as contas relacionadas às situações não compreendidas no patrimônio, mas que, direta ou indiretamente, possam vir a afetá-lo, exclusive as que dizem respeito a atos e fatos ligados à execução orçamentária e financeira e às contas com função precípua de controle.

Os atos potenciais ativos (7.1.1) registram os atos e fatos que possam vir a aumentar o ativo da entidade governamental, enquanto os passivos (7.1.2) registram os atos e fatos que possam vir a aumentar o passivo ou diminuir o ativo da entidade governamental.

Assim também as contas de execução dos atos potenciais ativos (8.1.1) registram a execução dos atos e fatos que possa vir a afetar o ativo da entidade governamental, enquanto a execução dos atos potenciais passivos (8.1.2) registram aquilo que possa afetar o passivo.

Entre os atos potenciais pode ser citado o lançamento contábil no momento da assinatura do contrato de uma parceria público-privada (PPP), levando em consideração o registro do contrato em contas de compensação, em que se debita um contrato de PPP em contrapartida à conta de contratos de PPP a executar.

Debita-se	Credita-se
Registro do contrato	
Contrato de PPP Garantias concedidas	Contrapartida de contratos de PPP Garantias concedidas a executar
Execução do contrato	
Garantias concedidas a executar	Garantias concedidas executadas

Tais lançamentos garantem o cumprimento da Lei nº 11.079/04, art. 8º, em que define:

> "As obrigações pecuniárias contraídas pela Administração Pública em contrato de parceria público-privada poderão ser garantidas mediante:
>
> I – vinculação de receitas, observado o disposto no inciso IV do art. 167 da Constituição Federal;
>
> II – instituição ou utilização de fundos especiais previstos em Lei;

III – contratação de seguro-garantia com as companhias seguradoras que não sejam controladas pelo Poder Público;

IV – garantia prestada por organismos internacionais ou instituições financeiras que não sejam controladas pelo Poder Público;

V – garantias prestadas por fundo garantidor ou empresa estatal criada para essa finalidade;

VI – outros mecanismos admitidos em Lei."

Quanto ao registro dos juros das operações de crédito nos controles dos atos potenciais, ao nosso ver, é necessário o registro de forma a manter atualizada a dívida.

7.3 Controle da administração financeira (7.2) e execução da administração financeira (8.2)

Compreende as contas de registro da programação financeira e de controle das disponibilidades por destinação de recursos. O confronto entre essas contas permitirá a definição do que ainda se tem a aplicar de uma determinada fonte de recurso (7.2.1) ou de uma programação financeira (7.2.2), e o que se aplicou.

Divide-se em:

Disponibilidades por destinação (7.2.1) e execução das disponibilidades por destinação (8.2.1): considerando o critério de controle de recursos vinculados, ou seja, as disponibilidades por destinação, entendemos que as chamadas fontes de recursos, conforme o critério do IDUSO, serão muito bem administradas por essa contabilização. Como exemplo, quando a receita de transferência do FPM for creditada para o município, poderá desde já apropriar parte para a fonte "Ensino", parte para a fonte "Saúde" e parte para a fonte livre, ou seja, para os recursos ordinários (veja detalhes sobre fontes de recursos na seção 7.10, deste capítulo).

Programação financeira (7.2.2) e execução da programação financeira (8.2.2): existirá um subgrupo de contas que registrará a execução das cotas, dos repasses e dos sub-repasses para atender as despesas orçamentárias, restos a pagar autorizados e demais dispêndios extraorçamentários (veja detalhes sobre esses controles na seção 7.7 deste capítulo).

Inscrição do limite orçamentário (7.2.3) e execução do limite orçamentário (8.2.3): é o grupo de contas que irá registrar o limite de empenho e movimentação de créditos orçamentários, conforme estabelecidos em ato próprio da gestão de forma a atender a Lei de Responsabilidade Fiscal. Como exemplo, se a lei orçamentária definir percentual de 10% para suplementação, deve-se transformar este limite em moeda (reais) e efetuar o lançamento de débito na conta 7.2.3 e crédito na 8.2.3, com seus respectivos detalhamentos, de forma que ao utilizar-se das aberturas dos créditos adicionais, a conta 8.2.3 deverá ser debitada para comprovar a utilização de parte do limite estabelecido.

Controles da arrecadação (7.2.4) e execução da arrecadação: compreende as contas que registram o valor da arrecadação líquida da receita orçamentária, por meio de documentos de arrecadação, como: guias de IPTU, DARF, GRU, DAR, entre outros.

7.4 Dívida ativa (7.3) e execução da dívida ativa (8.2.3)

Registra o controle dos créditos a serem inscritos em dívida ativa, aqueles que se encontram em processamento. Compreende as contas que controlam os créditos passíveis de serem encaminhados e inscritos em dívida ativa o crédito de inscrição e a tramitação dos créditos inscritos. Divide-se em duas fases especificamente, ou seja, o controle do encaminhamento de créditos para inscrição em dívida ativa (7.3.1) e sua execução (8.3.1); assim como o controle da inscrição de créditos em dívida ativa (7.3.2) e sua execução (8.3.2) (veja detalhes sobre dívida ativa na seção 7.8 deste capítulo). Paralelamente aos controles devedores e credores, seus saldos e variações são controlados no subsistema patrimonial, enquanto a previsão e a arrecadação são controladas no subsistema orçamentário. A Lei nº 6.830, de 22 de setembro de 1980, dispõe sobre a cobrança judicial da Dívida Ativa da Fazenda Pública.

7.5 Riscos fiscais (7.4) e execução dos riscos fiscais (8.4)

Compreende as contas que controlam os riscos fiscais que não preencham os requisitos para reconhecimento como passivo, conforme identificados no anexo de riscos fiscais da Lei de Diretrizes Orçamentárias. Também divide-se em duas fases distintas, ou seja, controle de passivos contingentes (7.4.1) e sua execução (8.4.1) e controle dos demais riscos fiscais (7.4.2) e sua execução (8.4.2) (veja detalhes sobre riscos fiscais na seção 7.9 deste capítulo).

7.6 Controle de custos (7.8) e apuração dos custos (8.8)

Apesar de ser tratado nas NBCT 16.2 (Resolução CFC nº 1.129) como subsistema, por meio do MCASP figura junto à classe de contas com natureza de controle.

Compreende as contas que controlam a execução dos custos dos bens e serviços produzidos. É uma herança trazida da era industrial, sendo que a Lei nº

4.320/64 exigiu o seu controle por meio do art. 99, quando mencionou serviços industriais.

Já, no ano de 2000, com o advento da Lei de Responsabilidade Fiscal, o controle de custos foi ressaltado, por meio dos arts. 4º e 50.

> *"Art. 4º A lei de diretrizes orçamentárias atenderá o disposto no § 2º do art. 165 da Constituição e:*
>
> *I – disporá também sobre:* [...]
>
> *e) normas relativas ao controle de custos e à avaliação dos resultados dos programas financiados com recursos dos orçamentos;*
>
> *Art. 50. Além de obedecer às demais normas de contabilidade pública, a escrituração das contas públicas observará as seguintes:* [...]
>
> *§ 3º A Administração Pública manterá sistema de custos que permita a avaliação e o acompanhamento da gestão orçamentária, financeira e patrimonial."*

Segundo a NBCT 16.11, o processo de implantação do Sistema de Informação de Custos deve ser sistemático e gradual e levar em consideração os objetivos organizacionais pretendidos, os processos decisórios que usarão as informações de custos segmentados por seus diferentes grupos de usuários, bem como os critérios de transparência e controle social.

Importante ressaltar a menção de que deve apenas capturar informações dos demais sistemas de informações das entidades do setor público e estar integrado com o processo de planejamento e orçamento, utilizando-se da mesma base conceitual quando do tratamento dos objetos de custos, permitindo assim o controle entre o orçado e o executado.

Este controle dos custos proporcionará o aperfeiçoamento do planejamento e orçamento futuros, mesmo porque levará em consideração as classificações institucional, funcional e programática para a identificação e mensuração.

Daí a necessidade de sistemas integrados que proporcionem os acessos seguros aos dados das entidades públicas. A escolha do método dependerá da disponibilidade de informações ou dados.

Nosso estudo não adentrará em detalhes, tendo em vista que, por enquanto, existe a possibilidade de o controle tornar-se facultativo, principalmente para os municípios de pequeno porte. O Grupo de Estudos da Contabilidade (GTCON) tomará essa decisão em reuniões de estudos técnicos, assim como os tribunais de contas poderão exigir a sua aplicação.

7.7 Programação financeira

Consiste na organização sistemática das finanças públicas, a fim de estruturar quais as despesas que serão liquidadas e pagas no período, utilizando-se dos controles que estão nas instituições públicas, melhorando o fluxo de caixa e a organização geral. Deve-se observar que a programação financeira pode ser utilizada como limites de gastos, evitando excesso de desembolsos financeiros desnecessários, ou em desencontro com as condições financeiras e suas transferências constitucionais.

A programação financeira deve ser vislumbrada como um controle mensal dos valores e tipos de gastos a serem realizados durante o mês, levando-se em conta a previsão de comportamento das receitas, os limites de créditos orçamentários e a necessidade imediata do gasto.

Tal exigência já estava presente na Lei nº 4.320/64, em seus arts. 47 a 50; no entanto, somente com o advento da Lei Complementar nº 101/00, em seu art. 8º, a programação financeira vem sendo efetivamente exigida.

> *"Art. 8º Até trinta dias após a publicação dos orçamentos, nos termos em que dispuser a lei de diretrizes orçamentárias e observado o disposto na alínea c do inciso I do art. 4º, o Poder Executivo estabelecerá a programação financeira e o cronograma de execução mensal de desembolso.*
>
> *Parágrafo único. Os recursos legalmente vinculados a finalidade específica serão utilizados exclusivamente para atender ao objeto de sua vinculação, ainda que em exercício diverso daquele em que ocorrer o ingresso."*

Nesse sentido, devem o ordenador de despesa e seus assessores organizar as finanças da entidade pública, divulgando os controles por meio do Relatório da Programação Financeira e Cronograma de Execução Mensal de Desembolso, por ocasião das audiências públicas municipais. Deve-se atentar, ainda, quanto aos gastos vinculados, emanados no parágrafo único, do art. 8º da Lei nº 101/00, que têm destinação certa e devem ser tratados como recursos marcados a determinadas despesas. Nesse caso, é necessário que haja um controle individualizado para cada recurso vinculado, com contas bancárias específicas e despesas possíveis predefinidas em convênio.

7.7.1 Cotas

As cotas são controles financeiros atrelados á realização orçamentária.

As dotações autorizadas, para cada crédito orçamentário e discriminadas conforme classificação específica, são montantes parciais de recursos definidos em lei que, autorizando um montante global, possibilitam a execução diária. Porém, sabe-se que a realização dessas despesas depende da expectativa de recebimentos e que tanto as receitas como as despesas não acontecem todas de uma só vez e numa mesma data. Por isso, o legislador criou as chamadas "cotas", que definirão, mediante estudo detalhado, qual é o montante ideal para ser liberado efetivamente em determinado período de tempo, seja dia, semana, quinzena, mês, bimestre ou trimestre. Essa mensuração e definição do valor "X" liberado em determinado período de tempo são a própria "cota de repasse", ou simplesmente "cota". Seu principal objetivo é o equilíbrio da receita e da despesa por meio do controle dos saldos das cotas, que deverão ser liberadas pelo Poder Executivo, mediante decreto.

Entende-se claramente por cotas a primeira fase da movimentação de recursos orçamentários ou financeiros, conforme o caso, que são liberados mediante cronograma de execução mensal de desembolso e programação financeira, sob a óptica dos arts. 47 a 50 da Lei Federal nº 4.320/64 e do art. 8º da Lei Complementar nº 101/00, que determina que tal cronograma deve ser efetuado até 30 dias após a publicação dos orçamentos.

A Lei nº 4.320/64, em seus arts. 47 e 48, determina:

> *"Art. 47. Imediatamente após a promulgação da Lei Orçamentária e com base nos limites nela fixados, o Poder Executivo aprovará um quadro de cotas trimestrais da despesa que cada unidade orçamentária fica autorizada a utilizar.*
>
> *[...]*
>
> *Art. 48. A fixação das cotas a que se refere o artigo anterior atenderá aos seguintes objetivos:*
>
> *a) assegurar às unidades orçamentárias, em tempo útil, a soma dos recursos necessários e suficientes à melhor execução do seu programa anual de trabalho;*
>
> *b) manter durante o exercício, na medida do possível, o equilíbrio entre a Receita arrecadada e a Despesa realizada, de modo a reduzir ao mínimo eventuais insuficiências de tesouraria."*

Na elaboração ou determinação do percentual ou montante a ser liberado para as unidades orçamentárias por meio de cotas, devem-se observar os limites legais para gastos, tais como os 25% (vinte e cinco por cento) do ensino, o limite de gastos com a saúde, de acordo com a definição dada pela EC nº 29/0000, os recursos vinculados, entre outros. Há, nesse termo, a possibilidade de remanejamento ou suplementação de cotas para se adequar os valores já liberados de cotas insuficientes ou a maior à realidade de cada unidade orçamentária.

Existe, ainda, a figura da reserva de cotas, que nada mais é que, no início do período de gasto, seja ele mensal, bimestral ou outro, o ordenador de despesa que determina ao responsável pela Fazenda a "reserva de cotas", para que ao final do período de gasto, efetivamente, haja saldo disponível para a realização de determinada despesa.

Apesar de ser uma obrigação imposta pela legislação há muitos anos, somente agora, inclusive como reflexo da Lei de Responsabilidade Fiscal, é que o controle de cotas está, definitivamente, saindo do papel e implantado nas instituições públicas.

7.7.2 Distribuição das cotas

Cada gestor receberá sua parcela da receita arrecadada em cotas, em correspondência com a média mensal empenhada das dotações orçamentárias de sua unidade, assegurando assim o equilíbrio entre a receita arrecadada e a despesa realizada, critério esse estabelecido na legislação. Dessa forma, a despesa só poderá ser realizada quando houver disponibilidade de cota para determinado órgão ou unidade orçamentária, ou mesmo para uma despesa que seja proveniente de um recurso vinculado.

A cota deverá ser estabelecida mensalmente pelo responsável pela Secretaria de Fazenda ou outro designado pelo ordenador de despesa e poderá sofrer alterações ao longo do período, desde que regulamentada por ato público a ser editado pela administração que adotar tal controle. É recomendado que o valor a ser distribuído para cada unidade orçamentária seja usado dentro do mês ou bimestre para o qual foi definido, não podendo utilizar-se do saldo remanescente do período anterior, de forma que, a cada distribuição, os saldos existentes sejam utilizados para iniciar nova etapa de controle, distribuindo-se nova cota para o período seguinte.

Demonstra-se na Tabela 7.1 como ficariam distribuídas as cotas para uma estrutura administrativa qualquer:

Tabela 7.1

Cotas bimestrais	1º bim.	2º bim.	3º bim.	4º bim.	5º bim.	6º bim.	Total
Secretaria de Governo	700,00	900,00	700,00	700,00	700,00	700,00	4.400,00
Secretaria de Planejamento	800,00	800,00	800,00	800,00	800,00	800,00	4.800,00
Secretaria de Fazenda	400,00	400,00	400,00	400,00	400,00	400,00	2.400,00
Secretaria de Administração	1.300,00	1.300,00	1.300,00	1.300,00	1.300,00	1.300,00	7.800,00
Secretaria de Obras	800,00	800,00	800,00	800,00	800,00	800,00	4.800,00
Secretaria de Saúde	300,00	300,00	300,00	300,00	300,00	300,00	1.800,00
Secretaria de Desenvolvimento Econômico	200,00	200,00	200,00	200,00	200,00	200,00	1.200,00
Secretaria de Educação	1.000,00	1.000,00	1.000,00	1.000,00	1.000,00	1.000,00	6.000,00

Observação: Os valores constantes dessa tabela são fictícios e apenas representam exemplos aleatórios. Também podem ser distribuídos mensalmente.

7.7.3 Comparativo da receita arrecadada e a meta bimestral de arrecadação

A meta bimestral de arrecadação compõe o documento criado pela Lei Complementar nº 101/00, em seu art. 13, que tem o objetivo de desdobrar a previsão da receita em metas bimestrais de arrecadação, a ser publicado nos 30 dias subsequentes à publicação da Lei Orçamentária.

A lei determina que o desdobramento da receita deverá especificar, quando cabível, as medidas de combate à evasão e à sonegação de receitas, a quantidade e valores de ações ajuizadas para cobrança da dívida ativa e, ainda, o demonstrativo da evolução do montante dos créditos tributários passíveis de cobrança administrativa.

O comparativo entre a receita arrecadada e a meta bimestral de arrecadação se torna necessário para verificar o cumprimento do que foi estabelecido no art. 13 da Lei Complementar nº 101/00 e regulamentado por alguns tribunais de contas. A referida lei determina que as receitas previstas sejam desdobradas, pelo Poder Executivo, em metas bimestrais de arrecadação em até 30 dias após a publicação do orçamento.

Sua abrangência estende-se a todo o ente público e deverá, num único relatório, conter os dados consolidados do Poder Executivo e do Poder Legislativo.

Esse demonstrativo deverá ser elaborado após o encerramento de cada bimestre e publicado até 30 dias após, na forma da Tabela 7.2, além de outros relatórios que possam comparar os resultados com a previsão bimestral de arrecadação. Os municípios com população inferior a 50 mil habitantes poderão optar pela divulgação semestral, porém, apesar de não estar explícito pela Lei Complementar nº 101/00, alguns Tribunais de Contas exigem a apresentação de um ato normativo que defina tal período.

Outra informação importante é sobre sua publicação, que deverá ser feita por meio do órgão oficial de publicação, o qual geralmente é definido pela lei e pode ser um jornal escrito ou quadro de publicações do ente público. Caso a legislação seja omissa, a publicação deve ser feita na própria instituição, para atender ao princípio da publicidade, previsto no art. 37 da Constituição Federal.

Seu objetivo maior é fornecer informações sobre o planejamento orçamentário e sua execução.

7.7.3.1 Demonstrativo de controle de metas de arrecadação

A seguir, a Tabela 7.2 demonstra as metas bimestrais de arrecadação.

Tabela 7.2

Bimestre	Meta fixada	Receita arrecadada	Diferença	Medidas tomadas
1º	2.000,00	2.300,00	+ 300,00	–
2º	2.500,00	2.650,00	+ 150,00	–
3º	3.000,00	2.800,00	– 200,00	Incentivos na quitação ou parcelamento de débitos tributários
4º	2.500,00	2.750,00	+ 250,00	–
5º	3.200,00	3.500,00	+ 300,00	Campanha de cobrança dos tributos e cobrança administrativa da Dívida Ativa
6º	2.800,00	2.650,00	– 150,00	Cobrança judicial da Dívida Ativa
Total	16.000,00	16.650,00	+ 650,00	

7.7.4 *Cronograma de execução mensal de desembolso e programação financeira*

Documento criado pela Lei Complementar nº 101/00, em seu art. 8º, que tem o objetivo principal de planejar o fluxo de caixa da instituição pública, ou seja, definir como será distribuída dentro do exercício a despesa, de forma a não acarretar déficits financeiros. Deverá ser publicada em até 30 dias após a publicação da Lei Orçamentária.

Assim, a distribuição da despesa, em relação ao recebimento de receitas, ocorrerá mediante distribuição das cotas financeiras e esse cronograma deverá ter um acompanhamento mensal de cada Poder, de forma a cumprir as metas fiscais, estabelecidas pelo Anexo de Metas Fiscais, fixadas pela Lei de Diretrizes Orçamentárias. Ocorrendo o descumprimento das metas fiscais, deve haver a limitação de empenho e da movimentação financeira, de forma a reaver resultado primário positivo. Destaque-se que a não assunção da medida pode acarretar ao responsável a aplicação de multa equivalente a 30% (trinta por cento) de sua remuneração anual, na forma do art. 5º, da Lei Federal nº 10.028/00.

Ressalta-se que os recursos vinculados a finalidades específicas devem ter tratamento especial por ocasião da distribuição das cotas, de forma a não tornar parte conjunta e misturar-se com os demais recursos.

Conforme determina o § 4º do art. 9º da LC nº 101/00, o Poder Executivo demonstrará e avaliará o cumprimento de metas fiscais nos meses de maio, setembro e fevereiro, em audiência pública, não deixando explícitas outras datas, nos casos de municípios com população inferior a 50 mil habitantes.

Para que esse Cronograma de Execução Mensal de Desembolso e Programação Financeira seja funcional e efetivo, é necessário definir um fluxo de caixa, onde se possam planejar recebimentos e pagamentos de acordo com suas realizações, utilizando-se ainda de controles, tais como requisição de materiais, ordens de serviços, entre outros.

7.7.4.1 Fluxos de caixa

Apesar de atualmente existir um demonstrativo específico e normatizado que evidencia o Fluxo de Caixa em três tipos de fluxos, ou seja, o das operações, o dos investimentos e o dos financiamentos, este nosso exemplo está relacionado com o das operações, com o foco mais gerencial (veja seção 12.1.8). Suponha-se que uma instituição pública tenha R$ 6.000,00 em disponibilidade no primeiro dia do mês 10/X1 e as seguintes contas a pagar/despesas:

Tabela 7.3

Despesas a pagar	Valor em R$	Vencimento
Água	300,00	13-10-X1
Luz	1.000,00	27-10-X1
Telefone	2.000,00	26-10-X1
Fornecedor A*	300,00	10-10-X1
Fornecedor B*	500,00	20-10-X1
Fornecedor C*	1.300,00	30-10-X1
Folha de Pagamento	5.000,00	5-10-X1
INSS a pagar	1.300,00	2-10-X1
FGTS a pagar	400,00	7-10-X1
Material de Consumo	200,00	9-10-X1
Total	12.300,00	–

* Pagamentos a serem efetuados mensalmente.

Suponha-se também que, por determinação administrativa da instituição, os pagamentos de fornecedores (*) sejam feitos, impreterivelmente, nos dias 10, 20 e 30 de cada mês.

Suponha-se, ainda, que essa mesma instituição pública tenha somente a seguinte realização financeira a receber:

Tabela 7.4

Valores a receber	Valor em R$	Data recebimento
IPTU Diversos	1.000,00	22-10-X1
ITBI Diversos	200,00	15-10-X1
Taxas Diversas	150,00	12-10-X1
Tarifas Diversas	250,00	11-10-X1
Transferências Diversas	1.200,00	20-10-X1
FPM	9.700,00	30-10-X1
Total	12.500,00	–

Com essas suposições, pode haver duas situações diversas, as quais são completamente diferentes. Uma dentro do que determina a norma legal, e a outra completamente fora da legislação.

Cabe ressaltar que o Demonstrativo dos Fluxos de Caixa, componente dos DCASP, nos termos da IPC 08, adota os ingressos e os dispêndios conforme o vínculo de recursos. Cabe, neste caso, cada um destes exemplos, dentro de suas respectivas fontes de recursos que são contas-correntes identificadores das contábeis. Como exemplo, temos a identificar que o ingresso de determinado recurso gerará o seguinte lançamento:

Débito: 7.2.2.0.z.xx.yy – Programação financeira (indicar o conta-corrente)

Crédito: 8.2.20.z.xx.yy – Execução da programação financeira (indicar o conta-corrente)

já no desembolso

Débito: 8.2.20.z.xx.yy – Execução da programação financeira (indicar o conta-corrente)

Crédito: 8.2.20.z.xx.yy – Execução da programação financeira (indicar o conta-corrente)

Situação 1: Imagine-se uma instituição que não efetue controle nenhum dos recebimentos e pagamentos, executando o orçamento a toque de caixa, ou seja, à medida que entra recurso financeiro, pagam-se as contas, normalmente, independentemente de seu vencimento. Veja Tabela 7.5.

7.7.4.2 Fluxo de caixa sem controle

Tabela 7.5

Caixa		Valor em R$		Saldo
Data	Operação	Entrada	Saída	
1º-10-X1	Saldo existente	–	–	7.000,00
2-10-X1	INSS		1.300,00	5.700,00
5-10-X1	Folha de Pagamento		5.000,00	700,00
7-10-X1	FGTS		400,00	300,00
9-10-X1	Material de Consumo		200,00	100,00
11-10-X1	Tarifas Diversas	250,00		350,00
11-10-X1	Fornecedor A**		300,00	50,00
12-10-X1	Taxas Diversas	150,00		200,00
15-10-X1	ITBI Diversos	200,00		400,00
15-10-X1	Água**		300,00	100,00
20-10-X1	Transf. Diversas	1.200,00		1.300,00
20-10-X1	Fornecedor B		500,00	800,00
22-10-X1	IPTU Diversos	1.000,00		1.800,00
30-10-X1	FPM	9.700,00		11.500,00
30-10-X1	Telefone**		2.000,00	9.500,00
30-10-X1	Luz**		1.000,00	8.500,00
30-10-X1	Fornecedor C		1.300,00	6.200,00
31-10-X1	Saldo Final	–	–	6.200,00

** Observe que todas essas contas foram quitadas à medida que havia recebimentos financeiros por parte da instituição, e não nas datas de seus vencimentos. Isso configura claro descontrole financeiro.

Situação 2: Imagine-se que outra instituição efetue controle dos recebimentos e pagamentos, inclusive com medidas de antecipação ou aumento de receitas, de forma a efetuar o equilíbrio de caixa, manter o fluxo de caixa e a consequente quitação de suas obrigações em tempo hábil.

Nesse caso, a instituição teria em seu poder um estudo de comportamento de suas receitas e despesas em cada período do ano. Assim, conseguiria identificar qual época seus recebimentos e pagamentos são maiores ou menores. Ela poderia efetuar uma programação que, por exemplo, definindo que em novembro de X1 não poderá haver novas despesas, a fim de permitir à instituição que aumente seu saldo em disponibilidades para a quitação do 13º salário de seus servidores. Veja Tabela 7.6.

7.7.4.3 Fluxo de caixa com controle

Tabela 7.6

Caixa		Valor em R$		Saldo
Data	Operação	Entrada	Saída	
1º-10-X1	Saldo existente	–	–	7.000,00
2-10-X1	INSS		1.300,00	5.700,00
5-10-X1	Folha de Pagamento		5.000,00	700,00
7-10-X1	FGTS		400,00	300,00
9-10-X1	Material de Consumo		200,00	100,00
10-10-X1	ARO	1.300,00		1.400,00
10-10-X1	Fornecedor A***		300,00	1.100,00
11-10-X1	Tarifas Diversas	250,00		1.350,00
12-10-X1	Taxas Diversas	150,00		1.500,00
13-10-X1	Água***		300,00	1.200,00
15-10-X1	ITBI Diversos	200,00		1.400,00
20-10-X1	Transf. Diversas	1.200,00		2.600,00
20-10-X1	Fornecedor B		500,00	2.100,00
22-10-X1	IPTU Diversos	1.000,00		3.100,00
26-10-X1	Telefone***		2.000,00	1.100,00
27-10-X1	Luz***		1.000,00	100,00
30-10-X1	FPM (– ARO)	8.400,00		8.500,00
30-10-X1	Fornecedor C		1.300,00	6.200,00
31-10-X1	Saldo Final	–	–	6.200,00

*** Observe que todas essas despesas foram quitadas em seus vencimentos, graças ao controle e fluxo de entrada e saída de recursos que foi planejado e demonstrou que havia a necessidade de se efetuarem novas entradas de recursos na data de 10-10-X1 para suprir o caixa em determinados dias, o que nesse caso foi realizado por Antecipação de Receita Orçamentária (ARO).

7.8 Dívida ativa

Apesar de classificada atualmente na Fonte "1900.00.00 – Outras Receitas Correntes", está muito próxima da "1100.00.00 – Receita Tributária", tendo em vista que já é considerada como base de cálculo para o ensino e saúde, na forma dos Anexos X e XVI, respectivamente, ambos criados pela Portaria nº 517/02.[1]

---

[1] Aprova a 2ª edição do *Manual do relatório resumido da execução orçamentária*. Ressalta-se a Portaria STN nº 587/05. Atualizações das Portarias estão disponíveis no *site* <www.niltonandrade.com.br>.

Dita o texto legal da Lei nº 6.830, de 22 de setembro de 1980, também conhecida como "Lei de Execução Fiscal", em seu art. 2º, que

> *"constitui Dívida Ativa da Fazenda Pública aquela definida como tributária ou não tributária na Lei nº 4.320, de 17 de março de 1964, com as alterações posteriores, que estatui normas gerais de direito financeiro".*

Prescreve ainda o diploma legal da "Lei de Execução Fiscal", no § 1º do citado art. 2º, que "qualquer valor, cuja cobrança seja atribuída por lei às entidades de que trata o art. 1º, será considerado Dívida Ativa da Fazenda Pública".

As entidades, a que menciona o parágrafo anterior, são assim estabelecidas pelo citado art. 1º: "[...] *da União, dos Estados, do Distrito Federal, dos Municípios e respectivas autarquias* [...]".

Em outras palavras, dívidas ativas nada mais são que créditos oriundos da Fazenda Pública, tributários ou não, que, quando não quitados tempestivamente e de acordo com a legislação própria, devem ser objeto de inscrição em livros de registros e escriturados em contas específicas.

A inscrição em dívida ativa é o ato administrativo que, depois de verificada a legalidade da constituição do crédito pelo lançamento, assim como da certeza do objeto e dos valores constituídos e apontados na notificação do lançamento que usualmente ocorre na emissão da cobrança, promove a transcrição dos créditos inadimplentes para registros próprios, ficando a Fazenda Pública, assim, apta a promover a execução fiscal dos inadimplentes.

A inscrição da dívida ativa, portanto, é o ato que conferirá presunção de liquidez, certeza e exigibilidade ao crédito – o qual havia sido, anteriormente, declarado pelo lançamento. E tem-se que esta será composta por prestação pecuniária devida a título de crédito constituído, acrescida dos demais encargos previstos, legal ou contratualmente.

Com o advento da era da informática e considerando-se ainda os contextos trazidos por legislações elaboradas mais recentes e o § 7º do art. 2º da Lei nº 6.830/80, ora transcrito: *"O Termo de Inscrição e a Certidão de Dívida Ativa poderão ser preparados e numerados por processo manual, mecânico ou eletrônico."* Entendemos que o processamento eletrônico do livro da dívida ativa, assim como o dos termos, certidões e petições, é o processo operacional que mais assegura à Fazenda Pública a viabilidade de controle e de execução fiscal dos inadimplentes junto ao Poder Judiciário.

De forma clara e explícita, estabelece o § 2º do art. 2º da Lei nº 6.830/80 que:

> *"A Dívida Ativa da Fazenda Pública, compreendendo a tributária e a não tributária, abrange a atualização monetária, os juros e multa de mora e demais encargos previstos em lei ou contrato."*

Para a promoção da inscrição em dívida ativa, cabe à Fazenda Pública apurar os valores principais em débitos; calcular o montante dos encargos previstos na legislação específica do crédito objeto de inscrição, até a data do ato normativo da inscrição em dívida ativa; elaborar Termo de Inscrição, previsto na lei, promovendo-se, assim, a transcrição no livro dos valores originais e de cada encargo previsto.

Após o ato administrativo de inscrição da dívida ativa com fins fiscais, há que se encaminhar ao setor contábil documento hábil para a escrituração dos valores consolidados do montante inscrito, assim como dos valores objeto de baixa: por pagamento, revisão administrativa etc.

Como cada crédito – tributário ou não – pode possuir regras e datas específicas para inscrição em dívida ativa, após seu vencimento regulamentar, é prática operacional a eleição de uma data única anual para se promover o encaminhamento das consolidações ao setor contábil, normalmente no mês de dezembro de cada exercício fiscal.

Há que se dar atenção especial entre o valor inscrito, o informado ao setor contábil e o valor respectivamente objeto de pagamento e/ou baixa no setor de controle da receita.

No transcurso de tempo existente entre o ato de inscrição em dívida ativa e o do efetivo pagamento, o valor originalmente informado e objeto de lançamento contábil pode sofrer alteração, com a incidência de correção monetária, atualização e/ou revisão de valores. Deve haver perfeita consonância entre essas revisões e atualizações com os respectivos lançamentos contábeis.

Definido pela Lei nº 4.320/64, em seu art. 39, § 1º, as Dívidas Ativas serão

> *"exigíveis pelo transcurso do prazo para pagamento na forma da legislação própria, [...] em registro próprio, após apurada sua liquidez e certeza, e a respectiva receita será escriturada a esse título".*

Convém salientar que, nos termos do § 3º, do art. 2º, da Lei nº 6.830, de 22 de setembro de 1980, a Ação de Execução Fiscal deve ser proposta no prazo de 180 dias, a contar da data da inscrição do débito na Dívida Ativa; sua cobrança serve para salientar a exigência de comprovação da implantação, arrecadação e execução da Dívida Ativa, como condição básica para a obtenção de recursos financeiros dos governos federal e estadual, assim como para o atendimento ao art. 13 da Lei Complementar nº 101/00, que prescreve:

> *"Art. 13. [...] com a especificação, em separado, quando cabível, das medidas de combate à evasão e à sonegação, da quantidade e valores de ações ajuizadas para cobrança da dívida ativa, bem como da evolução do montante dos créditos tributários passíveis de cobrança administrativa."*

A inscrição da Dívida Ativa não é uma receita e sim um registro de direito ativo do ente público. O pagamento, por parte do contribuinte inadimplente aos cofres municipais, é que será reconhecido como receita, na data de seu recolhimento, considerando-se aí o regime contábil "de caixa".

Deve-se observar que a chamada Receita de Dívida Ativa, no momento do registro, acarreta atualização, multa, juros, juros de mora e encargos devidos que serão escriturados a título de "Receita de Dívida Ativa", tendo em vista sua inscrição no título "Dívida Ativa". Ao contrário, se não tiver havido o correto lançamento em "Dívida Ativa" e a devida inscrição contábil dos créditos dos exercícios anteriores, entendemos que todos os recebimentos desses créditos (IPTU, ISSQN, ICMS etc.) sejam considerados como receitas do exercício em que houver o recolhimento (regime de caixa), contabilizando-os em suas respectivas rubricas e não como "Dívida Ativa", até sua correta inscrição.

A mesma dificuldade poderá surgir quando se inscrever a Dívida Ativa apenas pelo valor principal do tributo, quando então recomenda-se que a baixa pelo pagamento, mesmo com os acréscimos, dê-se pelo valor principal, gerando crédito de receita dos acréscimos às rubricas próprias; a não ser que antes haja a inscrição dos referidos acréscimos como "Dívida Ativa".

Essa conciliação de dados torna-se necessária e importantíssima para que a contabilidade expresse a realidade e os dados integrem-se e coincidam nos distintos setores que cuidam da inscrição, baixa, registro etc.

A Dívida Ativa divide-se em:

7.8.1 Dívida ativa tributária

Entende-se por Dívida Ativa Tributária créditos da Fazenda Pública referentes às obrigações legais relativas a tributos e respectivos adicionais e multas afins.

7.8.2 Dívida ativa não tributária

São os demais créditos, muito bem definidos pelo § 2º do art. 39 da Lei Federal nº 4.320/64, tais como:

> "empréstimos compulsórios, contribuições estabelecidas. em lei, multas de qualquer origem ou natureza, exceto as tributárias, foros, laudêmios, aluguéis ou taxas de ocupação, custas processuais, preços de serviços prestados por estabelecimentos públicos, indenizações, reposições, restituições, alcances dos responsáveis definitivamente julgados, bem assim os créditos decorrentes de obrigações em moeda estrangeira, de sub-rogação de hipoteca, fiança, aval ou outra garantia, de contratos em geral ou de outras obrigações legais".

Veja os exemplos de isenção de dívida ativa nas seções 11.4.4.12 e 11.6.6.

7.9 Riscos fiscais

Conforme já tratado na seção 3.2.2.2, os Riscos Fiscais precisam ser demonstrados em relatórios da Lei de Diretrizes Orçamentárias, e consequentemente deverá ser acompanhado durante a execução orçamentária. Recordando os itens mencionados, como exemplo:

- frustração na arrecadação devido a fatos não previstos à época da elaboração da peça orçamentária;
- restituição de tributos realizada a maior que a prevista nas deduções da receita orçamentária.

Segundo o Manual de Demonstrativos Fiscais, esses riscos são verificados a partir de dois tipos de eventos: um decorre de fatos como compromissos assumidos pelo governo para fluxo futuro, tais como aposentadorias e pensões e outro são os passivos contingentes que representam dívidas, cuja existência depende de fatores imprevisíveis, tais como resultados dos julgamentos de processos judiciais.

Recomenda-se voltar ao Quadro 3.14, constante da seção ora mencionada, de forma a identificar os itens que podem compor os relatórios de Riscos Fiscais, comparando a execução com o previsto.

No PCASP, as contas "74xx.z.xx.yy" e "84xx.z.xx.yy" podem ser detalhadas para atender aos controles de cada entidade pública.

7.10 Fontes e vínculos

O PCASP tratou as disponibilidades por destinação de recursos nas contas 72xx.z.xx.yy e 82xx.z.xx.yy. Entretanto para os registros nas mesmas são necessárias identificação de contas-correntes que possam identificar os detalhes das contas, se as mesmas são recursos livres ou recursos vinculados.

Na contabilidade pública, existe a figura das fontes ou origem de recursos, divididas em recursos ordinários e recursos vinculados. Veja seção 4.2, especificamente no que se refere ao identificador de uso (IDUSO).

A fonte representa a procedência dos recursos orçamentários ou financeiros, transferidos para determinada instituição, órgão ou entidade, com objetivos de manter suas atividades permanentes programadas (Exemplo: Recursos do Tesouro ou outras fontes de Recursos). Já o vínculo é uma figura emanada constitucionalmente, que representa a vinculação legal dos Recursos Vinculados a determinados órgãos, entidades, fundos ou finalidades específicas (Exemplo: FUNDEB, PAB, SUS e outros).

Deve-se observar que não há que se falar em vínculo, quando o produto da arrecadação destinar-se ao custeio das atividades gerais, pois se trata de recurso ordinário. A vinculação só ocorre na hipótese de destinação parcial ou total do produto da arrecadação às atividades específicas. Também pode ser utilizado o controle de vínculo para os recursos que não se destinam a um objetivo específico, como é o caso do ICMS, FPM, FPE, IPVA, IRRF, IPTU e outros.

A União e os Estados vêm, gradativamente, aumentando as transferências de recursos aos municípios visando à manutenção de programas especiais, como é o caso do FUNDEB, PAB, SUS, PDDE[2] etc. Essas transferências surgiram como forma de descentralizar a aplicação de recursos, os quais se vinculam a objetivos específicos. Assim, os recursos dessas transferências devem ser gastos exclusivamente com despesas relativas ao objetivo do programa, motivo pelo qual devem ser controlados pelo vínculo.

O vínculo é exaltado quando o produto da arrecadação destinar-se ao custeio de atividades ou investimentos predefinidos pela legislação ou por acordos assumidos entre entidades. Em geral, a vinculação vem ocorrendo na hipótese de convênios ou por meio de destinação parcial ou total do produto da arrecadação a um fim específico.

Deve-se ter em mente que, quando a administração firma convênios que não estejam previstos no orçamento anual, é necessária a abertura de crédito especial para a despesa, assim como a criação de rubrica de receita orçamentária e abertura de conta bancária específica, para possibilitarem o controle e a prestação de contas do recurso. Além disso, devem-se criar lançamentos relacionados à destinação de recursos, cujas contas-correntes não devem ser esquecidas na verificação da compatibilidade entre o orçamento e o Plano Plurianual, ou seja, verificar se o programa foi criado por este último instrumento de planejamento, caso contrário, deverá ser enviado projeto de lei ao Legislativo para esse fim, ou utilizar-se do mesmo projeto de lei que abriu o crédito especial.

Não é recomendável criar, no orçamento, dotações de despesas com a descrição "Manutenção de Convênios Diversos" e rubricas de receitas "Outras/Diversas Transferências de Convênios". Primeiro, porque cada convênio tem uma finalidade peculiar e por isso deve ter uma classificação funcional específica. Segundo, porque não há possibilidade de informar o vínculo nas rubricas de receitas e nas dotações de despesas quando elas não se referem a uma única finalidade.

Assim, é comum tratar os recursos de convênios como recursos carimbados, pois esses recursos já vêm com destinação específica, ou seja, disponibilidades por destinação do recursos vinculadas.

Para atender a essa demanda, a contabilidade deve evidenciar controles que permitam ao usuário da informação obter índices de aproveitamento e cumprimentos dos ditames legais quanto às fontes e vínculos. Deverá ainda ser capaz de

---

[2] Na ordem, as siglas significam: Fundo de Manutenção de Desenvolvimento da Educação Básica e de Valorização dos Profissionais da Educação, Piso de Atenção Básica, Sistema Único de Saúde e Programa Dinheiro Direto na Escola.

emitir relatórios que relacionam o ingresso do recurso vinculado com sua aplicação, de forma a prestar contas isoladas de cada convênio ou fonte, assim como demonstrar a contrapartida aplicada por meio de recursos ordinários, e ainda evidenciar todos os gastos conforme cada legislação pertinente.

7.11 Contabilização dos repasses financeiros dentro da mesma esfera de governo

A Secretaria do Tesouro Nacional (STN), do Ministério da Fazenda, é o órgão responsável pela edição de normas gerais para consolidação das contas públicas, conforme determina o § 2º do art. 50 da Lei de Responsabilidade Fiscal. Dessa forma, a Portaria STN nº 339, de 29 de agosto de 2001, apresentou os procedimentos contábeis relacionados aos registros dos repasses financeiros feitos para órgãos e entidades da mesma esfera de governo, tais como repasses recebidos pelos órgãos do Poder Legislativo, pelas autarquias e fundações públicas e pelos fundos especiais, quando estes tiverem contabilidade própria.

Visando eliminar a duplicidade de dados na contabilidade, a metodologia utilizada por esta Portaria, para a transferência dos recursos entre órgãos públicos, deixa de ser trabalhada na modalidade da classificação orçamentária, junto à nomenclatura "transferências intragovernamentais", para ser extraorçamentária, ou seja, haverá apenas tratamento financeiro no processo, sem necessidade de previsões orçamentárias.

Assim, são as determinações da referida Portaria, nos termos do art. 1º, item 2, *b*, sobre a contabilização dos repasses financeiros:

> "*Art. 1º2 – [...]*
>
> *b) Os registros contábeis das transferências financeiras concedidas e recebidas serão efetuados em contas contábeis específicas de resultado, que representem as variações passivas e ativas financeiras correspondentes;"*

Logo, o registro dos repasses financeiros deve compor os resultados dos órgãos repassador e recebedor, ou seja, no caso de um Município, o repasse da Prefeitura deverá compor as variações patrimoniais diminutivas, enquanto o recebimento do repasse no Poder Legislativo e nas fundações e autarquias deverá compor as variações patrimoniais aumentativas.

Quando tais poderes ou entidades não estão integrados, o procedimento acumula saldo no ativo financeiro do Poder Executivo e no passivo financeiro do Poder Legislativo e dos Fundos Especiais. Estes devem ser cancelados quando do encerramento das contas no final do exercício, ocasião em que tais saldos são transferidos para o resultado do exercício, conforme disciplina a Portaria nº 339/01 da STN.

8

Execução de Informação Patrimonial

8.1 Conceito de execução de informação patrimonial

O subsistema patrimonial tem a função de agregar os registros e as evidenciações relacionadas com as mutações patrimoniais qualitativas e quantitativas. O Manual de Contabilidade aplicada ao setor público (MCASP), assim como o Plano de Contas (PCASP), em consonância com a Resolução nº 1.268, de 21-12-2009, passam a considerar toda a movimentação financeira, antes denominada "sistema financeiro" dentro do subsistema de informação patrimonial.

O subsistema patrimonial também registrará e demonstrará toda a movimentação dos recursos financeiros, ou seja, evidenciará as mudanças, as evoluções e as reduções das disponibilidades financeiras das entidades públicas da Administração Pública direta e indireta. Cabe ressaltar que as movimentações de fontes de recursos e programação financeira estão inseridas junto às contas de controle, nas classes 7 e 8.

Assim, vejamos a evolução dos conceitos, em que antes da aplicação das Normas Internacionais de Contabilidade entendia-se por patrimônio como o:

> *"complexo de bens, materiais ou não, direitos, ações, posse e tudo o mais que pertença a uma pessoa ou empresa e seja suscetível de apreciação econômica"*.[1]

e, também, patrimônio nada mais era que *"o conjunto de bens, direitos e obrigações"*,[2] devidamente avaliáveis em moeda corrente, mediante processos próprios respaldados por técnicas específicas e mensuráveis economicamente.

---

[1] *Dicionário Aurélio* – século XXI – Digital Versão 3.0. Rio de Janeiro: Nova Fronteira.

[2] KOHAMA, Heilio. *Contabilidade pública*. 3. ed. São Paulo: Atlas, 1991. p. 184.

Com a adequação às Normas Internacionais de Contabilidade, a NBCT 16.2 aprovada pela Resolução nº 1.129, de 25 de novembro de 2008, e o MCASP, aprovado pela STN, apresentam um conceito moderno e atualizado de patrimônio, a saber:

"Patrimônio Público é o conjunto de direitos e bens, tangíveis ou intangíveis, onerados ou não, adquiridos, formados, produzidos, recebidos, mantidos ou utilizados pelas entidades do setor público, que seja portador ou represente um fluxo de benefícios, presente ou futuro, inerente à prestação de serviços públicos ou à exploração econômica por entidades do setor público e suas obrigações."

O Patrimônio é estruturado em três grupos: o Ativo, o Passivo e o Patrimônio Líquido. Também com entendimentos atualizados, a Resolução nº 1.268 de 21 de dezembro de 2009 apresenta os seguintes conceitos:

"a) Ativos são recursos controlados pela entidade como resultado de eventos passados e do qual se espera que resultem para a entidade benefícios econômicos futuros ou potencial de serviços.

b) Passivos são obrigações presentes da entidade, derivadas de eventos passados, cujos pagamentos se esperam que resultem para a entidade saídas de recursos capazes de gerar benefícios econômicos ou potencial de serviços.

c) Patrimônio Líquido é o valor residual dos ativos da entidade depois de deduzidos todos seus passivos."

Nesse contexto, o patrimônio público difere-se do patrimônio privado somente no tocante ao possuidor do patrimônio que será, no primeiro caso, uma entidade pública de administração direta ou indireta.

8.2 Subsistema patrimonial

A situação patrimonial das instituições públicas deve estar representada no chamado Balanço Patrimonial, conforme Anexo nº 14, da Lei nº 4.320/64, devidamente atualizado conforme a NBC T 16.6, aprovado pela Resolução nº 1.133, de 25 de novembro de 2008, em consonância com o MCASP e IPC 04. Nele constará o saldo de cada conta dos grupos 1, 2, 3 e 4 do Plano de Contas, espelhando nos saldos analíticos das contas constantes do inventário geral.

O sistema patrimonial registra e engloba ainda as Variações Patrimoniais Diminutivas (VPD) e as Variações Patrimoniais Aumentativas (VPA), que evidenciam as variações quantitativas, o resultado patrimonial e as variações qualitativas, sendo que as quantitativas aumentam ou diminuem o patrimônio líquido, enquanto as qualitativas alteram a composição dos elementos patrimoniais sem afetar o patrimônio líquido.

A Portaria STN nº 665, de 30 de novembro de 2010, atualiza as demonstrações contábeis, tendo também as Instruções de Procedimentos Contábeis (IPC) 05, sendo demonstrada essa variação pelo Anexo 14 – Demonstração das Variações Patrimoniais (veja a Tabela 12.6, na seção 12.2.4).

As contas de compensação que apresentarem saldo com as características de registros dos direitos e obrigações em potencial também comporão o Balanço Patrimonial, porém em demonstrativo específico. Efetivamente, esses registros produzem variação patrimonial qualitativa imediata, porém podem ocasionar alterações *a posteriori*. Conforme IPC 04, o Balanço Patrimonial tem um anexo que trata especificamente dessas contas de compensação.

8.3 Inventário geral

Para chegar aos relatórios sintéticos (Balanço Patrimonial, por exemplo), a contabilidade baseia-se no inventário geral da entidade. Tal inventário deve ser perseguido insistentemente pelas entidades e estas devem criar condições propícias para que seus controles e registros sejam fidedignos com a realidade. O inventário é o documento que origina o Balanço Patrimonial. Ambos têm a mesma estrutura, porém o primeiro apresenta-se de forma analítica e o segundo de forma sintética (veja o formulário "Inventário", na Tabela 8.1).

Cabe ressaltar que, no Balanço Patrimonial, no imobilizado, constam os valores dos bens pelos seus valores originais, tendo uma conta de Depreciação Acumulada, que, ao ser subtraída ou deduzida, coincidirá com os valores do inventário.

Há diversas formas de efetuar o efetivo inventário dos bens patrimoniais, móveis e imóveis da entidade pública. Cabe exclusivamente a cada ente formular suas ações e, se for o caso, criar departamentos, serviços ou seções, além de instituir processos, papéis e rotinas capazes de institucionalizar o controle e dar confiabilidade para os registros patrimoniais efetivamente lançados na contabilidade.

Deve-se ainda observar que o patrimônio público está sujeito, numa mesma legislatura, a vários ordenadores de despesas. Acontece, com certa frequência, que o patrimônio fica desatualizado, ou seja, os usuários das informações deixam de reconhecer incorporações ou desincorporações patrimoniais eventualmente ocorridas. Tais fatos podem ocorrer em vista da falha de controles, erro, fraude, falta de conhecimento e/ou até desinteresse político.

Essa possível lacuna de gestão patrimonial poderá ser corrigida se for implementado e cumprido o controle do já citado Inventário Patrimonial Geral.

Tabela 8.1

INVENTÁRIO GERAL					
ENTIDADE:			**EXERCÍCIO:**		
TÍTULOS (Discriminação Geral)	**Plaqueta de controle**	**Valor do bem**	**Somas parciais (R$)**		**Total (R$)**
			Por setor	**Por natureza**	
ATIVO CIRCULANTE					6.840,00
Caixa e Equivalentes de Caixa				2.000,00	
Caixa		0,00			
Bancos c/Livre Movimentação					
Bancos c/Corrente				2.000,00	
Banco "X"		2.000,00			
Banco "Y"		0,00			
Créditos a Curto Prazo				4.840,00	
Dívida Ativa					
Dívida Ativa Tributária		4.000,00			
Valores Diversos				40,00	
Almoxarifado		40,00			
Devedores Diversos					
Responsabilidades Financeiras				800,00	
José da Silva – Administração 1997/2000		800,00			
ATIVO NÃO CIRCULANTE					**42.000,00**
Bens Móveis				8.000,00	
Secretaria de Administração			3.000,00		
Computador XYZ com teclado e *mouse*	000004	2.150,00			
Mesa redonda de madeira – modelo XYZ	000010	300,00			
Cadeira estofada, com pé giratório – modelo ABC	000051	150,00			
Monitor de vídeo – modelo CDE	000113	400,00			
Secretaria de Saúde			5.000,00		
Computador XYZ com teclado e *mouse*	013990	2.100,00			
Aparelho de ecocardiograma	007663	2.700,00			

Continua

INVENTÁRIO GERAL DO IMOBILIZADO					
ENTIDADE:			EXERCÍCIO:		
TÍTULOS (Discriminação Geral)	Plaqueta de controle	Valor do bem	Somas parciais (R$)		Total (R$)
			Por setor	Por natureza	
Mesa de escritório cerejeira	003227	100,00			
Cadeira estofada de tecido	005566	80,00			
Banco de madeira cerejeira	000066	20,00			
Bens imóveis				32.000,00	
Secretaria de Administração			12.000,00		
Prédio sede da Prefeitura	000021	10.000,00			
Prédio da garagem e pátio	000345	2.000,00			
Secretaria de Educação			20.000,00		
Prédio da Secretaria de Educação	004477	5.800,00			
Prédio da Escola Liberdade	000668	8.000,00			
Prédio da Escola Tiradentes	009971	6.200,00			
(–) Depreciação Acumulada		1.000,00		**1.000,00**	
Intangíveis		5.000,00		**5.000,00**	
Soma do Ativo					**48.840,00**
PASSIVO CIRCULANTE					
... (*) Detalhamento analítico do Balanço Patrimonial					

Esse inventário patrimonial, das entidades públicas, segue normas estritas e procedimentos específicos com designação obrigatória de uma pessoa ou comissão para sua execução, com definição de prazos e forma, sobre o patrimônio de bens móveis, imóveis, e dos intangíveis, pelos critérios de custeamento ou não, incluindo as formas de registro e de controle dos bens de consumo, que deve ser realizado através de um rigoroso sistema gerencial.

A NBC T 16.10 do CFC, aprovada pela Resolução nº 1.137, de 25 de novembro de 2008, estabelece conceitos, critérios e procedimentos para a avaliação e a mensuração de ativos e passivos integrantes do patrimônio de entidades do setor público, que podemos destacar:

- *Avaliação patrimonial: a atribuição de valor monetário a itens do ativo e do passivo decorrentes de julgamento fundamentado em consenso entre as partes e que traduza, com razoabilidade, a evidenciação dos atos e dos fatos administrativos.*

- *Mensuração: a constatação de valor monetário para itens do ativo e do passivo decorrente da aplicação de procedimentos técnicos suportados em análises qualitativas e quantitativas.*

- *Reavaliação: a adoção do valor de mercado ou de consenso entre as partes para bens do ativo, quando esse for superior ao valor líquido contábil.*

- *Redução ao valor recuperável* (impairment)*: o ajuste ao valor de mercado ou de consenso entre as partes para bens do ativo, quando esse for inferior ao valor líquido contábil.*

Existem critérios de avaliação e mensuração em formas diferentes para itens de estoques, de investimentos permanentes, do imobilizado, do intangível, do diferido, das dívidas, critérios relacionados nos itens 4 a 35 da Norma mencionada. Também os itens 36 a 40 tratam da reavaliação e redução ao valor recuperável, sendo que os acréscimos e decréscimos do valor de ativo podem ser registrados em Contas de Resultado do Exercício. O MCASP também prevê a possibilidade de registro da reavaliação em conta de reserva de reavaliação constante do patrimônio líquido, nos entes que possuem elevado controle de bens patrimoniais.

O acesso à Norma citada pode ser obtido por meio do *site* do CFC ou pelo <www.niltonandrade.com.br>, na aba legislação.

Destaca-se que os bens de uso comum que absorveram ou absorvem recursos públicos, ou aqueles eventualmente recebidos em doação, devem ser incluídos no ativo não circulante da entidade responsável pela sua administração ou controle, estejam eles afetos ou não, a sua atividade operacional. A mensuração dos mesmos será efetuada, sempre que possível, ao valor de aquisição ou ao valor de produção e/ou construção.

A necessidade de adequar o imobilizado com os dados lançados no subsistema patrimonial da contabilidade é evidente, a partir do momento em que se vislumbra o importante papel do patrimônio público na situação geral da entidade. Nesse momento, o patrimônio deve ser reavaliado para apresentar a realidade de cada entidade da federação.

8.4 Bens públicos

Para melhores entendimentos, e de acordo com o art. 98 do Código Civil brasileiro, Lei nº 10.406, de 10 de janeiro de 2002:

"*Art. 98. São públicos os bens do domínio nacional pertencentes às pessoas jurídicas de direito público interno; todos os outros são particulares, seja qual for a pessoa a que pertencerem.*"

Tal determinação legal deve ser mais bem traduzida nos seguintes pontos:

8.4.1 Bens de consumo

São aqueles que, em razão de seu uso corrente, caracteriza-se como um custeio da atividade da entidade e tem características gerais de vida útil em torno de dois anos. São contas controladas em estoques ou almoxarifado. Exceções são consideradas para materiais de pequeno valor de mercado.

De acordo com a 6ª edição do MCASP, os estoques são ativos:

- na forma de materiais ou suprimentos a serem usados no processo de produção;
- na forma de materiais ou suprimentos a serem usados ou distribuídos na prestação de serviços;
- mantidos para a venda ou distribuição no curso normal das operações;
- usados no curso normal das operações.

Primeiramente devemos considerar as definições do Manual de Contabilidade Aplicada ao Setor Público (MCASP), especificamente na seção 01.04.05.01:

- **Material de Consumo:** *aquele que, em razão de seu uso corrente e da definição da Lei nº 4.320/1964, perde normalmente sua identidade física e/ ou tem sua utilização limitada a dois anos;*
- **Material Permanente:** *aquele que, em razão de seu uso corrente, não perde a sua identidade física, e/ou tem uma durabilidade superior a dois anos.*

Cabe ressaltar que é constante a dúvida sobre a "classificação de material de consumo ou material permanente". A Portaria nº 448/2002 divulgou o detalhamento das naturezas de despesas 33903900, 33903600, 33903900 e 44905200. A 6ª edição do Manual de Contabilidade Aplicada ao Setor Público (MCASP) atualizou o conteúdo junto aos Procedimentos Contábeis Patrimoniais (PCP).

De acordo com a Lei nº 4.320/64, o Material de Consumo é aquele que em razão do seu uso corrente perde normalmente sua identidade física e/ou tem sua utilização limitada a dois anos, e Material Permanente é aquele que, em razão de seu uso corrente, não perde a sua identidade física, e/ou tem uma durabilidade superior a dois anos.

Verifica-se que, no caso de peças não incorporáveis a imóveis e aparelhos e utensílios domésticos, a Portaria nº 448/2002 orientou classificar como Material

Execução de Informação Patrimonial **171**

Permanente. Em alguns casos, pode um material ser considerado permanente pela 448/2002, ter vida útil inferior a dois anos, em virtude das condições de uso, como liquidificador para escola, chuveiro para creche, radiotransmissor para uso do SAMU.

Ainda trazendo as citações do MCASP, vale mencionar que

> *"Um material é considerado de consumo caso atenda um, e pelo menos um, dos critérios a seguir:*
>
> *a)* **Critério da Durabilidade**: *se em uso normal perde ou tem reduzidas as suas condições de funcionamento, no prazo máximo de dois anos;*
>
> *b)* **Critério da Fragilidade:** *se sua estrutura for quebradiça, deformável ou danificável, caracterizando sua irrecuperabilidade e perda de sua identidade ou funcionalidade;*
>
> *c)* **Critério da Perecibilidade:** *se está sujeito a modificações (químicas ou físicas) ou se deteriore ou perca sua característica pelo uso normal;*
>
> *d)* **Critério da Incorporabilidade:** *se está destinado à incorporação a outro bem, e não pode ser retirado sem prejuízo das características físicas e funcionais do principal. Pode ser utilizado para a constituição de novos bens, melhoria ou adições complementares de bens em utilização (sendo classificado como 4.4.90.30), ou para a reposição de peças para manutenção do seu uso normal que contenham a mesma configuração (sendo classificado como 3.3.90.30);*
>
> *e)* **Critério da Transformabilidade:** *se foi adquirido para fim de transformação.*
>
> *f)* **Critério da Finalidade:** *se o material foi adquirido para consumo imediato ou para distribuição gratuita."*

Afirma o MCASP que, nesse sentido, a Constituição Federal prevê o Princípio da Economicidade (art. 70), que se traduz na relação custo-benefício, assim, os controles devem ser simplificados quando se apresentam como meramente formais ou cujo custo seja evidentemente superior ao risco.

Assim, se um material for adquirido como permanente e ficar comprovado que possui custo de controle superior ao seu benefício, deve ser controlado de forma simplificada, por meio de relação-carga, que mede apenas aspectos qualitativos e quantitativos, não havendo necessidade de controle por meio de número patrimonial. No entanto, esses bens deverão estar registrados contabilmente no patrimônio da entidade.

Da mesma forma, se um material de consumo for considerado como de uso duradouro, devido a durabilidade, quantidade utilizada ou valor relevante, também deverá ser controlado por meio de relação-carga, e incorporado ao patrimônio da entidade. Para o MCASP, a classificação orçamentária, o controle patrimonial e o

Contabilidade Pública na Gestão Municipal • Andrade

reconhecimento do ativo seguem critérios distintos, devendo ser apreciados individualmente. A classificação orçamentária obedecerá aos parâmetros de distinção entre material permanente e de consumo. O controle patrimonial obedecerá ao princípio da racionalização do processo administrativo. Por sua vez, o reconhecimento do ativo compreende os bens e direitos que possam gerar benefícios econômicos ou potencial de serviços.

8.4.2 Bens do ativo não circulante

É o bem cuja vida útil tende a ser superior a dois anos e pode ou não ser incorporado a outro bem ou equipamento.

O ativo não circulante é formado pelos *"bens, créditos e valores, cuja mobilização ou alienação dependa de autorização legislativa"*.[3] Com a adequação às normas internacionais, o Plano de Contas aplicado ao setor público identifica Investimentos, Imobilizado e Intangível. Enquanto isso, o Ativo Circulante demonstra as disponibilidades de caixa e bancos, contas livres e vinculadas, incluindo ainda as aplicações financeiras, créditos a receber, além de valores realizáveis. Este conceito coaduna com a Lei Federal nº 4.320/64, quando expressa: *"O Ativo Financeiro compreenderá os créditos e valores realizáveis independentemente de autorização orçamentária e os valores numerários"*.[4] O Ativo Financeiro passa a denominar-se Ativo Circulante, e para manter o conceito da Lei nº 4.320/64, no que se refere ao valor de Ativo e Passivo financeiro, utiliza-se o critério de atributos contábeis para o superávit financeiro.

Destacam-se ainda as compensações, caracterizadas pelas contas de controle devedores e credores demonstradas no final do balanço patrimonial. Pode-se exemplificá-los por meio dos atos potenciais ativos e passivos, com os códigos iniciados pelas classes 7 e 8 do plano de contas, junto à seção 11.3.

Deve-se observar que a Lei Complementar nº 101/00, do art. 50, VI, determina: "[...] *a demonstração das variações patrimoniais dará destaque à origem e ao destino dos recursos provenientes da alienação de ativos"*.

Tal determinação demonstra a preocupação do legislador em controlar os recursos da venda de bens de capital, com o objetivo de não serem gastos com despesas correntes.

Sob esse aspecto, pode-se inferir que o patrimônio público se espelha em tudo o que é demonstrado no Balanço Patrimonial, exposto de forma sintética, assim como no Inventário Geral, exposto de forma analítica.

---

[3] Lei Federal nº 4.320/64, art. 105, § 2º.

[4] Lei Federal nº 4.320/64, art. 105, § 1º.

Execução de Informação Patrimonial **173**

O Anexo XI do MDF, denominado "Demonstrativo da Receita de Alienação de Ativos e Aplicação dos Recursos", foi criado para atender ao disposto no art. 53, § 1º, III, da Lei Complementar nº 101/00.

8.4.2.1 Bens do ativo imobilizado

Segundo a 6ª edição do MCASP, o ativo imobilizado é o item *tangível* que é mantido para o *uso* na produção ou fornecimento de bens ou serviços, ou para fins administrativos, inclusive os decorrentes de operações que transfiram para a entidade os benefícios, riscos e controle desses bens e são divisíveis em bens móveis e bens imóveis. Recomenda-se também o estudo das IPSAS, especialmente a de nº 17, cuja tradução encontra-se publicada no portal da Confederação Nacional dos Municípios por meio do *link*: <http://www.cnm.org.br/contadores/img/pdf/normas_internacionais_de_contabilidade/NornasInternacionaisdeContabilidadeparaoSetorPublico.pdf>.

Os bens móveis compreendem o valor da aquisição ou incorporação de bens corpóreos, que têm existência material e que podem ser transportados por movimento próprio ou removidos por força alheia sem alteração da substância ou da destinação econômico-social, para a produção de outros bens ou serviços. Exemplos: máquinas, aparelhos, equipamentos, ferramentas, bens de informática, móveis e utensílios, materiais culturais, educacionais e de comunicação, veículos, bens móveis em andamento.

Os bens imóveis compreendem o valor dos bens vinculados ao terreno que não podem ser retirados sem destruição ou dano. Exemplos: imóveis residenciais, comerciais, edifícios, terrenos, aeroportos, pontes, viadutos, obras em andamento, hospitais, dentre outros.

Os bens imóveis classificam-se em:

8.4.2.1.1 *Bens de uso especial*

Constituem-se os *"edifícios ou terrenos aplicados a serviços ou estabelecimento federal, estadual ou municipal"*, inclusive os de suas autarquias e fundações públicas, como imóveis residenciais, terrenos, glebas, aquartelamento, aeroportos, açudes, fazendas, museus, hospitais, hotéis dentre outros (MCASP).

8.4.2.1.2 *Bens dominiais ou dominicais*

Compreendem os bens que constituem o patrimônio das pessoas jurídicas de direito público, como objeto de direito pessoal, ou real, de cada uma dessas entidades. Compreendem ainda, não dispondo a lei em contrário, os bens pertencentes às pessoas jurídicas de direito público a que se tenha dado estrutura de direito privado, como apartamentos, armazéns, casas, glebas, terrenos, lojas, bens destinados a reforma agrária, bens imóveis a alienar dentre outros (MCASP).

8.4.2.1.3 Bens de uso comum do povo

São os de domínio público, construídos ou não por pessoas jurídicas de direito público. Os bens de uso comum do povo podem ser entendidos como os de domínio público, construídos ou não por pessoas jurídicas de direito público, "*tais como os mares, rios, estradas e praças*"[5] são denominados bens públicos. Por muito tempo deixaram de ser objetos de registro em mutações patrimoniais.

8.4.2.1.4 Bens imóveis em andamento

São bens imóveis em andamento, ainda não concluídos, cujos valores são conhecidos. Exemplos: obras em andamento, estudos e projetos (que englobem limpeza do terreno, serviços topográficos etc.), benfeitoria em propriedade de terceiros.

Segundo a 6ª edição do MCASP, o ativo imobilizado é reconhecido inicialmente com base no valor de aquisição, produção ou construção e se sujeitam a depreciação, amortização, exaustão ou redução ao valor recuperável, quando os elementos do ativo imobilizado tiverem vida útil econômica limitada. Quando se tratar de ativos do imobilizado obtidos a título gratuito, ou seja, por meio de doações, devem ser registrados pelo valor original na data de sua aquisição, cabendo ao ente recebedor a avaliação a valor justo. Veja na seção 8.7 as variações advindas do ativo não circulante.

No caso de transferências de ativos, o valor a atribuir deve ser o valor contábil líquido constante nos registros da entidade de origem. Em caso de divergência desse critério com o fixado no instrumento de autorização da transferência, este deve ser evidenciado em notas explicativas.

8.4.3 Bens intangíveis

São bens com representação formal, sem demonstração real que não tenham uma aparência física necessariamente. Exemplo: *softwares*, marcas e patentes. É necessário que a entidade reconheça o item como ativo intangível e adote critérios de reconhecimento, tais como a probabilidade de geração de benefícios econômicos futuros e serviços potenciais gerados, além de poder ser mensurado com segurança o custo ou valor justo do ativo.

---

[5] Código Civil, Lei nº 10.406/02, art. 99, inciso I.

Conforme o MCASP – 6ª edição – alguns ativos intangíveis podem estar contidos em elementos que possuem substância física, como no caso de *software* ou no de licença ou patente, podendo ser tratado como ativo imobilizado ou como ativo intangível, levando em consideração a significância, cabendo tal avaliação à entidade.

A IPSAS de nº 31 prescreve o tratamento contábil para os ativos intangíveis.

8.5 Bens incorporados e desincorporados

Devem ser representados por demonstrativo que identifique as incorporações e desincorporações, analiticamente, de forma a destacar as variações patrimoniais, sejam elas qualitativas ou quantitativas, sendo estas as VPD e as VPA.

Tabela 8.2

DEMONSTRAÇÃO DOS BENS INCORPORADOS E DESINCORPORADOS					
ENTIDADE:				EXERCÍCIO:	
TÍTULOS (Discriminação Geral)	Plaqueta de controle	Valor do bem	Somas parciais (R$)		Total (R$)
INCORPORAÇÕES			Por setor	Por natureza	
Bens móveis				2.550,00	
Secretaria de Administração			2.550,00		
Computador XYZ com teclado e *mouse*	000004	2.150,00			
Monitor de vídeo – modelo CDE	000113	400,00			
Bens imóveis				6.200,00	
Secretaria de Educação			6.200,00		
Prédio da Escola Municipal Tiradentes	009971	6.200,00			
Total dos bens incorporados					7.750,00
DESINCORPORAÇÕES					
Bens móveis				3.000,00	
Secretaria de Educação			3.000,00		
1 Veículo micro-ônibus marca x	100301	3.000,00			
Total dos bens desincorporados					3.000,00

Fonte: Elaborada pelo autor.

Este formulário assemelha-se ao inventário geral e deve ser elaborado conforme a estrutura organizacional da entidade.

As desincorporações devem estar comprovadas pelos respectivos laudos de avaliação e ainda pelas leis autorizativas, quando estas se derem por alienação ou doação. Todos os casos de desincorporação de bens (alienação, doação e outros) deverão ser devidamente justificados, indicando a respectiva destinação. No caso de perda ou roubo, deverá a administração obter nos órgãos competentes as ocorrências ou perícias.

Apresenta-se na Tabela 8.2 o formulário recomendado para controle das incorporações e desincorporações. Os casos de baixa por obsolescência merecem publicidade e transparência, daí a elaboração de um ato público para validá-los.

8.5.1 Carga patrimonial

Trata-se de um documento elaborado por pessoa responsável pelo patrimônio que periodicamente o emitirá em nome de cada responsável por setor, listando os respectivos bens móveis ou imóveis, de forma a comprovar a responsabilidade das pessoas sobre a guarda e a manutenção dos respectivos bens.

Esse documento deverá apresentar, além da plaqueta referente ao número sequencial de registro, o termo declaratório de responsabilidade sobre as referidas guardas dos bens, e, a cada interstício definido pela instituição, as observações serão apontadas pelos responsáveis, o que facilitará sua atualização constante. Para manter as cargas atualizadas, atualmente já existem *softwares* do estilo RFID,[6] que eletronicamente mantêm atualizada a saída e a entrada de bens em um ambiente, além de facilitar a atualização do inventário.

8.6 Balanço patrimonial

O Balanço Patrimonial demonstra a situação das contas que formam o Ativo e o Passivo de uma entidade. Na seção 12.2.3, será abordado esse tema com mais ênfase. Atualmente o Balanço Patrimonial apresenta colunas de valores para dois exercícios de forma a permitir a comparabilidade.

8.7 Demonstração das variações patrimoniais

Trata-se de parte integrante do Balanço Patrimonial por evidenciar as alterações sofridas pelo patrimônio público durante o transcurso de um exercício. Demonstra, pois, mudanças verificadas no patrimônio, além de indicar o resultado patrimonial do exercício.

---

[6] *"Radio-Frequency Identification"*. É um método de identificação automática através de sinais de rádio, recuperando e armazenando dados remotamente através de dispositivos denominados etiquetas RFID.

Segundo o MCASP, as variações patrimoniais são transações que resultam em alterações nos elementos patrimoniais da entidade do setor público, mesmo em caráter compensatório, afetando, ou não, o seu resultado.

As variações patrimoniais podem ser qualitativas e quantitativas e não são excludentes. Ao efetuar um lançamento contábil, o seu efeito envolve valores e altera registros e classificações, as quais identificam as contas na estrutura do plano de contas. O patrimônio é dinâmico e sofre modificação contínua, sendo ela qualitativa e/ou quantitativa, mesmo que não caracterize alteração física. Comprova-se isto pela avaliação periódica dos bens, perda de valor, obsolescência, depreciação, sua vida útil etc.

8.7.1 Variações patrimoniais qualitativas

São as permutações de mesmo valor dos elementos do Patrimônio, o que leva a se manter idêntico o valor do Patrimônio Líquido. Exemplo: compra de imóvel, por simplesmente ocorrer uma permuta de uma obrigação de pagar pelo imóvel. Ver Figura 8.1. Também no caso de recebimento antecipado de valores provenientes de uma receita, já que a arrecadação propriamente dita acontece em momento posterior, quando então a entidade assume a obrigação de prestar um serviço.

Ressalte-se que a variação qualitativa, como o próprio nome já diz, refere-se a uma troca de espécies, ou seja, recursos financeiros são cambiados por bens e vice-versa. Nesse caso, não poderá haver aumento ou diminuição do Ativo.

8.7.2 Variações patrimoniais quantitativas

Decorrem de transações que aumentam ou diminuem o patrimônio líquido, sendo as principais fontes geradoras a receita e a despesa, sob o enfoque patrimonial, subdividindo-se em:

- Variações patrimoniais aumentativas – quando aumentam o patrimônio líquido.
- Variações patrimoniais diminutivas – quando diminuem o patrimônio líquido.

A Figura 8.1 ilustra os conceitos por meio de exemplos.

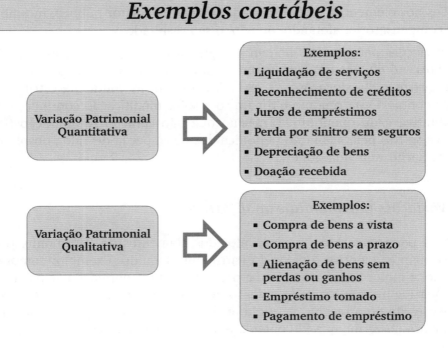

Figura 8.1

8.7.2.1 Variações patrimoniais aumentativas

Devem-se entender as variações patrimoniais aumentativas como as alterações nos valores dos elementos do patrimônio público que aumentam a situação patrimonial ou justificam as causas da valorização do patrimônio, mediante receitas orçamentárias, incorporação ou agregação, decorrente de reavaliação de bens, consumo de estoque, superveniência ativa e insubsistência passiva. Conforme os princípios contábeis, devem ser registradas no momento da ocorrência do seu fato gerador, independentemente de recebimento.

Entende-se por superveniência ativa os fatos contábeis de incorporação de valores no patrimônio que independa da execução orçamentária, os quais aumentam o ativo da entidade antigas variações ativas. Exemplo: reavaliação de bens móveis, incorporação de bens por doação, atualização de dívida ativa etc.

Entende-se por insubsistência passiva os fatos contábeis independentes da execução orçamentária, os quais diminuem o passivo da entidade (antigas variações ativas). Exemplo: cancelamento de dívidas passivas etc.

8.7.2.2 Variações patrimoniais diminutivas

Já as variações patrimoniais diminutivas são as alterações ocorridas que diminuem a situação patrimonial, incluindo as despesas orçamentárias, as baixas de bens, a constituição de dívidas passivas, as superveniências passivas, as insubsistências ativas, dentre outros.

Entende-se por superveniência passiva os fatos contábeis independentes da execução orçamentária, os quais aumentam o passivo da entidade (antigas variações passivas). Exemplo: atualização de dívidas fundadas, restabelecimento de dívidas passivas, encampação de dívidas fundadas etc.

Entende-se por insubsistência ativa os fatos contábeis independentes da execução orçamentária, os quais diminuem o ativo da entidade (antigas variações passivas). Exemplo: desvalorização de bens, desincorporação de bens por doação, cancelamento de dívidas ativas, baixas de bens de consumo no estoque etc.

As variações aumentativas e diminutivas podem ser resultantes da execução orçamentária ou independentes da execução orçamentária. As resultantes da execução orçamentária englobam todas as receitas e despesas sob o enfoque patrimonial realizadas durante o exercício, em obediência aos princípios da competência e da oportunidade.

Deve-se ressaltar que se incluem como resultante da execução orçamentária todas as Despesas Orçamentárias empenhadas. Os lançamentos de variações, classificados anteriormente como "Independentes da Execução Orçamentária", atualmente são registrados nas contas de VPA e VPD do ente público, juntas com as resultantes da execução orçamentária. Todos os fatos que provocam alterações positivas ou negativas no patrimônio da entidade sem haver interferência da execução orçamentária, ou seja, independem da entrada ou saída de recursos no Ativo Circulante Disponível da entidade, serão contabilizados diretamente nas contas patrimoniais (ativo/passivo × VPA/VPD).

Para exemplificar, citamos os acréscimos e decréscimos oriundos de incorporações e desincorporações de valores que independeram de movimentação de recursos orçamentários e financeiros (doações, reavaliação dos bens, depreciações, *impairment,* inscrição de dívida ativa, atualização monetária de dívidas, incorporações por verificação etc.).

Uma observação importante é que, no caso de reavaliação de um bem, não deve ser deixado de documentar todo o processo, por meio de atos públicos, ou seja, por uma portaria de nomeação da comissão nomeada para tal fim, além de um decreto ou resolução sobre a aprovação da decisão.

Todos os lançamentos, que envolvem a superveniência ativa ou a insubsistência passiva, farão parte das variações aumentativas, assim como todos os lançamentos de superveniência passiva e insubsistência ativa farão parte das variações diminutivas.

8.7.2.3 Resultado patrimonial

A apuração do resultado patrimonial é caracterizada pelo confronto entre as variações patrimoniais aumentativas (vpa) e as variações patrimoniais diminutivas (VPD), onde, se o resultado é positivo, ou seja, VPA > VPD, ocorre o chamado SUPERÁVIT PATRIMONIAL; em contrapartida, se VPA < VPD, deparamo-nos com o chamado DÉFICIT PATRIMONIAL. Dessa forma, a diferença do resultado do saldo patrimonial do exercício em curso e o do exercício anterior, registrados nos respectivos Balanços Patrimoniais, deverá ser igual ao resultado patrimonial, positivo ou negativo, figurando numa conta do grupo 2371.z.xx.yy, observando os detalhes do 5° dígito para fechamento e consistência de auditoria de sistema.

O sistema patrimonial evidencia, pois, as alterações verificadas no patrimônio, resultantes ou independentes da execução orçamentária, indicando o resultado patrimonial do exercício, que pode ser superávit ou déficit.

Ressalte-se que o Balanço Patrimonial deve ser idêntico ao Inventário Geral, em que aquele é um quadro sintético da situação patrimonial do órgão público, e este, um quadro analítico. Outra observação importante é a comparação de parte do Quadro Demonstrativo das Variações Patrimoniais com o Quadro Demonstrativo dos Bens Incorporados e Desincorporados, em que o primeiro deve expressar as movimentações sintéticas e o segundo, as movimentações analíticas. Estas, por sua vez, destacam as incorporações e desincorporações independentes da execução orçamentária, porque aquelas resultantes figuram num grupo especifico de variações qualitativas.

8.8 Demonstração do resultado econômico

Neste livro não foi contemplada a Demonstração do Resultado Econômico, devidamente preenchida, pois depende de um sistema de apuração de custos a ser definido pelo ente público. Inclusive, a partir da $6^{\underline{a}}$ edição do MCASP a mesma foi dispensada.

O levantamento dessa demonstração implica na definição de uma metodologia para apuração de custos, devendo ser escolhido o método mais eficiente e eficaz ou que melhor demonstre para os usuários da contabilidade e para a sociedade a aplicação do dinheiro público, os custos e resultados apurados.

Um dos possíveis critérios para apuração de custos pode ser através da utilização de parâmetros de classificação orçamentária, como, por exemplo:

a) por programa/ação;

b) por função orçamentária;

c) por centro de custo;

d) por departamento ou órgão.

Execução de Informação Patrimonial **181**

Essa matéria será detalhada em edição futura, considerando a possibilidade de ser facultativa a adoção de um sistema de custos para os Municípios.

8.9 Avaliação do imobilizado

A Lei nº 4.320/64, em seu art. 106, menciona:

> "*Art. 106. A avaliação dos elementos patrimoniais obedecerá às normas seguintes:*
>
> *[...]*
>
> *II – os bens móveis e imóveis; pelo valor de aquisição ou pelo custo de produção ou de construção;*
>
> *III – os bens de almoxarifado, pelo preço médio ponderado das compras.*
>
> *[...]*
>
> *§ 3º Poderão ser feitas reavaliações dos bens móveis e imóveis."*

É importante reavaliar os bens para que o Inventário e o Balanço Patrimonial apresentem a situação real do patrimônio da entidade.

Verificou-se que foi comum encontrar nos Inventários bens patrimoniais com seus valores desatualizados ou até mesmo simbólicos, enquanto existia uma dívida fundada atualizada anualmente, desequilibrando o resultado econômico, inclusive reduzindo a capacidade de endividamento da entidade quando necessitava de busca de recursos externos para os seus investimentos.

Antes da adoção das normas e de qualquer reavaliação ou mesmo de depreciação dos bens móveis e imóveis deverão ser feitos por uma Comissão Especializada, nomeada por meio de ato administrativo, os devidos ajustes ao valor justo no ativo imobilizado. Para os bens intangíveis é o mesmo caso.

Conforme o MCASP, esse primeiro ajuste a valor justo não se trata de reavaliação nem redução a valor recuperável, e não deve ser registrado como tal. Consistem em ajuste de exercícios anteriores, já que até a presente data não era realizada a devida depreciação, nem ajustadas as valorizações e desvalorizações ocorridas no valor dos bens. É importante documentar as ocorrências, fazendo-se uso das notas explicativas. Para isso, define-se uma data de corte, que visa separar os bens que serão objetos de ajuste em seu valor contábil e os bens que sofrerão interferências dos demais fenômenos.

Segundo a 6ª edição do MCASP, deve ser evidenciado em notas explicativas o critério de mensuração ou avaliação dos ativos do imobilizado obtidos a título gratuito, bem como a eventual impossibilidade de sua valoração, devidamente justificada.

Após o reconhecimento inicial, a entidade detentora do ativo deve optar entre valorá-lo pelo modelo do custo ou da reavaliação, mediante laudo técnico. O modelo do custo consiste no valor de aquisição, produção ou construção menos a depreciação acumulada e as perdas acumuladas por imparidade.

O modelo da reavaliação consiste no valor justo sujeito à reavaliação periódica menos a depreciação acumulada e as perdas acumuladas por imparidade. Os gastos posteriores à aquisição ou ao registro de elemento do ativo imobilizado devem ser incorporados ao valor desse ativo, quando houver possibilidade de geração de benefícios econômicos futuros ou potenciais de serviços. Qualquer outro gasto que não gere benefícios futuros deve ser reconhecido como despesa do período em que seja incorrido.

Valor recuperável – é o valor de venda de um ativo menos o custo para a sua alienação (preço líquido de venda), ou o valor que a entidade do setor público espera recuperar pelo uso futuro desse ativo nas suas operações, estimado com base nos fluxos de caixa ou potencial de serviços futuros trazidos a valor presente por meio de taxa de desconto (valor em uso), o que for o maior.

Valor líquido contábil – é o valor pelo qual um ativo é contabilizado após a dedução de qualquer depreciação acumulada e das perdas acumuladas por redução ao valor recuperável.

Valor líquido de venda – é o valor a ser obtido pela venda de um ativo em transações em bases comutativas, entre partes conhecedoras e interessadas, menos as despesas estimadas de venda.

Classe de ativo imobilizado – representa um agrupamento de ativos de natureza ou função similares nas operações da entidade, que é evidenciado como um único item para fins de divulgação nas demonstrações contábeis.

Custo do ativo – é o montante gasto ou o valor necessário para adquirir um ativo na data da sua aquisição ou construção.

Valor justo – é o valor pelo qual um ativo poderia ser negociado, ou um passivo liquidado em uma transação em que não há favorecidos e em que as partes estejam informadas e dispostas a transacionar.

Depreciação – é a alocação sistemática do valor depreciável de um ativo ao longo de sua vida útil. Conforme o MCASP, a depreciação é o declínio do potencial de geração de serviços por ativos de longa duração, ocasionada pelos fatores de deterioração física, desgastes com uso e obsolescência. Atentando-se para o princípio da competência, é uma variação diminutiva que apropria o consumo do ativo ao resultado do período, ou seja, mensalmente.

Considerando que o ativo imobilizado está sujeito à depreciação durante a sua vida útil, a partir do momento que entrou em uso, utilizar-se-á o valor justo no registro original do ativo, como base para aplicá-la.

No término da vida útil do bem, a depreciação cessará, momento em que o seu valor contábil será igual ao valor residual. Caso haja uma nova reavaliação do bem, em vista de ser utilizado por mais tempo, ele poderá iniciar um novo ciclo de depreciação e com isso o seu tempo de vida útil será outro e o seu valor residual deve refletir outro valor justo, baseado em dados técnicos.

A estimativa da vida útil econômica do item do ativo é definida pelos seguintes fatores: desgaste físico, pelo uso ou não, geração de benefícios futuros, limites legais e contratuais sobre o uso ou a exploração do ativo e por obsolescência tecnológica.

Recomendamos que o departamento de controladoria ou mesmo de controle patrimonial realize um estudo e documento que defina a estimativa do tempo de vida útil e o valor residual dos bens constantes do ativo, por meio de uma tabela, levando em consideração o tempo em que o mesmo manterá a capacidade de gerar benefícios futuros, os aspectos técnicos referentes ao desgaste físico e a obsolescência dos bens do ativo. Este documento deve conter indicação dos parâmetros e índices que tenham sido utilizados, bem como as normas ou laudos técnicos. Dessa forma, um veículo de gabinete terá vida útil diferente de um veículo do departamento de saúde que frequenta a zona rural.

Considerando os lançamentos contábeis, a variação patrimonial diminutiva de depreciação de cada período deve ser reconhecida no resultado patrimonial em contrapartida a uma conta redutora do ativo. Em alguns casos, os benefícios econômicos futuros ou potenciais de serviços incorporados no ativo são absorvidos para a produção de outros ativos e, dessa forma, a depreciação faz parte do custo de outro ativo, devendo ser incluída no seu valor contábil.

Os terrenos e os bens de natureza cultural não estão sujeitos à depreciação, em vista de suas características próprias. Os edifícios têm vida útil limitada e por isso são ativos depreciáveis.

Valor depreciável – é o custo de um ativo, ou outra base que substitua o custo, menos o seu valor residual.

Exaustão – corresponde à perda do valor, decorrente da sua exploração, de direitos cujo objeto sejam recursos minerais ou florestais, ou bens aplicados nessa exploração, tais como: minas, jazidas, pedreiras, florestas de eucaliptos, sejam próprias ou em regime de concessão. São operações que dependem de registros contábeis e documentais.

Na exaustão, o custo do ativo é distribuído durante o período de extração e/ou aproveitamento do bem, dependendo da análise técnica da capacidade, mesmo porque esta se dará proporcionalmente à quantidade produzida pelo ativo.

Considerando os lançamentos contábeis, a variação patrimonial diminutiva de exaustão de cada período deve ser reconhecida no resultado patrimonial em contrapartida a uma conta retificadora do ativo.

Amortização – é a redução do valor aplicado na aquisição de direitos de propriedade e quaisquer outros, inclusive ativos intangíveis, com existência ou exercício de duração limitada, ou cujo objeto sejam bens de utilização por prazo legal ou contratualmente limitado.

Segundo o MCASP, a amortização de ativos intangíveis com vida útil definida deve ser iniciada a partir do momento em que o ativo estiver disponível para uso. A amortização deve cessar na data em que o ativo é classificado como mantido para venda, quando estiver totalmente amortizado ou na data em que ele é baixado, o que ocorrer primeiro.

Considerando os lançamentos contábeis, a variação patrimonial diminutiva de amortização de cada período deve ser reconhecida no resultado patrimonial em contrapartida a uma conta retificadora do ativo.

Recomendam-se estudos do MCASP para verificação de vida útil e metodologia de sua aplicação.

Redução ao valor recuperável – é o quanto o valor contábil de um ativo excede seu valor recuperável.

A redução ao valor recuperável pode ser entendida como uma perda dos futuros benefícios econômicos ou do declínio gradual do potencial de geração de serviços por ativos de longa duração de um ativo. Consiste em avaliar periodicamente os ativos no sentido de verificar se houve perda por irrecuperabilidade. Também conhecida pela expressão *impairment*, termo em inglês que significa desvalorização de um ativo quando seu valor contábil excede seu valor recuperável, o que não se pode confundir com depreciação.

A norma contábil menciona que a entidade deve avaliar, no mínimo ao fim de cada exercício social, se há alguma indicação de que um ativo imobilizado ou intangível possa ter sofrido perda por irrecuperabilidade. Recomenda-se o teste de imparidade, o qual deve considerar a utilidade do ativo que possa fornecer serviços ou bens públicos, sendo o seu valor em uso provavelmente maior do que seu valor justo, menos os custos de alienação.

Sendo assim, o ativo sofre uma perda por irrecuperabilidade porque não é mais capaz de prover à entidade com potencial de serviços, pois tem pouca ou nenhuma utilidade na contribuição para que ela atinja seus objetivos.

A entidade, ao avaliar se há alguma indicação de que um ativo possa ter sofrido perda por irrecuperabilidade, deve considerar alguns fatores, tais como: cessação total ou parcial das demandas ou necessidade dos serviços fornecidos pelo bem; para os casos em que haja um mercado ativo e o bem não puder mais ser utilizado, o valor de mercado desse bem tenha caído significativamente, mais do que seria esperado pela passagem do tempo ou uso normal; mudanças significativas, de longo prazo, com efeito adverso para a entidade ocorreram ou estão para ocorrer no ambiente tecnológico, legal ou de política de governo no qual a entidade opera.

Segundo o MCASP, a perda por irrecuperabilidade do ativo deve ser reconhecida no resultado patrimonial, podendo ter como contrapartida diretamente o bem ou uma conta retificadora. Entretanto, quando o valor estimado da perda for maior do que o valor contábil do ativo ao qual se relaciona, a entidade pode ter que reconhecer um passivo. Depois do reconhecimento de uma perda por irrecuperabilidade, a variação patrimonial diminutiva de depreciação, amortização ou exaustão do ativo deve ser ajustada em períodos futuros para alocar o valor contábil revisado do ativo, menos seu valor residual, se houver, em uma base sistemática sobre sua vida útil remanescente.

Recomendamos acesso ao MCASP para a verificação de seu reconhecimento e mensuração de uma perda por irrecuperabilidade, assim como de sua reversão, se for o caso, além da evidenciação e divulgação por meio de notas explicativas.

Ativos geradores de caixa – são aqueles mantidos com o objetivo principal de gerar retorno comercial.

Ativos não geradores de caixa – são aqueles mantidos com o objetivo de prestação de serviços públicos, e os demais ativos não mantidos com o objetivo de gerar retorno comercial.

Perda por redução ao valor recuperável de um ativo não gerador de caixa – é o quanto o valor contábil excede seu montante recuperável em condições de prestação de serviços públicos.

Valor recuperável na forma de prestação de serviços públicos – é o maior valor entre o valor justo de um ativo não gerador de caixa menos os custos de venda e seu valor em uso.

Valor residual de um ativo – é o valor *estimado* que a entidade obteria com a venda do ativo, caso o ativo já tivesse a idade, a condição esperada e o tempo de uso esperados para o fim de sua vida útil. O cálculo do valor residual é feito por estimativa, sendo seu valor determinado antes do início da depreciação. Assim, o valor residual seria o *valor de mercado* depois de efetuada toda a depreciação. O valor residual é determinado para que a depreciação não seja incidente em 100% do valor do bem, e dessa forma não sejam registradas variações patrimoniais diminutivas além das realmente incorridas.

Vida útil – é o período durante o qual a entidade espera utilizar o ativo, ou número de unidade de produção ou de unidades semelhantes que a entidade espera obter pela utilização do ativo.

8.10 Balanço financeiro

Seu principal objetivo é a demonstração da execução do orçamento em função das disponibilidades dos recursos financeiros, bem como a implementação de normas para distribuição desses recursos. Pode-se entendê-lo como um demonstrativo de movimentação de caixa e equivalentes de caixa, incluindo a movimentação de conta de bancos por meio de recursos livres e vinculados, ocorrido durante todo o exercício, onde se evidenciam os saldos remanescentes do exercício anterior, os saldos que vão para o próximo exercício, assim como todo o ingresso e o desembolso de recursos públicos. Atualmente, a estrutura do balanço financeiro apresenta ingressos e desembolsos conforme o vínculo de recursos. Veja seção 12.2.2.

Para que se possa cumprir a função do balanço financeiro, durante a execução de receita e despesa, deve-se proceder às conciliações periódicas das contas de caixa e das contas bancárias.

8.10.1 Caixa e bancos

O processo de planejamento econômico e financeiro das entidades públicas passa invariavelmente pela gestão das contas Caixa e Equivalentes de Caixa, que incluem caixa e bancos. É notório que essas contas têm evidentes provas de liquidez, estando, por isso, no rol das mais importantes para a entidade pública, figurando, inclusive, no ápice do plano de contas governamental, junto ao grupo de Ativo Circulante, subgrupo "Caixa e equivalentes de caixa", "Bancos conta de recursos livres" e "Bancos – conta de recursos vinculados". Na conta "Bancos" estão incluídas as contas de recursos livres e as de recursos vinculados, assim como as aplicações financeiras para essas. Junto a estas contas de caixa e equivalente de caixa, figuram as "1135.1.xx.yy – Depósitos restituíveis e valores vinculados" e as contas "114x.z.xx.yy – Investimos e aplicações temporárias a curto prazo". Logo, são contas de ativos que figuram como saldo, em espécie, anterior e seguinte.

Levando-se em conta as obrigações e os objetivos da gestão pública, inclusive no que diz respeito à gestão fiscal, introduzida pela Lei Complementar n$^{\circ}$ 101/00, a gestão dos recursos mais líquidos da entidade deve ser feita com extrema rigorosidade e determinação para se atingir o objetivo de controle e gestão eficaz e eficiente.

Dois fluxos importantes, do ponto de vista do planejamento financeiro, são críticos e devem estar planejados e controlados. Um se relaciona com o fluxo de bens e serviços dentro da empresa e o outro é o próprio numerário em espécie presente na instituição. O orçamento das disponibilidades (orçamento de caixa) serve para conhecer com antecedência a defasagem entre as transações e os fluxos de caixa a elas relacionadas (regime de caixa *versus* regime de competência). O efetivo controle do fluxo de caixa com a previsibilidade de recebimentos e pagamentos, sobras de caixa no curto, médio e longo prazo possibilitam aos administradores financeiros tomar decisões que minimizem eventuais prejuízos na execução financeira e maximizem benefícios para a entidade pública, assim como atingir o equilíbrio das contas públicas.

Além do lastro dos recursos com a sua fonte (vinculação de recursos), deve-se observar que a tempestividade de lançamentos na tesouraria deve ser constante para que haja coerência da realidade com os dados e demonstrativos gerados pelos sistemas informatizados. A Internet tem dinamizado em demasia esse departamento, já que por meio desse recurso podem-se buscar extratos, saldos, lançamentos de tributos automáticos etc. e, ainda, agilizar todo o processo de lançamentos contábeis.

8.10.2 Boletim diário de caixa

Utilizar a nomenclatura "Caixa" não quer dizer que se estará utilizando de recursos em espécie. Recomenda-se a movimentação dos recursos financeiros por instituições financeiras, apenas.

Diariamente, o tesoureiro deverá conferir os valores disponíveis e emitir um Boletim Diário de Caixa ou um Demonstrativo de Movimentação de Numerário, ou outro demonstrativo com objetivo similar. Considerando que todos os lançamentos contábeis são registrados tempestivamente, a qualquer momento poderá ser impresso, expressando a realidade daquela ocasião.

Com o objetivo de acompanhar a evolução da movimentação do disponível (caixa e banco), deve-se emitir diariamente o Boletim Diário de Caixa (BDC), a fim de vislumbrar se todos os atos administrativos e financeiros, que porventura tenham ocorrido, foram devidamente lançados com tempestividade.

Além disso, a cada final de exercício financeiro, ou por ocasião de uma transição de mandato ou mesmo de responsabilidade pelos departamentos afins, uma comissão formada por, no mínimo, três servidores deverá elaborar uma ata descrevendo o saldo final disponível, mesmo que seja valor igual a zero. Essa ata nada mais é que um Termo de Conferência de Caixa Geral, no qual farão parte todos os valores constantes do caixa, naquela data. Resumindo, afirmaríamos que nesse termo deveria registrar apenas o que for definido como dinheiro em espécie.

8.10.3 Conta única

Obedecendo ao princípio da unidade de caixa, a conta única materializa-se como uma conta mantida pelo Tesouro Nacional, perante o Banco Central do Brasil, para suportar as disponibilidades financeiras da União, em cumprimento ao dispositivo legal emanado do art. 164 da Constituição Federal.

Essa conta fica à disposição das unidades que servem de entradas dos atos de gestão orçamentária, financeira e/ou patrimonial, denominadas Unidades Gestoras (UG). Na União, ela está disciplinada pelo Decreto nº 93.872, de 23 de dezembro de 1986.

Deve-se observar que essa conta serve como centralizadora de dados e informações para as unidades gestoras que podem ter acesso direto ao Sistema Integrado de Administração Financeira do Governo Federal (SIAFI) em terminais disponibilizados para consultas ou entrada de dados. Nesse caso, são definidas como UG *online*. No entanto, há Unidades Gestoras *offline* que devem remeter-se a sua UG polo, para acessar o SIAFI.

Apesar de ser usada pela União e também pelos Estados da federação, não é recomendada aos municípios a aplicação do controle de caixa único, principalmente pela necessidade de controle de recursos em contas vinculadas, o que demandaria um sistema de controle mais acentuado. Não se pode confundir esse controle de conta única com o critério adotado por algumas instituições bancárias, que utilizam o critério de "conta única", ou seja, a consolidação das aplicações em uma única conta virtual, proporcionando melhores taxas aos investidores.

8.11 Lançamentos patrimoniais

Os lançamentos nas contas patrimoniais deverão ser efetuados tempestivamente, ou seja, concomitante a cada fato ocorrido. Depois de confirmado o encerramento de todas as atividades relacionadas aos lançamentos do sistema patrimonial do exercício, inclusive a inscrição e a conferência dos restos a pagar, deverá ser providenciada a conferência dos lançamentos patrimoniais da contabilidade com o controle físico existente, mediante o inventário geral e a demonstração de bens incorporados e desincorporados, o que não impede que tal controle seja feito mensalmente.

Seguindo o mesmo método, no Capítulo 11, são demonstrados os principais registros de lançamentos e eventos patrimoniais possíveis de ocorrência nos órgãos públicos, os quais podem ser utilizados como modelo.

8.12 Dívida ativa *versus* dívida passiva

Deve-se salientar, e não confundir, dívida ativa com dívida passiva na contabilidade pública. A primeira é o ativo das instituições públicas, são os créditos que elas têm com terceiros, ou seja, as chamadas "Ativo a Realizar" na contabilidade privada, enquanto a segunda representa seu passivo, ou seja, seus débitos com terceiros ou suas "Contas a Pagar ou mesmo Fornecedores".

Seus lançamentos contábeis, quando da realização da receita, utilizam-se das contas com informações de natureza patrimonial, da orçamentária e das típicas de controle e serão os seguintes em suas diversas fases: previsão, lançamento, arrecadação e recolhimento, já estudados no início deste livro, na seção 4.4, Estágios da receita.

Veja a seção 7.4 sobre Dívida Ativa e a seção 9.2 para Dívida Passiva.

8.13 Encerramento diário da contabilidade

O grande objetivo da contabilidade é "fornecer informações sobre o patrimônio da entidade a seus usuários e auxiliar a administração na tomada de decisões". Decisões essas que, para serem executadas com segurança, necessitam de informações atuais e instantâneas que demonstrem diariamente a real situação econômico-financeira da administração.

Uma ação de controle, quanto mais próxima do fato, torna-se muito mais eficaz do que quando realizada 30, 60, 90 dias após sua ocorrência. De que adianta encerrar o balanço do mês de março no mês de junho? Uma informação extemporânea pode auxiliar a administração na tomada de decisões? As decisões podem esperar?

Eis o "grande desafio": produzir informações diárias, com a manutenção e o desenvolvimento de uma contabilidade tempestiva, real e instantânea. As tomadas de decisão dependem de informações fidedignas e instantâneas. Assim é a forma de atender à lei da transparência fiscal, ou seja, a Lei Complementar nº 131, de 27 de maio de 2009, que exige a disponibilização das informações contábeis em tempo real, de forma pormenorizada sobre a execução orçamentária e financeira dos entes federados e seus respectivos órgãos.

Enfrenta-se, atualmente, um obstáculo que para muitos parece ser intransponível: "a instituição bancária". Como encerrar a contabilidade diariamente, se as instituições bancárias apresentam os avisos de créditos e avisos de débitos intempestivamente? Isso sem falar nos extratos bancários, que em alguns casos não são enviados à administração em tempo hábil, ou nem mesmo conseguimos extraí-los dos terminais bancários. É preciso estar atento à verificação diária da movimentação bancária, por meio da Internet.

Deve-se observar que, à medida que se implementam controles de todos os valores movimentados na instituição, inclusive mediante empenhos por estimativas ou globais para a contabilização de taxas ou despesas bancárias, empréstimos, financiamentos, assim como se utilizam contas de controle "receitas a identificar" para os recebimentos de tributos ou de recursos vinculados, pode-se efetuar a contabilidade bem próxima de sua realidade, adequando-a corretamente à medida que os extratos ou informativos de lançamentos forem chegando à instituição.

Devem-se controlar as finanças da instituição à medida que as autorizações de pagamentos são liberadas, os cheques são emitidos, os pagamentos são autorizados etc. Assim, pode-se saber instantaneamente qual o valor dos recursos disponíveis para o efetivo emprego pela instituição pública em seus diversos atos administrativos. A partir da edição do Decreto nº 7.507 de 28-6-2011, os pagamentos de recursos vinculados passam a ser emitidos apenas por meio de transferências eletrônicas, afetando a União, os Estados e os Municípios. Entendemos tratar-se de medida que resguarda a segurança do erário, assim como mais transparência na aplicação dos recursos.

9

Dívidas

9.1 Conceito de dívida

Obrigação ou compromisso financeiro assumido por uma pessoa física ou jurídica, de direito público ou privado, a fim de solver insuficiências de caixa, tanto para pagamento de despesas corriqueiras, como para fomento de despesas de construção ou imobilizações, caracterizando-se como uma conta de passivo das entidades. No setor público, as operações de créditos são largamente utilizadas para viabilizar obras e serviços, que sem elas levariam longo tempo para possuir os recursos necessários para suas execuções. Sob essa óptica, deve-se lembrar que a contratação de dívidas relacionadas à implantação ou aumento de infraestrutura constitui forte instrumento de desenvolvimento produtivo e econômico, apesar de provocar grande déficit público, caso não seja bem administrado, conforme a capacidade de endividamento do ente.

9.2 Dívida passiva

Conforme o art. 115 do Decreto nº 93.872/86, a dívida passiva pública classifica-se em: Dívida Flutuante ou Não Consolidada e Dívida Fundada ou Consolidada.

9.2.1 Dívida flutuante

A dívida flutuante ou não consolidada, segundo a Lei nº 4.320/64, corresponde aos compromissos de pagamentos, de curto prazo, para cobrir necessidades momentâneas de caixa, independentemente de autorização orçamentária específica.[1] No seu conceito, estão incluídas todas as contas de Passivo, cujo atributo financeiro está registrado como "F". Veja a alínea "H" da Seção 11.2.

9.2.1.1 Restos a pagar

Trata-se de despesas orçamentárias que deixaram de ser pagas num exercício para o serem em outro. São excluídos desse cômputo os serviços da dívida. São divididos em restos a pagar processados e não processados, ou seja, os primeiros são as despesas cujo estágio da liquidação já tenha sido realizado. É muito comum a anulação de empenhos da despesa não liquidada, sendo a mesma reprocessada no exercício seguinte. A União e os Estados brasileiros mantêm legislação mediante decreto, disciplinando este assunto. Os restos a pagar são despesas orçamentárias computáveis como realizadas num exercício; o que antes tinha contrapartida na receita ou ingresso extraorçamentário, com as novas normas de contabilidade aplicada ao setor público passou a ter o registro nas contas dos grupos 5 e 6 do plano de contas, denominados de "Controles da aprovação e execução do planejamento e orçamento". Comprometem o orçamento do exercício financeiro em que são inscritos, assim como inviabilizam a execução total do orçamento seguinte, tendo em vista a exigibilidade, limitada no último ano de mandato do governo. A seção 6.7 discorreu sobre os restos a pagar.

9.2.1.2 Serviços da dívida a pagar

Nada mais são do que os restos a pagar, porém limitados às classificações de despesas relativas à dívida, tais como sua amortização, pagamento de juros e os demais encargos destes.

9.2.1.3 Depósitos

Trata-se de recursos financeiros advindos de terceiros, mediante consignações em folha de pagamento, cauções ou garantias para execução de contratos de obras e serviços. Entre as consignações mais comuns, há os descontos em folha de pagamento, tais como: INSS, previdência municipal, sindicato, associação de servidores, convênios afins etc.

---

[1] Art. 92 da Lei Federal nº 4.320/64.

9.2.1.4 Débitos de tesouraria

Enquadram-se aqui as operações de crédito por Antecipação de Receita Orçamentária (ARO) por se constituírem em uma forma de endividamento. Requerem sempre prévia autorização do Poder Legislativo e podem estar expostas no texto da Lei Orçamentária Anual. O Senado Federal emite frequentemente normas a respeito de endividamento. A legislação mais recente é a Resolução do Senado nº 43, de 21 de dezembro de 2001, em seus arts. 10, 14, 15 e 16, com as alterações da Resolução nº 3/02.

A contratação de ARO sem autorização legislativa ficou conhecida como "pedalada fiscal", em que o governo se utilizava de empréstimos subsidiados de instituições financeiras, como se fossem um cheque especial, que também tem taxas de juros não licitadas previamente. Foi praticada para atender aos repasses dos beneficiários dos programas Minha Casa, Minha Vida, Programa Nacional de Acesso ao Ensino Técnico e Emprego (PRONATEC), o seguro-desemprego e Fundo de Financiamento Estudantil (FIES), sendo que os favorecidos ora eram estudantes, ora grandes empresas da construção civil e ruralistas. As instituições eram o Banco do Brasil, a Caixa Econômica Federal e o Banco Nacional de Desenvolvimento Econômico e Social (BNDES).

Segundo a fiscalização do Tribunal de Contas da União, o mecanismo utilizado maquiava a contabilidade, em que as despesas se apresentavam menores do que as que ocorriam, afetava principalmente os resultados de superávit primário, muitas vezes utilizado com uma estratégia de fins eleitorais, só que passou a ocorrer constantemente e comprometia a informação para o mercado financeiro, para os especialistas em contas públicas e para as agências de classificação de risco.

Na contabilidade, a adulteração das contas é entendida como fraude. Na legislação brasileira, caracteriza infração a duas leis *e danos* à economia, porque o banco estatal não pode financiar o governo na forma de repasses diretos. Logo, houve infração à Lei Orçamentária Anual e ao artigo 36 da Lei de de Responsabilidade Fiscal.

> *"Art. 36. É proibida a operação de crédito entre uma instituição financeira estatal e o ente da Federação que a controle, na qualidade de beneficiário do empréstimo.*
>
> *Parágrafo único. O disposto no caput não proíbe instituição financeira controlada de adquirir, no mercado, títulos da dívida pública para atender investimento de seus clientes, ou títulos da dívida de emissão da União para aplicação de recursos próprios."*

A operação para apurar o resultado da dívida flutuante é igual para todos os casos citados e é apresentada da seguinte forma:

Saldo do exercício atual = Saldo do exercício anterior + inscrição + Restabelecimento ou encampação (–) Baixa (–) Cancelamento.

O restabelecimento ou a encampação é o registro de retorno de uma dívida já cancelada ou anteriormente ignorada pela contabilidade. É considerado uma operação independente da execução orçamentária, por ser diferente da inscrição em vista da contrapartida na execução orçamentária. O cancelamento em relação à baixa diferencia-se em vista de o primeiro também ser uma operação independente da execução orçamentária, enquanto a segunda é uma operação resultante da execução orçamentária.

As contas da dívida flutuante, quando geram resultados negativos ou menores que zero, são levadas à conta do grupo "1135.1.99.00 – Outros Depósitos restituíveis e valores vinculados" e figurarão no Balanço Patrimonial dentro da titularização de "Demais Créditos e Valores a Curto Prazo", tendo em vista que serão valores a receber de terceiros, por terem sido pagos a maior ou a crédito da entidade para um futuro recebimento de terceiros a curto prazo. Ex.: Salário-família e Salário-maternidade, que normalmente são antecipados ao servidor público, para restituição na data em que há o recolhimento do valor devido ao RPPS ou RGPS.

Deve-se observar ainda que a movimentação dessa dívida, além de ser demonstrada no Balanço Patrimonial, faz parte integrante do chamado Balanço Financeiro, nos títulos de ingressos e dispêndios extraorçamentários, já que configura dívidas de curto prazo, que devem ser sanadas o mais breve possível.

Na prestação de contas anual, deverá ser emitido o relatório "Demonstrativo da Dívida Flutuante", o qual, quando emitido sinteticamente, acompanhará o Anexo 17 da Lei Federal nº 4.320/64. Analiticamente, poderá adotar a mesma forma a geração de demonstrativo "Demais Créditos a Curto Prazo", contendo a relação de fornecedores e/ou credores com direitos a receber.

9.2.2 Dívida fundada ou consolidada

Como parte do Passivo não circulante, a dívida pública fundada ou consolidada corresponde às dívidas contraídas pelo tesouro mediante emissão de títulos ou contratos com instituições financeiras, para suportar compromissos de exigibilidade de caixa superiores a 12 meses, tais como: equacionamento de desequilíbrios orçamentários, financiamento ou custeio de obras e programas de média ou longa duração, inclusive garantias de compromissos para resgate em exercício subsequente.[2] No conceito contábil, a exigibilidade para dívidas a longo prazo é aquela que ultrapassa o exercício seguinte, portanto, o prazo deve ser superior a 12 meses à data das demonstrações contábeis.

---

[2] Art. 98 da Lei Federal nº 4.320/64.

Também incluem-se como dívida consolidada, para fins de aplicação dos limites, as operações de créditos de prazo inferior a 12 meses das demonstrações contábeis, cujas receitas tenham constado do orçamento, conforme prevê o art. 29, § 3º da Lei Complementar nº 101/00, assim como os precatórios judiciais não pagos durante a execução do orçamento em que foram incluídos, conforme prevê o art. 30, § 7º da mesma lei.

As operações que formam a dívida fundada dependem de prévia autorização legislativa.

A dívida consolidada ficará sujeita a limites globais que foram estabelecidos pelo Senado Federal. A Resolução nº 40/01, com as alterações das Resoluções nos 5/02 e 20/03, dispõe sobre os limites globais para o montante da dívida pública consolidada e da dívida pública mobiliária dos Estados, do Distrito Federal e dos municípios; e a Resolução nº 43/01, com as suas alterações[3] que dispõem sobre limites por ocasião da realização das operações de crédito, inclusive disposições sobre as antecipações de receita orçamentária (ARO), no que diz respeito a limites, condições e vedações.

Recomenda-se consultar a seção 9.2.6, onde estão mais bem definidos os limites da dívida.

A operação deve ser feita continuamente, buscando ter resultado oficial do montante da dívida fundada, tal como o exemplo a seguir:

Saldo do exercício anterior	100,00
(+) Inscrição	300,00
(+) Restabelecimento ou encampação	20,00
(–) Baixa	350,00
(–) Cancelamento	10,00
Saldo do exercício atual	60,00

Uma dívida fundada receberá inscrições quando houver novo empréstimo ou financiamento recebido, enquanto a encampação ou restabelecimento poderá ser a atualização monetária ou o reconhecimento de um débito a ser parcelado. Terá lançamentos de baixa quando houver amortização parcial ou total do valor da dívida, enquanto os lançamentos de cancelamento ocorrem quando for reconhecida e declarada a extinção do débito do devedor com o credor.

Os juros e encargos da dívida serão contabilizados como despesa orçamentária, em uma dotação específica, dentro do grupo de natureza das despesas, "Despesas com Juros e Encargos da Dívida", na modalidade de aplicação direta, em que os elementos de despesas são:

---

3   Resoluções nos 3/02, 21/06, 32/06, 40/06, 6/07, 47/08, 48/08.

21 – Juros sobre a Dívida por Contrato;

22 – Outros Encargos sobre a Dívida por Contrato;

23 – Juros, Deságios e Descontos da Dívida Mobiliária;

24 – Outros Encargos sobre a Dívida Mobiliária;

25 – Encargos sobre Operações de Crédito por Antecipação da Receita.

Deve-se salientar ainda que, como essa dívida é de longo prazo, ou seja, prazo superior a um exercício, seus saldos serão parte integrante do chamado Balanço Patrimonial, configurados sob o título de passivo não circulante. As operações de crédito de prazo inferior a 12 meses figuram no passivo circulante. Apenas para fins de verificação dos limites é que se incluem os precatórios judiciais não pagos durante a execução do orçamento, nos termos do art. 30, § 7º da mesma lei. A verificação do cumprimento dos limites estabelecidos será realizada quadrimestralmente, nos termos do art. 30, § 4º, da Lei Complementar nº 101/00.

9.2.3 Precatórios

São contas de passivo contra a Fazenda pública, decorrentes de decisões judiciais transitadas em julgado. A Constituição Federal dá tratamento contábil destacado para os precatórios, quando no art. 100 exige que os seus pagamentos se deem na ordem cronológica de apresentação em dotação abrangente, uma vez que é proibida a designação de casos ou de pessoas nas dotações orçamentárias e nos créditos adicionais abertos para tal fim.

O § 3º do referido dispositivo define que a expedição de precatórios "não se aplica aos pagamentos de obrigações definidas em lei como de pequeno valor que a Fazenda Federal, Estadual, Distrital ou Municipal deva fazer em virtude de sentença judicial transitada em julgado". Enquanto outra lei não define o conceito de pequeno valor, o art. 87 do ADCT o define para os municípios em seu inciso II como de 30 salários-mínimos perante a Fazenda dos Municípios.

O § 6º determina que as dotações orçamentárias e os créditos abertos serão consignados diretamente ao Poder Judiciário, cabendo àquele que proferir a decisão exequenda determinar o pagamento integral e autorizar, a requerimento do credor e exclusivamente para os casos de preterimento de seu direito de precedência ou de não alocação orçamentária do valor necessário à satisfação do seu débito, o sequestro da quantia respectiva.

As contas de Passivo que registram os precatórios são distribuídas no plano de contas de acordo com a sua natureza e de acordo com a sua exigibilidade. Assim, destamos as contas em que elas figuram:

2111.1.03.xx	Precatórios de Pessoal
2112.x.03.xx	Precatórios de Benefícios Previdenciários
2131.1.02.xx	Precatórios de Fornecedores Nacionais
2131.1.04.xx	Precatórios de contas a pagar – Credores Nacionais
2189.1.16.00	Precatórios acordados em audiência para Compensação
2211.1.02.00	Precatórios de Pessoal
2212.1.01.xx	Precatórios de Benefícios Previdenciários
2231.1.02.xx	Precatórios de Fornecedores Nacionais
2231.1.03.00	Precatórios de contas a pagar – Credores Nacionais

Os lançamentos contábeis deverão ser rigorosamente registrados, caracterizando a consignação junto ao Poder Judiciário e conforme o § 9º, no momento da expedição dos precatórios, independentemente de regulamentação; deles deverá ser abatido, a título de compensação, valor correspondente aos débitos líquidos e certos, inscritos ou não em dívida ativa e constituídos contra o credor original pela fazenda pública devedora, incluídas parcelas vincendas de parcelamentos, ressalvados aqueles cuja execução esteja suspensa em virtude de contestação administrativa ou judicial. Transcrevemos, a seguir, as recomendações da STN sobre os precatórios, constantes dos Procedimentos Contábeis Específicos (PCO) – MCASP – ainda contidos na 5ª edição.

3.06.00 PRECATÓRIOS
03.06.01 INTRODUÇÃO

Os precatórios correspondem a ordens judiciais contra o ente público federal, estadual, municipal ou distrital, determinando o pagamento de importância por parte da fazenda pública. Sua constituição decorre de decisão judicial transitada em julgado e a forma de execução é prevista na Constituição Federal de 1988 (CF/88).

A Carta Magna, desde a sua promulgação, define critérios para a quitação dos precatórios pendentes de pagamento. Contudo, mesmo com os relevantes esforços envolvidos na regularização das obrigações, muitos entes da Federação ainda possuem valores expressivos a pagar a título de precatórios. Diante desse cenário, a Emenda Constitucional nº 62/09 alterou o art. 100 da CF/88, que trata do regime jurídico dos precatórios, instituindo, por meio do Ato das Disposições Constitucionais Transitórias (ADCT), um novo regime de pagamento para aqueles precatórios pendentes, denominado regime especial de pagamento.

"§ 15. Sem prejuízo do disposto neste artigo, lei complementar a esta Constituição Federal poderá estabelecer regime especial para pagamento de crédito de precatórios de Estados, Distrito Federal e Municípios, dispondo sobre vinculações à receita corrente líquida e forma e prazo de liquidação."

(§ 15 do art. 100 da Constituição Federal de 1988, conforme Emenda Constitucional nº 62, de 9 de dezembro de 2009)

"Art. 2º O Ato das Disposições Constitucionais Transitórias passa a vigorar acrescido do seguinte art. 97:

Art. 97. Até que seja editada a lei complementar de que trata o § 15 do art. 100 da Constituição Federal, os Estados, o Distrito Federal e os Municípios que, na data de publicação desta Emenda Constitucional, estejam em mora na quitação de precatórios vencidos, relativos às suas administrações direta e indireta, inclusive os emitidos durante o período de vigência do regime especial instituído por este artigo, farão esses pagamentos de acordo com as normas a seguir estabelecidas, sendo inaplicável o disposto no art. 100 desta Constituição Federal, exceto em seus §§ 2º, 3º, 9º, 10, 11, 12, 13 e 14, e sem prejuízo dos acordos de juízos conciliatórios já formalizados na data de promulgação desta Emenda Constitucional."

(Ato das Disposições Constitucionais Transitórias, conforme Emenda Constitucional nº 62, de 9 de dezembro de 2009)

Pelo regime especial, os entes que encontravam-se em mora na quitação de precatórios vencidos na data da referida emenda devem centralizar os pagamentos dos precatórios nos Tribunais de Justiças locais, optando por um dos dois critérios abaixo:

I – pelo depósito mensal em conta especial de valor baseado em percentual variável de, no mínimo, 1% a 2% sobre 1/12 da Receita Corrente Líquida – RCL – apurada no segundo mês anterior ao pagamento;

II – pela adoção do regime especial, pelo prazo de até 15 anos, que consiste em depósito em conta especial correspondente, anualmente, ao saldo total de precatórios somado à atualização prevista, sendo diminuído das amortizações e dividido pelo número de anos restantes no regime especial de pagamento.

A Resolução nº 115/10 do Conselho Nacional de Justiça definiu que *"a mora é caracterizada pelo atraso de qualquer natureza no pagamento de precatórios consolidado até 9 de dezembro de 2009, proveniente de depósitos insuficientes ou não pagamento de verba anual orçamentária de 2008 ou das parcelas das moratórias concedidas pelos arts. 33 e 78 do ADCT e, uma vez instaurado, abarca os novos débitos formados durante a vigência do regime especial".*

Para os entes que não fizeram a opção pelo regime mensal ou anual no prazo de 90 dias, estipulado pelo art. 3º da Emenda Constitucional nº 62/09, serão cobrados os depósitos no regime anual, conforme estabelece o art. 18 da Resolução nº 115/10 do CNJ.

Os referidos depósitos devem ser realizados a crédito de uma conta especial de propriedade do ente, porém administrada pelo Tribunal de Justiça (TJ), conforme previsão constitucional a seguir apresentada:

§ 4º As contas especiais de que tratam os §§ 1º e 2º serão administradas pelo Tribunal de Justiça local, para pagamento de precatórios expedidos pelos tribunais.

(§ 4º do art. 97 do Ato das Disposições Constitucionais Transitórias)

Dessa forma, para viabilizar a adequada implementação do regime especial, foi criada uma série de novos mecanismos operacionais, inclusive relacionados à contabilização dos fatos relacionados aos precatórios.

Nesse sentido, após análise e consulta a alguns entes da Federação, percebeu-se que a operacionalização da forma de execução dos precatórios não é realizada de modo uniforme, merecendo, portanto, uma definição de padrões a serem observados pelas entidades incluídas no regime especial.

Desse modo, este capítulo tem por objetivo instituir regras e procedimentos contábeis com vistas à harmonização dos registros referentes aos precatórios, enquadrados no regime especial, conforme Emenda Constitucional nº 62/09.

9.2.3.1 Contabilização dos precatórios em regime especial

Segundo o item 6.1 do MCASP, 6ª edição, a contabilização dos precatórios em regime especial dar-se-á de forma distinta nos Municípios e nos Estados e Distrito Federal, uma vez que no primeiro caso o ente devedor (Município) não pertence à esfera do Tribunal de Justiça e no segundo caso o ente devedor (Estados e Distrito Federal) pertence à esfera do Tribunal de Justiça. Para tal o próprio Manual incentiva aos entes públicos a utilização do mecanismo de fonte/destinação de recursos com o objetivo de explicitar que os recursos da conta especial são vinculados ao pagamento de precatórios em regime especial.

Recomenda-se o registro de provisões, dando destaque para a provisão para riscos trabalhistas, fiscais, cíveis, entre outros, a seguir os trâmites propostos no Capítulo 10 da Parte II – Procedimentos Contábeis Patrimoniais (PCP) do referido MCASP. Deverão ser baixadas em contrapartida à obrigação de precatórios ou por meio de sua reversão, quando aplicável. Veja seção 6.3.1 do MCASP.

A seção 6.3.2. do MCASP trata das regras em que o ente devedor não pertence à esfera do Tribunal de Justiça, como exemplo, os municípios. Neste caso, todos os lançamentos descritos a seguir serão efetuados pelo município.

a) No momento do trânsito em julgado da sentença o município deverá reconhecer a variação patrimonial diminutiva (VPD) por competência em contrapartida ao reconhecimento do passivo referente ao precatório. Neste caso, a VPD e o passivo registrados deverão refletir a obrigação objeto da sentença judicial, conforme exemplos de naturezas da informação patrimonial a seguir:

Débito: 3.1.1.1.1.xx.xx Remuneração a Pessoal Ativo Civil – Abrangido pelo RPPS – Consolidação – Sentenças Judiciais

Crédito: 2.1.1.1.1.xx.xx Precatório de Pessoal (P)

b) Na movimentação de recursos pelo município para sua conta especial, quanto no momento do empenho há necessidade de se classificar a despesa orçamentária. Para isso, recomenda-se buscar junto ao Tribunal de Justiça a informação sobre qual será o passivo/precatório a ser extinto, por exemplo, de pessoal, de fornecedores etc. Veja exemplos de lançamentos, extraídos do MCASP, no quadro a seguir:

Natureza	Débito	Nome da conta	Crédito	Nome da conta	Conta-corrente
Orçamentária	6.2.2.1.1.xx.xx	Crédito Disponível	6.2.2.1.3.01.xx	Crédito Empenhado a Liquidar	Natureza da Despesa 3.1.90.91
Patrimonial	2.x.x.x.x.x.xx.xx	Passivo – Precatórios (P)	2.x.x.x.x.x.xx.xx	Passivo – Precatórios (F)	CPF/CNPJ
Controle	8.2.1.1.1.xx.xx	Disponibilidade por Destinação de Recursos	8.2.1.1.2.xx.xx	DDR Comprometida por Empenho	Código da fonte de recursos
Orçamentária	6.2.2.1.3.01.xx	Crédito Empenhado a Liquidar	6.2.2.1.3.02.xx	Crédito Empenhado em Liquidação	Natureza da Despesa 3.1.90.91
Orçamentária	6.2.2.1.3.02.xx	Crédito Empenhado em Liquidação	6.2.2.1.3.03.xx	Crédito Empenhado Liquidado a Pagar	Natureza da Despesa 3.1.90.91
Controle	8.2.1.1.2.xx.xx	DDR Comprometida por Empenho	8.2.1.1.3.xx.xx	DDR Comprometida por Liquidação e Entradas Compensatórias	Código da fonte de recursos
Patrimonial	1.1.3.5.1.08.xx	Depósitos restituíveis e valores vinculados – conta especial (F)	1.1.1.1.x.xx.xx	Caixa e equivalente de caixa em moeda nacional	CPF/CNPJ para o débito
Orçamentária	6.2.2.1.3.03.xx	Crédito Empenhado Liquidado a Pagar	6.2.2.1.3.04.xx	Crédito Empenhado Liquidado Pago	Natureza da Despesa 3.1.90.91
Controle	8.2.1.1.3.xx.xx	DDR Comprometida por Liquidação e Entradas Compensatórias	8.2.1.1.4.xx.xx	DDR Utilizada	Código da fonte de recursos
Controle	7.2.1.1.x.xx.xx	Controle da disponibilidade de recursos	8.2.1.1.3.xx.xx	DDR Comprometida por Liquidação e Entradas Compensatórias	Código da fonte de recursos. Obs.: O código desta fonte é diferente dos anteriores.

Fonte: Exemplos extraídos do MCASP, seção 6.3.

Este último lançamento reflete a entrada do recurso na conta especial, com fonte específica referente a pagamento de precatórios (caso o ente adote a metodologia de fonte/destinação de recursos), proveniente da retirada do recurso de outra(s) conta(s) do ente.

Quando do pagamento do precatório do município pelo Tribunal de Justiça, e ente municipal deverá baixar o passivo em contrapartida à redução do saldo contábil da conta especial, lançamento esse que só poderá ser realizado após recebimento de comunicação do Tribunal de Justiça.

Natureza	Débito	Nome da conta	Crédito	Nome da conta	Conta--corrente
Patrimonial	2.x.x.x.x.xx.xx	Passivo – Precatórios (F)	1.1.3.5.x.xx.xx	Depósitos restituíveis e valores vinculados – conta especial (F)	CPF/CNPJ
Controle	8.2.1.1.3.xx.xx	DDR comprometida por liquidação e entradas compensatórias	8.2.1.1.4.xx.xx	DDR Utilizada	

Já no caso de o ente devedor pertencer à esfera do Tribunal de Justiça, ou seja, para os Estados e o Distrito Federal, ele poderá optar pela descentralização orçamentária para que o próprio Tribunal de Justiça realize a execução orçamentária do precatório; ou pela execução orçamentária na própria entidade devedora do precatório.

Segundo o MCASP, no primeiro caso, a descentralização orçamentária para o Tribunal de Justiça deverá ser acompanhada de uma descentralização financeira. Desse modo, além do pagamento do precatório, também a execução orçamentária será realizada pelo próprio Tribunal de Justiça. No segundo caso, o Tribunal de Justiça fica responsável apenas pelo pagamento dos precatórios a partir dos recursos disponibilizados na conta especial e pela notificação das entidades após o pagamento, efetuando-se os mesmos lançamentos propostos para os municípios.

9.2.4 Resultado primário

Considera-se resultado primário quando expressa a situação das contas de um setor público, em determinado período de tempo, antes da apropriação dos gastos com os encargos da dívida pública, assim como das receitas financeiras desta. É apurado pela diferença entre o montante das receitas e o montante das despesas, excluídas as com os encargos da dívida. Quando é positivo, diz-se que existe um "superávit primário" e, quando negativo, que existe um "déficit primário".

O superávit primário é utilizado pelo governo como forma de reduzir o endividamento público. A ideia é a de que, com o corte nas despesas e também com o aumento das receitas, o setor público precisaria buscar menos recursos no mercado para financiar-se. Em outras palavras, seu endividamento seria menor. O resultado primário precisa ser suficiente para cobrir toda a despesa com juros do mês ou período.

Sua forma de apuração está definida no Relatório Resumido da Execução Orçamentária, conforme Anexo VI da 6ª edição do Manual de Demonstrativos Fiscais (MDF).

Esse anexo é apresentado no Quadro 9.1 e evidencia o desempenho fiscal no decorrer da execução orçamentária. O não atendimento da existência do resultado primário positivo implicará limitação de empenhos, conforme definido pelo art. 9º da Lei Complementar nº 101/00, ou ainda a revisão da programação de desembolsos, prevista no art. 8º da mesma lei.

Quadro 9.1 *Demonstrativo do resultado primário.*

DEMONSTRATIVO DO RESULTADO PRIMÁRIO			
RECEITAS PRIMÁRIAS	Previsão atualizada R$	Receita realizada até o bimestre do exercício R$	Receita realizada até o bimestre do exercício anterior R$
RECEITAS PRIMÁRIAS CORRENTES (I)	1.200,00	1.200,00	1.200,00
(–) Aplicações Financeiras (II)	200,00	200,00	200,00
Receitas fiscais correntes (III)	1.000,00	1.000,00	1.000,00
RECEITAS DE CAPITAL (IV)	1.250,00	1.250,00	1.250,00
Operações de Crédito (V)	300,00	300,00	300,00
Amortização de Empréstimos (VI)	0,00	0,00	0,00
Alienação de Bens (VII)	100,00	100,00	100,00
Transferências de Capital	850,00	850,00	850,00
Receitas fiscais de Capital (VIII = IV – V – VI – VII)	850,00	850,00	850,00
RECEITAS PRIMÁRIAS DE CAPITAL (IX = (III+ VIII)	850,00	850,00	850,00

Continua

DEMONSTRATIVO DO RESULTADO PRIMÁRIO			
DESPESAS PRIMÁRIAS	Dotação atualizada R$	Despesas empenha-das até o bimestre do exercício R$	Despesas empenha-das até o bimestre do exercício anterior R$
DESPESAS CORRENTES (X)	800,00	800,00	800,00
Pessoal e Encargos Sociais	600,00	600,00	600,00
Juros e Encargos da Dívida (XI)	70,00	70,00	70,00
Outras Despesas Correntes	30,00	30,00	30,00
DESPESAS PRIMÁRIAS CORRENTES (XII) = (X – XI)	730,00	730,00	730,00
DESPESAS DE CAPITAL (XIII)	450,00	450,00	450,00
Investimentos	350,00	350,00	350,00
Inversões Financeiras	10,00	10,00	10,00
Amortização da Dívida (XIV)	90,00	90,00	90,00
DESPESAS FISCAIS DE CAPITAL (XV) = (XIII – XIV)	360,00	360,00	360,00
RESERVA DE CONTINGÊNCIA (XVI)	20,00	20,00	20,00
DESPESA PRIMÁRIA TOTAL (XVII) = (XII + XV + XVI)	750,00	750,00	750,00
RESULTADO PRIMÁRIO (XVIII) = (IX – XVII)	100,00	100,00	100,00

Fonte: Elaborado pelo autor e adaptado da seção 3.06.06.01 do MDF.

OBS.: Os valores das três colunas estão coincidentes propositalmente, apenas como exemplo.

9.2.5 Resultado nominal

Considera-se resultado nominal a variação da dívida fiscal líquida de um setor público, em determinado período de tempo.

Segundo o MCASP, a dívida consolidada líquida corresponde ao saldo da dívida consolidada, com a dedução do ativo disponível e dos haveres financeiros, líquidos dos restos a pagar processados, conforme estabelece o art. 42 da LRF, em seu parágrafo único:

> *"Parágrafo único. Na determinação da disponibilidade de caixa serão considerados os encargos e despesas compromissadas a pagar até o final do exercício."*

O saldo da dívida fiscal líquida corresponde ao saldo da dívida consolidada líquida, somado às receitas de privatização, deduzidos os passivos reconhecidos, decorrentes de déficits ocorridos em exercícios anteriores.

Quando o resultado é positivo, diz-se que existe um "superávit nominal" e, quando negativo, que existe um "déficit nominal". Conforme o MCASP, o seu objetivo é medir a evolução da dívida fiscal líquida.

Quando	o que representa o resultado nominal
No final do bimestre	a diferença entre o saldo da dívida fiscal líquida e o saldo ao final do bimestre anterior
No exercício	a diferença entre o saldo da dívida fiscal líquida acumulada e o saldo em 31 de dezembro do exercício anterior ao de referência

Em virtude da necessidade de evidenciação, os valores do Regime Previdenciário deverão ser evidenciados em separado, conforme o Anexo VI.

Sua forma de apuração está definida no Anexo V da 6ª edição do Manual de Demonstrativos Fiscais.

Conforme o MCASP, apura-se o resultado nominal conforme o Quadro 9.2:

Quadro 9.2 *Demonstrativo do resultado nominal.*

DEMONSTRATIVO DO RESULTADO NOMINAL			
DÍVIDA FISCAL LÍQUIDA	Em 31/ Dez./X-1 (a)	Bimestre anterior (b)	Bimestre atual (c)
DÍVIDA CONSOLIDADA (I)	100.000,00	90.000,00	89.000,00
DEDUÇÕES (II)	4.000,00	13.000,00	11.500,00
Disponibilidade de Caixa bruta	5.000,00	11.000,00	10.000,00
Demais Haveres Financeiros	1.000,00	3.000,00	2.000,00
(–) Restos a Pagar Processados (Exceto precatórios)	2.000,00	1.000,00	500,00
DÍVIDA CONSOLIDADA LÍQUIDA (III) = (I – II)	96.000,00	77.000,00	77.500,00
RECEITA DE PRIVATIZAÇÕES (IV)	6.000,00	0,00	0,00
PASSIVOS RECONHECIDOS (V)	1.000,00	0,00	0,00
DÍVIDA FISCAL LÍQUIDA (VI) = (III + IV – V)	89.000,00	77.000,00	77.500,00

	PERÍODO DE REFERÊNCIA	
RESULTADO NOMINAL	Bimestre atual (c-b)	Até o bimestre (c-a)
VALOR	(12.000,00)	(11.500,00)

DISCRIMINAÇÃO DA META FISCAL	VALOR CORRENTE
Meta de resultado nominal fixada no anexo de metas fiscais da LDO p/ o exercício de referência	(15.000,00)

Continua

REGIME PREVIDENCIÁRIO			
	SALDO		
DÍVIDA FISCAL LÍQUIDA PREVIDENCIÁRIA	Em 31/ Dez./X-1 (a)	Bimestre anterior (b)	Bimestre atual (c)
DÍVIDA CONSOLIDADA PREVIDENCIÁRIA (VII)	200.000,00	210.000,00	211.000,00
Passivo Atuarial	200.000,00	210.000,00	211.000,00
Demais Dívidas	00,00	00,00	00,00
DEDUÇÕES (VIII)	10.000,00	16.000,00	17.000,00
Disponibilidade de Caixa Bruta	10.000,00	12.000,00	13.000,00
Investimentos	4.000,00	6.000,00	6.000,00
Demais Haveres Financeiros	3.000,00	6.000,00	6.000,00
(–) Restos a Pagar Processados	7.000,00	8.000,00	8.000,00
DÍVIDA CONSOLIDADA LÍQUIDA PREVIDENCIÁRIA (IX) = (VII – VIII)	190.000,00	194.000,00	194.000,00
PASSIVOS RECONHECIDOS (X)	20.000,00	25.000,00	23.000,00
DÍVIDA FISCAL LÍQUIDA PREVIDENCIÁRIA (XI) = (IX – X)	170.000,00	169.000,00	171.000,00

Fonte: Manual de contabilidade aplicada ao setor público, conforme Portaria STN nº 407/11.

O demonstrativo do resultado nominal, por ser parte integrante do relatório resumido da execução orçamentária, deve ser elaborado conforme o modelo proposto, o qual evidencia o desempenho patrimonial obtido na comparação da situação de dois exercícios.

Nos termos do art. 9º da Lei Complementar nº 101/00,

> *"se verificado, ao final de um bimestre, que a realização da receita poderá não comportar o cumprimento das metas de resultado primário ou nominal estabelecidas no Anexo de Metas Fiscais",*

deverá ser promovida a limitação de empenho e revista a programação de desembolso financeiro nos termos fixados pela Lei de Diretrizes Orçamentárias.

Essa limitação de empenho deve ser feita por meio de ato administrativo que torne pública a decisão, critério que deve ser adotado apenas para o município cuja Lei de Diretrizes Orçamentárias tenha definido as metas fiscais, obrigação esta somente para municípios com população superior a 50 mil habitantes, nos termos do art. 63, III, da Lei Complementar nº 101/00.

Esses demonstrativos integram o Relatório Resumido da Execução Orçamentária (RREO) e deverão ser publicados até 30 dias após o encerramento de cada bimestre.

9.2.6 Limite de dívidas públicas

Os conceitos referentes às dívidas públicas foram tratados no Capítulo 9. Aqui, nos ateremos a tratar apenas dos limites impostos às administrações públicas, trazidos pela Lei de Responsabilidade Fiscal, assim como pelas resoluções do Senado Federal.

A Resolução nº 40, de 20 de dezembro de 2001, com alterações trazidas pelas Resoluções nos 05/02 e 20/03, dispôs sobre os limites globais para o montante da dívida pública consolidada e da dívida pública mobiliária, enquanto a Resolução nº 43, de 21 de dezembro de 2001, com suas alterações seguintes,[4] define limites por ocasião da execução orçamentária.

Apresenta-se a seguir uma tabela que identifica as limitações trazidas pela legislação mencionada, com destaque apenas para os municípios:

Descrição	Limites	Legislação
Operações de crédito	Não poderá exceder o montante das despesas de capital, ressalvadas as autorizadas mediante créditos suplementares ou especiais com finalidade precisa, aprovados pelo Poder Legislativo por maioria absoluta.	Art. 167, III, da Constituição Federal, observado o disposto no § 3º do art. 32 da Lei Complementar nº 101/00 e o art. 6º da Resolução SF nº 43/01.
	Existência de prévia e expressa autorização legislativa.	Art. 32, I, da Lei Complementar nº 101/00.
	É vedada a realização entre um ente da federação, diretamente ou por intermédio de fundo, autarquia, fundação ou empresa estatal dependente, e inclusive suas entidades da administração indireta, consideradas as exceções mencionadas no § 1º.	Art. 35 da Lei Complementar nº 101/00.
	É vedada a contratação em que seja prestada garantia por instituição controlada pelo município.	Art. 17 da Resolução SF nº 43/01.
	O montante global realizado em um exercício financeiro deverá ser menor ou igual a 16% da Receita Corrente Líquida.	Art. 7º, I, da Resolução SF nº 43/01, observado o § 1º.
	O comprometimento anual com as amortizações, juros e demais encargos deverá ser menor ou igual a 11,5% da Receita Corrente Líquida.	Art. 7º, II, da Resolução SF nº 43/01, observado os §§ 4º, 5º, 6º, 7º e 8º.

Continua

---

4   Resoluções nos 3/02, 21/06, 32/06, 40/06, 6/07, 47/08, 48/08.

Descrição	Limites	Legislação
Operações de crédito	Vedada a contratação nos 120 dias anteriores ao final do mandato do chefe do Poder Executivo.	Art. 15 da Resolução SF nº 43/01, verificado o § 1º, com alteração dada pela Resolução nºs 32 e 40 ambas editadas em 2006.
	Vedada a contratação por tomador que esteja inadimplente com instituições integrantes do sistema financeiro nacional.	Art. 16 da Resolução SF nº 43/01, com alteração dada pela Resolução nº 3/02.
Garantias	O saldo global das garantias concedidas não poderá exceder a 22% da Receita Corrente Líquida.	Art. 9º da Resolução SF nº 43/01.
Dívida Consolidada Líquida	Seu montante deve ser menor ou igual a 1,2 vezes a Receita Corrente Líquida.	Art. 3º, II, da Resolução SF nº 40/01 e art. 7º, III, da Resolução SF nº 43/01.
	Reduzir a 1/15 por ano, até atingir o limite estabelecido.	Art. 3º da Resolução SF nº 40/01.
Antecipações de Receitas Orçamentárias (ARO)	Seu saldo devedor deve ser menor ou igual a 7% da Receita Corrente Líquida.	Art. 10 da Resolução SF nº 43/01.
	Realizar-se-á somente a partir do 10º dia do início do exercício e deverá ser liquidada até o dia 10 de dezembro de cada ano.	Art. 38, I e II, da Lei Complementar nº 101/00, e art. 14, I e II, da Resolução SF nº 43/01.
	Não será autorizada se forem cobrados outros encargos que não a taxa de juros da operação, obrigatoriamente prefixada ou indexada à taxa básica financeira, ou à que vier a esta substituir.	Art. 14, III, da Resolução SF nº 43/01.
	Será vedada enquanto existir operação anterior da mesma natureza não integralmente resgatada.	Art. 14, IV, da Resolução SF nº 43/01.
	Vedada a contratação no último ano do exercício do mandato do chefe do Poder Executivo.	Art. 15, § 2º, da Resolução SF nº 43/01.
Emissão de Títulos da Dívida Pública	Até 31 de dezembro de 2020 e até o montante necessário ao refinanciamento do principal devidamente atualizado de suas obrigações, representadas por essa espécie de títulos.	Art. 11 da Resolução SF nº 43/01, observados os arts. 12 e 13.

10

Limites, Exigências Legais e Recursos Vinculados

Com o objetivo de cumprir por completo o papel do Estado, ou seja, promover benefício público mediante atos e fatos administrativos, a legislação vem emanando ditames legais para cumprimento de percentuais ou números mínimos e máximos para atendimento das necessidades da população em geral. A seguir, serão abordados os diversos limites constitucionais e legais com esses objetivos, além de alguns recursos chamados de "vinculados" por motivo de prestação de contas de despesas com base na receita arrecadada ou recebida em forma de transferência.

10.1 Limites constitucionais e legais

São exigências fixadas pela Constituição Federal, leis e resoluções da esfera federal que obrigam o município a destinar parte de sua receita a determinado fim, assim como limitar determinadas despesas com base em certos parâmetros.

10.1.1 Gastos com pessoal

O demonstrativo da despesa de pessoal em relação à receita corrente líquida foi padronizado pelo Anexo I do Manual de elaboração do Relatório de Gestão Fiscal, editado pelas Portarias[1] da Secretaria do Tesouro Nacional.

10.1.1.1 Despesa total com pessoal

A despesa total com pessoal corresponde ao somatório dos gastos do município com os ativos, os inativos e os pensionistas, relativos a mandatos eletivos,

---

[1] Atualizações das Portarias estarão disponíveis no *site* <www.niltonandrade.com.br>.

cargos, funções ou empregos, civis, militares e de membros de poder, com quaisquer espécies remuneratórias, tais como vencimentos e vantagens, fixas e variáveis, subsídios, proventos da aposentadoria, reformas e pensões, inclusive adicionais, gratificações, horas extras e vantagens pessoais de qualquer natureza, bem como encargos sociais e contribuições recolhidas pelo ente às entidades de previdência.[2]

Para a apuração dos gastos com pessoal, não se verifica apenas o exercício de competência, mas também o período entre o mês de apuração e os 11 meses anteriores, formando-se a apuração no último período equivalente a 12 meses.

A Lei Complementar nº 101/00, em seu art. 18, § 1º, incluiu no cálculo da despesa total com pessoal os valores dos contratos de terceirização de mão de obra que se referem à substituição de servidores e empregados públicos, com a denominação "Outras Despesas de Pessoal".

Vale a pena ressaltar que a terceirização de mão de obra, ou seja, serviços prestados por empresas privadas ou outros profissionais, deve ter seus custos computados nos gastos com pessoal, mediante comprovação de que se trata de serviços típicos da administração, tais como serviços de médicos, educadores e motoristas, despesas essas diretamente relacionadas à substituição de mão de obra que se refiram a servidores e empregados públicos.[3]

10.1.1.2 Deduções

Na apuração do gasto total com pessoal do município, não são computadas as despesas:[4]

I – com indenização por demissão de servidores ou empregados;

II – relativas a incentivos à demissão voluntária;

III – decorrentes de decisão judicial, cuja competência seja de período imediatamente anterior a 11 meses ao da apuração;

IV – com inativos, ainda que por intermédio de fundo específico, custeado por recursos provenientes:

a) da arrecadação de contribuições dos segurados;

b) da compensação financeira entre fundos de previdência;

c) das demais receitas diretamente arrecadadas por fundo vinculado a tal finalidade, inclusive o produto da alienação de bens, direitos e ativos, bem como seu superávit financeiro.

---

[2] O conceito de despesas com pessoal completo foi definido pelo art. 1º da Portaria Interministerial STN/SOF nº 519, de 27 de novembro de 2001, com as devidas atualizações na 6ª edição do Manual de Demonstrativos Fiscais.

[3] Art. 1º da Portaria Interministerial STN/SOF nº 407, de 20 de junho de 2011.

[4] Art. 19 da Lei Complementar nº 101/00 – Lei de Responsabilidade Fiscal.

Chama-se a atenção para o disposto no inciso IV, alínea *a*, em vista da exclusão apenas da contribuição dos segurados, o que a nosso ver tem uma omissão do legislador em não excluir também a contribuição patronal, uma vez que esta também caracteriza duplicidade de receita municipal, ou seja, foi uma despesa do órgão empregador utilizando-se de suas receitas orçamentárias e estará novamente se caracterizando como receita orçamentária quando ingressar no órgão controlador de recursos previdenciários como receitas de contribuição.

10.1.1.3 Limites da despesa total com pessoal

A despesa total com pessoal, em cada período de apuração, não poderá exceder a 60% (sessenta por cento) da receita corrente líquida dos Estados e dos Municípios. Na União este limite é de 50%. O cálculo do limite de 60% para gastos com pessoal inclui a administração direta e indireta, ou seja, as despesas com pessoal do Executivo, Câmara, fundações, autarquias e fundos incluídas nesse limite, do qual 6% para o Poder Legislativo.

A particularidade é que a Lei Complementar nº 101/00, em seu art. 20, distribuiu esse limite entre os Poderes Executivo, Legislativo e Judiciário. Portanto, no âmbito municipal tais poderes não podem exceder os seguintes limites da receita corrente líquida:

a) 6% (seis por cento) para o Legislativo Municipal;

b) 54% (cinquenta e quatro por cento) para o Executivo Municipal.

A Lei Complementar nº 101/00, em seu art. 22, incluiu mais uma limitação, quando a despesa total com pessoal exceder a 95% (noventa e cinco por cento) do limite estabelecido para cada poder é vedado ao poder que houver incorrido no excesso:

- concessão de vantagem, aumento, reajuste ou adequação de remuneração, a qualquer título, salvo os derivados de sentença judicial ou de determinação legal ou contratual, ressalvada a revisão prevista no inciso X do art. 37 da Constituição;
- criação de cargo, emprego ou função;
- alteração de estrutura de carreira que implique aumento de despesa;
- provimento de cargo público, admissão ou contratação de pessoal a qualquer título, ressalvada a reposição decorrente de aposentadoria ou falecimento de servidores das áreas de educação, saúde e segurança;
- contratação de hora extra, salvo nas situações previstas na Lei de Diretrizes Orçamentárias.

Na parte IV, relativa ao relatório de gestão fiscal, especificamente o Anexo I, que trata do demonstrativo da despesa com pessoal, mantém alterações recentes no conceito "Outras Despesas de Pessoal decorrentes de Contratos de Terceirização" em virtude de alteração da classificação constante da Portaria Conjunta STN/SOF nº 1/10 (do GND 1 para o GND 3 – Outras Despesas Correntes), ficando de acordo com recomendação do TCU por meio do Acórdão nº 283/11.

> *"As Outras Despesas de Pessoal decorrentes de Contratos de Terceirização são as relativas à mão de obra, constantes dos contratos de terceirização, que ou esteja empregada em atividade-fim da instituição, ou seja, inerente a categorias funcionais abrangidas pelo respectivo plano de cargos e salários do quadro de pessoal classificáveis no grupo de despesa 3 – Outras Despesas Correntes, elemento de despesa 34 – Outras Despesas de Pessoal decorrentes de Contratos de Terceirização, excluídas, em ambos os casos, as que não caracterizem relação direta de emprego."*

O Elemento de Despesa 34 – Outras Despesas de Pessoal decorrentes de Contratos de Terceirização é definido como "Despesas relativas à mão de obra, constantes dos contratos de terceirização, classificáveis no grupo de despesa 3 – Outras Despesas Correntes, em obediência ao disposto no art. 18, § 1º, da Lei Complementar nº 101, de 4-5-2000".

Essa apuração deverá ser quadrimestral e, além disso, o percentual excedente deverá ser ajustado ao limite estabelecido nos dois quadrimestres seguintes, sob o risco de o município não receber as transferências voluntárias, nem obter garantias e, tampouco, contratar operações de crédito.

10.1.1.4 Inativos

Conforme disposto no art. 19 da Lei Complementar nº 101/00, as despesas com inativos não são computadas nos gastos com pessoal quando forem custeadas por recursos provenientes da arrecadação de contribuições dos segurados, da compensação financeira entre fundos de previdência e das demais receitas diretamente arrecadadas (aluguéis, rendimentos de aplicações financeiras, alienação de bens, entre outras), ou pelo fundo de previdência, vinculadas à entidade.

Deve-se observar que a única hipótese em que os gastos com inativos são computados com os gastos com pessoal é quando o próprio ente público custeia integralmente a "aposentadoria", por conveniência em relação à data de criação do instituto de previdência próprio, ou por não os ter vinculado ao regime geral de previdência – INSS, caso este hoje impossível de indefinição.

10.2 Despesas previdenciárias

O demonstrativo das receitas e despesas previdenciárias foi padronizado pelo Anexo X do Manual de elaboração do relatório resumido da execução orçamentária, nas versões de RPPS e de RGPS, conforme Portarias da STN.[5]

A Lei nº 9.717/98 determina que a despesa líquida com os inativos e pensionistas do regime próprio de previdência municipal não pode exceder, em cada exercício financeiro, a 12% (doze por cento) da receita corrente líquida municipal. A receita corrente líquida é calculada nos termos do art. 2º, § 3º, da Lei Complementar nº 101/00.

A Lei nº 9.717/98, alterada pela Lei nº 10.887/2004, determina que a despesa líquida com os inativos e pensionistas do regime próprio de previdência municipal não poderá ser inferior às contribuições do servidor ativo, nem superior ao dobro desta contribuição, ficando cada ente federado responsável pela cobertura de eventuais insuficiências financeiras do respectivo regime próprio, decorrentes do pagamento de benefícios previdenciários.

A Lei Complementar nº 101/00, em seu art. 50, ainda dispõe:

> *"Além de obedecer às demais normas de contabilidade pública, a escrituração das contas públicas observará as seguintes:*
>
> *[...]*
>
> *IV – as receitas e despesas previdenciárias serão apresentadas em demonstrativos financeiros e orçamentários específicos;"*

A Lei Complementar nº 101/00 determina que o regime próprio de previdência municipal, além de obedecer às demais normas de contabilidade pública para a escrituração de suas contas, deve apresentar suas receitas e despesas em demonstrativos financeiros e orçamentários específicos.

É oportuno ressaltar que, até pouco tempo atrás, diversos municípios ainda se encontravam com a situação previdenciária irregular, ou seja, estavam sem a devida contribuição para o regime próprio de previdência ou para o regime geral de previdência, devido ao descompasso financeiro que não os fez quitar seus compromissos, à época oportuna. Os municípios que permanecerem nessa situação deixarão de receber o Certificado de Regularidade Previdenciária (CRP), quando então estarão impedidos de, por exemplo:

- receber transferências voluntárias de recursos pela União;[6]
- celebrar acordos, contratos, convênios ou ajustes;

---

[5] Atualizações das Portarias estarão disponíveis no *site* <www.niltonandrade.com.br>.

[6] Art. 25, inciso IV, alínea *c*, da Lei Complementar nº 101/00.

- ter concessão de empréstimos, financiamentos, avais e subvenções em geral de órgãos ou entidades da União;

- receber empréstimos e financiamentos por instituições financeiras federais;

- não repassar dos valores devidos em razão da compensação previdenciária.

O CRP é o documento que atesta a regularidade do regime de previdência social dos servidores titulares de cargos efetivos de um Estado ou Município. A Portaria nº 204 do Ministério da Previdência e Assistência Social, de 11 de julho de 2008, dispõe sobre a concessão do Certificado de Regularidade Previdenciária.

Todos os órgãos ou entidades estaduais, distritais e municipais da administração direta e da indireta, vinculados ou não ao regime próprio de previdência social do ente federativo, bem como os órgãos administrativos estaduais e municipais, integrados aos Poderes Legislativo e Judiciário, Ministérios Públicos e Tribunais de Contas, conforme o caso, estão submetidos à exigência do CRP, nas situações que a Lei nº 9.717/98 determina, a qual se encontra disponibilizada na página eletrônica do Ministério da Previdência e Assistência Social.

O CRP não se confunde com a Certidão Negativa de Débito (CND). Esta certifica a regularidade relacionada com o regime geral de previdência social, enquanto o CRP atesta a regularidade previdenciária do regime próprio de previdência social da respectiva entidade federativa.

10.3 Pensionistas

Considerando que o art. 19 da Lei Complementar nº 101/00 trata somente da exclusão dos gastos com inativos, não mencionando os pensionistas, entende-se que essas despesas entrarão nos gastos de pessoal, independentemente da fonte do recurso com que forem pagas. Não se inclui, aqui, a figura do pensionista dependente da folha mensal do servidor em atividade.

10.4 Serviços de terceiros

De acordo com o art. 72 da Lei de Responsabilidade Fiscal, a despesa com serviços de terceiros do Poder Executivo (órgãos da administração direta e indireta) e do Poder Legislativo, apurada no exercício, não poderia exceder, em percentual da receita corrente líquida, o índice apurado no exercício de 1999, até o término do terceiro exercício seguinte.

O demonstrativo das despesas de serviços de terceiros não é mais exigido, mesmo porque vigeu apenas para os três primeiros anos de aplicação da Lei de Responsabilidade Fiscal.

Não se deve confundir a expressão *terceirização de mão de obra* (art. 18 da LC nº 101/00) com *serviços de terceiros* (art. 72 da LC nº 101/00). A primeira será computada nos gastos com pessoal, quando se tratar de serviços típicos da Administração Pública; e a segunda retrata todas as demais despesas de serviços prestados à administração.

O legislador quis limitar os serviços de terceiros, buscando ampliar a capacidade de investimento das instituições públicas, entretanto, esqueceu de especificar melhor o conteúdo da expressão, tendo em vista que se for pela análise contábil, antes entendida como 3132.00 – Outros Serviços e Encargos, teríamos que considerar no cômputo despesas administrativas, tais como luz, água, telefone, locação de imóveis etc. Hoje, porém, pela natureza da despesa, incluiríamos as seguintes naturezas de despesas:

- 3.3.90.35.00 – Serviços de Consultoria;
- 3.3.90.37.00 – Locação de Mão de Obra;
- 3.3.90.39.00 – Outros Serviços de Terceiros – Pessoa Jurídica.

A nosso ver, os serviços de terceiros seriam os específicos de consultorias, assessorias, locação de mão de obra de pessoa física e jurídica e demais atividades inerentes à administração, tais como reparos e manutenções diversas, cuja prestação de serviço não tem a participação de servidores diretamente.

A partir do exercício de 2003 o limite de gastos com terceirização não mais existe.

Ressalte-se que a receita corrente líquida é apurada com base nos dados consolidados do município, incluindo autarquias e fundações.

10.5 Financiamento da saúde

Alterando o art. 192, a Emenda Constitucional nº 40, de 29 de maio de 2003, transferiu a regulação da saúde para as Leis Complementares. É necessário verificar se os gastos do ente público estão dentro do limite mínimo legal e se o orçamento encontra-se adequado à nova legislação, ou seja, para a receita, conforme a 6ª edição do Manual de Contabilidade Aplicada ao Setor Público. Acompanhe a legislação STN pelo *site* <www.niltonandrade.com.br>.

Antes da promulgação da Emenda Constitucional nº 29, de 13 de setembro de 2000, não havia nenhuma legislação federal que exigisse a aplicação de percentual mínimo na saúde, mas em alguns municípios essa exigência já existia na Lei Orgânica Municipal.

Em 13 de janeiro de 2012 foi sancionada a Lei Complementar nº 141, que regulamenta o § 3º do art. 198 da Constituição da República. Esta Lei dispõe sobre

214 Contabilidade Pública na Gestão Municipal • Andrade

os valores mínimos a serem aplicados anualmente em ações e serviços públicos de saúde pela União, Estados, Distrito Federal e Municípios, além de estabelecer os critérios de rateio dos recursos de transferências para a saúde, com as respectivas normas de fiscalização, avaliação e controle das despesas com saúde. Foram destacados alguns pontos interessantes, sobre os quais passaremos a tratar:

10.5.1 Despesas afetas e não afetas à saúde

O art. 2º da referida Lei Complementar define que a aplicação na saúde é feita por meio de ações e serviços públicos voltados para a promoção, proteção e recuperação da saúde que atendam, simultaneamente, aos princípios estatuídos no art. 7º da Lei nº 8.080, de 19 de setembro de 1990, e às seguintes diretrizes:

a) sejam destinadas às ações e serviços públicos de saúde de acesso universal, igualitário e gratuito;

b) estejam em conformidade com objetivos e metas explicitados nos planos de saúde de cada ente da federação; e

c) sejam de responsabilidade específica do setor da saúde, não se aplicando a despesas relacionadas a outras políticas públicas que atuam sobre determinantes sociais e econômicos, ainda que incidentes sobre as condições de saúde da população.

Também neste artigo foi definido no parágrafo único que as despesas referidas deverão ser financiadas com recursos movimentados por meio dos respectivos fundos de saúde em cada ente da federação. O art. 3º estatuiu que, para efeito da apuração da aplicação dos recursos mínimos em saúde, serão consideradas despesas com ações e serviços públicos de saúde as referentes a:

a) vigilância em saúde, incluindo a epidemiológica e a sanitária;

b) atenção integral e universal à saúde em todos os níveis de complexidade, incluindo assistência terapêutica e recuperação de deficiências nutricionais;

c) capacitação do pessoal de saúde do Sistema Único de Saúde (SUS);

d) desenvolvimento científico e tecnológico e controle de qualidade promovidos por instituições do SUS;

e) produção, aquisição e distribuição de insumos específicos dos serviços de saúde do SUS, tais como: imunobiológicos, sangue e hemoderivados, medicamentos e equipamentos médico-odontológicos;

f) saneamento básico de domicílios ou de pequenas comunidades, desde que seja aprovado pelo Conselho de Saúde do ente da federação financiador da ação e esteja de acordo com as diretrizes das demais determinações previstas nesta Lei Complementar;

g) saneamento básico dos distritos sanitários especiais indígenas e de comunidades remanescentes de quilombos;

h) manejo ambiental vinculado diretamente ao controle de vetores de doenças;

i) investimento na rede física do SUS, incluindo a execução de obras de recuperação, reforma, ampliação e construção de estabelecimentos públicos de saúde;

j) remuneração do pessoal ativo da área de saúde em atividade nas ações de que trata este artigo, incluindo os encargos sociais;

k) ações de apoio administrativo realizadas pelas instituições públicas do SUS e imprescindíveis à execução das ações e serviços públicos de saúde; e

l) gestão do sistema público de saúde e operação de unidades prestadoras de serviços públicos de saúde.

Para os Estados, Distrito Federal e Municípios foram incluídas pelo art. 24, § 3º, as despesas incorridas no período referentes à amortização e aos respectivos encargos financeiros decorrentes de operações de crédito contratadas a partir de 1º de janeiro de 2000, visando ao financiamento de ações e serviços públicos de saúde. Em nossa opinião, semelhante ao que foi mencionado pela Lei de Diretrizes e Bases da Educação, Lei nº 9.394/96, a amortização de empréstimos não poderia compor os gastos com saúde, mesmo porque estes foram utilizados como despesa ou investimento por ocasião de sua tomada junto a instituição financeira. O mesmo não ocorre para os encargos.

Chama-se atenção para os itens mencionados nas letras *f*, *g* e *h* por serem atividades relacionadas com a prevenção propriamente dita da saúde, mas relacionadas com o saneamento e o meio ambiente onde a população vive, propriamente dita. É uma decisão inovadora nos gastos com saúde.

Entretanto, o art. 4º determina quais ações e serviços não constituirão despesas com saúde, para fins de apuração dos percentuais mínimos e obrigatórios de aplicação:

a) pagamento de aposentadorias e pensões, inclusive dos servidores da saúde;

b) pessoal ativo da área de saúde, quando em atividade alheia à referida área;

216 Contabilidade Pública na Gestão Municipal • Andrade

c) assistência à saúde que não atenda ao princípio de acesso universal;

d) merenda escolar e outros programas de alimentação, ainda que executados em unidades do SUS, ressalvando-se o que é relacionado a deficiências nutricionais;

e) saneamento básico, inclusive quanto às ações financiadas e mantidas com recursos provenientes de taxas, tarifas ou preços públicos instituídos para essa finalidade;

f) limpeza urbana e remoção de resíduos;

g) preservação e correção do meio ambiente, realizadas pelos órgãos de meio ambiente dos entes da federação ou por entidades não governamentais;

h) ações de assistência social;

i) obras de infraestrutura, ainda que realizadas para beneficiar direta ou indiretamente a rede de saúde; e

j) ações e serviços públicos de saúde custeados com recursos distintos dos especificados na base de cálculo definida nesta Lei Complementar mencionada ou vinculados a fundos específicos distintos daqueles da saúde.

10.5.2 Atribuições dos entes federados para com a gestão da saúde

A aplicação de recursos em ações e serviços públicos de saúde apurada anualmente respeitará as respectivas Constituições ou Leis Orgânicas, e caso não tenha percentual definido nestas, será a seguinte:

Para a União: o montante correspondente ao valor empenhado no exercício financeiro anterior, acrescido de, no mínimo, o percentual correspondente à variação nominal positiva do Produto Interno Bruto (PIB) ocorrida no ano anterior ao da Lei Orçamentária Anual. Em caso de variação negativa o valor de aplicação não poderá ser reduzido. Inclui compensação financeira proveniente de impostos e transferências constitucionais, dívida ativa, multa e juros de mora decorrentes de impostos.

Estados e o Distrito Federal: no mínimo, 12% (doze por cento) da arrecadação dos impostos a que se refere o art. 155 (ITCD, ICMS, IPVA), e dos recursos de que tratam o art. 157, a alínea *a* do inciso I e o inciso II do *caput* do art. 159, todos da Constituição Federal, ou seja, o IRRF e o FPE, deduzidas as parcelas que forem transferidas aos respectivos Municípios. Inclui compensação financeira proveniente de impostos e transferências constitucionais, dívida ativa, multa e juros de mora decorrentes de impostos.

Municípios e o Distrito Federal: no mínimo, 15% (quinze por cento) da arrecadação dos impostos a que se refere o art. 156 (IPTU, ITBI e ISSQN) e dos recursos de que tratam o art. 158 (IRRF, ITR, IPVA, ICMS) e a alínea *b* do inciso I do *caput* e o § 3º do art. 159, todos da Constituição Federal (FPM). Inclui compensação financeira proveniente de impostos e transferências constitucionais, dívida ativa, multa e juros de mora decorrentes de impostos respectivos.

Quando o produto da arrecadação direta dos impostos não puder ser segregado em base estadual e em base municipal, o Distrito Federal aplicará, no mínimo, 12% (doze por cento).

10.5.3 *A saúde perante o orçamento e a contabilidade*

Conforme o art. 14, da referida Lei Complementar, o Fundo de Saúde, instituído por lei e mantido em funcionamento pela administração direta da União, dos Estados, do Distrito Federal e dos Municípios, constituir-se-á em unidade orçamentária e gestora dos recursos destinados a ações e serviços públicos de saúde, ressalvados os recursos repassados diretamente às unidades vinculadas ao Ministério da Saúde. Caberá aos Conselhos de Saúde deliberar sobre as diretrizes para o estabelecimento de prioridades.

Nos termos da Lei nº 8.080/90, art. 9º, I, o Poder Executivo da União manterá os Conselhos de Saúde e os Tribunais de Contas de cada ente da federação informados sobre o montante de recursos previsto para transferência da União para Estados, Distrito Federal e Municípios com base no Plano Nacional de Saúde, no termo de compromisso de gestão firmado entre a União, Estados e Municípios.

O art. 18 desta Lei Complementar determina que os recursos do Fundo Nacional de Saúde, destinados a despesas com as ações e serviços públicos de saúde, de custeio e capital, a serem executados pelos Estados, pelo Distrito Federal ou pelos Municípios serão transferidos diretamente aos respectivos fundos de saúde. Esta transferência é feita de forma regular e automática, sendo dispensada a celebração de convênio ou outros instrumentos jurídicos, podendo haver transferência voluntária para algumas situações específicas.

Os Estados também transferirão recursos aos Municípios por meio de rateio para ações e serviços públicos de saúde e será realizado segundo o critério de necessidades de saúde da população e levará em consideração as dimensões epidemiológica, demográfica, socioeconômica e espacial e a capacidade de oferta de ações e de serviços de saúde, observada a necessidade de reduzir as desigualdades regionais. Essas transferências serão realizadas diretamente aos Fundos Municipais de Saúde, de forma regular e automática, em conformidade com os critérios de transferência aprovados pelo respectivo Conselho de Saúde, havendo exceções por meio de transferência voluntária. Vedadas outras condicionantes, os recursos serão repassados aos entes da federação quando atendidos os seguintes requisitos:

218 Contabilidade Pública na Gestão Municipal • Andrade

a) à instituição e ao funcionamento do Fundo e do Conselho de Saúde no âmbito do ente da federação; e

b) à elaboração do Plano de Saúde.

As diferenças entre a receita e a despesa previstas e as efetivamente realizadas que resultem no não atendimento dos percentuais mínimos obrigatórios serão apuradas e corrigidas a cada quadrimestre do exercício financeiro. Considerar-se-ão para efeito de cálculo dos recursos mínimos a que se refere esta Lei Complementar:

a) as despesas liquidadas e pagas no exercício; e

b) as despesas empenhadas e não liquidadas, inscritas em restos a pagar até o limite das disponibilidades de caixa ao final do exercício, consolidadas no Fundo de Saúde. No caso de haver restos a pagar cancelados ou prescritos, deverão seus recursos correspondentes ser necessariamente aplicados em ações e serviços públicos de saúde, até o término do exercício seguinte ao do cancelamento ou da prescrição.

Apesar da apuração de gastos com a saúde ser anual, conforme o art. 25, desta referida Lei, a eventual diferença que implique o não atendimento, em determinado exercício, dos recursos mínimos previstos nesta Lei Complementar deverá ser acrescida ao montante mínimo do exercício subsequente ao da apuração da diferença, sem prejuízo do montante mínimo do exercício de referência e das sanções cabíveis. Entretanto, haverá condicionamento ou restrição da entrega de recursos, inclusive das transferências voluntárias, enquanto não houver a comprovação de aplicação adicional. Mesmo assim, caberá ao Tribunal decidir pela rejeição das contas, possível devolução dos recursos e ainda responsabilização nas esferas competentes, utilizando-se dos dispositivos dos arts. 37 e 38 desta Lei mencionada. Conforme o art. 28, desta Lei, são vedadas a limitação de empenho e a movimentação financeira que comprometam a aplicação dos recursos mínimos na saúde.

Dispõe o art. 32, que os órgãos de saúde da União, dos Estados, do Distrito Federal e dos Municípios manterão registro contábil relativo às despesas efetuadas com ações e serviços públicos de saúde, assim como deverá promover a consolidação das contas de saúde executadas por órgãos e entidades da administração direta e indireta do respectivo ente da federação e logicamente consolidadas com todas as contas do Poder Executivo.

10.5.4 Consórcios de saúde

Conforme o art. 21, os Estados e os Municípios que estabelecerem consórcios ou outras formas legais de cooperativismo, para a execução conjunta de ações e serviços de saúde e cumprimento da diretriz constitucional de regionalização e hierarquização da rede de serviços, poderão remanejar entre si parcelas dos recursos dos Fundos de Saúde derivadas tanto de receitas próprias como de transferências obrigatórias, que serão administradas segundo modalidade gerencial pactuada pelos entes envolvidos, nos termos das Leis n°s 8.080/90, 8.142/90 e 11.107/05. Veja a seção 2.4.6.

10.5.5 *Transparência e visibilidade da gestão da saúde*

A transparência e a visibilidade serão asseguradas mediante incentivo à participação popular e realização de audiências públicas, durante o processo de elaboração e discussão do plano de saúde. Nos termos do art. 31 da referida Lei, os órgãos gestores de saúde das três esferas de governo darão ampla divulgação, inclusive em meios eletrônicos de acesso público, das prestações de contas periódicas da área da saúde, para consulta e apreciação dos cidadãos e de instituições da sociedade, com ênfase no que se refere a:

a) comprovação do cumprimento do disposto na Lei Complementar;

b) Relatório de Gestão do SUS;

c) avaliação do Conselho de Saúde sobre a gestão do SUS no âmbito do respectivo ente da Federação.

A União e os Estados têm seus limites definidos neste artigo da Constituição da República.

10.5.6 *Base de cálculo de aplicação na saúde*

Os municípios aplicarão, anualmente e de acordo com o art. 77, III, do ADCT-CF, em ações e serviços públicos de saúde, recursos mínimos derivados da aplicação de percentuais calculados sobre as seguintes receitas:

- IPTU – Imposto sobre Propriedade Predial e Territorial Urbana;
- ITBI – Imposto sobre Transmissão de Bens Imóveis Intervivos;
- ISSQN – Imposto Sobre Serviços de Qualquer Natureza;
- Receita da Dívida Ativa de Impostos;
- Multas Resultantes de Impostos;
- IRRF – Imposto de Renda Retido na Fonte;
- ITR – Imposto Territorial Rural;
- IPVA – Imposto sobre Propriedade de Veículos Automotores;
- FPM – Fundo de Participação dos Municípios;
- ICMS – Imposto sobre Circulação de Mercadorias e Serviços;
- IPI – Imposto sobre Produtos Industrializados.

Para os dois últimos mencionados, deverão ser incluídas suas variações, ou seja, o ICMS advindo das desonerações e o IPI advindo das importações.

Dessas receitas, o município deverá aplicar o limite mínimo de 15% na saúde, devendo ser computadas as despesas que o município realizar com recursos próprios, tais como: folhas de pagamento, infraestrutura, custeio do Fundo de Saúde, transferências a Consórcios Intermunicipais de Saúde, entre outros citados na seção 10.5.1. Portanto, não entram no cálculo de 15% na saúde as despesas realizadas com base em recursos vinculados e recebidos da União ou dos Estados, por já serem destinados a vínculos específicos da saúde, mesmo porque são chamadas de transferências "Fundo a Fundo". Veja seção 10.6.1.

Mesmo que a contabilidade do "Fundo Municipal de Saúde" tenha seu controle próprio, suas despesas devem ser consolidadas para efeito da apuração do limite constitucional, portanto, desde que pagas com recursos próprios do município.

Vale ressaltar que o art. 77 do ADCT obteve nova redação pela EC nº 29, quando dita no § 3º:

> *"§ 3º Os recursos dos Estados, do Distrito Federal e dos Municípios destinados às ações e serviços públicos de saúde e os transferidos pela União para a mesma finalidade serão aplicados por meio de Fundo de Saúde que será acompanhado e fiscalizado por Conselho de Saúde, sem prejuízo do disposto no art. 74 da Constituição Federal."*

Isso implica que todos os recursos da saúde sejam previstos orçamentariamente dentro de uma unidade orçamentária do Fundo Municipal de Saúde, assumindo, de vez, grande parte das funções da Secretaria Municipal de Saúde.

10.5.7 Limite mínimo de aplicação na saúde

A partir da Emenda Constitucional nº 29/00, parte do produto da arrecadação dos impostos e transferências que chega para os municípios passou a ser destinada à aplicação nas ações e serviços públicos de saúde. O município que aplicava percentual até 7% elevou-o gradualmente, até o exercício financeiro de 2004, reduzindo a diferença pela razão de um quinto por ano. Isso significou que um município que já aplicava percentual acima de 7% dos recursos de impostos e transferências deveria aplicar a diferença entre o percentual de referência no período da lei percentual e 15% à razão de um quinto por ano.

É sugerida a utilização de um controle decendial de receitas aplicáveis à saúde nos moldes da Tabela 10.1 da seção 10.7.1.3.

Para os Estados, o limite é de 12% do produto de arrecadação dos impostos, conforme o inciso II do art. 77 do ADCT.

10.6 Fundo especial

É ente contábil sem personalidade jurídica que emergiu para descentralizar a aplicação de recursos, propiciando maior agilidade e flexibilidade no cumprimento dos princípios, regras e objetivos específicos de recursos, em programas especiais e prioritários, cujos objetivos preestabelecidos são de extrema importância para a coletividade.

Os fundos são a centralização de recursos com a finalidade de desenvolver ou consolidar, por financiamento ou negociação, uma atividade pública específica. São submetidos a normas próprias de aplicação, podendo fugir ao princípio da unidade de tesouraria previsto no art. 56 da Lei nº 4.320/64, além de exigir lei complementar específica para sua criação, conforme inciso II, do § 9º do art. 165, da Constituição Federal. O princípio de unidade de tesouraria é nossa recomendação, caso contrário, se tornaria impraticável essa aplicação aos moldes contábeis atuais, tendo em vista o princípio da unidade orçamentária, além da obrigatoriedade de apresentação consolidada de todas as informações contábeis do ente federado. Resta-nos trabalhar distinguindo os recursos ordinários dos recursos vinculados.

Apesar de a Lei nº 4.320/64 permitir que a lei instituidora do fundo defina normas peculiares para os controles de fundos, tais entes contábeis submeter-se-ão aos repasses financeiros do tesouro municipal e transferências dos Estados e da União.

No caso de possuir a autonomia administrativa, financeira e patrimonial, sua contabilidade sujeitar-se-á às normas da contabilidade pública, assim como à incorporação de seus registros à consolidação dos balanços.

A Lei Complementar nº 101/00 destaca a necessidade do registro individualizado, o que não quer dizer contabilidade própria, necessariamente, como se vê em seu art. 50, inciso I:

> *"a disponibilidade de caixa constará de registro próprio, de modo que os recursos vinculados a órgão, fundo ou despesa obrigatória fiquem identificados e escriturados de forma individualizada".*

Existem diversos fundos criados para as áreas-fins da Administração Pública, dos quais nos ateremos aos mais comuns, quais sejam:

10.6.1 Fundo municipal de saúde

As Leis Federais nos 8.080/90 e 8.142/90 são as que dispõem sobre a organização da saúde. Contudo, deve-se destacar o que exalta o art. 33 da Lei nº 8.080/90:

"Os recursos financeiros do Sistema Único de Saúde – SUS, serão deposi-tados em conta especial, em cada esfera de sua atuação, e movimentados sob a fiscalização dos respectivos conselhos de saúde."

O Fundo Municipal de Saúde é um instrumento de planejamento por permitir ao gestor conhecer os recursos de que dispõe para as ações e serviços de saúde e controle por facilitar o acompanhamento permanente sobre as fontes de receita, seus valores e as datas de ingresso, as despesas realizadas e os rendimentos de aplicações financeiras.

Por iniciativa do Ministério da Saúde, mediante pactuação junto às esferas estadual e municipal, a partir dos exercícios de 2006 e 2007 foram registradas relevantes mudanças na gestão de saúde. Apresenta-se, a seguir, a síntese da estrutura que facilita o entendimento sobre os cinco blocos de financiamento da saúde, estabelecida pela Portaria GM/MS nº 204/07, regulamentando o financiamento e a transferência dos recursos federais para as ações e os serviços de saúde, o que passou a ser realizado sob a forma de blocos de financiamento.

1 – Blocos de Financiamento da Saúde

    1.1 – Atenção Básica

        1.1.1 – PAB Fixo

        1.1.2 – PAB Variável

    1.2 – Atenção de Média e Alta Complexidade Ambulatorial e Hospitalar

        1.2.1 – Média e alta complexidade (MAC)

        1.2.2 – Fundo de Ações Estratégicas e de Compensação (FAEC)

    1.3 – Vigilância em Saúde

        1.3.1 – Vigilância Epidemiológica e Ambiental em Saúde

        1.3.2 – Vigilância Sanitária

    1.4 – Assistência Farmacêutica

        1.4.1 – Básico da Assistência Farmacêutica

        1.4.2 – Estratégico da Assistência Farmacêutica

        1.4.3 – Componente de Medicamentos de Dispensação Excepcional (CMDE)

    1.5 – Bloco de Gestão

        1.5.1 – Qualificação da Gestão do SUS

        1.5.2 – Implantação de Ações e Serviços de Saúde

    1.6 – Bloco Investimento na rede

Nas transferências fundo a fundo, há destaque para o controle das contas bancárias, vedações de aplicações dos recursos e suspensões de repasses. A comprovação da aplicação dos recursos repassados pelo Fundo Nacional de Saúde aos demais fundos de saúde dar-se-á mediante o Relatório de Gestão, elaborado anualmente e aprovado pelos respectivos Conselhos Municipais de Saúde.

Deve-se destacar que o fundo deve ser criado por lei, gerenciado pelo Secretário Municipal de Saúde e dispor de contas bancárias específicas para cada bloco, sendo este uma fonte-mãe de recursos, sendo que subfontes são administradas dentro de cada um destes blocos.

Deverá ser definido um Teto Financeiro Geral do Município (TFGM), com base na Programação Pactuada e Integrada (PPI), aprovado pelo Conselho Municipal de Saúde e submetido às Secretarias de Estado da Saúde. A fixação do referido teto depende de negociações com a Comissão Intergestora Bipartite (CIB),[7] dentro dos limites do Teto Financeiro Geral de cada Estado (TFGE) e formalizado por ato do Secretário Estadual de Saúde.

Lembre-se de que a Emenda Constitucional nº 29, de 13 de setembro de 2000, veio determinar a vinculação do percentual da receita líquida para a saúde em 15%.

Ressalte-se que a prestação de contas do Fundo Municipal de Saúde, em separado, não significa uma contabilidade própria. É preciso, sim, mecanismos gerenciais e tecnológicos que possam fornecer relatórios orçamentários, financeiros e patrimoniais evidenciando informações e dados necessários ao bom desempenho da instituição, assim como atender à fiscalização e à comunidade.

10.6.1.1 Prestação de contas da saúde

A prestação de contas é obrigatória e deve ser feita conforme estabelecido:

- recursos de convênios: o gestor deve prestar contas ao Ministério da Saúde, na forma estabelecida no convênio e na legislação pertinente;
- recursos do Fundo Municipal de Saúde: prestar contas ao Tribunal de Contas do Estado, compondo a prestação de contas anual do município, assim como ao Conselho Municipal de Saúde no período acordado ou definido em legislação municipal (mensal, bimestral, trimestral etc.), sendo a prestação de contas composta basicamente de: demonstrativo de receita e despesa, relação de pagamentos, extrato das contas bancárias. Também deverá ser encaminhado ao Ministério da Saúde o Relatório de Gestão, aprovado pelo respectivo Conselho.

---

[7] Comissão Intergestora Bipartite (CIB) é formada por membros do Estado da Federação e membros dos municípios, os quais levam decisões de CIB regionais.

De acordo com a LC nº 141/12, art. 34, a prestação de contas da saúde conterá demonstrativo das despesas com saúde integrante do Relatório Resumido da Execução Orçamentária, nos termos da Lei de Responsabilidade Fiscal, que inclusive deverá ser apresentado nas audiências públicas dos meses de maio, setembro e fevereiro na Casa Legislativa do respectivo ente da federação. Conforme o art. 36, o gestor do SUS em cada ente da federação elaborará relatório detalhado referente ao quadrimestre anterior, o qual conterá, no mínimo, as seguintes informações:

a) montante e fonte dos recursos aplicados no período;

b) auditorias realizadas ou em fase de execução no período e suas recomendações e determinações;

c) oferta e produção de serviços públicos na rede assistencial própria, contratada e conveniada, cotejando esses dados com os indicadores de saúde da população em seu âmbito de atuação.

Assim também anualmente, até o dia 30 de março do ano seguinte ao da execução financeira, enviar o Relatório de Gestão ao respectivo Conselho de Saúde, cabendo a este emitir parecer conclusivo sobre o cumprimento ou não das normas estatuídas, publicando, inclusive, em meios eletrônicos de acesso público. Da mesma forma, os entes da federação deverão encaminhar a programação anual do Plano de Saúde, em modelo padronizado aprovado pelo Conselho Nacional de Saúde, ao respectivo Conselho de Saúde, para aprovação antes da data de encaminhamento da Lei de Diretrizes Orçamentárias do exercício correspondente, também com ampla divulgação, inclusive em meios eletrônicos de acesso público. Os municípios com população inferior a 50 mil habitantes adotarão o modelo simplificado.

Mencionado pelo art. 41, os Conselhos de Saúde, no âmbito de suas atribuições, avaliarão a cada quadrimestre o relatório consolidado do resultado da execução orçamentária e financeira no âmbito da saúde e o relatório do gestor da saúde sobre a repercussão da execução da referida Lei Complementar nas condições de saúde e na qualidade dos serviços de saúde das populações respectivas e encaminharão ao Chefe do Poder Executivo do respectivo ente da federação as indicações para que sejam adotadas as medidas corretivas necessárias.

10.6.1.2 Fiscalização da gestão da saúde

Conforme a LC nº 141/12, além do Poder Legislativo e do Tribunal de Contas, o Sistema de Informação sobre Orçamento Público em Saúde (SIOPS), ou outro sistema que venha a substituí-lo, observará:

a) obrigatoriedade de registro e atualização permanente dos dados pela União, pelos Estados, pelo Distrito Federal e pelos Municípios;

b) processos informatizados de declaração, armazenamento e exportação dos dados;

c) disponibilização do programa de declaração aos gestores do SUS no âmbito de cada ente da federação, preferencialmente em meio eletrônico de acesso público;

d) realização de cálculo automático dos recursos mínimos aplicados em ações e serviços públicos de saúde previstos nesta Lei Complementar, que deve constituir fonte de informação para elaboração dos demonstrativos contábeis e extracontábeis;

e) previsão de módulo específico de controle externo, para registro, por parte do Tribunal de Contas com jurisdição no território de cada ente da federação, das informações sobre a aplicação dos recursos em ações e serviços públicos de saúde consideradas para fins de emissão do parecer prévio divulgado nos termos dos arts. 48 e 56 da Lei de Responsabilidade Fiscal, sem prejuízo das informações declaradas e homologadas pelos gestores do SUS;

f) integração, mediante processamento automático, das informações do SIOPS ao sistema eletrônico centralizado de controle das transferências da União aos demais entes da federação mantido pelo Ministério da Fazenda.

10.6.1.3 Penalidades sobre infrações na gestão da saúde

Nos termos do art. 46, as infrações dos dispositivos da Lei Complementar nº 141/11, serão punidas segundo o Decreto-lei nº 2.848, de 7 de dezembro de 1940 (Código Penal), a Lei nº 1.079, de 10 de abril de 1950, o Decreto-lei nº 201, de 27 de fevereiro de 1967, a Lei nº 8.429, de 2 de junho de 1992, e demais normas da legislação pertinente.

10.6.1.4 Relatórios de gestão

A preparação dos Relatórios de Gestão constitui tarefa típica e insubstituível dos gestores do SUS em sua esfera de gestão. São compostos da programação e execução física e financeira do orçamento, de projetos e do plano municipal de saúde; comprovação dos resultados alcançados quanto à execução do plano municipal de saúde; demonstrativo do quantitativo de recursos próprios aplicados no setor saúde, bem como as transferências recebidas de outras instâncias do SUS; e documentos adicionais avaliados nos órgãos colegiados de deliberação própria do SUS.

10.6.1.5 Norma operacional da assistência à saúde (NOAS)

Exaltada pela Portaria do Ministério da Saúde nº 95, de 26 de janeiro de 2001, a NOAS amplia as responsabilidades dos municípios na atenção básica; define o processo de regionalização da assistência; cria mecanismos para o fortalecimento da capacidade de gestão do SUS; e procede à atualização dos critérios de habilitação de Estados e municípios.

10.6.2 Fundo de assistência social

As Leis Federais nºs 8.742/93 e 9.604/98 dispõem sobre a organização da assistência social e prestação de contas da distribuição de recursos, respectivamente. A primeira em seu art. 10 estabelece:

> "A União, os Estados, os Municípios e o Distrito Federal podem celebrar convênios com entidades e organizações de assistência social, em conformidade com os Planos Municipais de Assistência Social aprovados pelos respectivos Conselhos;"

e preveem ainda a criação dos Conselhos e Fundos Municipais de Assistência Social.

Deve ser observado que a criação do Fundo de Assistência Social cria obrigações do município, como segue:

- aprovação de lei que regulamenta os repasses de recursos recebidos de órgãos federais, estaduais e municipais para as entidades;
- criação de dotação orçamentária para os orçamentos anuais, ou crédito especial na vigência da lei orçamentária;
- contrapartida, em percentual dos repasses federais, em recursos municipais que podem se constituir de "equipamentos, veículos ou profissionais colocados à disposição do projeto";
- abertura de conta bancária, no Banco do Brasil, conforme instrução do Ministério da Previdência e da Assistência Social (MPAS);
- assinatura de convênios com as entidades beneficiadas, devidamente acompanhadas do plano de trabalho e de lei de utilidade pública.

10.6.2.1 Prestação de contas de recursos da assistência social

Deve-se observar que cada transferência de recursos a uma entidade convenente exige uma prestação de contas e que, para as ações continuadas (benefícios a deficientes, crianças e idosos), o repasse e a prestação de contas são trimestrais. A prestação de contas deve conter a relação de beneficiários e a conciliação bancária, devendo ser encaminhada:

a) para a Câmara Municipal;

b) para o Conselho Municipal de Assistência Social;

c) para o escritório regional da Secretaria de Assistência Social no Estado;

d) para o Tribunal de Contas do Estado (prestação de contas anual).

10.7 Financiamento da educação e aplicação no ensino

Em decorrência de mandamento constitucional, de lei ou de assinatura de convênios com o Estado e/ou com a União, os recursos vinculados ao ensino referem-se a receitas recebidas pelos municípios que devem ser aplicados em finalidade específica. As transferências de recursos advindas de leis, em geral, dependem de assinatura de convênios entre as partes.

Nesta seção, serão tratados apenas os recursos de financiamento dos 25% no ensino, conforme mandamento constitucional do art. 212 e também os que se referem à formação do FUNDEB. Existem diversos outros, tais como o Programa Dinheiro Direto na Escola (PDDE), a Educação de Jovens e Adultos (EJA), o Programa Nacional de Transporte Escolar (PNATE) e o Programa Nacional de Alimentação Escolar (PNAE), sobre os quais poderão ser encontradas informações nos *sites* <www.fnde.gov.br> e <www.mec.gov.br>.

10.7.1 Financiamento e aplicação no ensino

Conforme o art. 212 da Constituição Federal, os Estados e os Municípios deverão aplicar no ensino, no mínimo, 25% dos impostos, compreendida a receita proveniente de transferências na manutenção e desenvolvimento do ensino. A União aplicará 18%.

> *"Art. 212. A União aplicará, anualmente, nunca menos de dezoito, e os Estados, o Distrito Federal e os Municípios, vinte e cinco por cento, no mínimo, da receita resultante de impostos, compreendida a proveniente de transferências, na manutenção e desenvolvimento do ensino."*

Em dezembro de 1996, foram editadas a Lei nº 9.394 – Lei de Diretrizes e Bases da Educação (LDB) ou Lei Darcy Ribeiro, como é mais conhecida, assim como a Emenda Constitucional nº 14, de 12 de setembro de 1996, que criou o FUNDEF,

228 Contabilidade Pública na Gestão Municipal • Andrade

devidamente regulamentada pela Lei nº 9.424, de 24 de dezembro de 2006. A Emenda Constitucional nº 53/06, que foi regulamentada pela Lei nº 11.494, de 20 de junho de 2007, apresentou modificações no cálculo do ensino, tanto nas fontes de recursos como na aplicação ao ensino.

Regulamentando a Constituição Federal, a Lei nº 9.394/96, em seu art. 69, define:

> *"Art. 69. A União aplicará, anualmente, nunca menos de dezoito, e os Estados, o Distrito Federal e os Municípios, vinte e cinco por cento, ou o que consta nas respectivas Constituições ou Leis Orgânicas, da receita resultante de impostos, compreendidas as transferências constitucionais, na manutenção e desenvolvimento do ensino público.*
>
> *[...]*
>
> *§ 4º As diferenças entre a receita e a despesa previstas e as efetivamente realizadas, que resultem no não atendimento dos percentuais mínimos obrigatórios, serão apuradas e corrigidas a cada trimestre do exercício financeiro."*

Os municípios incumbir-se-ão de creches, pré-escolas, ensino fundamental e educação de jovens e adultos. A atuação em outros níveis de ensino ocorrerá somente com recursos superiores aos 25% exigidos pela Constituição. Destacam-se as alterações acrescidas pela Lei nº 10.709, de 31 de julho de 2003, que inclui obrigações específicas para o Estado e para o Município quando incumbe a cada um destes entes governamentais assumirem o transporte escolar de seus respectivos alunos.

O valor retido nas transferências afetas aos municípios, ou seja, de IPVA, ITR, FPM, FPE, IPI Exportação, ICMS e ICMS Desoneração para a formação do fundo criado em nível de cada Estado da federação é computado no cálculo do ensino de cada um dos entes.

Até 31 de dezembro de 2001, orçamentariamente, estas deduções eram contabilizadas como despesa de transferências intergovernamentais e estas computavam os gastos com o ensino, apresentando uma duplicidade de dados contábeis. A partir de 1º de janeiro de 2002, com a vigência da Portaria STN nº 328, de 27 de agosto de 2001, a contabilização passou a ser feita pela conta contábil retificadora da receita orçamentária, de código idêntico ao da receita de origem, trocando-se apenas o primeiro dígito "1" por "9" (Classificação orçamentária revisada pela Portaria STN nº 48/07).

Exemplo: A receita 1721.01.01 – Transferência do Fundo de Participação dos Municípios terá a conta retificadora 9721.01.01 – Dedução de Receita para Formação do FUNDEB. Dessa forma, a receita figurará no orçamento e na execução orçamentária por seu valor bruto, tendo a dedução em sua conta retificadora, enquanto a despesa figurará pelo valor líquido. Exemplificando, tem-se:

Receita do FPM – Fundo de Participação dos Municípios	1721.01.02	R$ 100.000,00
Dedução da Contribuição ao FUNDEB (20,00%)	9721.01.02	R$ 20.000,00
Receita efetivamente Arrecadada de FPM	–	R$ 80.000,00

10.7.1.1 Aplicabilidade dos recursos do ensino

Foi definida pelo art. 70 da LDB, reproduzido a seguir:

"Art. 70. Considerar-se-ão como de manutenção e desenvolvimento do ensino as despesas realizadas com vista à consecução dos objetivos básicos das instituições educacionais de todos os níveis, compreendendo as que se destinam a:

I – remuneração e aperfeiçoamento do pessoal docente e demais profissionais da educação;

II – aquisição, manutenção, construção e conservação de instalações e equipamentos necessários ao ensino;

III – uso e manutenção de bens e serviços vinculados ao ensino;

IV – levantamentos estatísticos, estudos e pesquisas visando precipuamente ao aprimoramento da qualidade e à expansão do ensino;

V – realização de atividades-meio necessárias ao funcionamento dos sistemas de ensino;

VI – concessão de bolsas de estudo a alunos de escolas públicas e privadas;

VII – amortização e custeio de operações de crédito destinadas a atender ao disposto nos incisos deste artigo;

VIII – aquisição de material didático-escolar e manutenção de programas de transporte escolar."

10.7.1.2 Inaplicabilidade dos recursos do ensino

Foi definida pelo art. 71 da LDB, também reproduzido:

"Art. 71. Não constituirão despesas de manutenção e desenvolvimento do ensino aquelas realizadas com:

I – pesquisa, quando não vinculada às instituições de ensino, ou, quando efetivada fora dos sistemas de ensino, que não vise, precipuamente, ao aprimoramento de sua qualidade ou à sua expansão;

II – subvenção a instituições públicas ou privadas de caráter assistencial, desportivo ou cultural;

230 Contabilidade Pública na Gestão Municipal • Andrade

III – formação de quadros especiais para a administração pública, sejam militares ou civis, inclusive diplomáticos;

IV – programas suplementares de alimentação, assistência médico-odontológica, farmacêutica e psicológica, e outras formas de assistência social;

V – obras de infraestrutura, ainda que realizadas para beneficiar direta ou indiretamente a rede escolar;

VI – pessoal docente e demais trabalhadores da educação, quando em desvio de função ou em atividade alheia à manutenção e desenvolvimento do ensino."

As exigências definidas no art. 71 da LDB proíbem gastos com merenda escolar, assistência médica, odontológica e social, além de medicamentos. Isso não significa que o município não possa realizar essa despesa. Se o fizer será computada fora do cálculo dos 25%. Além disso, as Portarias SOF/STN definiram códigos orçamentários e formulários de controle e prestação de contas de tais recursos.

Também ficaram excluídos os gastos com uniformes, pastas escolares, calçados, potencializando a presença física do aluno na escola, assim como a melhoria da qualidade do ensino, propriamente dita.

Cabe ressaltar que a partir de 2007, ano da instituição do FUNDEB, não mais existe a obrigatoriedade dos municípios de destinarem, no mínimo, 60% (sessenta por cento) dos recursos dos 25% (vinte e cinco por cento) no ensino à manutenção e ao desenvolvimento do ensino fundamental, conforme determinava a redação antiga do art. 60 do Ato das Disposições Constitucionais Transitórias, mesmo porque o FUNDEB assumiu este encargo.

10.7.1.3 Controle financeiro da aplicação no ensino

Aplica-se também aos estados, mas focamos nesta exposição apenas as contas dos entes municipais.

Conforme o art. 69, § 5º, da Lei de Diretrizes Básicas, será efetuada a cada dez dias a transferência de recursos ao órgão de educação. Alguns Tribunais de Contas entendem ser necessária a abertura de conta corrente vinculada à Educação para que o responsável pelo Tesouro Municipal apure o valor arrecadado de impostos e transferências e transfira o equivalente a 25% do valor para a tal conta. Quanto ao FPM, ICMS, ICMS Desoneração, IPI Exportação, IPVA e ITR restaria transferir apenas o restante daquele já repassado para o FUNDEB porque parte é automaticamente retida quando das transferências constitucionais.

Atualmente, com a vigência do PCASP, devem ser atualizadas as contas de controle DDR – Disponibilidade por Destinação de Recursos, com "os contas correntes" específicos de controle das Fontes de Recursos.

"§ 5º O repasse dos valores referidos neste artigo do caixa da União, dos Estados, do Distrito Federal e dos Municípios ocorrerá imediatamente ao órgão responsável pela educação, observados os seguintes prazos:

I – recursos arrecadados do primeiro ao décimo dia de cada mês, até o vigésimo dia;

II – recursos arrecadados do décimo primeiro ao vigésimo dia de cada mês, até o trigésimo dia;

III – recursos arrecadados do vigésimo primeiro dia ao final de cada mês, até o décimo dia do mês subsequente."

Ressalta-se que os recursos originados de juros e de dívida ativa de impostos também devem ser considerados no cálculo, com base nos manuais de elaboração do Relatório de Gestão Fiscal e o Resumido da Execução Orçamentária, definido por meio de Portarias da STN. Acesse-as pelo *site*: <www.niltonandrade.com.br>.

O legislador não definiu, no texto, o conceito de órgão que no nosso entendimento está voltado para uma estrutura administrativa independente, o que não é o caso das Secretarias Municipais de Educação, que fazem parte da estrutura administrativa das prefeituras municipais. Assim, não há como as prefeituras disponibilizarem repasses decendiais para o órgão de educação, uma vez que a realização da despesa pode ser apurada na própria execução orçamentária, ou seja, pelo uso do controle de cotas e pelo produto da apuração da receita computável e o percentual de 25% na forma do art. 212 da Constituição Federal.

Dessa forma, vê-se como evasiva a penalidade trazida pelo § 6º do mesmo artigo: *"O atraso da liberação sujeitará os recursos à correção monetária e à responsabilização civil e criminal das autoridades competentes."*

Não há como falar de responsabilidade civil e criminal, haja vista que no caso citado não existe a figura da liberação de recursos e sim o da aplicação dos recursos.

Apresenta-se na Tabela 10.1 um modelo de controle decendial dos recursos a serem aplicados no ensino pelo município. Este formulário permite ao gestor financeiro efetuar depósitos periódicos em conta vinculada para facilitar o controle do que deve ser aplicado:

Tabela 10.1 *Controle decendial de receitas aplicáveis ao ensino.*

Referência:		Vr. arrecadado no período			Vr. transferido no período			Valor total transferido no mês
Receitas	%	1 a 10	11 a 20	21 a 31	11 a 20	21 a 31	1 a 10	
Cota-parte FPM	5							
Trans. financeira LC 87/96	5							
Cota-parte ICMS	5							
Cota-parte IPI Exportação	5							
Cota-parte do ITR	5							
Cota-parte IPVA	5							
Trans. do IRRF	25							
IPTU	25							
ITBI	25							
ISSQN	25							
Dívida Ativa de Impostos	25							
Multas originadas de Impostos	25							
Total								

Fonte: Elaborada pelo autor. Foram adotados os percentuais finais, vigentes a partir do terceiro ano do FUNDEB.

Os demonstrativos de apuração dos gastos na manutenção e desenvolvimento do ensino são padronizados por deliberações dos Tribunais de Contas; entretanto, a 6ª edição do Manual de Demonstrativos Fiscais (MDF), mantém o formulário na forma do Anexo "VIII", constante do Relatório Resumido da Execução Orçamentária, que consolida as informações sobre a aplicação do ensino e do FUNDEB.[8]

No caso de não comprovação da aplicação de 25% dos recursos no ensino, poderá haver intervenção do Estado nos Municípios (CF, art. 34, inciso VII), assim como rejeição de contas do gestor pelos Tribunais de Contas jurisdicionado.

Em resumo, apresenta-se na Figura 10.1 uma representação gráfica da distribuição dos recursos do ensino:

---

[8] Mantenha-se atualizado com as Portarias Ministeriais por meio do *site* <www.niltonandrade.com.br>.

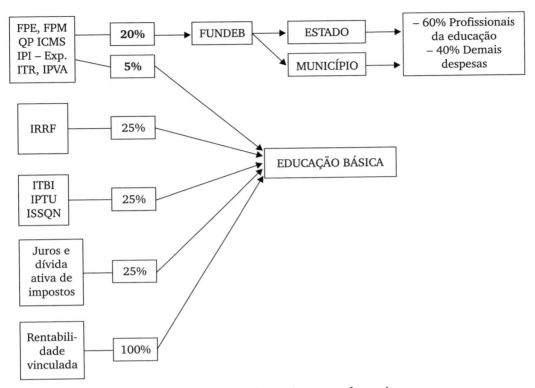

Figura 10.1 *Representação gráfica do financiamento do ensino.*

10.7.2 Fundo de Manutenção e Desenvolvimento da Educação Básica e de Valorização dos Profissionais da Educação (FUNDEB)

O governo federal, por meio da Emenda Constitucional nº 14, incluiu mudanças na forma de aplicação do ensino, alterando os arts. 34, 208, 211 e 212 da Constituição Federal, assim como deu nova redação ao art. 60 do Ato das Disposições Constitucionais Transitórias (ADCT), focando melhorias no sentido quantitativo. Posteriormente, a Emenda Constitucional nº 53 também inovou no sentido quantitativo e qualitativo, dando nova redação aos arts. 7º, 23, 30, 206, 208, 211 e 212; e também ao art. 60 do ADCT. No qualitativo destaca-se a inclusão do ensino infantil e ensino médio dentro de sua aplicação.

Assim ficou o art. 60 do ADCT, alterado pela EC nº 53, de 19 de dezembro de 2006:

> *"Art. 60. Até o 14º (décimo quarto) ano a partir da promulgação desta Emenda Constitucional, os Estados, o Distrito Federal e os Municípios destinarão parte dos recursos a que se refere o* caput *do art. 212 da Constituição*

Federal à manutenção e desenvolvimento da educação básica e à remuneração condigna dos trabalhadores da educação.

I – a distribuição dos recursos e de responsabilidades entre o Distrito Federal, os Estados e seus Municípios é assegurada mediante a criação, no âmbito de cada Estado e do Distrito Federal, de um Fundo de Manutenção e Desenvolvimento da Educação Básica e de Valorização dos Profissionais da Educação – FUNDEB, de natureza contábil. [...]."

Em geral, as modificações no ensino se resumem em:

- criação de um fundo no âmbito de cada Estado, de natureza contábil – Fundo de Desenvolvimento do Ensino Fundamental e de Valorização do Magistério (FUNDEF) – por um período de dez anos (1997 a 2006) e do FUNDEB por um período de 14 anos (2007 a 2020) (inclusão do inciso I do art. 60 do ADCT);

- 60% do ensino geral destinado ao ensino fundamental no período de vigência do FUNDEF e extinção deste limite no período de vigência do FUNDEB (alteração do *caput* do art. 60 do ADCT);

- distribuição dos recursos do fundo aos Estados e seus municípios proporcionalmente ao número de alunos, sendo 15% do FPM, FPE, ICMS e IPI Exportação na vigência do FUNDEF e 20% destes, e também do ITCM, do ITR e do IPVA (art. 60, II, do ADCT) na vigência do FUNDEB;

- distribuição de recursos do FUNDEB – levar-se-á em conta a totalidade das matrículas no ensino fundamental, enquanto para a educação infantil, o ensino médio e a educação de jovens e adultos será de 1/3 (um terço) das matrículas no primeiro ano, 2/3 (dois terços) no segundo ano e sua totalidade a partir do terceiro ano (art. 60, § 4º – ADCT);

- determinação de que são direitos dos trabalhadores a "assistência gratuita aos filhos e dependentes desde o nascimento até 5 (cinco) anos de idade em creches e pré-escolas" (EC nº 53/06, art. 7º, inciso XXV);

- prioridade do município no ensino infantil, atendendo a crianças de zero a 5 anos, incluindo creches e pré-escolas, e no ensino fundamental a partir de seis anos de idade, com nove anos de estudos (nova redação ao § 2º do art. 211 combinada com a Lei nº 11.274/06, que alterou o art. 32 da Lei de Diretrizes e Bases da Educação – LDB);

- complementação pela União de recursos do FUNDEF/FUNDEB para os Estados, cujo valor por aluno não alcance o mínimo definido nacionalmente (inciso V, combinado com o § 3º, ambos do art. 60 do ADCT);

- 60% dos recursos do FUNDEF foram destinados ao pagamento dos *profissionais*[9] do ensino fundamental em efetivo exercício no magistério. A partir de 2007, ano da vigência do FUNDEB, estes profissionais foram definidos na Lei nº 11.494/07, art. 22, parágrafo único, inciso II);

- criação do Conselho Municipal de Educação e também do Conselho para o FUNDEB, podendo haver a fusão destes dois conforme a legislação;

- acesso ao ensino fundamental gratuito a todos e universalização do ensino médio no menor tempo possível (alteração dos incisos I e II do art. 208), sendo que a educação básica pública atenderá prioritariamente ao ensino regular (art. 211, § 5º);

- a União passou a ter função redistributiva e seletiva, de forma a garantir oferta igualitária de oportunidades educacionais e um padrão mínimo de qualidade (alteração do § 1º do art. 211);

- os Estados passaram a atuar prioritariamente no ensino fundamental e médio (inclusão do § 3º do art. 211);

- foram criadas as formas de colaboração entre Estados e municípios, ou seja, por meio de convênios (inclusão do § 4º do art. 211);

- ampliação do financiamento da educação por meio do salário-educação (alteração do § 5º do art. 212 por meio da EC nº 53/06).

O Quadro 10.1 apresenta as etapas de ensino, a abrangência do ensino e a responsabilidade da gestão.

Quadro 10.1 *Ensino: etapas de ensino, abrangência e responsabilidade.*

Níveis de ensino	Abrangência	Competência
Educação infantil	De 0 (zero) a 5 (cinco) anos de idade.	Municípios
Ensino fundamental	A partir de 6 (seis) anos com duração de 9 (nove) anos.	Municípios e Estados
Ensino médio	Antigo 2º grau.	Estados
Ensino superior	Antigo 3º grau.	União
Ensino regular	Compreende a educação infantil e o ensino fundamental.	Municípios e Estados
Educação básica	Compreende a educação infantil, o ensino fundamental e o ensino médio.	Municípios e Estados

---

[9] Apesar de a EC nº 14 ter mencionado *professores*, praticou-se no período de 1997 a 2006 a expressão *profissionais do magistério*, abrindo-se à contabilização de despesas com diretores, supervisores e orientadores educacionais. Esta lacuna foi corrigida na EC nº 53/06.

Desse modo, comprova-se melhor distribuição dos recursos destinados ao ensino, tendo em vista que estes aumentaram nos municípios, cuja demanda do ensino era maior do que os recursos para o seu custeio. Assim, também, os administradores públicos passaram a ter maior responsabilidade ao gerir os recursos destinados ao ensino.

10.7.2.1 Financiamento do FUNDEB

Parte dos recursos destinados ao ensino será transferida para um fundo contábil de cada estado da federação e do Distrito Federal, sendo que nos primeiros dois anos os percentuais foram menores e progressivos até atingir no terceiro ano os 20%. A Emenda Constitucional nº 53/06 ampliou a lista das receitas que compunham o FUNDEF.

De acordo com o art. 20 da Lei nº 11.494/07, é incluída no financiamento do FUNDEB a rentabilidade financeira dos eventuais saldos de recursos disponíveis nas contas específicas. Ressalta-se que a aplicação é obrigatória quando a perspectiva de utilização dos recursos seja superior a 15 dias. Além disso, deve-se observar que os recursos devem ser aplicados em operações financeiras de curto prazo ou de mercado aberto, lastreadas em títulos da dívida pública, junto à instituição financeira responsável pela movimentação dos recursos, de modo a preservar seu poder de compra.

Os recursos que formarão a base de cálculo do FUNDEB estão distribuídas no Quadro 10.2.

Quadro 10.2 *Recursos da base de cálculo do FUNDEB.*

Dispositivo Constitucional	Receitas que compõem o FUNDEB conforme EC nº 53/06		Exercícios		
			2007	2008	A partir de 2009
Art. 155, I	1112.07.00	ITCM – Estado	6,66%	13,33%	20%
Art. 155, II	1113.02.00	ICMS – Estado	16,66%	18,33%	20%
Art. 155, III	1112.05.00	IPVA – Estado	6,66%	13,33%	20%
Art. 158, II	1721.01.05	Cota-parte do ITR – Municípios	6,66%	13,33%	20%
Art. 158, III	1722.01.02	Cota-parte do IPVA – Municípios	6,66%	13,33%	20%
Art. 158, IV	1722.01.01	Cota-parte do ICMS – Municípios	16,66%	18,33%	20%
Art. 159, I, *a*	1721.01.01	Cota-parte do FPE – Estado	16,66%	18,33%	20%

Continua

Dispositivo Constitucional	Receitas que compõem o FUNDEB conforme EC nº 53/06	Exercícios		
		2007	2008	A partir de 2009
Art. 159, I, *b*	1721.01.02 Cota-parte do FPM – Municípios	16,66%	18,33%	20%
Art. 159, II	1721.01.12 Cota-parte do IPI Exportação – Estado	16,66%	18,33%	20%
Art. 159, II, § 3º da CF c/c art. 3º, § 2º da Medida Provisória nº 339/06.	1722.01.04 Cota-parte do IPI Exportação – Municípios	16,66%	18,33%	20%
Lei Complementar nº 87/96 (Lei Kandir) c/c art. 3º, § 2º da Medida Provisória nº 339/06.	1721.36.00 Cota-parte do ICMS Desoneração Exportação – Municípios	16,66%	18,33%	20%
Art. 20, MP nº 339/06	1321.xx.xx Rentabilidade de aplicação dos recursos	100%	100%	100%

Assim, é comum ouvir que alguns municípios perderam receita, enquanto outros ganharam com a criação do FUNDEF ou FUNDEB. Cabe ressaltar que não é justo usar os termos *perder* e *ganhar*. Trata-se de uma aplicação de recursos no ensino a dedução dos percentuais do Quadro 10.2.

Houve justiça na distribuição dos recursos do financiamento do fundo em relação ao número de alunos existentes em cada Estado da federação, com base no total da arrecadação de impostos e transferências. A soma dos recursos mencionados é dividida pelo número de alunos de cada Estado (alunos estaduais e municipais), apurando-se o valor *per capita*.

Muitos municípios assumiram a gestão de escolas que se encontravam sob a jurisdição dos Estados-membros, à busca de recuperação de receita. Recomenda-se efetuar uma análise sobre qual é o custo por aluno/ano, evitando assim assumir pesados encargos com manutenção de escolas, mesmo porque a municipalização não é obrigatória e depende da decisão discricionária do Poder Executivo, respaldado pela aprovação soberana do Poder Legislativo.

Os rendimentos de aplicação financeira dos recursos do FUNDEB devem ser computados na base de cálculo da receita, para a qual recomenda-se a criação do detalhamento da rubrica da receita 1325.01.02[10] – "**Receita de Remuneração de Depósitos Bancários de Recursos Vinculados (FUNDEB)**", vinculando-se a origem à aplicação dos recursos.

---

[10] O código livre para o município, a partir do 5º dígito.

A União complementará os recursos do FUNDEB sempre que, em cada Estado e no Distrito Federal, o valor por aluno não alcançar o mínimo definido nacionalmente.

Quanto à contabilização da receita efetivamente arrecadada, como FUNDEB, deve esta ser contabilizada como Variação Patrimonial Aumentativa – Transferências e classificada orçamentariamente com o código 1724.01.00 – Transferência do FUNDEB, quando advindos de repasses dos respectivos Estados, Distrito Federal e Municípios, e a complementação do FUNDEB por parte da União terá o código 1724.02.00 (Classificação orçamentária definida pela Portaria STN nº 406/11). Os recursos da rentabilidade de aplicação deverão ser apropriados em conta orçamentária específica de receita patrimonial, porém, vinculada à aplicação do FUNDEB, conforme especificada no Quadro 10.2.

10.7.2.2 Aplicação dos recursos do FUNDEB

A distribuição de recursos do FUNDEB é efetuada com base no valor *per capita* de alunos, abrangendo tanto os alunos da rede estadual, quanto os das redes municipais. Ressalta-se que o ensino médio, apesar de estar inserido na aplicação desse fundo, cabe aos alunos da rede estadual e não aos matriculados na rede municipal.

A legislação anterior, por ocasião do FUNDEF, vedava a compensação de diferença apurada no 4º trimestre do exercício financeiro a ser compensada no exercício seguinte; entretanto, existiu uma brecha trazida pelo parágrafo único do art. 8º da LC nº 101/00, ou seja:

> *"Parágrafo único. Os recursos legalmente vinculados à finalidade específica serão utilizados exclusivamente para atender ao objeto de sua vinculação, ainda que em exercício diverso daquele em que ocorrer o ingresso."*

Corrigindo esta lacuna, a Medida Provisória nº 339/06, por meio do seu art. 21, § 2º, permitiu estender a aplicação ao exercício subsequente, por um limite de até 5%, o que foi validado pela Lei nº 11.494/07.

10.7.2.3 Subvinculação do FUNDEB

Destaca-se que o art. 60, inciso XII, do ADCT, estabeleceu uma subvinculação, a saber:

> *"Art. 60. [...]*
>
> *XII – proporção não inferior a 60% (sessenta por cento) de cada Fundo referido no inciso I do* caput *deste artigo será destinada ao pagamento dos profissionais do magistério da educação básica em efetivo exercício."*

Existiu na legislação do FUNDEF um contratempo em relação à expressão *pagamento de professores do ensino fundamental*, enquanto o texto da lei ordinária (Lei nº 9.394/96) trazia a expressão *pessoal docente e demais profissionais da educação*. Apesar da hierarquia das leis, praticou-se a expressão trazida pela LDB, sem nenhum questionamento dos órgãos fiscalizadores. Tal dispositivo foi regulamentado pelo art. 22, inciso II, da Lei nº 11.494/07, da seguinte forma:

> *"II – profissionais do magistério da educação: docentes, profissionais que oferecem suporte pedagógico direto ao exercício da docência, incluindo-se direção ou administração escolar, planejamento, inspeção, supervisão, orientação educacional e coordenação pedagógica. [...]."*

Assim, também, a expressão *profissionais do ensino* constante no inciso V do art. 206 para *profissionais da educação escolar*:

> *"Art. 206. [...]*
>
> *V – valorização dos profissionais da educação escolar, garantidos, na forma da lei, planos de carreira, com ingresso exclusivamente por concurso público de provas e títulos, aos das redes públicas."*

Verifica-se que o conceito de profissionais do magistério da educação abrange não somente os docentes, ou seja, os professores, mas também aqueles profissionais que proporcionam um suporte pedagógico à sala de aula. Nos recursos do FUNDEB, incluem-se salários, vencimentos, vantagens, gratificações, férias, licença-saúde, décimo-terceiro, encargos patronais (INSS, FGTS) etc.

Os recursos recebidos do FUNDEB deverão ser aplicados pelos municípios exclusivamente no respectivo âmbito de atuação prioritária, ou seja, na educação infantil e no ensino fundamental, conforme determina o § 2º do art. 211 da Constituição Federal, e em ações consideradas como de manutenção e desenvolvimento da educação infantil e do ensino fundamental, conforme o art. 70 da Lei Federal nº 9.394/96.

Ressalta-se que o responsável pelo planejamento e controle dos recursos do FUNDEB não deve ignorar a existência de:

- dotações orçamentárias específicas para controle de gastos com profissionais da educação e sua aplicação de no mínimo 60% do FUNDEB;
- dotações orçamentárias específicas para as demais despesas pertinentes ao FUNDEB;
- controle de fontes de recursos, considerando que eles são subvinculados.

O texto legal (Lei nº 9.394/96) veio impor a qualidade do ensino, excluindo despesas referentes a tratamento dentário e psicológico e alimentação escolar, entre outros, o que antes da existência do referido fundo contábil era muito

240 Contabilidade Pública na Gestão Municipal • Andrade

praticado pelos administradores. Entretanto, quanto ao inciso II, vale ressaltar que a Lei nº 11.494/07, art. 8º, trouxe exceções para as contribuições às instituições comunitárias, confessionais e filantrópicas conveniadas com o poder público, na educação infantil – período entre zero e três anos durante a vigência do FUNDEB e posteriormente a Lei nº 12.695, de 25 de julho de 2012, como conversão da Medida Provisória nº 562/12, altera a Lei nº 11.494, de 20 de junho de 2007 e amplia o atendimento ao pré-escolar (crianças de quatro e cinco anos) na educação do campo até o ano de 2016, desde que seja oferecido em instituições credenciadas que tenham como proposta pedagógica a formação por alternância, observado o disposto em regulamento do MEC.

As despesas com auxiliares de serviços gerais, tais como serventes e cantineiras, podem ser contabilizadas com recursos do FUNDEB, conforme informações mencionadas no *site* do MEC, entretanto, alguns Tribunais de Contas questionam tais despesas, fazendo analogia com a tipicidade da merenda escolar que não pode ser custeada por recursos do FUNDEB.

10.7.2.4 Conselho do FUNDEB

O acompanhamento e o controle social sobre a distribuição, a transferência e a aplicação dos recursos do ensino e do FUNDEB serão exercidos, no âmbito dos municípios, por conselhos instituídos especificamente para esse fim.

Os conselhos serão criados por legislação específica, editada no âmbito de cada município. Aos conselhos incumbe, ainda, supervisionar o censo escolar anual e a elaboração da proposta orçamentária anual com o objetivo de concorrer para o regular e tempestivo tratamento e encaminhamento dos dados estatísticos e financeiros que alicerçam a operacionalização do FUNDEB.

Cabe ao Conselho Municipal de Educação o acompanhamento trimestral da aplicação no ensino, assim como o encaminhamento de relatórios para o Tribunal de Contas. Este prazo é de 30 (trinta) dias antes do vencimento do prazo para a apresentação da prestação de contas.

10.7.2.5 Etapas, tipos e ponderações do ensino

A partir de 2016, foram definidos valores de ponderação para as etapas, tipos e ponderações.[11] Estas ponderações poderão ser alteradas junto ao FUNDEB. Entretanto, o cálculo do valor *per capita* aluno a ser repassado para quaisquer umas das etapas e tipos deverá usar como base o valor "1", equivalente às séries

---

[11] Aprovados pela Comissão Intergovernamental de Financiamento para Educação Básica de Qualidade.

iniciais do ensino fundamental urbano. Exemplificando, estima-se para um aluno de pré-escola um custo 10% inferior ao ensino fundamental urbano.

I – creche pública em tempo integral – 1,30;

II – creche pública em tempo parcial – 1,00;

III – creche conveniada em tempo integral – 1,10;

IV – creche conveniada em tempo parcial – 0,80;

V – pré-escola em tempo integral – 1,30;

VI – pré-escola em tempo parcial – 1,00;

VII – anos iniciais do ensino fundamental urbano – 1,00;

VIII – anos iniciais do ensino fundamental no campo – 1,15;

IX – anos finais do ensino fundamental urbano – 1,10;

X – anos finais do ensino fundamental no campo – 1,20;

XI – ensino fundamental em tempo integral – 1,30;

XII – ensino médio urbano – 1,25;

XIII – ensino médio no campo – 1,30;

XIV – ensino médio em tempo integral – 1,30;

XV – ensino médio integrado à educação profissional – 1,30;

XVI – educação especial – 1,20;

XVII – educação indígena e quilombola – 1,20;

XVIII – educação de jovens e adultos com avaliação no processo – 0,80;

XIX – educação de jovens e adultos integrada à educação profissional de nível médio, com avaliação no processo – 1,20.

A Tabela 10.2 apresenta o cálculo de algumas etapas e tipos.

Tabela 10.2 *Cálculo de valores do FUNDEB a receber em um município.*

Etapa	Nº Alunos	Valor aluno ano	Ponderação	Valor a receber
Anos iniciais do ensino fundamental urbano	100	R$ 1.000,00	1,00	R$ 100.000,00
Pré-escola em tempo integral	100	R$ 1.000,00	1,30	R$ 130.000,00
Anos iniciais de ensino fundamental no campo	100	R$ 1.000,00	1,15	R$ 115.000,00

10.7.2.6 Prestação de contas do FUNDEB

Os executivos municipais prestarão contas do controle anual e trimestral do FUNDEB, na forma do art. 69, § 4º, da Lei nº 9.394/96, sob pena de aplicação de multas pelos Tribunais de Contas. Conforme a Lei nº 11.494/07, art. 27, as prestações de contas anuais ao Tribunal de Contas deverão ser instruídas com parecer do conselho responsável, que deverá ser apresentado ao Poder Executivo respectivo em até 30 (trinta) dias antes do vencimento do prazo para a apresentação das mesmas.

Assim como para os recursos do ensino, os demonstrativos de apuração dos gastos junto ao FUNDEB são padronizados por deliberações dos Tribunais de Contas em que os municípios são jurisdicionados. O Anexo "VIII" do MDE – 6ª edição trata do Relatório Resumido da Execução Orçamentária e também dá ao FUNDEB um tratamento especial.

Para comprovação da prestação de contas mensal do FUNDEB, recomenda-se a montagem de uma pasta exclusiva, com os empenhos e seus respectivos comprovantes na ordem de contas orçamentárias mencionadas no livro Razão.

Para uma perfeita prestação de contas, recomenda-se que os comprovantes da despesa ajustem-se às retiradas apontadas nos extratos bancários. Para isso, deve-se ter cautela no controle financeiro, vinculado ao controle orçamentário.

Cabe-nos alertar que o referido fundo é de natureza contábil, e não é objeto de contabilidade própria, apenas é controlado mediante conta bancária distinta e suas receitas e despesas são constantes de dotações específicas do orçamento fiscal do município.

Conforme o art. 21, § 2º, os recursos do FUNDEB serão utilizados pelos municípios no exercício financeiro em que lhes forem creditados, podendo ser utilizados no primeiro trimestre do exercício imediatamente subsequente, até 5% dos recursos recebidos, mediante abertura de créditos adicionais. Ressalta-se que créditos adicionais são diferentes de créditos orçamentários. Assim, estes deverão ser comprovados mediante abertura de novos créditos por meio de decreto municipal, com respectiva indicação de fonte de recurso.

O secretário municipal de educação é o gestor dos recursos do Fundo de Ensino Fundamental, podendo ser delegado a ele, por meio de decreto ou portaria, a responsabilidade para assinar cheques em conjunto com o responsável pela Fazenda.

De acordo com a legislação vigente para o ensino e FUNDEB, deve o município, ainda, elaborar o Plano de Carreiras dos profissionais da educação, abrir conta específica para a Educação no Banco do Brasil ou Caixa Econômica Federal, criar o Conselho Municipal de Educação e do FUNDEB.

10.8 Receita de alienação de bens

Conforme preceitua a Lei Complementar nº 101/00, a receita de alienação de bens públicos, inclusive de privatizações, deve destacar a origem e a aplicação dos recursos obtidos, que são na aplicação absorvidos por gastos em despesas de capital. Segue ditame legal:

> "Art. 44. É vedada a aplicação da receita de capital derivada da alienação de bens e direitos que integram o patrimônio público para o financiamento de despesa corrente, salvo se destinada por lei aos regimes de previdência social, geral e próprio dos servidores públicos."

A 6ª edição do MDE apresenta, ainda, o demonstrativo da receita de alienação de ativos e aplicação dos recursos, padronizado pelo Anexo XI do RREO.

Tal dispositivo legal veio culminar na permanência da capacidade de investimento das entidades públicas, tendo em vista a grande baixa do imobilizado nos últimos tempos, muitas vezes para o custeio de despesas rotineiras e, ainda, a busca irresponsável de quitar restos a pagar com recursos de alienações de bens do ativo permanente.

10.9 Contabilização das câmaras municipais

Com a Constituição Federal de 1988, as Câmaras Municipais passaram a ter autonomia administrativa e financeira, e os gestores do Poder Legislativo passaram a responder por seus atos no que se refere ao desembolso de recursos para o custeio daquela instituição.

10.9.1 Contabilização das transferências ao Poder Legislativo

Antes da vigência da Portaria Interministerial nº 163, de 4 de maio de 2001, os orçamentos dos municípios de determinados Estados da federação davam um tratamento diferenciado na forma contábil de repasse às Câmaras com autonomia financeira, em relação a outros Estados, no que se refere à forma de contabilizar os recursos mensais do Poder Legislativo, isso porque as entidades efetuavam as transferências na forma de Transferências Intragovernamentais.

Em outros Estados, a adoção do controle de transferências ao Poder Legislativo dava-se por via extraorçamentária.

As transferências financeiras concedidas e recebidas devem ser registradas em contas contábeis específicas, de forma extraorçamentária, na Variação Patrimonial Diminutiva – Transferências Concedidas na Prefeitura e na Variação Patrimonial Aumentativa – Transferências Recebidas na Câmara Municipal.

244 Contabilidade Pública na Gestão Municipal • Andrade

Para os Estados que adotam o Sistema Integrado de Administração Financeira do Governo Federal (SIAFI), tem sido adotada, apenas, a liberação de cota financeira para o Poder Legislativo, e os controles são integrados em um único sistema, sendo necessário que ocorra um processamento, de forma tempestiva.

Busca-se permanentemente um consenso entre os dois poderes para que ambos possam ter a contabilização de forma tempestiva; e, ainda, possam consolidar os dados em tempo hábil para o cumprimento de apresentação dos anexos que atendam ao Relatório Resumido da Execução Orçamentária e ao Relatório de Gestão Fiscal.

Assim, as despesas são empenhadas e realizadas na unidade orçamentária responsável, ou seja, na própria Câmara Municipal, cabendo ao Poder Executivo consolidar os dados do Poder Legislativo aos seus.

É importante que, num plano de contas unificadas, os saldos se compensem, tornando nulos seus efeitos nas demonstrações contábeis.

10.9.2 Limitação de gastos das câmaras municipais

Para efetuar o repasse de recursos ao legislativo municipal, é necessário obedecer ao disposto no art. 29 da Constituição Federal, cuja redação foi atualizada pela EC nº 25, de 14 de fevereiro de 2000.

O Poder Executivo deve observar três limites para efetuar o repasse ao Poder Legislativo: o primeiro refere-se ao limite da despesa com remuneração de vereadores inferior ao montante de 5% da receita do município (art. 29, VII), o segundo é um limite máximo e o terceiro um limite mínimo.

O limite máximo refere-se ao repasse com base na arrecadação do exercício anterior, especificamente a receita advinda do montante da receita tributária e das transferências constitucionais para os municípios, enquanto o limite mínimo refere-se à proporção fixada na Lei Orçamentária.

O art. 29, VI, apresenta percentuais limites de remuneração dos vereadores em relação aos deputados estaduais. Também conforme o art. 29-A da Constituição Federal, o total da despesa do Poder Legislativo Municipal, incluídos os subsídios dos vereadores e excluídos os gastos com inativos, não pode ultrapassar os seguintes percentuais, relativos ao montante de tributos e transferências constitucionais, efetivamente arrecadados no exercício anterior:

I – 7% para municípios com população de até 100.000 habitantes;

II – 6% para municípios com população entre 100.001 e 300.000 habitantes;

III – 5% para municípios com população entre 300.001 e 500.000 habitantes;

IV – 4,5% para municípios com população entre de 500.000 e três milhões de habitantes;

V – 4% para municípios com população entre 3.000.001 e 8.000.000 (oito milhões) de habitantes;

VI – 3,5% para municípios com população acima de 8.000.001 habitantes.

O Poder Executivo também não poderá efetuar repasses que sejam inferiores à proporção estabelecida na Lei Orçamentária. Entretanto, a Emenda Constitucional nº 25 não determinou qual a base de cálculo para a incidência da proporção. Matematicamente, entende-se por proporção o resultado da divisão de parte sobre um todo. Nesse caso, a proporção orçamentária é o resultado advindo da previsão orçamentária para o Poder Legislativo em relação ao total do orçamento fiscal anual.

Como o Poder Legislativo deve observar o limite máximo de seus gastos, posto que repassar a maior do que o limite máximo, assim como gastar a mais, é hipótese que corresponde a crime de responsabilidade, respectivamente, do prefeito municipal ou do presidente da Câmara Municipal.

Diante de tal inconsistência e para garantir que nem o Poder Legislativo gaste mais do que pode, nem o Poder Executivo repasse além do limite, deve o valor máximo apurado ser dividido por 12, apurando-se a média mensal da transferência máxima, e proporcionando ao Legislativo estabelecer seu fluxo de caixa e cronograma de desembolso financeiro, com base numa estimativa próxima da efetiva arrecadação mensal.

Entendemos que essa é a única forma de garantir que nem o Poder Executivo, nem o Poder Legislativo excedam os limites traçados na Constituição Federal, considerando que a figura do duodécimo foi extinta.

O repasse deverá efetuar-se até o dia 20 de cada mês;[12] recomenda-se que o mesmo seja feito com base no cálculo da arrecadação do mês anterior, tendo em vista que o critério fará com que, no final do exercício financeiro, o Poder Executivo tenha cumprido o repasse com base de pelo menos o equivalente ao limite mínimo.

Entende-se que o repasse deve ser efetuado mediante um depósito em conta-corrente específica na Câmara Municipal, independentemente de sua forma adotada para contabilização ou de sua autonomia administrativa e financeira. Dessa forma, estará garantido o cumprimento do dispositivo constitucional que obriga efetuar o repasse até o dia 20 de cada mês.

Ressalta-se que a fixação de subsídios de vereadores deverá ser definida na legislatura anterior, de preferência antes do resultado das eleições para não caracterizar o ato de legislar em causa própria, obedecendo-se o art. 29, VI, em que se baseia na remuneração de deputados.

---

[12] Constituição Federal, art. 29-A, § 2º, inciso II.

10.9.3 Gastos com pessoal do Legislativo

A Constituição Federal, com vigência a partir da Emenda Constitucional nº 25/00, estabelece também que cabe ao Poder Legislativo, mesmo que tenha outros limites controlados internamente, cumprir o que se segue:

- não gastar com pessoal mais de 70% dos recursos recebidos no exercício, nos termos do § 1º, do art. 29-A da Constituição Federal;
- não gastar com pessoal mais de 6% da Receita Corrente Líquida Municipal arrecadada no exercício, nos termos do inciso III do art. 20 da LC nº 101/00.

Vale ressaltar que tem havido controvérsias quanto à inclusão ou não dos encargos trabalhistas no cômputo do gasto com pessoal das Câmaras Municipais. Como o legislador expressou no § 1º, art. 2º, da Emenda Constitucional nº 25/00,

"A Câmara Municipal não gastará mais de setenta por cento de sua receita com folha de pagamento, incluído o gasto com o subsídio de seus Vereadores",

entendemos que o termo *folha de pagamento* é uma terminologia principal, em que se inclui como acessórios seus encargos respectivos. Deveria o legislador ter expressado *gasto com pessoal* para que fossem incluídos os encargos da folha de servidores municipais e vereadores, enquanto o termo utilizado está levando a entender que se trata apenas dos valores efetivamente entregues aos servidores e agentes políticos.[13]

10.10 Audiência pública

A audiência pública é um dos instrumentos de transparência trazidos pela LRF cujo objetivo é envolver a população nos processos de elaboração e execução dos planos orçamentários: Plano Plurianual (PPA), Lei de Diretrizes Orçamentárias (LDO) e Lei Orçamentária Anual (LOA), nos termos do art. 48, parágrafo único. Tem também a finalidade de demonstrar e avaliar, quadrimestralmente, os resultados das metas fiscais estabelecidas, ou seja, apresentar ao Poder Legislativo e à população como foram aplicados e controlados os recursos do Município (art. 9º, § 4º).

Conforme determina o § 4º do art. 9º da LRF, as audiências deverão ser realizadas até o dia 31 de maio (para demonstrar o cumprimento das metas do 1º quadrimestre), até o dia 30 de setembro (para demonstrar o cumprimento das

---

[13] Consulta 638.893 do Tribunal de Contas do Estado de Minas Gerais.

metas do 2º quadrimestre) e até o dia 28 de fevereiro (para demonstrar o cumprimento das metas do 3º quadrimestre).

Todos os Municípios, independentemente de sua população, estão obrigados a realizar audiências públicas, nos termos do art. 63 da referida lei. Estas deverão ser realizadas na sede do Poder Legislativo, perante o Plenário ou Comissão constituída para tal fim.

A iniciativa de realização da audiência pública deve ser do Poder Executivo, o qual encaminhará um ofício ao Presidente da Câmara ou ao Presidente da Comissão de Orçamento e Finanças da Câmara, formalizando a sua disposição para a realização da audiência pública. O Presidente da Câmara ou o Presidente da Comissão de Orçamento e Finanças, por sua vez, deverá enviar um ofício ao Prefeito Municipal marcando a data da realização da audiência, devendo ser dada ampla divulgação ao evento.

A apresentação é estritamente técnica, razão pela qual se recomenda que seja feita por pessoa que tenha conhecimento técnico da matéria, como, por exemplo: Secretário de Finanças, Secretário de Planejamento, Contador, Controlador, dentre outros.

Deverão ser dadas explicações sobre o cumprimento das metas estabelecidas, e no caso da não obtenção dos resultados previstos, deverão ser demonstradas as medidas corretivas adotadas ou a adotar para o seu cumprimento. Deve-se discorrer sobre o comportamento de receitas e despesas no período (se houve déficit ou superávit), cumprimento do limite da dívida pública, avaliação do cumprimento das metas bimestrais de arrecadação, metas de resultado primário e nominal, entre outras, visando ao equilíbrio das contas públicas. Pode-se também discorrer sobre os gastos com ensino, saúde, pessoal, restos a pagar, aplicação de recursos vinculados etc.

Recomenda-se o registro de atas e o arquivo delas, com os respectivos convites a autoridades, ofícios de convocação, documentos que comprovem a divulgação da audiência, fotografias, áudios, filmes etc.

A não realização da audiência pública pode caracterizar-se infração político-administrativa, passível de punição com a cassação de mandato, conforme art. 4º, VII, do Decreto-lei nº 201/67.

> *"Art. 4º São infrações político-administrativas dos Prefeitos Municipais sujeitas ao julgamento pela Câmara dos Vereadores e sancionadas com a cassação do mandato:*
>
> *[...];*
>
> *VII – praticar, contra expressa disposição de lei, ato de sua competência ou omitir-se na sua prática."*

10.11 Transparência pública

A partir de 27 de maio de 2010, passamos a conviver com o chamado Portal da Transparência. O que é isso? Para que serve? Como fazer para ser uma Administração Pública transparente?

O Portal da Transparência tem o objetivo de divulgar dados e informações dos órgãos da Administração Pública na Internet. A Lei Complementar nº 131, de 27 de maio de 2009, alterou e criou novos artigos para a Lei de Responsabilidade Fiscal (LRF), com vistas a permitir maior transparência da gestão pública.

Dentre as mudanças está a de determinar a disponibilização, em tempo real, de informações pormenorizadas sobre a execução orçamentária e financeira dos órgãos da União, dos Estados, do Distrito Federal e dos Municípios, incluindo as respectivas autarquias, as fundações, os fundos e as empresas estatais dependentes. Tal exigência é obrigatória para a União, os Estados e os Municípios.

Ressalta-se que os sistemas informatizados sejam adaptados para atender ao cumprimento da lei. Dentre as mudanças, destacam-se os incisos da nova redação do art. 48 da LRF, em que preconiza que a transparência será assegurada também mediante o seguinte:

> *"I – incentivo à participação popular e realização de audiências públicas, durante os processos de elaboração e discussão dos planos, lei de diretrizes orçamentárias e orçamentos."*

Cumprir essa exigência é deixar de elaborar os instrumentos de planejamento dentro de quatro paredes, muitas vezes pelo contador ou mesmo um único servidor público. Para mudar este costume, é necessário regulamentar o processo de sua elaboração, com definição de cronogramas e de etapas de desenvolvimento, além de critérios para indicação ou eleição de representantes da sociedade, sejam das classes de trabalhadores, sejam das comunidades de bairros. Além disso, é necessária a adoção de linguagem que seja entendida pelas diversas classes sociais, conciliando com a catalogação de programas e ações de governo que traduzam os anseios nos projetos de leis que serão submetidos ao Poder Legislativo.

> *"II – liberação ao pleno conhecimento e acompanhamento da sociedade, em tempo real, de informações pormenorizadas sobre a execução orçamentária e financeira, em meios eletrônicos de acesso público."*

Essa é uma fase do processo, em que se está executando o planejado, ou seja, a realização do que foi determinado nos instrumentos constantes do inciso I. Liberar ao pleno conhecimento e acompanhamento da sociedade significa disponibilizar todos os dados e informações contábeis da execução orçamentária, ou seja, expor o que se arrecadou da receita prevista, ou empenhou, liquidou e pagou da despesa fixada. Nos detalhes a serem divulgados estão a classificação e o número do correspondente processo da execução da receita e da despesa e do respectivo procedimento licitatório realizado, quando for o caso.

Fácil será disponibilizar os dados em meios eletrônicos de acesso à população, mesmo porque essa exigência já ocorre desde 1998, quando promulgada a Lei nº 9.755 que dispôs sobre a criação de *homepage* na Internet, por meio do Tribunal de Contas da União, para divulgação dos dados e informações de todas as esferas de governo.

Difícil será o cumprimento da expressão "em tempo real". Ao nosso ver, significa o registro contábil *online*, tempestivo dos atos e fatos que afetam ou possam afetar o patrimônio da entidade, no momento do fato ocorrido. Entretanto, a União regulamentou o processo por meio de Decreto presidencial nº 7.185/10, adotando-se o conceito de tempo real para o primeiro dia útil seguinte.

> *"III – adoção de sistema integrado de administração financeira e controle, que atenda a padrão mínimo de qualidade estabelecido pelo Poder Executivo da União e ao disposto no art. 48-A."*

Adotar um sistema integrado nessas condições significa relacionamento de dados de várias unidades gestoras que são alimentados no sistema informatizado apenas uma vez, de forma que não haja reprocessamento dos mesmos em setores diferentes. O decreto presidencial também estabelece requisitos contábeis e tecnológicos para o padrão mínimo de qualidade que permita a padronização e a disponibilização de informações ao cidadão de modo consolidado ou nas especificações de cada entidade.

Dentre os requisitos contábeis, destaca-se a adequação ao Plano de Contas Aplicado ao Setor Público (PCASP), ao Manual de Contabilidade Aplicada ao Setor Público (MCASP), ao Manual de Demonstrativos Fiscais (MDF) e a demais normas editadas pela Secretaria do Tesouro Nacional.

Outra novidade importante e relevante é a criação de regras que assegurem a inalterabilidade das informações originais incluídas após sua contabilização e a preservação do registro histórico de todos os atos contábeis. Dessa forma, não se abrirá balancetes ou balanços encerrados; e sim deverão ser utilizados mecanismos tempestivos, como, por exemplo, o estorno.

Outros dispositivos foram incorporados à Lei. No que se refere à identificação dos itens da receita, a serem publicados, são exigidos os dados do lançamento e do recebimento de todas as unidades gestoras, inclusive os referentes a recursos extraordinários. Para a despesa deverão ser publicados todos os atos praticados pelas unidades gestoras no decorrer de sua execução, com a disponibilização mínima dos dados referentes ao número do correspondente processo, ao bem fornecido ou ao serviço prestado, à pessoa física ou jurídica beneficiária do pagamento e, quando for o caso, ao procedimento licitatório realizado.

A LC nº 131/09 possibilita a participação da sociedade, do partido político, da associação ou do sindicato como parte legítima para denunciar o descumprimento das prescrições estabelecidas ao respectivo Tribunal de Contas e ao órgão competente do Ministério Público.

Assim, as normas de finanças públicas, voltadas para a transparência e responsabilidade na gestão fiscal, apresentam mudanças que exigirão do gestor uma atenção especial, principalmente no que se refere à tecnologia da informação. A prestação de contas públicas é um direito do cidadão e uma forma do exercício da democracia.

10.12 Acesso à informação pública

Entrou em vigor no dia 17 de maio de 2012 a Lei nº 12.527/11, denominada de Lei da Informação. Foi publicada no dia 18 de novembro de 2011, porém, o legislador atribuiu um período de 180 dias para sua vigência, o que é denominado de período *vacatio legis*. Ela representa um grande instrumento da moralidade e um grande avanço da eficiência e transparência pública.

Seu objetivo é normatizar dispositivos constitucionais, especialmente o art. 5º, XXXIII, art. 37, § 3º, II, e art. 216, § 2º, textos estes de eficácia limitada, ou seja, dependem de legislação infraconstitucional para atuação no mundo real.

Os artigos constitucionais são relativos ao direito de receber informações de interesse particular ou não de entidades públicas e suas respectivas punições dos agentes de omitirem tais dados, bem como se dará a publicidade a que estão submetidas as entidades públicas a que se refere à parcela dos recursos públicos recebidos e à sua destinação, sem prejuízo das prestações de contas a que estejam legalmente obrigadas.

A Lei, além de definir várias nomenclaturas como documento, informação, integridade, autenticidade etc., determina sua aplicabilidade para os entes da Administração Pública de todas as esferas de governo (Executivo, Legislativo e Judiciário).

Houve a preocupação do legislador em criar uma ritualística processual de como deve ser a solicitação da informação por parte do particular; e de como a Administração Pública deverá colecionar tais dados. Resumindo, o procedimento de ingresso à informação dar-se-á mediante pedido de acesso, contendo a data, o local e o modo para se realizar a consulta, e no caso de recusa devem-se indicar as razões de fato ou de direito, total ou parcial, do acesso pretendido. Também se deve indicar, sendo do conhecimento do interessado, qual o órgão ou a entidade que detém tal informação, ou, ainda, remeter o requerimento a esse órgão ou entidade. Esse interessado deve ser informado da remessa do seu pedido de informação.

O prazo para a prestação das informações será imediato, e caso não seja possível, será de 20 dias, podendo ser prorrogado por mais dez dias, mediante justificativa. Caso a informação seja negada, o particular terá direito a recurso no prazo de 10 (dez) dias e a autoridade competente deverá se manifestar no prazo de cinco dias.

A Lei também teve o cuidado de classificar as informações sigilosas em grau, prazo e sigilo, restrições de acesso e a definição de quais são os tipos de condutas ilícitas e sua responsabilização.

A Lei nº 12.527/11 é uma norma geral, ou seja, abrange todas as esferas da federação, cabendo a cada ente a sua regulamentação. A União já o fez através do Decreto nº 7.724/12.

Atualmente o Ministério Público está vigilante ao processo de transparência e atendimento à Lei da Informação, inclusive pontuando de zero a 10 os municípios, os estados e o Distrito Federal no *ranking* de Transparência em 2016. A listagem completa de 2016 foi disponibilizada no endereço eletrônico <www. rankingdatransparencia.mpf.mp.br>.

Em síntese, a transparência só se fará visível quando qualquer cidadão, a qualquer momento, puder acessar as contas dos entes públicos e ver em tempo real o quanto se gastou, com o quê, quem venceu uma licitação, qual o salário de cada servidor etc. Assim também se espera que os resultados sejam demonstrados com crianças na escola, atendimento à saúde com eficiência e dignidade de forma a reduzir os índices de doença, segurança ao cidadão, entre outros.

11

Plano de Contas e Lançamentos Contábeis

11.1 Estrutura do plano de contas

O plano de contas é o objeto responsável pela transparência dos lançamentos contábeis, já que o mesmo demonstra as contas contábeis de forma estruturada, obedecendo a Princípios Contábeis Geralmente Aceitos, e consegue com isso agrupar informações diversas, de acordo com a forma em que cada conta está sendo utilizada. Esse instrumento é livremente utilizado pela contabilidade empresarial, e na contabilidade pública está atrelado ao que determinam a lei, atualmente a Lei nº 4.320/64, e o Manual de Contabilidade Aplicada ao Setor Público (MCASP), que tratam de instruções, classificações e consolidação de balanços, e facilitam a compreensão do público interno e externo dos valores lançados em cada conta.

Paralelamente ao plano de contas, temos os contas-correntes, que são complementos obrigatórios aos lançamentos contábeis de forma a dar-lhes complementação da informação contábil. Neste livro, estamos trabalhando com o Plano de Contas da Federação, com base no Anexo da Instrução de Procedimento Contábil – IPC 00. Alguns portais públicos ou *sites* apresentam os *links* com as versões atualizadas do PCASP, MCASP e legislação vigente.[1]

O profissional de contabilidade deverá procurar adequar o plano de contas ao que determina a legislação pertinente e à realidade de cada entidade pública a que presta seus serviços. O plano de contas deverá ser uma peça flexível, capaz de comportar novas contas e subcontas dentro de sua estrutura, inclusões essas feitas dentro do exercício financeiro, enquanto a exclusão é recomendada apenas após o encerramento do exercício, ocasião em que as

---

[1] <www.stn.fazenda.gov.br> ou <www.niltonandrade.com.br>.

Plano de Contas e Lançamentos Contábeis **253**

contas já se encontram com o movimento encerrado. Alguns tribunais de contas exigem um plano de contas padrão de seus jurisdicionados, e neste caso há necessidade de verificar essa exigência.

Para melhores entendimentos, pode-se comparar um plano de contas com uma peça de teatro, em que cada conta do primeiro representa um ator no segundo. Cada um estará pronto a realizar a função ou papel para o qual foi designado. Sua denominação deve demonstrar exatamente a realidade que se quer representar. Outra analogia utilizada é que o plano de contas funciona como uma coluna vertebral, sustentando as informações contábeis que lhe chegam.

Assim, haverá contas bem planejadas e situadas nos sistemas próprios, com funções definidas, que classificam, registram, controlam e possibilitam informações fidedignas à administração. Tal transparência das contas levará a um resultado inteligível, do qual sua análise poderá resultar em decisões que podem mudar, em parte ou no todo, um processo administrativo, em qualquer campo que se situe.

O sistema de Contabilidade Pública é um conjunto de quatro subsistemas, cujas alocações de recursos orçamentários, patrimoniais, custos e de compensação são movimentadas exclusivamente em contrapartida com as próprias contas pertencentes a esse conjunto, formando um sistema único contábil. Tem-se nas organizações privadas um único sistema de contas no qual são lançados e registrados todos os elementos nas classes 1, 2, 3 e 4. Exceção a essa regra é o caso de empresa privada com um sistema de custos, utilizando a classe 5. A conta contábil criada no plano de contas público é o título representativo da formação, composição e situação de um patrimônio, assim como das movimentações orçamentárias e de controle. O Plano de contas deixou de atender à estrutura de subsistemas e passou a atender às informações de natureza de controle, ou seja, a classe patrimonial (classes 1, 2, 3 e 4), a orçamentária (classes 5 e 6) e a de controles (classes 7 e 8).

Conterá o plano de contas os códigos das contas, descrições detalhadas, instruções adicionais sobre cada conta no que se refere a débitos, créditos, analíticas ou sintéticas, de movimento ou encerramento, atributos específicos, além de observações, se for o caso.

Poderá existir um plano de contas para cada entidade pública, no que se refere à administração direta e administração indireta; entretanto, todos devem ter a mesma estrutura, de forma a permitir a consolidação dos balanços e relatórios.

Há, no momento, a necessidade de adequar os planos de contas das entidades públicas aos moldes determinados pela legislação federal, com objetivo de consolidar todos os saldos junto ao ente governamental (União, Estados e Municípios) e ao balanço consolidado da União, que consolidada as informações contábeis dos respectivos entes públicos. O MCASP traz a forma dos balanços para consolidação, a qual pode ser localizada pelo *site* <www.stn.fazenda.gov.br>.

O MCASP apresenta a publicação de um plano de contas único para a federação, na qual cada ente federado terá que se adaptar.

1 Ativo
  1.1 Ativo Circulante
  1.2 Ativo Não Circulante
	2 Passivo
	  2.1 Passivo Circulante
	  2.2 Passivo Não Circulante
	  2.3 Patrimônio Líquido

3 Variação Patrimonial Diminutiva
  3.1 Pessoal e Encargos
  3.2 Benefícios Previdenciários e Assistenciais
  3.3 Uso de Bens, Serviços e Consumo Capital Fixo
  3.4 Variações Patrimoniais Diminutivas Financeiras
  3.5 Transferências e delegações Concedidas
  3.6 Desvalorização e Perda de Ativos e Incorporação de Passivos
  3.7 Tributárias
  3.8 Custo das Mercadorias vendidas, dos Produtos Vendidos e dos serviços prestados
  3.9 Outras Variações Patrimoniais Diminutivas
	4 Variação Patrimonial Aumentativa
	  4.1 Impostos, Taxas e Contribuições de Melhoria
	  4.2 Contribuições
	  4.3 Exploração e Venda de Bens, Serviços e Direitos
	  4.4 Variações Patrimoniais Aumentativas Financeiras
	  4.5 Transferências e Delegações Recebidas
	  4.6 Valorização e Ganhos com Ativos e Desincorporação de Passivos
	  4.7 Outras Variações Patrimoniais Aumentativas

5 Controles da Aprovação do Planejamento e Orçamento
  5.1 Planejamento Aprovado
  5.2 Orçamento Aprovado
  5.3 Inscrição de Restos a Pagar
	6 Controles da Execução do Planejamento e Orçamento
	  6.1 Execução do Planejamento
	  6.2 Execução do Orçamento
	  6.3 Execução de Restos a Pagar

7 Controles Devedores
  7.1 Atos Potenciais
  7.2 Administração Financeira
  7.3 Dívida Ativa
  7.4 Riscos Fiscais
  7.5 Consórcios Públicos
  7.6 Custos
  7.7 Outros Controles
	8 Controles Credores
	  8.1 Execução dos Atos Potenciais
	  8.2 Execução da Administração Financeira
	  8.3 Execução da Dívida Ativa
	  8.4 Execução dos Riscos Fiscais
	  8.5 Execução dos Consórcios Públicos
	  8.6 Apuração dos Custos
	  8.7 Outros Controles

Antes de iniciar com o plano de contas, é necessário um comentário sobre a estrutura do balanço patrimonial padronizada para a contabilidade pública.

As contas patrimoniais, de resultados e de controles apresentadas na estrutura do plano de contas são alocadas de acordo com as suas formas e características, observados os seguintes aspectos:

Ativo – As contas do ativo são alocadas em ordem crescente dos prazos de provável realização, ou seja, em ordem de liquidez. Iguais prazos devem ser observados para os grupos e subgrupos.

O ativo está desmembrado em "Circulante" e "Não circulante":

- o circulante compreende as contas representativas de disponibilidades para realização imediata, isto é, caixa, bancos e as contas de créditos dos órgãos públicos, compostas em sua maioria pelos créditos realizáveis a curto prazo;

- o não circulante representa os direitos realizáveis a longo prazo, tais como dívida ativa, investimentos, imobilizado e intangível, ou seja, aqueles ativos que tiverem a expectativa de realização até doze meses após a data das demonstrações contábeis.

Passivo e Patrimônio Líquido – As contas do passivo são dispostas em ordem crescente dos prazos de exigibilidade, estabelecidos ou estimados. Os mesmos critérios deverão ser utilizados para os grupos e subgrupos.

O passivo é dividido em passivo circulante, não circulante e patrimônio líquido:

- o passivo circulante representa as dívidas a curto prazo, que compreendem as obrigações a curto prazo, ou seja, aqueles valores exigíveis até doze meses após a data das demonstrações contábeis;

- o passivo não circulante representa as obrigações exigidas após doze meses da data das demonstrações contábeis, ou seja, as dívidas a longo prazo, também denominadas de dívidas fundadas, e outras obrigações do ente público;

- o patrimônio líquido compreende os recursos próprios do órgão, representando a diferença entre o ativo e o passivo.

Variação Patrimonial Diminutiva

Representa as contas que diminuem o patrimônio líquido, representado pela maioria das despesas, e também por quando deixar de existir o correspondente valor ativo, por transferência de sua propriedade para terceiro; diminuição ou extinção do valor econômico de um ativo; ou pelo surgimento de um passivo, sem o correspondente ativo.

Variação Patrimonial Aumentativa

Representa as contas que aumentam o patrimônio líquido. São classificadas nesse grupo as contas de receitas, cujas transações com contribuintes e terceiros ocorram pela existência de um fato gerador de natureza tributária, pela investidura na propriedade de bens anteriormente pertencentes à entidade, ou pela fruição de serviços por esta prestados. Também são representadas pela extinção, parcial ou total, de um passivo, qualquer que seja o motivo, sem o desaparecimento concomitante de um ativo de valor igual ou maior; pela geração natural de novos ativos independentemente da intervenção de terceiros; e no recebimento efetivo de doações e subvenções.

Controles do Orçamento – Aprovação

Esse grupo representa as contas com função de controlar a aprovação do Plano Plurianual, do orçamento e suas alterações, bem como os valores inscritos em restos a pagar.

Controles do Orçamento – Execução

São classificadas nesse grupo as contas com função de controlar a execução do Plano Plurianual, do orçamento e suas alterações, bem como os valores inscritos em restos a pagar.

Controles Devedores

São classificadas nesse grupo as contas com função precípua de controle dos atos potenciais caracterizados como devedores, ou seja, todos os atos praticados pelo gestor que podem vir a refletir no patrimônio do órgão. Os controles financeiros, créditos inscritos em dívida ativa e controle de custos também são classificados nesse grupo.

Controles Credores

São classificadas nesse grupo as contas com função precípua de execução dos controles dos atos potenciais caracterizados como credores, ou seja, todos os atos praticados pelo gestor que podem vir a refletir no patrimônio do órgão. Os controles financeiros, a execução dos créditos inscritos em dívida ativa e apuração dos custos também são classificados nesse grupo.

11.2 Legendas e convenções

Para melhor interpretação do plano de contas e seus lançamentos, definimos por nossa convenção a ordem dos itens a seguir demonstrada, e ainda nos lançamentos contábeis a identificação pela letra "D" para Débito e "C" para Crédito, considerando a convenção contábil. O Plano de Contas, além de código e descrição da conta, apresenta outras colunas que são denominadas de atributos contábeis.

A. **Código**

Código da conta no plano de contas.

B. **Descrição**

Descrição do nome da conta no plano de contas.

C. Último Nível – UN

Identifica se a conta pertence ao último nível (S), podendo ser movimentada, ou se é uma conta título (N), a qual não pode ser movimentada. Nos nossos exemplos de lançamentos contábeis utilizamos contas identificadas por "N", tendo em vista a impossibilidade de detalhá-las, o que proporcionaria grande volume de papel.

D. Subsistema Contábil – SC

Identifica o subsistema contábil a que a conta pertence: O – Orçamentário, P – Patrimonial e C – Controle. **Obs.**: O sistema financeiro passou a compor o subsistema patrimonial.

E. Natureza Devedora ou Natureza Credora – D/C

Identifica se a conta tem saldo de natureza credora ou devedora. Convenciona-se que todas as contas iniciadas por números pares terão natureza credora e as contas números ímpares terão natureza devedora. Deve-se levar em consideração que aquelas contas que possuem o símbolo de negativo (–) invertem a natureza da operação. A letra "X" significa independência da conta.

F. Conta de Encerramento – CE

Identifica a respectiva conta de encerramento no final do exercício. Somente serão encerradas as contas de resultado.

G. Indicador de Superávit Financeiro

Esta coluna do Plano de Contas informa o referido atributo de superávit financeiro que é utilizado ora sim, ora não nas mesmas contas.

Os atributos específicos foram criados com o objetivo de distinguir os lançamentos financeiros dos permanentes; durante o lançamento dos eventos contábeis, as contas são diferenciadas por um atributo específico.

Esta necessidade de atributo específico para controle de superávit financeiro veio da necessidade de cumprir artigo específico da Lei nº 4.320/64 que definiu o conceito e o critério de apuração do superávit financeiro que, entre outras funções, é utilizado como fonte de recurso para abertura de créditos adicionais.

Por isso, nos exemplos de lançamentos deste livro as contas de Ativo e Passivo são acompanhadas das letras "F", "P" ou "X", entre parênteses, para indicar se são contas financeiras ou permanentes. O "X" identifica a possibilidade de ora ser atributo financeiro, ora ser atributo permanente.

Simplificando o entendimento, recomendamos que antes de efetuar o lançamento, deve-se sempre perguntar: este ato já passou pelo orçamento?

Dessa forma, se o atributo for "P" é porque o ato ainda precisa passar pelo orçamento, sendo "F" é porque já passou pelo orçamento, sendo que para a despesa já foi feito o empenho e para a receita já houve o lançamento de realização orçamentária.

H. Conta-corrente – CC

Este item não consta deste plano de contas, mas faz parte das operações contábeis, tendo em vista que identificará o detalhe da conta contábil, sendo que evita duplicidade de informações. É uma expressão utilizada no masculino. Exemplo: credor, dotação orçamentária, fonte de recursos, estabelecimento bancário etc. Ou seja, quando a conta se relaciona com fornecedores, este conta-corrente identifica o credor pelo seu CPF ou CNPJ. Veja a Tabela 11.1 contendo exemplos de contas-correntes que agregam valor ao plano de contas.

Tabela 11.1 *Exemplos de Conta-corrente contábil*

CONTA-CORRENTE CONTÁBIL	
CÓDIGO	**DESCRIÇÃO**
10	Atributo SF (este pode ser atributo de conta ou adotado como conta-corrente)
11	Agência / conta / domicílio bancário
12	Agência / conta / domicílio bancário + fonte de recursos
13	Fonte de recursos
14	Célula da despesa + fonte de recursos
15	Célula da receita + fonte de recursos
16	Pessoa jurídica
17	Pessoa jurídica + ano
18	Pessoa física
19	Pessoa física + ano
20	Inscrição genérica (utilizado para credores sem CPF e CNPJ). Ex. Folha de pagamento.
21	Inscrição genérica + ano
22	UO / UG (unidade orçamentária / unidade gestora)
23	Processo licitatório + ano
24	Nota de empenho + ano
25	Natureza da despesa
26	Natureza da receita
27	IDUSO / fonte de recursos

Continua

CONTA-CORRENTE CONTÁBIL	
CÓDIGO	**DESCRIÇÃO**
28	Contrato + ano
29	Convênio + ano
30	Subelemento da despesa
31	UO / UG + programa
32	UO / UG + ação
33	Ano
34	Pessoa física + pessoa jurídica + processo licitatório + nota de empenho +ano

Fonte: Sugestão do autor.

I. Consolidação por meio do 5º dígito das Classes 1 e 2

O MCASP adotou no quinto dígito das Classes 1 – Ativo; 2 – Passivo e Patrimônio Líquido; 3 – VPD e 4 – VPA. Uma codificação específica e obrigatória para todos os entes federados, de forma que na consolidação das contas não haja duplicidade de valores. A seguir, o detalhamento dos códigos:

Código	Título da conta	Objetivo da conta
x.x.x.x.1.00.00	CONSOLIDAÇÃO	Compreende os saldos que não serão excluídos nos demonstrativos consolidados do Orçamento Fiscal e da Seguridade Social (OFSS).
x.x.x.x.2.00.00	INTRA-OFSS	Compreende os saldos que serão excluídos nos demonstrativos consolidados do Orçamento Fiscal e da Seguridade Social (OFSS) do mesmo ente.
x.x.x.x.3.00.00	INTER-OFSS – UNIÃO	Compreende os saldos que serão excluídos nos demonstrativos consolidados do Orçamento Fiscal e da Seguridade Social (OFSS) de entes públicos distintos, resultantes das transações entre o ente e a União.
x.x.x.x.4.00.00	INTER-OFSS – ESTADO	Compreende os saldos que serão excluídos nos demonstrativos consolidados do Orçamento Fiscal e da Seguridade Social (OFSS) de entes públicos distintos, resultantes das transações entre o ente e um estado.
x.x.x.x.5.00.00	INTER-OFSS – MUNICÍPIO	Compreende os saldos que serão excluídos nos demonstrativos consolidados do Orçamento Fiscal e da Seguridade Social (OFSS) de entes públicos distintos, resultantes das transações entre o ente e um município.

11.3 Modelo de plano de contas

Apresenta-se, a seguir, um modelo de plano de contas que pode ser utilizado pelos entes públicos, incluindo seus órgãos da administração direta e indireta. Cabe ressaltar que alguns Tribunais de Contas adotaram o PCASP estendido padronizado para todos os seus jurisdicionados, como, por exemplo, o Tribunal de Contas do Estado de Minas Gerais, que inclusive exigiu o atributo obrigatório de conta-corrente.

Outra observação importante é que algumas entidades públicas têm adotado a extensão dos níveis do plano de contas, de forma que do 8º nível em diante sejam adotados controles que seriam as funções dos contas-correntes.

Modelo sintético da estrutura do Plano de Contas

A	B	C	D	E	F	G
CÓDIGO	DESCRIÇÃO	UN	SC	D/C	CE	SF
1.0.0.0.0.00.00	Ativo	–	P	D	–	
1.1.0.0.0.00.00	Ativo Circulante	–	P	D	–	
1.1.1.0.0.00.00	Caixa e Equivalentes de Caixa	N	P	D	–	
1.1.1.1.0.00.00	Caixa e Equivalentes de Caixa em Moeda Nacional	N	P	D	–	
1.1.1.1.1.00.00	Caixa e Equivalentes de Caixa em Moeda Nacional – Consolidação	N	P	D	–	
1.1.1.1.1.01.00	Caixa	N	P	D	–	F
1.1.1.1.1.19.00	Bancos Conta Movimento – Demais Contas	N	P	D	–	F
1.1.1.1.1.30.00	Rede Bancária – Arrecadação	N	P	D	–	F
1.1.1.1.1.50.00	Aplicações Financeiras de Liquidez Imediata	N	P	D	–	
1.1.1.1.1.50.01	Títulos Públicos	N	P	D	–	F
1.1.1.1.1.50.02	Poupança	N	P	D	–	F
1.1.1.1.1.50.03	Fundos de Investimento	N	P	D	–	F
1.1.1.1.1.50.04	CDB	N	P	D	–	F
1.1.1.1.1.50.99	Outras Aplicações Financeiras de Liquidez Imediata	N	P	D	–	F
1.1.2.0.0.00.00	Créditos Realizáveis a Curto Prazo	N	P	D	–	
1.1.2.1.0.00.00	Créditos Tributários a Receber	N	P	D	–	
1.1.2.1.1.00.00	Créditos Tributários a Receber – Consolidação	N	P	D	–	
1.1.2.1.1.01.00	Impostos	N	P	D	–	
1.1.2.1.1.01.01	Imposto Sobre a Renda e Proventos de Qualquer Natureza	N	P	D	–	P
1.1.2.1.1.01.02	IPVA	N	P	D	–	P
1.1.2.1.1.01.03	ITCMD	N	P	D	–	P
1.1.2.1.1.01.04	ICMS	N	P	D	–	P
1.1.2.1.1.01.05	IPTU	N	P	D	–	P
1.1.2.1.1.01.06	ITBI	N	P	D	–	P

Continua

Plano de Contas e Lançamentos Contábeis **261**

A	B	C	D	E	F	G
CÓDIGO	DESCRIÇÃO	UN	SC	D/C	CE	SF
1.1.2.1.1.01.07	ISS	N	P	D	–	P
1.1.2.1.1.01.08	ITR	N	P	D	–	P
1.1.2.1.1.01.99	Outros Impostos a Receber	N	P	D	–	P
1.1.2.1.1.02.00	Taxas	N	P	D	–	
1.1.2.1.1.02.01	Taxas pelo Exercício do Poder de Polícia	N	P	D	–	P
1.1.2.1.1.02.02	Taxas pela Prestação de Serviços	N	P	D	–	P
1.1.2.1.1.03.00	Contribuições de Melhoria	N	P	D	–	
1.1.2.1.1.03.01	Contribuições de Melhoria	N	P	D	–	P
1.1.2.1.1.04.00	Demais Contribuições	N	P	D	–	
1.1.2.1.1.04.01	Contribuição para o Custeio do Serviço de Iluminação Pública	N	P	D	–	P
1.1.2.1.1.05.00	Contribuições Previdenciárias a Receber	N	P	D	–	
1.1.2.1.1.05.01	Contribuições do RPPS a Receber	N	P	D	–	P
1.1.2.1.1.05.02	Contribuições do RGPS a Receber	N	P	D	–	P
1.1.2.1.1.05.99	Outras Contribuições Previdenciárias a Receber	N	P	D	–	P
1.1.2.1.1.70.00	Créditos Tributários Parcelados	N	P	D	–	P
1.1.2.1.1.71.00	Créditos Previdenciários Parcelados	N	P	D	–	P
1.1.2.1.2.00.00	Créditos Tributários a Receber – Intra OFSS	N	P	D	–	
1.1.2.1.2.01.00	Impostos	N	P	D	–	
1.1.2.1.2.01.01	Imposto Sobre a Renda e Proventos de Qualquer Natureza	N	P	D	–	P
1.1.2.1.2.01.02	IPVA	N	P	D	–	P
1.1.2.1.2.01.03	ITCMD	N	P	D	–	P
1.1.2.1.2.01.04	ICMS	N	P	D	–	P
1.1.2.1.2.01.05	IPTU	N	P	D	–	P
1.1.2.1.2.01.06	ITBI	N	P	D	–	P
1.1.2.1.2.01.07	ISS	N	P	D	–	P
1.1.2.1.2.01.08	ITR+B109	N	P	D	–	P
1.1.2.1.2.01.99	Outros Créditos Tributários a Receber	N	P	D	–	P
1.1.2.1.2.02.00	Taxas	N	P	D	–	
1.1.2.1.2.02.01	Taxas pelo Exercício do Poder de Polícia	N	P	D	–	P
1.1.2.1.2.02.02	Taxas pela Prestação de Serviços	N	P	D	–	P
1.1.2.1.2.03.00	Contribuições de Melhoria	N	P	D	–	
1.1.2.1.2.03.01	Contribuições de Melhoria	N	P	D	–	P
1.1.2.1.2.04.00	Demais Contribuições	N	P	D	–	
1.1.2.1.2.04.01	Contribuição para o Custeio do Serviço de Iluminação Pública	N	P	D	–	P
1.1.2.1.2.05.00	Contribuições Previdenciárias a Receber	N	P	D	–	
1.1.2.1.2.05.01	Contribuições do RPPS a Receber	N	P	D	–	P
1.1.2.1.2.05.02	Contribuições do RGPS a Receber	N	P	D	–	P
1.1.2.1.2.05.99	Outras Contribuições Previdenciárias a Receber	N	P	D	–	P
1.1.2.1.2.70.00	Créditos Tributários Parcelados	N	P	D	–	

Continua

A	B	C	D	E	F	G
CÓDIGO	DESCRIÇÃO	UN	SC	D/C	CE	SF
1.1.2.1.2.71.00	Créditos Previdenciários Parcelados	N	P	D	–	P
1.1.2.1.3.00.00	Créditos Tributários a Receber – Inter OFSS – União	N	P	D	–	
1.1.2.1.3.01.00	Impostos	N	P	D	–	
1.1.2.1.3.01.01	Imposto Sobre a Renda e Proventos de Qualquer Natureza	N	P	D	–	P
1.1.2.1.3.01.02	IPVA	N	P	D	–	P
1.1.2.1.3.01.03	ITCMD	N	P	D	–	P
1.1.2.1.3.01.04	ICMS	N	P	D	–	P
1.1.2.1.3.01.05	IPTU	N	P	D	–	P
1.1.2.1.3.01.06	ITBI	N	P	D	–	P
1.1.2.1.3.01.07	ISS	N	P	D	–	P
1.1.2.1.3.01.08	ITR+B93	N	P	D	–	P
1.1.2.1.3.01.99	Outros Créditos Tributários a Receber	N	P	D	–	P
1.1.2.1.3.02.00	Taxas	N	P	D	–	
1.1.2.1.3.02.01	Taxas pelo Exercício do Poder de Polícia	N	P	D	–	P
1.1.2.1.3.02.02	Taxas pela Prestação de Serviços	N	P	D	–	P
1.1.2.1.3.03.00	Contribuições de Melhoria	N	P	D	–	
1.1.2.1.3.03.01	Contribuições de Melhoria	N	P	D	–	P
1.1.2.1.3.04.00	Demais Contribuições	N	P	D	–	
1.1.2.1.3.04.01	Contribuição para o Custeio do Serviço de Iluminação Pública	N	P	D	–	P
1.1.2.1.3.05.00	Contribuições Previdenciárias a Receber	N	P	D	–	
1.1.2.1.3.05.01	Contribuições do RPPS a Receber	N	P	D	–	P
1.1.2.1.3.05.02	Contribuições do RGPS a Receber	N	P	D	–	P
1.1.2.1.3.05.99	Outras Contribuições Previdenciárias a Receber	N	P	D	–	P
1.1.2.1.3.70.00	Créditos Tributários Parcelados	N	P	D	–	P
1.1.2.1.3.71.00	Créditos Previdenciários Parcelados	N	P	D	–	P
1.1.2.1.4.00.00	Créditos Tributários a Receber – Inter OFSS – Estado	N	P	D	–	
1.1.2.1.4.01.00	Impostos	N	P	D	–	
1.1.2.1.4.01.01	Imposto Sobre a Renda e Proventos de Qualquer Natureza	N	P	D	–	P
1.1.2.1.4.01.02	IPVA	N	P	D	–	P
1.1.2.1.4.01.03	ITCMD	N	P	D	–	P
1.1.2.1.4.01.04	ICMS	N	P	D	–	P
1.1.2.1.4.01.05	IPTU	N	P	D	–	P
1.1.2.1.4.01.06	ITBI	N	P	D	–	P
1.1.2.1.4.01.07	ISS	N	P	D	–	P
1.1.2.1.4.01.08	ITR	N	P	D	–	P
1.1.2.1.4.01.99	Outros Créditos Tributários a Receber	N	P	D	–	P
1.1.2.1.4.02.00	Taxas	N	P	D	–	

Continua

Plano de Contas e Lançamentos Contábeis **263**

A	B	C	D	E	F	G
CÓDIGO	DESCRIÇÃO	UN	SC	D/C	CE	SF
1.1.2.1.4.02.01	Taxas pelo Exercício do Poder de Polícia	N	P	D	–	P
1.1.2.1.4.02.02	Taxas pela Prestação de Serviços	N	P	D	–	P
1.1.2.1.4.03.00	Contribuições de Melhoria	N	P	D	–	
1.1.2.1.4.03.01	Contribuições de Melhoria	N	P	D	–	P
1.1.2.1.4.04.00	Demais Contribuições	N	P	D	–	
1.1.2.1.4.04.01	Contribuição para o Custeio do Serviço de Iluminação Pública	N	P	D	–	P
1.1.2.1.4.05.00	Contribuições Previdenciárias a Receber	N	P	D	–	
1.1.2.1.4.05.01	Contribuições do RPPS a Receber	N	P	D	–	P
1.1.2.1.4.05.99	Outras Contribuições Previdenciárias a Receber	N	P	D	–	P
1.1.2.1.4.70.00	Créditos Tributários Parcelados	N	P	D	–	P
1.1.2.1.4.71.00	Créditos Previdenciários Parcelados	N	P	D	–	P
1.1.2.1.5.00.00	Créditos Tributários a Receber – Inter OFSS – Município	N	P	D	–	
1.1.2.1.5.01.00	Impostos	N	P	D	–	
1.1.2.1.5.01.01	Imposto Sobre a Renda e Proventos de Qualquer Natureza	N	P	D	–	P
1.1.2.1.5.01.02	IPVA	N	P	D	–	P
1.1.2.1.5.01.03	ITCMD	N	P	D	–	P
1.1.2.1.5.01.04	ICMS	N	P	D	–	P
1.1.2.1.5.01.05	IPTU	N	P	D	–	P
1.1.2.1.5.01.06	ITBI	N	P	D	–	P
1.1.2.1.5.01.07	ISS	N	P	D	–	P
1.1.2.1.5.01.08	ITR	N	P	D	–	P
1.1.2.1.5.01.99	Outros Créditos Tributários a Receber	N	P	D	–	P
1.1.2.1.5.02.00	Taxas	N	P	D	–	
1.1.2.1.5.02.01	Taxas pelo Exercício do Poder de Polícia	N	P	D	–	P
1.1.2.1.5.02.02	Taxas pela Prestação de Serviços	N	P	D	–	P
1.1.2.1.5.03.00	Contribuições de Melhoria	N	P	D	–	
1.1.2.1.5.03.01	Contribuições de Melhoria	N	P	D	–	P
1.1.2.1.5.04.00	Demais Contribuições	N	P	D	–	
1.1.2.1.5.04.01	Contribuição para o Custeio do Serviço de Iluminação Pública	N	P	D	–	P
1.1.2.1.5.05.00	Contribuições Previdenciárias a Receber	N	P	D	–	
1.1.2.1.5.05.01	Contribuições do RPPS a Receber	N	P	D	–	P
1.1.2.1.5.05.99	Outras Contribuições Previdenciárias a Receber	N	P	D	–	P
1.1.2.1.5.70.00	Créditos Tributários Parcelados	N	P	D	–	P
1.1.2.1.5.71.00	Créditos Previdenciários Parcelados	N	P	D	–	P
1.1.2.9.0.00.00	(–) Ajuste de Perdas de Créditos a Curto Prazo	N	P	D	–	
1.1.2.9.1.00.00	(–) Ajuste de Perdas de Créditos a Curto Prazo – Consolidação	N	P	D	–	
1.1.2.9.1.01.00	(–) Perdas Estimadas em Créditos Tributários a Receber	N	P	D	–	

Continua

264 Contabilidade Pública na Gestão Municipal • Andrade

A	B	C	D	E	F	G
CÓDIGO	DESCRIÇÃO	UN	SC	D/C	CE	SF
1.1.2.9.1.01.01	(–) Perdas Estimadas em Impostos	N	P	D	–	P
1.1.2.9.1.01.02	(–) Perdas Estimadas em Taxas	N	P	D	–	P
1.1.2.9.1.01.03	(–) Perdas Estimadas em Contribuições de Melhoria	N	P	D	–	P
1.1.2.9.1.01.04	(–) Perdas Estimadas em Demais Contribuições	N	P	D	–	P
1.1.2.9.1.01.70	(–) Perdas Estimadas em Créditos Tributários Parcelados	N	P	D	–	P
1.1.3.0.0.00.00	Demais Créditos e Valores a Curto Prazo	N	P	D	–	
1.1.3.1.0.00.00	Adiantamentos Concedidos	N	P	D	–	
1.1.3.1.1.00.00	Adiantamentos Concedidos – Consolidação	N	P	D	–	
1.1.3.1.1.02.00	Suprimento de Fundos	N	P	D	–	x
1.1.3.5.0.00.00	Depósitos Restituíveis e Valores Vinculados	N	P	D	–	
1.1.3.5.1.01.00	Depósitos e Cauções Relativos a Contratos e Convenções	N	P	D	–	F
1.1.5.0.0.00.00	Estoques	N	P	D	–	
1.1.5.6.0.00.00	Almoxarifado	N	P	D	–	
1.1.5.6.1.00.00	Almoxarifado – Consolidação	N	P	D	–	
1.1.5.6.1.01.00	Material de Consumo	N	P	D	–	P
1.2.0.0.0.00.00	Ativo não Circulante	N	P	D	–	
1.2.1.0.0.00.00	Ativo Realizável a Longo Prazo	N	P	D	–	
1.2.1.1.0.00.00	Créditos a Longo Prazo	N	P	D	–	
1.2.1.1.1.00.00	Créditos a Longo Prazo – Consolidação	N	P	D	–	
1.2.1.1.1.04.00	Dívida Ativa Tributária	N	P	D	–	
1.2.1.1.1.04.01	Créditos não Previdenciários Inscritos	N	P	D	–	P
1.2.3.0.0.00.00	Imobilizado	N	P	D	–	
1.2.3.1.0.00.00	Bens Móveis	N	P	D	–	
1.2.3.1.1.00.00	Bens Móveis – Consolidação	N	P	D	–	
1.2.3.1.1.01.00	Máquinas, Aparelhos, Equipamentos e Ferramentas	N	P	D	–	
1.2.3.1.1.01.01	Aparelhos de Medição e Orientação	N	P	D	–	P
1.2.3.1.1.01.02	Aparelhos e Equipamentos de Comunicação	N	P	D	–	P
1.2.3.1.1.01.03	Aparelhos, Equipamentos e Utensílios Médicos, Odontológicos, Laboratoriais e Hospitalares	N	P	D	–	P
1.2.3.1.1.01.04	Aparelhos e Equipamentos para Esportes e Diversões	N	P	D	–	P
1.2.3.1.1.01.05	Equipamento de Proteção, Segurança e Socorro	UN	SC	D/C		SF
1.2.3.1.1.01.06	Máquinas e Equipamentos Industriais	N	P	D	–	P
1.2.3.1.1.01.07	Máquinas e Equipamentos Energéticos	N	P	D	–	P
1.2.3.1.1.01.08	Máquinas e Equipamentos Gráficos	N	P	D	–	P
1.2.3.1.1.01.09	Máquinas, Ferramentas e Utensílios de Oficina	N	P	D	–	P
1.2.3.1.1.01.10	Equipamentos de Montaria	N	P	D	–	P
1.2.3.1.1.01.11	Equipamentos e Material Sigiloso e Reservado	N	P	D	–	P

Continua

Plano de Contas e Lançamentos Contábeis **265**

A	B	C	D	E	F	G
CÓDIGO	DESCRIÇÃO	UN	SC	D/C	CE	SF
1.2.3.1.1.01.12	Equipamentos, Peças e Acessórios para Automóveis	N	P	D	–	P
1.2.3.1.1.01.13	Equipamentos, Peças e Acessórios Marítimos	N	P	D	–	P
1.2.3.1.1.01.14	Equipamentos, Peças e Acessórios Aeronáuticos	N	P	D	–	P
1.2.3.1.1.01.15	Equipamentos, Peças e Acessórios de Proteção ao Voo	N	P	D	–	P
1.2.3.1.1.01.16	Equipamentos de Mergulho e Salvamento	N	P	D	–	P
1.2.3.1.1.01.17	Equipamentos de Manobras e Patrulhamento	N	P	D	–	P
1.2.3.1.1.01.18	Equipamentos de Proteção e Vigilância Ambiental	N	P	D	–	P
1.2.3.1.1.01.19	Máquinas, Equipamentos e Utensílios Agropecuários	N	P	D	–	P
1.2.3.1.1.01.20	Máquinas, Equipamentos e Utensílios Rodoviários	N	P	D	–	P
1.2.3.1.1.01.21	Equipamentos Hidráulicos e Elétricos	N	P	D	–	P
1.2.3.1.1.01.99	Outras Máquinas, Aparelhos, Equipamentos e Ferramentas	N	P	D	–	P
1.2.3.1.1.02.00	Bens de Informática	N	P	D	–	
1.2.3.1.1.02.01	Equipamentos de Processamento de Dados	N	P	D	–	
1.2.3.1.1.02.02	Equipamentos de Tecnologia da Informação	N	P	D	–	
1.2.3.1.1.02.03	Sistemas Aplicativos – *Softwares*	N	P	D	–	P
1.2.3.1.1.03.00	Móveis e Utensílios	N	P	D	–	
1.2.3.1.1.03.01	Aparelhos e Utensílios Domésticos	N	P	D	–	P
1.2.3.1.1.03.02	Máquinas e Utensílios de Escritório	N	P	D	–	P
1.2.3.1.1.03.03	Mobiliário em Geral	N	P	D	–	P
1.2.3.1.1.03.04	Utensílios em Geral	N	P	D	–	P
1.2.3.1.1.04.00	Materiais Culturais, Educacionais e de Comunicação	N	P	D	–	
1.2.3.1.1.04.01	Bandeiras, Flâmulas e Insígnias	N	P	D	–	P
1.2.3.1.1.04.02	Coleções e Materiais Bibliográficos	N	P	D	–	P
1.2.3.1.1.04.03	Discotecas e Filmotecas	N	P	D	–	P
1.2.3.1.1.04.04	Instrumentos Musicais e Artísticos	N	P	D	–	P
1.2.3.1.1.04.05	Equipamentos para Áudio, Vídeo e Foto	N	P	D	–	P
1.2.3.1.1.04.06	Obras de Arte e Peças para Exposição	N	P	D	–	P
1.2.3.1.1.04.99	Outros Materiais Culturais, Educacionais e de Comunicação	N	P	D	–	P
1.2.3.1.1.05.00	Veículos	N	P	D	–	
1.2.3.1.1.05.01	Veículos em Geral	N	P	D	–	P
1.2.3.1.1.05.02	Veículos Ferroviários	N	P	D	–	P
1.2.3.1.1.05.03	Veículos de Tração Mecânica	N	P	D	–	P
1.2.3.1.1.05.04	Carros de Combate	N	P	D	–	P
1.2.3.1.1.05.05	Aeronaves	N	P	D	–	P
1.2.3.1.1.05.06	Embarcações	N	P	D	–	P
1.2.3.1.1.06.00	Peças e Conjuntos de Reposição	N	P	D	–	P
1.2.3.1.1.07.00	Bens Móveis em Andamento	N	P	D	–	

Continua

266 Contabilidade Pública na Gestão Municipal • Andrade

A	B	C	D	E	F	G
CÓDIGO	DESCRIÇÃO	UN	SC	D/C	CE	SF
1.2.3.1.1.07.01	Bens Móveis em Elaboração	N	P	D	–	P
1.2.3.1.1.07.02	Importações em Andamento	N	P	D	–	P
1.2.3.1.1.07.04	Almoxarifado de Materiais a serem Aplicados em Bens em Andamento	N	P	D	–	P
1.2.3.1.1.08.00	Bens Móveis em Almoxarifado	N	P	D	–	
1.2.3.1.1.08.01	Estoque Interno	N	P	D	–	P
1.2.3.1.1.08.03	Bens Móveis a Reparar	N	P	D	–	P
1.2.3.1.1.08.05	Bens Móveis Inservíveis	N	P	D	–	P
1.2.3.1.1.09.00	Armamentos	N	P	D	–	P
1.2.3.1.1.10.00	Semoventes	N	P	D	–	P
1.2.3.1.1.99.00	Demais Bens Móveis	N	P	D	–	
1.2.3.1.1.99.01	Bens Móveis a Alienar	N	P	D	–	P
1.2.3.1.1.99.02	Bens em Poder de Outra Unidade ou Terceiros	N	P	D	–	P
1.2.3.1.1.99.08	Bens Móveis a Classificar	N	P	D	–	P
1.2.3.1.1.99.99	Outros Bens Móveis	N	P	D	–	P
1.2.3.2.0.00.00	Bens Imóveis	N	P	D	–	
1.2.3.2.1.00.00	Bens Imóveis – Consolidação	N	P	D	–	
1.2.3.2.1.01.00	Bens de Uso Especial	N	P	D	–	
1.2.3.2.1.01.01	Imóveis Residenciais	N	P	D	–	P
1.2.3.2.1.01.02	Imóveis Comerciais	N	P	D	–	P
1.2.3.2.1.01.03	Edifícios	N	P	D	–	P
1.2.3.2.1.01.04	Terrenos/Glebas	N	P	D	–	P
1.2.3.2.1.01.05	Armazéns/Galpões	N	P	D	–	P
1.2.3.2.1.01.06	Aquartelamentos	N	P	D	–	P
1.2.3.2.1.01.07	Aeroportos/Estações/Aeródromos	N	P	D	–	P
1.2.3.2.1.01.08	Imóveis de Uso Educacional	N	P	D	–	P
1.2.3.2.1.01.09	Represas/Açudes	N	P	D	–	P
1.2.3.2.1.01.10	Fazendas, Parques e Reservas	N	P	D	–	P
1.2.3.2.1.01.11	Imóveis de Uso Recreativo	N	P	D	–	P
1.2.3.2.1.01.12	Faróis	N	P	D	–	P
1.2.3.2.1.01.13	Museus/Palácios	N	P	D	–	P
1.2.3.2.1.01.14	Laboratórios/Observatórios	N	P	D	–	P
1.2.3.2.1.01.15	Hospitais e Unidades de Saúde	N	P	D	–	P
1.2.3.2.1.01.16	Hotéis	N	P	D	–	P
1.2.3.2.1.01.17	Presídios/Delegacias	N	P	D	–	P
1.2.3.2.1.01.18	Portos/Estaleiros	N	P	D	–	P
1.2.3.2.1.01.19	Complexos/Fábricas/Usinas	N	P	D	–	P
1.2.3.2.1.01.20	Cemitérios	N	P	D	–	P
1.2.3.2.1.01.21	Estacionamentos e Garagens	N	P	D	–	P
1.2.3.2.1.01.22	Postos de Fiscalização	N	P	D	–	P
1.2.3.2.1.01.98	Outros Bens Imóveis de Uso Especial	N	P	D	–	P
1.2.3.2.1.04.00	Bens Dominicais	N	P	D	–	

Continua

Plano de Contas e Lançamentos Contábeis **267**

A	B	C	D	E	F	G
CÓDIGO	DESCRIÇÃO	UN	SC	D/C	CE	SF
1.2.3.2.1.04.01	Edifícios	N	P	D	–	P
1.2.3.2.1.04.02	Apartamentos	N	P	D	–	P
1.2.3.2.1.04.03	Armazéns	N	P	D	–	P
1.2.3.2.1.04.04	Casas	N	P	D	–	P
1.2.3.2.1.04.05	Cemitérios	N	P	D	–	P
1.2.3.2.1.04.06	Edifícios	N	P	D	–	P
1.2.3.2.1.04.07	Garagens e Estacionamentos	N	P	D	–	P
1.2.3.2.1.04.08	Fazendas	N	P	D	–	P
1.2.3.2.1.04.09	Galpões	N	P	D	–	P
1.2.3.2.1.04.10	Glebas	N	P	D	–	P
1.2.3.2.1.04.11	Lojas	N	P	D	–	P
1.2.3.2.1.04.12	Salas	N	P	D	–	P
1.2.3.2.1.04.13	Terrenos	N	P	D	–	P
1.2.3.2.1.04.14	Lotes	N	P	D	–	P
1.2.3.2.1.04.15	Lotes Industriais	N	P	D	–	P
1.2.3.2.1.04.16	Glebas Urbanas	N	P	D	–	P
1.2.3.2.1.04.17	Glebas Urbanizadas	N	P	D	–	P
1.2.3.2.1.04.18	Glebas Rurais	N	P	D	–	P
1.2.3.2.1.04.99	Outros Bens Dominicais	N	P	D	–	P
1.2.3.2.1.05.00	Bens de Uso Comum do Povo	N	P	D	–	
1.2.3.2.1.05.01	Ruas	N	P	D	–	P
1.2.3.2.1.05.02	Praças	N	P	D	–	P
1.2.3.2.1.05.03	Estradas	N	P	D	–	P
1.2.3.2.1.05.04	Pontes	N	P	D	–	P
1.2.3.2.1.05.05	Viadutos	N	P	D	–	P
1.2.3.2.1.05.06	Sistemas de Esgoto e/ou de Abastecimento de Água	N	P	D	–	P
1.2.3.2.1.05.07	Sistemas de Abastecimento de Energia	N	P	D	–	P
1.2.3.2.1.05.08	Redes de Telecomunicações	N	P	D	–	P
1.2.3.2.1.05.09	Bens do Patrimônio Cultural	N	P	D	–	P
1.2.3.2.1.05.99	Outros Bens de Uso Comum do Povo	N	P	D	–	P
1.2.3.2.1.06.00	Bens Imóveis em Andamento	N	P	D	–	
1.2.3.2.1.06.01	Obras em Andamento	N	P	D	–	P
1.2.3.2.1.06.05	Estudos e Projetos	N	P	D	–	P
1.2.3.2.1.07.00	Instalações	N	P	D	–	P
1.2.3.2.1.08.00	Benfeitorias em Propriedade de Terceiros	N	P	D	–	P
1.2.3.2.1.99.00	Demais Bens Imóveis	N	P	D	–	
1.2.3.2.1.99.01	Bens Imóveis Locados para Terceiros	N	P	D	–	P
1.2.3.2.1.99.02	Imóveis em Poder de Terceiros	N	P	D	–	P
1.2.3.2.1.99.03	Materiais Temporariamente Separados de Imóveis	N	P	D	–	P
1.2.3.2.1.99.05	Bens Imóveis a Classificar	N	P	D	–	P
1.2.3.2.1.99.06	Bens Imóveis a Alienar	N	P	D	–	P
1.2.3.2.1.99.99	Outros Bens Imóveis	N	P	D	–	P

Continua

A	B	C	D	E	F	G
CÓDIGO	DESCRIÇÃO	UN	SC	D/C	CE	SF
1.2.3.8.0.00.00	(–) Depreciação, Exaustão e Amortização Acumuladas	N	P	D	–	
1.2.3.8.1.00.00	(–) Depreciação, Exaustão e Amortização Acumuladas – Consolidação	N	P	D	–	
1.2.3.8.1.01.00	(–) Depreciação Acumulada – Bens Móveis	N	P	D	–	
1.2.3.8.1.01.01	(–) Depreciação Acumulada de Máquinas, Aparelhos, Equipamentos e Ferramentas	N	P	D	–	P
1.2.3.8.1.01.02	(–) Depreciação Acumulada de Bens de Informática	N	P	D	–	P
1.2.3.8.1.01.03	(–) Depreciação Acumulada de Móveis e Utensílios	N	P	D	–	P
1.2.3.8.1.01.04	(–) Depreciação Acumulada de Materiais Culturais, Educacionais e de Comunicação	N	P	D	–	P
1.2.3.8.1.01.05	(–) Depreciação Acumulada de Veículos	N	P	D	–	P
1.2.3.8.1.01.06	(–) Depreciação Acumulada de Peças e Conjuntos de Reposição	N	P	D	–	P
1.2.3.8.1.01.07	(–) Depreciação Acumulada de Bens Móveis em Andamento	N	P	D	–	P
1.2.3.8.1.01.08	(–) Depreciação Acumulada de Bens Móveis em Almoxarifado	N	P	D	–	P
1.2.3.8.1.01.09	(–) Depreciação Acumulada de Armamentos	N	P	D	–	P
1.2.3.8.1.01.10	(–) Depreciação Acumulada de Semoventes	N	P	D	–	P
1.2.3.8.1.01.99	(–) Depreciação Acumulada de Demais Bens Móveis	N	P	D	–	P
1.2.3.9.0.00.00	(–) Redução ao Valor Recuperável de Imobilizado	N	P	D	–	
1.2.3.9.1.00.00	(–) Redução ao Valor Recuperável de Imobilizado – Consolidação	N	P	D	–	
1.2.3.9.1.02.00	(–) Redução ao Valor Recuperável de Imobilizado – Bens Imóveis	N	P	D	–	
1.2.3.9.1.02.01	(–) Redução a Valor Recuperável de Bens de Uso Especial	N	P	D	–	P
1.2.3.9.1.02.02	(–) Redução a Valor Recuperável de Bens Dominicais	N	P	D	–	P
1.2.3.9.1.02.03	(–) Redução a Valor Recuperável de Bens de Uso Comum do Povo	N	P	D	–	P
1.2.3.9.1.02.04	(–) Redução a Valor Recuperável de Bens Imóveis em Andamento	N	P	D	–	P
1.2.3.9.1.02.05	(–) Redução a Valor Recuperável de Instalações	N	P	D	–	P
1.2.3.9.1.02.06	(–) Redução a Valor Recuperável de Benfeitorias em Propriedade de Terceiros	N	P	D	–	P
1.2.3.9.1.02.99	(–) Redução a Valor Recuperável de Demais Bens Imóveis	N	P	D	–	P
2.0.0.0.0.00.00	Passivo e Patrimônio Líquido	N	P	C	–	
2.1.0.0.0.00.00	Passivo Circulante	N	P	C	–	

Continua

Plano de Contas e Lançamentos Contábeis **269**

A	B	C	D	E	F	G
CÓDIGO	DESCRIÇÃO	UN	SC	D/C	CE	SF
2.1.1.0.0.00.00	Obrigações Trabalhistas, Previdenciárias e Assistenciais a Pagar a Curto Prazo	N	P	C	–	
2.1.1.1.0.00.00	Pessoal a Pagar	N	P	C	–	
2.1.1.1.1.00.00	Pessoal a Pagar – Consolidação	N	P	C	–	
2.1.1.1.1.01.00	Pessoal a Pagar	N	P	C	–	
2.1.1.1.1.01.01	Salários, Remunerações e Benefícios	N	P	C	–	X
2.1.1.1.1.01.02	Décimo Terceiro Salário	N	P	C	–	X
2.1.1.1.1.01.03	Férias	N	P	C	–	X
2.1.1.1.1.01.04	Licença-Prêmio	N	P	C	–	X
2.1.1.1.1.01.05	Participações a Empregados	N	P	C	–	X
2.1.1.1.1.03.00	Precatórios de Pessoal	N	P	C	–	
2.1.1.1.1.03.01	Precatórios de Pessoal do Exercício	N	P	C	–	X
2.1.1.1.1.03.02	Precatórios de Pessoal de Exerc. Anteriores – antes de 05/05/2000	N	P	C	–	X
2.1.1.1.1.03.03	Precatórios de Pessoal de Exerc. Anteriores – a partir de 05/05/2000	N	P	C	–	X
2.1.1.1.1.03.04	Precatórios de Pessoal Vencidos e não Pagos	N	P	C	–	X
2.1.1.1.1.03.05	Precatórios de Pessoal – Regime Ordinário	N	P	C	–	X
2.1.1.1.1.03.06	Precatórios de Pessoal – Regime Especial	N	P	C	–	X
2.1.1.2.0.00.00	Benefícios Previdenciários a Pagar	N	P	C	–	
2.1.1.2.1.00.00	Benefícios Previdenciários a Pagar – Consolidação	N	P	C	–	
2.1.1.2.1.01.00	Benefícios Previdenciários a Pagar	N	P	C	–	X
2.1.1.2.1.03.00	Precatórios de Benefícios Previdenciários	N	P	C	–	
2.1.1.2.1.03.01	Precatórios de Benefícios Previdenciários do Exercício	N	P	C	–	X
2.1.1.2.1.03.02	Precatórios de Benefícios Previdenciários de Exercícios Anteriores – antes de 05/05/2000	N	P	C	–	X
2.1.1.2.1.03.03	Precatórios de Benefícios Previdenciários de Exercícios Anteriores – a partir de 05/05/2000	N	P	C	–	X
2.1.1.2.1.03.04	Precatórios de Benefícios Previdenciários Vencidos e não Pagos	N	P	C	–	X
2.1.1.2.1.03.05	Precatórios de Benefícios Previdenciários – Regime Ordinário	N	P	C	–	X
2.1.1.2.1.03.06	Precatórios de Benefícios Previdenciários – Regime Especial	N	P	C	–	X
2.1.1.2.2.00.00	Benefícios Previdenciários a Pagar – Intra-OFSS	N	P	C	–	
2.1.1.2.2.01.00	Benefícios Previdenciários a Pagar	N	P	C	–	X
2.1.1.2.2.03.00	Precatórios de Benefícios Previdenciários	N	P	C	–	
2.1.1.2.2.03.01	Precatórios de Benefícios Previdenciários do Exercício	N	P	C	–	X
2.1.1.2.2.03.02	Precatórios de Benefícios Previdenciários de Exercícios Anteriores – antes de 05/05/2000	N	P	C	–	X

Continua

A CÓDIGO	B DESCRIÇÃO	C UN	D SC	E D/C	F CE	G SF
2.1.1.2.2.03.03	Precatórios de Benefícios Previdenciários de Exercícios Anteriores – a partir de 05/05/2000	N	P	C	–	X
2.1.1.2.2.03.04	Precatórios de Benefícios Previdenciários Vencidos e não Pagos	N	P	C	–	X
2.1.1.2.2.03.05	Precatórios de Benefícios Previdenciários – Regime Ordinário	N	P	C	–	X
2.1.1.2.2.03.06	Precatórios de Benefícios Previdenciários – Regime Especial	N	P	C	–	X
2.1.1.2.3.00.00	Benefícios Previdenciários a Pagar – Inter-OFSS – União	N	P	C	–	
2.1.1.2.3.01.00	Benefícios Previdenciários a Pagar	N	P	C	–	X
2.1.1.2.3.03.00	Precatórios de Benefícios Previdenciários	N	P	C	–	X
2.1.1.2.3.03.01	Precatórios de Benefícios Previdenciários do Exercício	N	P	C	–	X
2.1.1.2.3.03.02	Precatórios de Benefícios Previdenciários de Exercícios Anteriores – antes de 05/05/2000	N	P	C	–	X
2.1.1.2.3.03.03	Precatórios de Benefícios Previdenciários de Exercícios Anteriores – a partir de 05/05/2000	N	P	C	–	X
2.1.1.2.3.03.04	Precatórios de Benefícios Previdenciários Vencidos e não Pagos	N	P	C	–	X
2.1.1.2.3.03.05	Precatórios de Benefícios Previdenciários – Regime Ordinário	N	P	C	–	X
2.1.1.2.3.03.06	Precatórios de Benefícios Previdenciários – Regime Especial	N	SC	C	–	X
2.1.1.2.4.00.00	Benefícios Previdenciários a Pagar – Inter-OFSS – Estado	N	P	C	–	
2.1.1.2.4.01.00	Benefícios Previdenciários a Pagar	N	P	C	–	X
2.1.1.2.4.03.00	Precatórios de Benefícios Previdenciários	N	P	C	–	
2.1.1.2.4.03.01	Precatórios de Benefícios Previdenciários do Exercício	N	P	C	–	X
2.1.1.2.4.03.02	Precatórios de Benefícios Previdenciários de Exercícios Anteriores – antes de 05/05/2000	N	P	C	–	X
2.1.1.2.4.03.03	Precatórios de Benefícios Previdenciários de Exercícios Anteriores – a partir de 05/05/2000	N	P	C	–	X
2.1.1.2.4.03.04	Precatórios de Benefícios Previdenciários Vencidos e não Pagos	N	P	C	–	X
2.1.1.2.4.03.05	Precatórios de Benefícios Previdenciários – Regime Ordinário	N	SC	C	–	X
2.1.1.2.4.03.06	Precatórios de Benefícios Previdenciários – Regime Especial	N	P	C	–	X
2.1.1.2.5.00.00	Benefícios Previdenciários a Pagar – Inter-OFSS – Município	N	P	C	–	
2.1.1.2.5.01.00	Benefícios Previdenciários a Pagar	N	P	C	–	X
2.1.1.2.5.03.00	Precatórios de Benefícios Previdenciários	N	P	C	–	

Continua

Plano de Contas e Lançamentos Contábeis **271**

A	B	C	D	E	F	G
CÓDIGO	DESCRIÇÃO	UN	SC	D/C	CE	SF
2.1.1.2.5.03.01	Precatórios de Benefícios Previdenciários do Exercício	N	P	C	–	X
2.1.1.2.5.03.02	Precatórios de Benefícios Previdenciários de Exercícios Anteriores – antes de 05/05/2000	N	P	C	–	X
2.1.1.2.5.03.03	Precatórios de Benefícios Previdenciários de Exercícios Anteriores – a partir de 05/05/2000	N	P	C	–	X
2.1.1.2.5.03.04	Precatórios de Benefícios Previdenciários Vencidos e não Pagos	N	P	C	–	X
2.1.1.2.5.03.05	Precatórios de Benefícios Previdenciários – Regime Ordinário	N	P	C	–	X
2.1.1.2.5.03.06	Precatórios de Benefícios Previdenciários – Regime Especial	N	P	C	–	X
2.1.2.0.0.00.00	Empréstimos e Financiamentos a Curto Prazo	N	P	C	–	
2.1.2.2.0.00.00	Empréstimos a Curto Prazo Externo	N	P	C	–	
2.1.2.2.1.00.00	Empréstimos a Curto Prazo – Externo Consolidação	N	P	C	–	
2.1.2.2.1.02.00	Empréstimos Externos – em Contratos	N	P	C	–	X
2.1.3.0.0.00.00	Fornecedores e Contas a Pagar a Curto Prazo	N	P	C	–	
2.1.3.1.0.00.00	Fornecedores e Contas a Pagar Nacionais a Curto Prazo	N	P	C	–	
2.1.3.1.1.00.00	Fornecedores e Contas a Pagar Nacionais a Curto Prazo – Consolidação	N	P	C	–	
2.1.3.1.1.01.00	Fornecedores Nacionais	N	P	C	–	
2.1.3.1.1.01.01	Fornecedores não Financiados a Pagar	N	P	C	–	X
2.1.4.0.0.00.00	Obrigações Fiscais a Curto Prazo	N	P	C	–	
2.1.4.1.0.00.00	Obrigações Fiscais a Curto Prazo com a União	N	P	C	–	
2.1.4.1.1.00.00	Obrigações Fiscais a Curto Prazo com a União – Consolidação	N	P	C	–	
2.1.4.1.1.01.00	IPI a Recolher	N	P	C	–	X
2.1.4.1.1.02.00	IRPJ a Recolher	N	P	C	–	X
2.1.4.1.1.03.00	Passivo Fiscal Diferido	N	P	C	–	X
2.1.4.1.1.04.00	Imposto de Importação a Recolher	N	P	C	–	X
2.1.4.1.1.05.00	IOF a Recolher	N	P	C	–	X
2.1.4.1.1.06.00	ITR a Recolher	N	P	C	–	X
2.1.4.1.1.08.00	CIDE a Recolher	N	P	C	–	X
2.1.4.1.1.09.00	CSSL a Recolher	N	P	C	–	X
2.1.4.1.1.10.00	COFINS a Recolher	N	P	C	–	X
2.1.4.1.1.11.00	PIS/ PASEP a Recolher	N	P	C	–	X
2.1.4.1.1.12.00	Tributos Federais Renegociados	N	P	C	–	X
2.1.4.1.1.13.00	Recursos Fiscais – DARF a Emitir	N	P	C	–	X
2.1.4.1.1.99.00	Outros Tributos e Contribuições Federais a Recolher	N	P	C	–	X

Continua

A	B	C	D	E	F	G
CÓDIGO	DESCRIÇÃO	UN	SC	D/C	CE	SF
2.1.4.1.2.00.00	Obrigações Fiscais a Curto Prazo com a União – Intra-OFSS	N	P	C	–	
2.1.4.1.2.01.00	IPI a Recolher	N	P	C	–	X
2.1.4.1.2.02.00	IRPJ a Recolher	N	P	C	–	X
2.1.4.1.2.03.00	Passivo Fiscal Diferido	N	P	C	–	X
2.1.4.1.2.04.00	Imposto de Importação a Recolher	N	P	C	–	X
2.1.4.1.2.05.00	IOF a Recolher	N	P	C	–	X
2.1.4.1.2.06.00	ITR a Recolher	N	P	C	–	X
2.1.4.1.2.08.00	CIDE a Recolher	N	P	C	–	X
2.1.4.1.2.09.00	CSSL a Recolher	N	P	C	–	X
2.1.4.1.2.10.00	COFINS a Recolher	N	P	C	–	X
2.1.4.1.2.11.00	PIS/ PASEP a Recolher	N	P	C	–	X
2.1.4.1.2.12.00	Tributos Federais Renegociados	N	P	C	–	X
2.1.4.1.2.13.00	Recursos Fiscais – DARF a Emitir	N	P	C	–	X
2.1.4.1.2.99.00	Outros Tributos e Contribuições Federais a Recolher	N	P	C	–	X
2.1.4.1.3.00.00	Obrigações Fiscais a Curto Prazo com a União – Inter-OFSS – União	N	P	C	–	
2.1.4.1.3.01.00	IPI a Recolher	N	P	C	–	X
2.1.4.1.3.02.00	IRPJ a Recolher	N	P	C	–	X
2.1.4.1.3.03.00	Passivo Fiscal Diferido	N	P	C	–	X
2.1.4.1.3.04.00	Imposto de Importação a Recolher	N	P	C	–	X
2.1.4.1.3.05.00	IOF a Recolher	N	P	C	–	X
2.1.4.1.3.06.00	ITR a Recolher	N	P	C	–	X
2.1.4.1.3.08.00	CIDE a Recolher	N	P	C	–	X
2.1.4.1.3.09.00	CSSL a Recolher	N	P	C	–	X
2.1.4.1.3.10.00	COFINS a Recolher	N	P	C	–	X
2.1.4.1.3.11.00	PIS/ PASEP a Recolher	N	P	C	–	X
2.1.4.1.3.12.00	Tributos Federais Renegociados	N	P	C	–	X
2.1.4.1.3.13.00	Recursos Fiscais – DARF a Emitir	N	P	C	–	X
2.1.4.1.3.99.00	Outros Tributos e Contribuições Federais a Recolher	N	P	C	–	X
2.1.4.2.0.00.00	Obrigações Fiscais a Curto Prazo Com Os Estados	N	P	C	–	X
2.1.4.2.0.00.00	Obrigações Fiscais a Curto Prazo Com Os Estados	N	P	C	–	
2.1.4.2.1.00.00	Obrigações Fiscais a Curto Prazo Com Os Estados – Consolidação	N	P	C	–	
2.1.4.2.1.01.00	ICMS a Recolher	N	P	C	–	
2.1.4.2.1.01.01	ICMS a Recolher – Sobre Mercadorias para Revenda	N	P	C	–	X
2.1.4.2.1.01.02	ICMS a Recolher – Sobre Mercadorias de Terceiros para Depósito	N	P	C	–	X
2.1.4.2.1.02.00	IPVA a Recolher	N	P	C	–	X
2.1.4.2.1.03.00	Tributos Estaduais Renegociados	N	P	C	–	X

Continua

Plano de Contas e Lançamentos Contábeis **273**

A	B	C	D	E	F	G
CÓDIGO	**DESCRIÇÃO**	**UN**	**SC**	**D/C**	**CE**	**SF**
2.1.4.2.1.04.00	Taxa de Cooperação e Defesa da Orizicultura – CDO	N	P	C	–	X
2.1.4.2.1.05.00	Taxa de Atendimento Contra Incêndio	N	P	C	–	X
2.1.4.2.1.06.00	Taxa de Licenciamento Anual de Veículos	N	P	C	–	X
2.1.4.2.1.07.00	Recursos Fiscais Estaduais	N	P	C	–	X
2.1.4.2.1.08.00	Taxa de Licenciamento Ambiental	N	P	C	–	X
2.1.4.2.1.99.00	Outros Tributos e Contribuições Estaduais a Recolher	N	P	C	–	X
2.1.4.2.2.00.00	Obrigações Fiscais a Curto Prazo Com Os Estados – Intra-OFSS	N	P	C	–	
2.1.4.2.2.01.00	ICMS a Recolher	N	P	C	–	
2.1.4.2.2.01.01	ICMS a Recolher – Sobre Mercadorias para Revenda	N	P	C	–	X
2.1.4.2.2.01.02	ICMS a Recolher – Sobre Mercadorias de Terceiros para Depósito	N	P	C	–	X
2.1.4.2.2.02.00	IPVA a Recolher	N	P	C	–	X
2.1.4.2.2.03.00	Tributos Estaduais Renegociados	N	P	C	–	X
2.1.4.2.2.04.00	Taxa de Cooperação e Defesa da Orizicultura – CDO	N	P	C	–	X
2.1.4.2.2.05.00	Taxa de Atendimento Contra Incêndio	N	P	C	–	X
2.1.4.2.2.06.00	Taxa de Licenciamento Anual de Veículos	N	P	C	–	X
2.1.4.2.2.07.00	Recursos Fiscais Estaduais	N	P	C	–	X
2.1.4.2.2.08.00	Taxa de Licenciamento Ambiental	N	P	C	–	X
2.1.4.2.2.99.00	Outros Tributos e Contribuições Estaduais a Recolher	N	P	C	–	X
2.1.4.2.4.00.00	Obrigações Fiscais a Curto Prazo Com Os Estados – Inter-OFSS – Estado	N	P	C	–	
2.1.4.2.4.01.00	ICMS a Recolher	N	P	C	–	
2.1.4.2.4.01.01	ICMS a Recolher – Sobre Mercadorias para Revenda	N	P	C	–	X
2.1.4.2.4.01.02	ICMS a Recolher – Sobre Mercadorias de Terceiros para Depósito	N	P	C	–	X
2.1.4.2.4.02.00	IPVA a Recolher	N	P	C	–	X
2.1.4.2.4.03.00	Tributos Estaduais Renegociados	N	P	C	–	X
2.1.4.2.4.04.00	Taxa de Cooperação e Defesa da Orizicultura – CDO	N	P	C	–	X
2.1.4.2.4.05.00	Taxa de Atendimento Contra Incêndio	N	P	C	–	X
2.1.4.2.4.06.00	Taxa de Licenciamento Anual de Veículos	N	P	C	–	X
2.1.4.2.4.07.00	Recursos Fiscais Estaduais	N	P	C	–	X
2.1.4.2.4.08.00	Taxa de Licenciamento Ambiental	N	P	C	–	X
2.1.4.2.4.99.00	Outros Tributos e Contribuições Estaduais a Recolher	N	P	C	–	X
2.1.4.3.0.00.00	Obrigações Fiscais a Curto Prazo Com Os Municípios	N	P	C	–	

Continua

274 Contabilidade Pública na Gestão Municipal • Andrade

A	B	C	D	E	F	G
CÓDIGO	DESCRIÇÃO	UN	SC	D/C	CE	SF
2.1.4.3.0.00.00	Obrigações Fiscais a Curto Prazo Com Os Municípios	N	P	C	–	
2.1.4.3.1.00.00	Obrigações Fiscais a Curto Prazo Com Os Municípios – Consolidação	N	P	C	–	
2.1.4.3.1.01.00	ISS a Recolher	N	P	C	–	X
2.1.4.3.1.02.00	IPTU / TLP a Recolher	N	P	C	–	X
2.1.4.3.1.03.00	Tributos Municipais Renegociados	N	P	C	–	X
2.1.4.3.1.04.00	Contribuição P/Custeio de Ilum. Publica a Recolher	N	P	C	–	X
2.1.4.3.1.06.00	Recursos Fiscais Municipais	N	P	C	–	X
2.1.4.3.1.07.00	Taxa de Licenciamento Ambiental	N	P	C	–	X
2.1.4.3.1.08.00	Taxa de Inspeção Veicular	N	P	C	–	X
2.1.4.3.1.99.00	Outros Tributos e Contribuições Municipais a Recolher	N	P	C	–	X
2.1.4.3.2.00.00	Obrigações Fiscais a Curto Prazo Com Os Municípios – Intra-OFSS	N	P	C	–	
2.1.4.3.2.01.00	ISS a Recolher	N	P	C	–	X
2.1.4.3.2.02.00	IPTU / TLP a Recolher	N	P	C	–	X
2.1.4.3.2.03.00	Tributos Municipais Renegociados	N	P	C	–	X
2.1.4.3.2.04.00	Contribuição P/Custeio de Ilum. Pública a Recolher	N	P	C	–	X
2.1.4.3.2.06.00	Recursos Fiscais Municipais	N	P	C	–	X
2.1.4.3.2.07.00	Taxa de Licenciamento Ambiental	N	P	C	–	X
2.1.4.3.2.08.00	Taxa de Inspeção Veicular	N	P	C	–	X
2.1.4.3.2.99.00	Outros Tributos e Contribuições Municipais a Recolher	N	P	C	–	X
2.1.4.3.5.00.00	Obrigações Fiscais a Curto Prazo Com Os Municípios – Inter-OFSS – Município	N	P	C	–	
2.1.4.3.5.01.00	ISS a Recolher	N	P	C	–	X
2.1.4.3.5.02.00	IPTU / TLP a Recolher	N	P	C	–	X
2.1.4.3.5.03.00	Tributos Municipais Renegociados	N	P	C	–	X
2.1.4.3.5.04.00	Contribuição P/Custeio de Ilum. Pública a Recolher	N	P	C	–	X
2.1.4.3.5.06.00	Recursos Fiscais Municipais	N	P	C	–	X
2.1.4.3.5.07.00	Taxa de Licenciamento Ambiental	N	P	C	–	X
2.1.4.3.5.08.00	Taxa de Inspeção Veicular	N	P	C	–	X
2.1.4.3.5.99.00	Outros Tributos e Contribuições Municipais a Recolher	N	P	C	–	X
2.1.8.0.0.00.00	Demais Obrigações a Curto Prazo	UN	P	C	–	
2.1.8.8.0.00.00	Valores Restituíveis	N	P	C	–	
2.1.8.8.1.00.00	Valores Restituíveis – Consolidação	N	P	C	–	
2.1.8.8.1.04.00	Depósitos não Judiciais	N	P	C	–	
2.1.8.8.1.04.01	Depósitos e Cauções	N	P	C	–	F
2.1.8.9.0.00.00	Outras Obrigações a Curto Prazo	N	P	C	–	
2.1.8.9.1.00.00	Outras Obrigações a Curto Prazo – Consolidação	N	P	C	–	
2.1.8.9.1.03.00	Suprimentos de Fundos a Pagar	N	P	C	–	X

Continua

Plano de Contas e Lançamentos Contábeis **275**

A	B	C	D	E	F	G
CÓDIGO	**DESCRIÇÃO**	**UN**	**SC**	**D/C**	**CE**	**SF**
2.3.0.0.0.00.00	Patrimônio Líquido	N	P	C	–	
2.3.7.0.0.00.00	Resultados Acumulados	N	P	C	–	
2.3.7.1.0.00.00	Superávits ou Déficits Acumulados	N	P	C	–	
2.3.7.1.1.00.00	Superávits ou Déficits Acumulados – Consolidação	N	P	C	–	
2.3.7.1.1.01.00	Superávits ou Déficits do Exercício	N	P	C	–	P
2.3.7.1.1.02.00	Superávits ou Déficits de Exercícios Anteriores	N	P	C	–	P
2.3.7.1.1.03.00	Ajustes de Exercícios Anteriores	N	P	C	–	P
2.3.7.1.1.04.00	Superávits ou Déficits Resultantes de Extinção, Fusão e Cisão	N	P	C	–	P
2.3.7.1.2.00.00	Superávits ou Déficits Acumulados – Intra-OFSS	N	P	C	–	
2.3.7.1.2.01.00	Superávits ou Déficits do Exercício	N	P	C	–	P
2.3.7.1.2.02.00	Superávits ou Déficits de Exercícios Anteriores	N	P	C	–	P
2.3.7.1.2.03.00	Ajustes de Exercícios Anteriores	N	P	C	–	P
2.3.7.1.2.04.00	Superávits ou Déficits Resultantes de Extinção, Fusão e Cisão	N	P	C	–	P
2.3.7.1.3.00.00	Superávits ou Déficits Acumulados – Inter-OFSS – União	N	P	C	–	
2.3.7.1.3.01.00	Superávits ou Déficits do Exercício	N	P	C	–	P
2.3.7.1.3.02.00	Superávits ou Déficits de Exercícios Anteriores	N	P	C	–	P
2.3.7.1.3.03.00	Ajustes de Exercícios Anteriores	N	P	C	–	P
2.3.7.1.3.04.00	Superávits ou Déficits Resultantes de Extinção, Fusão e Cisão	N	P	C	–	P
2.3.7.1.4.00.00	Superávits ou Déficits Acumulados – Inter-OFSS – Estado	N	P	C	–	
2.3.7.1.4.01.00	Superávits ou Déficits do Exercício	N	P	C	–	P
2.3.7.1.4.02.00	Superávits ou Déficits de Exercícios Anteriores	N	P	C	–	P
2.3.7.1.4.03.00	Ajustes de Exercícios Anteriores	N	P	C	–	P
2.3.7.1.4.04.00	Superávits ou Déficits Resultantes de Extinção, Fusão e Cisão	N	P	C	–	P
2.3.7.1.5.00.00	Superávits ou Déficits Acumulados – Inter-OFSS – Município	N	P	C	–	
2.3.7.1.5.01.00	Superávits ou Déficits do Exercício	N	P	C	–	P
2.3.7.1.5.02.00	Superávits ou Déficits de Exercícios Anteriores	N	P	C	–	P
2.3.7.1.5.03.00	Ajustes de Exercícios Anteriores	N	P	C	–	P
2.3.7.1.5.04.00	Superávits ou Déficits Resultantes de Extinção, Fusão e Cisão	N	P	C	–	P
3.0.0.0.0.00.00	Variação Patrimonial Diminutiva	N	P	D	–	
3.1.0.0.0.00.00	Pessoal e Encargos	N	P	D	–	
3.1.1.0.0.00.00	Remuneração de Pessoal	N	P	D	2.3.7.1	
3.1.1.1.0.00.00	Remuneração a Pessoal Ativo Civil – Abrangidos pelo RPPS	N	P	D	2.3.7.1	
3.1.1.1.1.00.00	Remuneração a Pessoal Ativo Civil – Abrangidos pelo RPPS – Consolidação	N	P	D	2.3.7.1	

Continua

A	B	C	D	E	F	G
CÓDIGO	DESCRIÇÃO	UN	SC	D/C	CE	SF
3.1.1.1.1.01.00	Vencimentos e Vantagens Fixas – Pessoal Civil – RPPS	N	P	D	2.3.7.1	
3.1.1.1.1.01.01	Vencimentos e Salários	N	P	D	2.3.7.1	
3.1.1.1.1.01.02	Adicional Noturno	N	P	D	2.3.7.1	
3.1.1.1.1.01.03	Incorporações	N	P	D	2.3.7.1	
3.1.1.1.1.01.04	Abono de Permanência	N	P	D	2.3.7.1	
3.1.1.1.1.01.05	Adicional de Periculosidade	N	P	D	2.3.7.1	
3.1.1.1.1.01.06	Adicional de Insalubridade	N	P	D	2.3.7.1	
3.1.1.1.1.01.07	Adicional de Atividades Penosas	N	P	D	2.3.7.1	
3.1.1.1.1.01.08	Incentivo à Qualificação	N	P	D	2.3.7.1	
3.1.1.1.1.01.09	Remuneração de Pessoal em Disponibilidade	N	P	D	2.3.7.1	
3.1.1.1.1.01.10	Retribuição Adicional Variável e Pró-Labore (Lei 7711/88)	N	P	D	2.3.7.1	
3.1.1.1.1.01.12	Vantagem Pecuniária Individual	N	P	D	2.3.7.1	
3.1.1.1.1.01.13	Abono Provisório – Pessoal Civil	N	P	D	2.3.7.1	
3.1.1.1.1.01.14	Gratificação por Exercício de Cargos	N	P	D	2.3.7.1	
3.1.1.1.1.01.15	Incremento Plano de Cargos e Salários do Poder Judiciário	N	P	D	2.3.7.1	
3.1.1.1.1.01.16	Gratificação por Exercício de Funções	N	P	D	2.3.7.1	
3.1.1.1.1.01.17	Indenização de Localização	N	P	D	2.3.7.1	
3.1.1.1.1.01.18	Gratificação de Tempo de Serviço	N	P	D	2.3.7.1	
3.1.1.1.1.01.19	Gratificações Especiais	N	P	D	2.3.7.1	
3.1.1.1.1.01.20	Gratificação por Atividades Expostas	N	P	D	2.3.7.1	
3.1.1.1.1.01.21	Férias Vencidas e Proporcionais	N	P	D	2.3.7.1	
3.1.1.1.1.01.22	13º Salário	N	P	D	2.3.7.1	
3.1.1.1.1.01.23	Férias – Abono Pecuniário	N	P	D	2.3.7.1	
3.1.1.1.1.01.24	Férias – Abono Constitucional	N	P	D	2.3.7.1	
3.1.1.1.1.01.25	Licença-Prêmio	N	P	D	2.3.7.1	
3.1.1.1.1.01.26	Licença Capacitação	N	P	D	2.3.7.1	
3.1.1.1.1.01.27	Adiantamento Pecuniário	N	P	D	2.3.7.1	
3.1.1.1.1.01.28	Representação Mensal	N	P	D	2.3.7.1	
3.1.1.1.1.01.29	Complementação Salarial	N	P	D	2.3.7.1	
3.1.1.1.1.01.30	Adicional – Teto Parlamentar	N	P	D	2.3.7.1	
3.1.1.1.1.01.31	Subsídios	N	P	D	2.3.7.1	
3.1.1.1.1.01.32	Gratificação por Exercício de Cargo em Comissão	N	P	D	2.3.7.1	
3.1.1.1.1.01.33	Vencimentos e Salários Prorrogação Salário Maternidade	N	P	D	2.3.7.1	
3.1.1.1.1.01.35	Férias – Pagamento Antecipado	N	P	D	2.3.7.1	
3.1.1.1.1.01.36	Remun. Particip. Órgãos Deliberação Coletiva	N	P	D	2.3.7.1	
3.1.1.1.1.01.99	Outros Vencimentos e Vantagens Fixas – Pessoal Civil RPPS	N	P	D	2.3.7.1	
3.1.1.1.1.02.00	Outras Despesas Variáveis – Pessoal Civil – RPPS	N	P	D	2.3.7.1	

Continua

Plano de Contas e Lançamentos Contábeis **277**

A	B	C	D	E	F	G
CÓDIGO	DESCRIÇÃO	UN	SC	D/C	CE	SF
3.1.1.1.1.02.01	Substituições	N	P	D	2.3.7.1	
3.1.1.1.1.02.02	Adicional Variável	N	P	D	2.3.7.1	
3.1.1.1.1.02.03	Serviços Extraordinários	N	P	D	2.3.7.1	
3.1.1.1.1.02.04	Gratificação por Embarque Fluvial	N	P	D	2.3.7.1	
3.1.1.1.1.02.05	Gratificação Eleitoral	N	P	D	2.3.7.1	
3.1.1.1.1.02.06	Licença Sem Remuneração Incentivada	N	P	D	2.3.7.1	
3.1.1.1.1.02.07	Adicional por Plantão Hospitalar	N	P	D	2.3.7.1	
3.1.1.1.1.02.08	Convocação Extraordinária Legislativa	N	P	D	2.3.7.1	
3.1.1.1.1.02.09	Participação a Empregados e Administradores	N	P	D	2.3.7.1	
3.1.1.1.1.02.10	Auxílio-Moradia	N	P	D	2.3.7.1	
3.1.1.1.1.02.11	Indenizações e Restituições Trabalhistas	N	P	D	2.3.7.1	
3.1.1.1.1.02.12	Indeniz. e Restit. Decorr. de Planos de Demissão Voluntária	N	P	D	2.3.7.1	
3.1.1.1.1.02.13	Ressarcimento de Desp. de Pessoal Requisitado	N	P	D	2.3.7.1	
3.1.1.1.1.02.99	Outros Vencimentos e Vantagens Variáveis – Pessoal Civil RPPS	N	P	D	2.3.7.1	
3.1.1.1.1.03.00	Sentenças Judiciais	N	P	D	2.3.7.1	
3.1.1.2.0.00.00	Remuneração a Pessoal Ativo Civil – Abrangidos pelo RGPS	N	P	D	2.3.7.1	
3.1.1.2.1.00.00	Remuneração a Pessoal Ativo Civil – Abrangidos pelo RGPS – Consolidação	N	P	D	2.3.7.1	
3.1.1.2.1.01.00	Vencimentos e Vantagens Fixas – Pessoal Civil – RGPS	N	P	D	2.3.7.1	
3.1.1.2.1.01.01	Vencimentos e Salários	N	P	D	2.3.7.1	
3.1.1.2.1.01.02	Adicional Noturno	N	P	D	2.3.7.1	
3.1.1.2.1.01.03	Incorporações	N	P	D	2.3.7.1	
3.1.1.2.1.01.04	Abono de Permanência	N	P	D	2.3.7.1	
3.1.1.2.1.01.05	Adicional de Periculosidade	N	P	D	2.3.7.1	
3.1.1.2.1.01.06	Adicional de Insalubridade	N	P	D	2.3.7.1	
3.1.1.2.1.01.07	Remuneração Participantes de Órgão de Deliberação Coletiva	N	P	D	2.3.7.1	
3.1.1.2.1.01.08	Incentivo a Qualificação	N	P	D	2.3.7.1	
3.1.1.2.1.01.09	Adicional de Transferência – Art. 469/CLT	N	P	D	2.3.7.1	
3.1.1.2.1.01.10	Retr. Adic. Variável e Pró-labore (Lei nº 7.711/88)	N	P	D	2.3.7.1	
3.1.1.2.1.01.11	Remuneração de Diretores	N	P	D	2.3.7.1	
3.1.1.2.1.01.12	Vantagem Pecuniária Individual	UN	SC	D/C	2.3.7.1	
3.1.1.2.1.01.13	Abono Provisório – Pessoal Civil	N	P	D	2.3.7.1	
3.1.1.2.1.01.14	Gratificação por Exercício de Cargos	N	P	D	2.3.7.1	
3.1.1.2.1.01.15	Indenização a Anistiado Político	N	P	D	2.3.7.1	
3.1.1.2.1.01.16	Gratificação por Exercício de Funções	N	P	D	2.3.7.1	
3.1.1.2.1.01.17	Indenização de Localização	N	P	D	2.3.7.1	
3.1.1.2.1.01.18	Gratificação de Tempo de Serviço	N	P	D	2.3.7.1	
3.1.1.2.1.01.19	Gratificações Especiais	N	P	D	2.3.7.1	

Continua

A	B	C	D	E	F	G
CÓDIGO	DESCRIÇÃO	UN	SC	D/C	CE	SF
3.1.1.2.1.01.20	Gratificação por Atividades Expostas	N	P	D	2.3.7.1	
3.1.1.2.1.01.21	Ferias Vencidas e Proporcionais	N	P	D	2.3.7.1	
3.1.1.2.1.01.22	13º Salário	N	P	D	2.3.7.1	
3.1.1.2.1.01.23	Ferias – Abono Pecuniário	N	P	D	2.3.7.1	
3.1.1.2.1.01.24	Ferias – Abono Constitucional	N	P	D	2.3.7.1	
3.1.1.2.1.01.25	Licença-prêmio	N	P	D	2.3.7.1	
3.1.1.2.1.01.26	Licença Capacitação	N	P	D	2.3.7.1	
3.1.1.2.1.01.27	Adiantamento Pecuniário	N	P	D	2.3.7.1	
3.1.1.2.1.01.28	Representação Mensal	N	P	D	2.3.7.1	
3.1.1.2.1.01.29	Complementação Salarial	N	P	D	2.3.7.1	
3.1.1.2.1.01.30	Adicional – Teto Parlamentar	N	P	D	2.3.7.1	
3.1.1.2.1.01.31	Subsídios	N	P	D	2.3.7.1	
3.1.1.2.1.01.32	Gratificação por Exercício de Cargo em Comissão	N	P	D	2.3.7.1	
3.1.1.2.1.01.33	Vencimentos e Salários Prorrogação Salário--Maternidade	N	P	D	2.3.7.1	
3.1.1.2.1.01.35	Férias – Pagamento Antecipado	N	P	D	2.3.7.1	
3.1.1.2.1.01.99	Outros Vencimentos e Vantagens Fixas – Pessoal Civil – RGPS	N	P	D	2.3.7.1	
3.1.1.2.1.02.00	Outras VPD Variáveis – Pessoal Civil – RGPS	N	P	D	2.3.7.1	
3.1.1.2.1.02.01	Substituições	N	P	D	2.3.7.1	
3.1.1.2.1.02.02	Adicional Variável	N	P	D	2.3.7.1	
3.1.1.2.1.02.03	Serviços Extraordinários	N	P	D	2.3.7.1	
3.1.1.2.1.02.04	Gratificação por Embarque Fluvial	N	P	D	2.3.7.1	
3.1.1.2.1.02.05	Aviso Prévio	N	P	D	2.3.7.1	
3.1.1.2.1.02.06	Participação a Empregados e Administradores	N	P	D	2.3.7.1	
3.1.1.2.1.02.07	Gratificação Eleitoral (RGPS)	N	P	D	2.3.7.1	
3.1.1.2.1.02.08	Licença Sem Remuneração Incentivada (RGPS)	N	P	D	2.3.7.1	
3.1.1.2.1.02.09	Convocação Extraordinária Legislativa (RGPS)	N	P	D	2.3.7.1	
3.1.1.2.1.02.10	Auxílio-Moradia (RGPS)	N	P	D	2.3.7.1	
3.1.1.2.1.02.99	Outras Despesas Variáveis – Pessoal Civil	N	P	D	2.3.7.1	
3.1.1.2.1.03.00	Sentenças Judiciais	N	P	D	2.3.7.1	
3.1.1.2.1.04.00	Contratação por Tempo Determinado	N	P	D	2.3.7.1	
3.1.1.2.1.04.01	Salario Contrato Temporário – Lei 8.745/93	N	P	D	2.3.7.1	
3.1.1.2.1.04.02	Adicional Noturno de Contrato Temporário	N	P	D	2.3.7.1	
3.1.1.2.1.04.03	Adicional de Periculosidade Contr. Temporário	N	P	D	2.3.7.1	
3.1.1.2.1.04.04	Adicional de Insalubridade Contrato Temporário	N	P	D	2.3.7.1	
3.1.1.2.1.04.05	Adicional de Atividades Penosas – Contr. Temporário	N	P	D	2.3.7.1	
3.1.1.2.1.04.06	Serviços Eventuais de Médicos Residentes	N	P	D	2.3.7.1	
3.1.1.2.1.04.07	Residência Multiprofissional	N	P	D	2.3.7.1	
3.1.1.2.1.04.08	Adicional de Irradiação Ionizante Cont. Temp.	N	P	D	2.3.7.1	
3.1.1.2.1.04.09	Gratificação de Raios X Contrato Temporário	N	P	D	2.3.7.1	
3.1.1.2.1.04.10	Serviços Extraordinários Contrato Temporário	N	P	D	2.3.7.1	

Continua

Plano de Contas e Lançamentos Contábeis 279

A	B	C	D	E	F	G
CÓDIGO	DESCRIÇÃO	UN	SC	D/C	CE	SF
3.1.1.2.1.04.11	Serviços Extraordinários Noturno Cont. Temp.	N	P	D	2.3.7.1	
3.1.1.2.1.04.12	Ferias Vencidas/Proporcionais Cont. Temporário	N	P	D	2.3.7.1	
3.1.1.2.1.04.13	13º Salario Contrato Temporário	N	P	D	2.3.7.1	
3.1.1.2.1.04.14	Ferias – Abono Constitucional	N	P	D	2.3.7.1	
3.1.1.2.1.04.15	Ferias – Pagamento Antecipado	N	P	D	2.3.7.1	
3.1.1.2.1.04.16	Serviços Eventuais de Auxiliares Civis no Exterior	N	P	D	2.3.7.1	
3.1.1.2.1.04.17	Serviços Eventuais de Professores	N	P	D	2.3.7.1	
3.1.1.2.1.04.18	Serviços Eventuais de Assistência Social	N	P	D	2.3.7.1	
3.1.1.2.1.04.19	Serv. Event. Enfermag. Fisiot. Terapia Ocupac.	N	P	D	2.3.7.1	
3.1.1.2.1.04.20	Serviços Eventuais de Natureza Industrial	N	P	D	2.3.7.1	
3.1.1.2.1.04.21	Serviços Eventuais de Agentes de Saúde	N	P	D	2.3.7.1	
3.1.1.2.1.04.22	Serviços Eventuais de Dentistas e Psicólogos	N	P	D	2.3.7.1	
3.1.1.2.1.04.23	Serviços Eventuais de Mão de obra	N	P	D	2.3.7.1	
3.1.1.2.1.04.24	Serviços Temporários de Agentes Prisionais	N	P	D	2.3.7.1	
3.1.1.2.1.04.25	Obrigações Patronais	N	P	D	2.3.7.1	
3.1.1.2.1.04.26	INSS Patronal	N	P	D	2.3.7.1	
3.1.1.2.1.04.27	FGTS	N	P	D	2.3.7.1	
3.1.1.2.1.04.99	Outras Contratações por Tempo Determinado	N	P	D	2.3.7.1	
3.1.1.3.0.00.00	Remuneração a Pessoal Ativo Militar – Abrangidos pelo RPPS	N	P	D	2.3.7.1	
3.1.1.3.1.00.00	Remuneração a Pessoal Ativo Militar – Abrangidos pelo RPPS – Consolidação	N	P	D	2.3.7.1	
3.1.1.3.1.01.00	Vencimentos e Vantagens Fixas – Pessoal Militar	N	P	D	2.3.7.1	
3.1.1.3.1.01.01	Soldo	N	P	D	2.3.7.1	
3.1.1.3.1.01.02	Adicional de Permanência	N	P	D	2.3.7.1	
3.1.1.3.1.01.03	Adicional de Tempo de Serviço	N	P	D	2.3.7.1	
3.1.1.3.1.01.04	Adicional Militar	N	P	D	2.3.7.1	
3.1.1.3.1.01.05	Adicional de Compensação Orgânica	N	P	D	2.3.7.1	
3.1.1.3.1.01.06	Adicional de Habitação	N	P	D	2.3.7.1	
3.1.1.3.1.01.07	Gratificação de Localidade Especial	N	P	D	2.3.7.1	
3.1.1.3.1.01.08	Gratificação de Representação	N	P	D	2.3.7.1	
3.1.1.3.1.01.09	Gratificação de Função de Natureza Especial	N	P	D	2.3.7.1	
3.1.1.3.1.01.10	Gratificação de Serviço Voluntário	N	P	D	2.3.7.1	
3.1.1.3.1.01.11	Vantagem Pecuniária Especial – VPE	N	P	D	2.3.7.1	
3.1.1.3.1.01.12	Indenização de Representação	N	P	D	2.3.7.1	
3.1.1.3.1.01.13	Gratificação de Exercícios de Cargos	N	P	D	2.3.7.1	
3.1.1.3.1.01.14	Ferias Vencidas e Proporcionais	N	P	D	2.3.7.1	
3.1.1.3.1.01.15	Adicional Natalino	N	P	D	2.3.7.1	
3.1.1.3.1.01.16	Férias – Abono Constitucional	N	P	D	2.3.7.1	
3.1.1.3.1.01.17	Complementação Salarial – Pessoal Militar	N	P	D	2.3.7.1	
3.1.1.3.1.01.99	Outras VPD Fixas – Pessoal Militar	N	P	D	2.3.7.1	
3.1.1.3.1.02.00	Outras Despesas Variáveis – Pessoal Militar	N	P	D	2.3.7.1	

Continua

280 Contabilidade Pública na Gestão Municipal • Andrade

A	B	C	D	E	F	G
CÓDIGO	DESCRIÇÃO	UN	SC	D/C	CE	SF
3.1.1.3.1.02.01	Indenizações/Militar	N	P	D	2.3.7.1	
3.1.1.3.1.02.02	Adicional Tarefa Tempo Certo (Art. 23 MP 2.131)	N	P	D	2.3.7.1	
3.1.1.3.1.02.03	Adicional Noturno – Militar	N	P	D	2.3.7.1	
3.1.1.3.1.02.04	Hora Extra, Horas de Sobreaviso e Plantão – Militar	N	P	D	2.3.7.1	
3.1.1.3.1.03.00	Sentenças Judiciais	N	P	D	2.3.7.1	
3.1.2.0.0.00.00	Encargos Patronais	N	P	D	2.3.7.1	
3.1.2.1.0.00.00	Encargos Patronais – RPPS	N	P	D	2.3.7.1	
3.1.2.1.1.00.00	Encargos Patronais – RPPS – Consolidação	N	P	D	2.3.7.1	
3.1.2.1.2.00.00	Encargos Patronais – RPPS – Intra-OFSS	N	P	D	2.3.7.1	
3.1.2.1.2.01.00	Contribuição Patronal para o RPPS	N	P	D	2.3.7.1	
3.1.2.1.2.02.00	Encargos de Pessoal Requisitado de Outros Entes	N	P	D	2.3.7.1	
3.1.2.1.2.99.00	Outros Encargos Patronais – RPPS	N	P	D	2.3.7.1	
3.1.2.1.3.00.00	Encargos Patronais – RPPS – Inter-OFSS – União	N	P	D	2.3.7.1	
3.1.2.1.3.02.00	Encargos de Pessoal Requisitado de Outros Entes	N	P	D	2.3.7.1	
3.1.2.1.3.99.00	Outros Encargos Patronais – RPPS	N	P	D	2.3.7.1	
3.1.2.1.4.00.00	Encargos Patronais – RPPS – Inter-OFSS – Estado	N	P	D	2.3.7.1	
3.1.2.1.4.02.00	Encargos de Pessoal Requisitado de Outros Entes	N	P	D	2.3.7.1	
3.1.2.1.4.99.00	Outros Encargos Patronais – RPPS	N	P	D	2.3.7.1	
3.1.2.1.5.00.00	Encargos Patronais – RPPS – Inter-OFSS – Município	N	P	D	2.3.7.1	
3.1.2.1.5.02.00	Encargos de Pessoal Requisitado de Outros Entes	N	P	D	2.3.7.1	
3.1.2.1.5.99.00	Outros Encargos Patronais – RPPS	N	P	D	2.3.7.1	
3.1.2.2.0.00.00	Encargos Patronais – RGPS	N	P	D	2.3.7.1	
3.1.2.2.1.00.00	Encargos Patronais – RGPS – Consolidação	N	P	D	2.3.7.1	
3.1.2.2.1.01.00	Contribuições Previdenciárias – INSS	N	P	D	2.3.7.1	
3.1.2.2.1.03.00	Seguro de Acidente no Trabalho	N	P	D	2.3.7.1	
3.1.2.2.1.04.00	Encargos de Pessoal Requisitado de Outros Entes	N	P	D	2.3.7.1	
3.1.2.2.1.05.00	Contribuição Previdenciária INSS Prorrogação Salário-Maternidade	N	P	D	2.3.7.1	
3.1.2.2.1.06.00	Contribuição para o PIS Sobre Folha de Pagamento	N	P	D	2.3.7.1	
3.1.2.2.1.99.00	Outros Encargos Patronais – RGPS	N	P	D	2.3.7.1	
3.1.2.2.2.00.00	Encargos Patronais – RGPS – Intra-OFSS	N	P	D	2.3.7.1	
3.1.2.2.3.00.00	Encargos Patronais – RGPS – Inter-OFSS – União	N	P	D	2.3.7.1	
3.1.2.2.3.01.00	Contribuições Previdenciárias – INSS	N	P	D	2.3.7.1	
3.1.2.2.3.03.00	Seguro de Acidente no Trabalho	N	P	D	2.3.7.1	
3.1.2.2.3.04.00	Encargos de Pessoal Requisitado de Outros Entes	N	P	D	2.3.7.1	
3.1.2.2.3.05.00	Contribuição Previdenciária INSS Prorrogação Salário-Maternidade	N	P	D	2.3.7.1	
3.1.2.2.3.06.00	Contribuição para o PIS Sobre Folha de Pagamento	N	P	D	2.3.7.1	
3.1.2.2.3.99.00	Outros Encargos Patronais – RGPS	N	P	D	2.3.7.1	
3.1.2.2.4.00.00	Encargos Patronais – RGPS – Inter-OFSS – Estado	N	P	D	2.3.7.1	
3.1.2.2.5.00.00	Encargos Patronais – RGPS – Inter-OFSS – Município	N	P	D	2.3.7.1	
3.1.2.3.0.00.00	Encargos Patronais – FGTS	N	P	D	2.3.7.1	

Continua

Plano de Contas e Lançamentos Contábeis **281**

A	B	C	D	E	F	G
CÓDIGO	**DESCRIÇÃO**	**UN**	**SC**	**D/C**	**CE**	**SF**
3.1.2.3.1.00.00	Encargos Patronais – FGTS – Consolidação	N	P	D	2.3.7.1	
3.1.2.3.1.01.00	FGTS	N	P	D	2.3.7.1	
3.1.2.3.1.02.00	FGTS – PDV	N	P	D	2.3.7.1	
3.1.2.3.1.03.00	FGTS – Prorrogação Salário-Maternidade	N	P	D	2.3.7.1	
3.1.2.4.0.00.00	Contribuições Sociais Gerais	N	P	D	2.3.7.1	
3.1.2.4.1.00.00	Contribuições Sociais Gerais – Consolidação	N	P	D	2.3.7.1	
3.1.2.4.1.01.00	Sistemas Sociais Autônomos – Ativo Civil	N	P	D	2.3.7.1	
3.1.2.4.1.02.00	Contribuição de Salário-Educação	N	P	D	2.3.7.1	
3.1.2.4.1.03.00	Contribuição de Salário-Educação Referente a Prorrogação de Salário-Maternidade	N	P	D	2.3.7.1	
3.1.2.4.1.99.00	Outras Contribuições Sociais Gerais	N	P	D	2.3.7.1	
3.1.2.5.0.00.00	Contribuições a Entidades Fechadas de Previdência	N	P	D	2.3.7.1	
3.1.2.5.1.00.00	Contribuições a Entidades Fechadas de Previdência – Consolidação	N	P	D	2.3.7.1	
3.1.2.5.1.01.00	Complementação de Previdência	N	P	D	2.3.7.1	
3.1.2.5.1.02.00	Seguros	N	P	D	2.3.7.1	
3.1.2.5.1.03.00	Contribuição Patronal Previdência Privada	N	P	D	2.3.7.1	
3.1.2.5.1.04.00	Complementação Previdenciária Referente a Prorrogação Salário-Maternidade	N	P	D	2.3.7.1	
3.1.2.5.1.99.00	Outras Contribuições a Entidades Fechadas de Previdência	N	P	D	2.3.7.1	
3.1.2.9.0.00.00	Outros Encargos Patronais	N	P	D	2.3.7.1	
3.1.2.9.1.00.00	Outros Encargos Patronais – Consolidação	N	P	D	2.3.7.1	
3.1.2.9.1.01.00	Contribuição Patronal para o Atendimento à Saúde do Servidor Ativo	N	P	D	2.3.7.1	
3.1.2.9.1.02.00	Contribuição Patronal para a Assistência Social do Servidor Ativo	N	P	D	2.3.7.1	
3.1.2.9.1.03.00	Contribuição Patronal para o Atendimento à Saúde do Servidor Inativo	N	P	D	2.3.7.1	
3.1.2.9.1.04.00	Contribuição Patronal para a Assistência Social do Servidor Inativo	N	P	D	2.3.7.1	
3.1.2.9.1.05.00	Contribuição Patronal para o Atendimento à Saúde do Pensionista	N	P	D	2.3.7.1	
3.1.2.9.1.06.00	Contribuição Patronal para a Assistência Social do Pensionista	N	P	D	2.3.7.1	
3.1.2.9.2.00.00	Outros Encargos Patronais – Intra-OFSS	N	P	D	2.3.7.1	
3.1.2.9.2.01.00	Contribuição Patronal para o Atendimento à Saúde do Servidor Ativo	N	P	D	2.3.7.1	
3.1.2.9.2.02.00	Contribuição Patronal para a Assistência Social do Servidor Ativo	N	P	D	2.3.7.1	
3.1.2.9.2.03.00	Contribuição Patronal para o Atendimento à Saúde do Servidor Inativo	N	P	D	2.3.7.1	
3.1.2.9.2.04.00	Contribuição Patronal para a Assistência Social do Servidor Inativo	N	P	D	2.3.7.1	

Continua

A	B	C	D	E	F	G
CÓDIGO	DESCRIÇÃO	UN	SC	D/C	CE	SF
3.1.2.9.2.05.00	Contribuição Patronal para o Atendimento à Saúde do Pensionista	N	P	D	2.3.7.1	
3.1.2.9.2.06.00	Contribuição Patronal para a Assistência Social do Pensionista	N	P	D	2.3.7.1	
3.1.2.9.3.00.00	Outros Encargos Patronais – Inter-OFSS – União	N	P	D	2.3.7.1	
3.1.2.9.4.00.00	Outros Encargos Patronais – Inter-OFSS – Estado	N	P	D	2.3.7.1	
3.1.2.9.4.01.00	Contribuição Patronal para o Atendimento à Saúde do Servidor Ativo	N	P	D	2.3.7.1	
3.1.2.9.4.02.00	Contribuição Patronal para a Assistência Social do Servidor Ativo	N	P	D	2.3.7.1	
3.1.2.9.4.03.00	Contribuição Patronal para o Atendimento à Saúde do Servidor Inativo	N	P	D	2.3.7.1	
3.1.2.9.4.04.00	Contribuição Patronal para a Assistência Social do Servidor Inativo	N	P	D	2.3.7.1	
3.1.2.9.4.05.00	Contribuição Patronal para o Atendimento à Saúde do Pensionista	N	P	D	2.3.7.1	
3.1.2.9.4.06.00	Contribuição Patronal para a Assistência Social do Pensionista	N	P	D	2.3.7.1	
3.1.2.9.5.00.00	Outros Encargos Patronais – Inter-OFSS – Município	N	P	D	2.3.7.1	
3.1.3.0.0.00.00	Benefícios a Pessoal	N	P	D	2.3.7.1	
3.1.3.0.0.00.00	Benefícios a Pessoal	N	P	D	2.3.7.1	
3.1.3.1.0.00.00	Benefícios a Pessoal – RPPS	N	P	D	2.3.7.1	
3.1.3.1.1.00.00	Benefícios a Pessoal – RPPS – Consolidação	N	P	D	2.3.7.1	
3.1.3.2.0.00.00	Benefícios a Pessoal – RGPS	N	P	D	2.3.7.1	
3.1.3.2.1.00.00	Benefícios a Pessoal – RGPS – Consolidação	N	P	D	2.3.7.1	
3.1.3.3.0.00.00	Benefícios a Pessoal – Militar	N	P	D	2.3.7.1	
3.1.3.3.1.00.00	Benefícios a Pessoal – Militar – Consolidação	N	P	D	2.3.7.1	
3.3.0.0.0.00.00	Uso de Bens, Serviços e Consumo de Capital Fixo	N	P	D	2.3.7.1	
3.3.1.0.0.00.00	Uso de Material de Consumo	N	P	D	2.3.7.1	
3.3.1.1.0.00.00	Consumo de Material	N	P	D	2.3.7.1	
3.3.1.1.1.00.00	Consumo de Material – Consolidação	N	P	D	2.3.7.1	
3.3.1.1.1.01.00	Combustíveis e Lubrificantes Automotivos	N	P	D	2.3.7.1	
3.3.1.1.1.03.00	Gás e Outros Materiais Engarrafados	N	P	D	2.3.7.1	
3.3.1.1.1.04.00	Explosivos e Munições	N	P	D	2.3.7.1	
3.3.1.1.1.05.00	Alimentos para Animais	N	P	D	2.3.7.1	
3.3.1.1.1.06.00	Gêneros Alimentação	UN	SC	D/C	2.3.7.1	
3.3.1.1.1.07.00	Animais para Pesquisa e Abate	N	P	D	2.3.7.1	
3.3.1.1.1.08.00	Material Farmacológico	N	P	D	2.3.7.1	
3.3.1.1.1.09.00	Material Odontológico	N	P	D	2.3.7.1	
3.3.1.1.1.10.00	Material Químico	N	P	D	2.3.7.1	
3.3.1.1.1.11.00	Material de Coudelaria ou de Uso Zootécnico	N	P	D	2.3.7.1	
3.3.1.1.1.13.00	Material de Caça e Pesca	N	P	D	2.3.7.1	
3.3.1.1.1.14.00	Material Educativo e Esportivo	N	P	D	2.3.7.1	

Continua

Plano de Contas e Lançamentos Contábeis **283**

A	B	C	D	E	F	G
CÓDIGO	DESCRIÇÃO	UN	SC	D/C	CE	SF
3.3.1.1.1.15.00	Material para Festividades e Homenagens	N	P	D	2.3.7.1	
3.3.1.1.1.16.00	Material de Expediente	N	P	D	2.3.7.1	
3.3.1.1.1.17.00	Material de Processamento de Dados	N	P	D	2.3.7.1	
3.3.1.1.1.18.00	Materiais e Medicamentos P/Uso Veterinário	N	P	D	2.3.7.1	
3.3.1.1.1.19.00	Material de Acondicionamento e Embalagem	N	P	D	2.3.7.1	
3.3.1.1.1.20.00	Material de Cama, Mesa e Banho	N	P	D	2.3.7.1	
3.3.1.1.1.21.00	Material de Copa e Cozinha	N	P	D	2.3.7.1	
3.3.1.1.1.22.00	Material de Limpeza e Produtos de Higienização	N	P	D	2.3.7.1	
3.3.1.1.1.23.00	Uniformes, Tecidos e Aviamentos	N	P	D	2.3.7.1	
3.3.1.1.1.24.00	Material P/Manut. e Bens Imóveis/Instalações	N	P	D	2.3.7.1	
3.3.1.1.1.25.00	Material para Manutenção de Bens	N	P	D	2.3.7.1	
3.3.1.1.1.26.00	Material Elétrico e Eletrônico	N	P	D	2.3.7.1	
3.3.1.1.1.27.00	Material de Manobra e Patrulhamento	N	P	D	2.3.7.1	
3.3.1.1.1.28.00	Material de Proteção e Segurança	N	P	D	2.3.7.1	
3.3.1.1.1.29.00	Material para Áudio, Vídeo e Foto	N	P	D	2.3.7.1	
3.3.1.1.1.30.00	Material para Comunicações	N	P	D	2.3.7.1	
3.3.1.1.1.31.00	Sementes, Mudas de Plantas e Insumos	N	P	D	2.3.7.1	
3.3.1.1.1.32.00	Suprimento de Aviação	N	P	D	2.3.7.1	
3.3.1.1.1.33.00	Material para Produção Industrial	N	P	D	2.3.7.1	
3.3.1.1.1.34.00	Suprimentos para Maq. e Motores Navios e Embarcações	N	P	D	2.3.7.1	
3.3.1.1.1.35.00	Material Laboratorial	N	P	D	2.3.7.1	
3.3.1.1.1.36.00	Material Hospitalar	N	P	D	2.3.7.1	
3.3.1.1.1.37.00	Suprimentos de Armamento	N	P	D	2.3.7.1	
3.3.1.1.1.38.00	Suprimento de Proteção ao Voo	N	P	D	2.3.7.1	
3.3.1.1.1.39.00	Material para Manutenção de Veículos	N	P	D	2.3.7.1	
3.3.1.1.1.40.00	Material Biológico	N	P	D	2.3.7.1	
3.3.1.1.1.41.00	Material para Utilização em Gráfica	N	P	D	2.3.7.1	
3.3.1.1.1.42.00	Ferramentas	N	P	D	2.3.7.1	
3.3.1.1.1.43.00	Material para Reabilitação Profissional	N	P	D	2.3.7.1	
3.3.1.1.1.44.00	Material de Sinalização Visual e Outros	N	P	D	2.3.7.1	
3.3.1.1.1.45.00	Material Técnico para Seleção e Treinamento	N	P	D	2.3.7.1	
3.3.1.1.1.46.00	Material Bibliográfico	N	P	D	2.3.7.1	
3.3.1.1.1.48.00	Bens Móveis não Ativáveis	N	P	D	2.3.7.1	
3.3.1.1.1.49.00	Bilhetes de Passagem	N	P	D	2.3.7.1	
3.3.1.1.1.50.00	Bandeiras, Flâmulas e Insígnias	N	P	D	2.3.7.1	
3.3.1.1.1.51.00	Discotecas e Filmotecas não Imobilizável	N	P	D	2.3.7.1	
3.3.1.1.1.52.00	Material de Caráter Secreto ou Reservado	N	P	D	2.3.7.1	
3.3.1.1.1.53.00	Material Meteorológico	N	P	D	2.3.7.1	
3.3.1.1.1.54.00	Material p/ Manut. Conserv. de Estradas e Vias	N	P	D	2.3.7.1	
3.3.1.1.1.55.00	Selos para Controle Fiscal	N	P	D	2.3.7.1	
3.3.1.1.1.56.00	Material de Marcação da Fauna Silvestre	N	P	D	2.3.7.1	

Continua

A	B	C	D	E	F	G
CÓDIGO	DESCRIÇÃO	UN	SC	D/C	CE	SF
3.3.1.1.1.57.00	Material de Consumo – Repartições no Exterior	N	P	D	2.3.7.1	
3.3.1.1.1.58.00	Sobressalentes para Máquinas e Equip. para Produção Industrial	N	P	D	2.3.7.1	
3.3.1.1.1.70.00	Aquisição de *Softwares* de Base	N	P	D	2.3.7.1	
3.3.1.1.1.71.00	Materiais para Conservação e Manutenção de Bens de Uso Comum do Povo	N	P	D	2.3.7.1	
3.3.1.1.1.98.00	Sentenças Judiciais de Fornecedores de Materiais	N	P	D	2.3.7.1	
3.3.1.1.1.99.00	Outros Materiais de Consumo	N	P	D	2.3.7.1	
3.3.2.0.0.00.00	Serviços	N	P	D	2.3.7.1	
3.3.2.3.0.00.00	Serviços Terceiros – PJ	N	P	D	2.3.7.1	
3.3.2.3.1.00.00	Serviços Terceiros – PJ – Consolidação	N	P	D	2.3.7.1	
3.3.2.3.1.01.00	Consultoria e Assessoria	N	P	D	2.3.7.1	
3.3.2.3.1.02.00	Perícias	N	P	D	2.3.7.1	
3.3.2.3.1.03.00	Auditoria Externa	N	P	D	2.3.7.1	
3.3.2.3.1.04.00	Comunicação	N	P	D	2.3.7.1	
3.3.2.3.1.05.00	Publicidade	N	P	D	2.3.7.1	
3.3.2.3.1.06.00	Manutenção e Conservação	N	P	D	2.3.7.1	
3.3.2.3.1.07.00	Serviços de Apoio	N	P	D	2.3.7.1	
3.3.2.3.1.08.00	Serviços de Água e Esgoto, Energia Elétrica, Gás e Outros	N	P	D	2.3.7.1	
3.3.2.3.1.09.00	Serviços de Alimentação	N	P	D	2.3.7.1	
3.3.2.3.1.10.00	Locações	N	P	D	2.3.7.1	
3.3.2.3.1.11.00	Serviços Relacionados a Tecnologia da Informação	N	P	D	2.3.7.1	
3.3.2.3.1.12.00	Serviços de Transporte	N	P	D	2.3.7.1	
3.3.2.3.1.13.00	Armazenagem	N	P	D	2.3.7.1	
3.3.2.3.1.14.00	Assinaturas de Periódicos e Anuidades	N	P	D	2.3.7.1	
3.3.2.3.1.15.00	Capatazia, Estiva e Pesagem	N	P	D	2.3.7.1	
3.3.2.3.1.16.00	Classificação de Produtos	N	P	D	2.3.7.1	
3.3.2.3.1.17.00	Comissões e Corretagens	N	P	D	2.3.7.1	
3.3.2.3.1.18.00	Condomínios	N	P	D	2.3.7.1	
3.3.2.3.1.19.00	Confecção de Material de Acondicion. e Embalagem	N	P	D	2.3.7.1	
3.3.2.3.1.20.00	Confecção de Uniformes, Bandeiras e Flâmulas	N	P	D	2.3.7.1	
3.3.2.3.1.21.00	Direitos Autorais	N	P	D	2.3.7.1	
3.3.2.3.1.22.00	Exposições, Congressos, Conferências e Outros	N	P	D	2.3.7.1	
3.3.2.3.1.23.00	Festividades e Homenagens	N	P	D	2.3.7.1	
3.3.2.3.1.24.00	Honorários Advocatícios – Ônus de Sucumbência	N	P	D	2.3.7.1	
3.3.2.3.1.25.00	Hospedagens	N	P	D	2.3.7.1	
3.3.2.3.1.26.00	Patrocínio	N	P	D	2.3.7.1	
3.3.2.3.1.27.00	Produções Jornalísticas	N	P	D	2.3.7.1	
3.3.2.3.1.28.00	Promoção	N	P	D	2.3.7.1	
3.3.2.3.1.29.00	Seguros em Geral	N	P	D	2.3.7.1	
3.3.2.3.1.30.00	Seleção e Treinamento	N	P	D	2.3.7.1	

Continua

Plano de Contas e Lançamentos Contábeis **285**

A	B	C	D	E	F	G
CÓDIGO	DESCRIÇÃO	UN	SC	D/C	CE	SF
3.3.2.3.1.31.00	Serv. Médico-Hospitalar, Odontol. e Laboratoriais	N	P	D	2.3.7.1	
3.3.2.3.1.32.00	Serviços Bancários	N	P	D	2.3.7.1	
3.3.2.3.1.33.00	Serviços de Análises e Pesquisa Científicas	N	P	D	2.3.7.1	
3.3.2.3.1.34.00	Serviços de Apoio do Ensino	N	P	D	2.3.7.1	
3.3.2.3.1.35.00	Serviços de Assistência Social	N	P	D	2.3.7.1	
3.3.2.3.1.36.00	Serviços de Áudio Vídeo e Foto	N	P	D	2.3.7.1	
3.3.2.3.1.37.00	Serviços de Confecção Selos Controle Fiscal	N	P	D	2.3.7.1	
3.3.2.3.1.38.00	Serviços de Conserv. e Rebenef. de Mercadorias	N	P	D	2.3.7.1	
3.3.2.3.1.39.00	Serviços de Controle Ambiental	N	P	D	2.3.7.1	
3.3.2.3.1.40.00	Serviços de Cópias e Reprodução de Documentos	N	P	D	2.3.7.1	
3.3.2.3.1.41.00	Serviços de Creche e Assistência Pré-Escolar	N	P	D	2.3.7.1	
3.3.2.3.1.42.00	Serviços de Incineração/Destruição de Material	N	P	D	2.3.7.1	
3.3.2.3.1.43.00	Serviços de Produção Industrial	N	P	D	2.3.7.1	
3.3.2.3.1.44.00	Serviços de Reabilitação Profissional	N	P	D	2.3.7.1	
3.3.2.3.1.45.00	Serviços Funerários	N	P	D	2.3.7.1	
3.3.2.3.1.46.00	Serviços Gráficos e Editoriais	N	P	D	2.3.7.1	
3.3.2.3.1.47.00	Serviços Judiciários	N	P	D	2.3.7.1	
3.3.2.3.1.51.00	Serviços Técnicos Profissionais	N	P	D	2.3.7.1	
3.3.2.3.1.52.00	Taxa de Administração	N	P	D	2.3.7.1	
3.3.2.3.1.54.00	Locação de Mão de obra	N	P	D	2.3.7.1	
3.3.2.3.1.55.00	Arrendamento Mercantil Operacional	N	P	D	2.3.7.1	
3.3.2.3.1.56.00	Passagens e Despesas Com Locomoção	N	P	D	2.3.7.1	
3.3.2.3.1.99.00	Outros Serviços Terceiros – PJ	N	P	D	2.3.7.1	
3.3.3.0.0.00.00	Depreciação, Amortização e Exaustão	N	P	D	2.3.7.1	
3.3.3.1.0.00.00	Depreciação	N	P	D	2.3.7.1	
3.3.3.1.1.00.00	Depreciação – Consolidação	N	P	D	2.3.7.1	
3.3.3.1.1.01.00	Depreciação de Imobilizado	N	P	D	2.3.7.1	
3.3.3.1.1.01.01	Depreciação de Bens Móveis	N	P	D	2.3.7.1	
3.5.0.0.0.00.00	Transferências e Delegações Concedidas	N	P	D	2.3.7.1	
3.5.0.0.0.00.00	Transferências e Delegações Concedidas	N	P	D	2.3.7.1	
3.5.1.0.0.00.00	Transferências Intragovernamentais	N	P	D	2.3.7.1	
3.5.1.0.0.00.00	Transferências Intragovernamentais	N	P	D	2.3.7.1	
3.5.1.1.0.00.00	Transferências Concedidas para a Execução Orçamentária	N	P	D	2.3.7.1	
3.5.1.1.2.00.00	Transferências Concedidas para a Execução Orçamentária – Intra OFSS	N	P	D	2.3.7.1	
3.5.1.1.2.04.00	Recursos Arrecadados – Concedidos	N	P	D	2.3.7.1	
3.5.9.0.0.00.00	Outras Transferências e Delegações Concedidas	N	P	D	2.3.7.1	
3.5.9.0.1.00.00	Outras Transferências Concedidas – Consolidação	N	P	D	2.3.7.1	
3.5.9.0.1.01.00	Doações Concedidas	N	P	D	2.3.7.1	
3.6.0.0.0.00.00	Desvalorização e Perdas de Ativos e Incorporação de Passivos	N	P	D	2.3.7.1	

Continua

A	B	C	D	E	F	G
CÓDIGO	DESCRIÇÃO	UN	SC	D/C	CE	SF
3.6.1.0.0.00.00	Reavaliação, Redução a Valor Recuperável e Ajustes para Perdas	N	P	D	2.3.7.1	
3.6.1.1.0.00.00	Reavaliação de Imobilizado	N	P	D	2.3.7.1	
3.6.1.1.1.00.00	Reavaliação de Imobilizado – Consolidação	N	P	D	2.3.7.1	
3.6.1.1.1.02.00	Reavaliação de Bens Imóveis	N	P	D	2.3.7.1	
3.6.1.7.0.00.00	Variação Patrimonial Diminutiva com ajuste de Perdas de Créditos e de Investimentos e Aplicações Temporários	N	P	D	2.3.7.1	
3.6.1.7.1.00.00	Variação Patrimonial Diminutiva com ajuste de Perdas de Créditos e de Investimentos e Aplicações Temporários – Consolidação	N	P	D	2.3.7.1	
3.6.1.7.1.01.00	Ajuste para Perdas em Créditos Tributários	N	P	D	2.3.7.1	
4.0.0.0.0.00.00	Variação Patrimonial Aumentativa	N	P	C	2.3.7.1	
4.1.0.0.0.00.00	Impostos, Taxas e Contribuições de Melhoria	N	P	C	2.3.7.1	
4.1.1.0.0.00.00	Impostos	N	P	C	2.3.7.1	
4.1.1.1.0.00.00	Impostos Sobre Comércio Exterior	N	P	C	2.3.7.1	
4.1.1.1.1.00.00	Impostos Sobre Comércio Exterior – Consolidação	N	P	C	2.3.7.1	
4.1.1.2.0.00.00	Impostos Sobre Patrimônio e a Renda	N	P	C	2.3.7.1	
4.1.1.2.1.00.00	Impostos Sobre Patrimônio e a Renda – Consolidação	N	P	C	2.3.7.1	
4.1.1.2.1.01.00	Imposto S/ Propriedade Territorial Rural	N	P	C	2.3.7.1	
4.1.1.2.1.02.00	Imposto Sobre a Propriedade Predial e Territorial Urbana	N	P	C	2.3.7.1	
4.1.1.2.1.03.00	Imposto Sobre a Renda e Proventos de Qualquer Natureza	N	P	C	2.3.7.1	
4.1.1.2.1.03.01	IR – Pessoas Físicas	N	P	C	2.3.7.1	
4.1.1.2.1.03.02	IR – Pessoas Jurídicas	N	P	C	2.3.7.1	
4.1.1.2.1.04.00	ITBI	N	P	C	2.3.7.1	
4.1.1.2.1.05.00	ITCMD	N	P	C	2.3.7.1	
4.1.1.2.1.06.00	IPVA	N	P	C	2.3.7.1	
4.1.1.2.1.97.00	(–) Dedução	N	P	C	2.3.7.1	
4.1.1.3.0.00.00	Impostos Sobre a Produção e a Circulação	N	P	C	2.3.7.1	
4.1.1.3.1.00.00	Impostos Sobre a Produção e a Circulação – Consolidação	N	P	C	2.3.7.1	
4.1.1.3.1.01.00	ICMS	N	P	C	2.3.7.1	
4.1.1.3.1.02.00	ISS	N	P	C	2.3.7.1	
4.1.1.3.1.97.00	(–) Dedução	N	P	C	2.3.7.1	
4.1.1.4.0.00.00	Impostos Extraordinários	N	P	C	2.3.7.1	
4.1.1.4.1.00.00	Impostos Extraordinários – Consolidação	N	P	C	2.3.7.1	
4.1.1.9.0.00.00	Outros Impostos	N	P	C	2.3.7.1	
4.1.1.9.1.00.00	Outros Impostos – Consolidação	N	P	C	2.3.7.1	
4.3.0.0.0.00.00	Exploração e Venda de Bens e Serviços	N	P	C	2.3.7.1	
4.3.2.0.0.00.00	Venda de Produtos	N	P	C	2.3.7.1	

Continua

Plano de Contas e Lançamentos Contábeis **287**

A	B	C	D	E	F	G
CÓDIGO	DESCRIÇÃO	UN	SC	D/C	CE	SF
4.3.2.1.0.00.00	Venda Bruta de Produtos	N	P	C	2.3.7.1	
4.3.2.1.1.00.00	Venda Bruta de Produtos – Consolidação	N	P	C	2.3.7.1	
4.3.3.0.0.00.00	Exploração de Bens, Direitos e Prestação de Serviços	N	P	C	2.3.7.1	
4.3.3.1.0.00.00	Valor Bruto de Exploração de Bens e Direitos e Prestação de Serviços	N	P	C	2.3.7.1	
4.3.3.1.1.00.00	Valor Bruto de Exploração de Bens, Direitos e Prestação de Serviços – Consolidação	N	P	C	2.3.7.1	
4.3.3.1.1.01.00	Prestação de Serviços de Treinamento	N	P	C	2.3.7.1	
4.3.3.1.1.02.00	Exploração do Patrimônio Imobiliário	N	P	C	2.3.7.1	
4.3.3.1.1.03.00	Prestação de Serviços de Locação	N	P	C	2.3.7.1	
4.3.3.1.1.04.00	Prestação de Serviços de Pesquisas e Análises	N	P	C	2.3.7.1	
4.3.3.1.1.05.00	Serviços de Estudos e Pesquisas	N	P	C	2.3.7.1	
4.3.3.1.1.06.00	Prestação de Serviços de Consultoria	N	P	C	2.3.7.1	
4.3.3.1.1.07.00	Serviços Consult. Assist. Técnica Análise Projetos	N	P	C	2.3.7.1	
4.3.3.1.1.08.00	Prestação de Serviços Relacionados a T.I.	N	P	C	2.3.7.1	
4.3.3.1.1.09.00	Prestação de Serviços de Adm. de Rede de Comunic. de Dados	N	P	C	2.3.7.1	
4.3.3.1.1.10.00	Serviços de Processamento de Dados	N	P	C	2.3.7.1	
4.3.3.1.1.11.00	Serviço de Informações Científicas e Tecnológicas	N	P	C	2.3.7.1	
4.3.3.1.1.12.00	Prestação de Serviços Científicos e Tecnológicos Nucleares	N	P	C	2.3.7.1	
4.3.3.1.1.13.00	Serviços de Tecnologia	N	P	C	2.3.7.1	
4.3.3.1.1.14.00	Serviços de Comunicação	N	P	C	2.3.7.1	
4.3.3.1.1.15.00	Prestação de Serviços Relacionados a Armazenagem	N	P	C	2.3.7.1	
4.3.3.1.1.16.00	Prestação de Serviços Complementares	N	P	C	2.3.7.1	
4.3.3.1.1.17.00	Prestação de Serviços Relacionados ao Beneficia-mento de Grãos	N	P	C	2.3.7.1	
4.3.3.1.1.18.00	Prestação de Serviços Recepção e Embarque de Produtos	N	P	C	2.3.7.1	
4.3.3.1.1.19.00	Prestação de Serviços Serviço de Transbordo	N	P	C	2.3.7.1	
4.3.3.1.1.20.00	Fornecimento de Mão de obra	N	P	C	2.3.7.1	
4.3.3.1.1.21.00	Prestação de Serviços de Distrib. de Gêneros Alimentícios	N	P	C	2.3.7.1	
4.3.3.1.1.22.00	Serviços de Hospedagem e Alimentação	N	P	C	2.3.7.1	
4.3.3.1.1.23.00	Concessão e Permissão – Serv. de Transporte	N	P	C	2.3.7.1	
4.3.3.1.1.24.00	Outorga Serv. Expl. Prod. Petr. Gás Natural	N	P	C	2.3.7.1	
4.3.3.1.1.25.00	Outorga de Direitos de Uso de Rec. Hidr.	N	P	C	2.3.7.1	
4.3.3.1.1.26.00	Outorga Direitos de Expl. e Pesq. Miner.	N	P	C	2.3.7.1	
4.3.3.1.1.27.00	Concessão Florestal	N	P	C	2.3.7.1	
4.3.3.1.1.28.00	Concessão e Permissão. – Dir. Uso de Bens Púb.	N	P	C	2.3.7.1	
4.3.3.1.1.29.00	Compensações Financeiras	N	P	C	2.3.7.1	
4.3.3.1.1.30.00	Serviços de Transporte	N	P	C	2.3.7.1	
4.3.3.1.1.31.00	Serviços Portuários	N	P	C	2.3.7.1	

Continua

A	B	C	D	E	F	G
CÓDIGO	DESCRIÇÃO	UN	SC	D/C	CE	SF
4.3.3.1.1.32.00	Serviços de Socorro Marítimo	N	P	C	2.3.7.1	
4.3.3.1.1.33.00	Serviços de Saúde	N	P	C	2.3.7.1	
4.3.3.1.1.34.00	Certificação e Homologação de Prod. Telecom.	N	P	C	2.3.7.1	
4.3.3.1.1.35.00	Serviços de Metrologia e Certificação	N	P	C	2.3.7.1	
4.3.3.1.1.36.00	Serviços de Inspeção e Fiscalização	N	P	C	2.3.7.1	
4.3.3.1.1.37.00	Serviços Administrativos	N	P	C	2.3.7.1	
4.3.3.1.1.38.00	Serviços de Meteorologia	N	P	C	2.3.7.1	
4.3.3.1.1.39.00	Serviços Educacionais	N	P	C	2.3.7.1	
4.3.3.1.1.40.00	Serviços Agropecuários	N	P	C	2.3.7.1	
4.3.3.1.1.41.00	Serviços de Reparação, Manutenção e Instalação	N	P	C	2.3.7.1	
4.3.3.1.1.42.00	Serviços Recreativos e Culturais	N	P	C	2.3.7.1	
4.3.3.1.1.43.00	Serviços Reg. Marcas, Pat. Transf. de Tecnologia	N	P	C	2.3.7.1	
4.3.3.1.1.44.00	Serviços de Registro do Comércio	N	P	C	2.3.7.1	
4.3.3.1.1.45.00	Serviços de Fornecimento de Água	N	P	C	2.3.7.1	
4.3.3.1.1.46.00	Serviços de Perfuração e Instalação de Poços	N	P	C	2.3.7.1	
4.3.3.1.1.47.00	Serviços de Geoprocessamento	N	P	C	2.3.7.1	
4.3.3.1.1.48.00	Serviços de Cadastramento de Fornecedores	N	P	C	2.3.7.1	
4.3.3.1.1.49.00	Tarifa de Utilização de Faróis	N	P	C	2.3.7.1	
4.3.3.1.1.50.00	Tarifa e Adicional Sobre Tarifa Aeroportuária	N	P	C	2.3.7.1	
4.3.3.1.1.51.00	Serviços de Cadastro da Atividade Mineral	N	P	C	2.3.7.1	
4.3.3.1.1.52.00	Tar. Inscr. Concursos e Processos Seletivos	N	P	C	2.3.7.1	
4.3.3.1.1.53.00	Serviço de Compensação de Variações Salariais	N	P	C	2.3.7.1	
4.3.3.1.1.54.00	Garantias e Avais	N	P	C	2.3.7.1	
4.3.3.1.1.55.00	Credenciamento Emp.Prest. Serviços de Vistoria	N	P	C	2.3.7.1	
4.3.3.1.1.56.00	Serviços Veterinários	N	P	C	2.3.7.1	
4.3.3.1.1.57.00	Certificação e Homologação Atividade Mineral	N	P	C	2.3.7.1	
4.3.3.1.1.58.00	Serv.Inov.A.Pesq.Ambient.Prod...-Inst.Cien.Tec.	N	P	C	2.3.7.1	
4.3.3.1.1.59.00	Serviços Financeiros	N	P	C	2.3.7.1	
4.3.3.1.1.60.00	Serv. Comerciais de Prod. Dados e Mat. Informática	N	P	C	2.3.7.1	
4.3.3.1.1.61.00	Serviços de Turismo	N	P	C	2.3.7.1	
4.3.3.1.1.98.00	Serviços Administrativos – RPPS	N	P	C	2.3.7.1	
4.3.3.1.1.99.00	Outras Variações Patrimoniais Aumentativas Provenientes de Prestação de Serviços	N	P	C	2.3.7.1	
4.3.3.9.0.00.00	(–) Deduções do Valor Bruto de Exploração de Bens, Direitos e Prestação de Serviços	N	P	C	2.3.7.1	
4.3.3.9.1.00.00	(–) Deduções do Valor Bruto de Exploração de Bens, Direitos e Prestação de Serviços – Consolidação	N	P	C	2.3.7.1	
4.3.3.9.1.01.00	(–) Vendas Canceladas e Devoluções	N	P	C	2.3.7.1	
4.3.3.9.1.02.00	(–) Abatimentos	N	P	C	2.3.7.1	
4.3.3.9.1.03.00	(–) Descontos Incondicionais	N	P	C	2.3.7.1	
4.3.3.9.1.05.00	(–) ISS	N	P	C	2.3.7.1	
4.3.3.9.1.06.00	(–) ICMS	N	P	C	2.3.7.1	

Continua

Plano de Contas e Lançamentos Contábeis **289**

A	B	C	D	E	F	G
CÓDIGO	**DESCRIÇÃO**	**UN**	**SC**	**D/C**	**CE**	**SF**
4.3.3.9.1.07.00	(–) PIS	N	P	C	2.3.7.1	
4.3.3.9.1.08.00	(–) PASEP	N	P	C	2.3.7.1	
4.3.3.9.1.09.00	(–) COFINS	N	P	C	2.3.7.1	
4.3.3.9.1.10.00	(–) Contribuições Previdenciárias – INSS Patronal	N	P	C	2.3.7.1	
4.3.3.9.1.99.00	(–) Outras Deduções de Vendas	N	P	C	2.3.7.1	
4.5.0.0.0.00.00	Transferências e Delegações Recebidas	N	P	C	2.3.7.1	
4.5.0.0.0.00.00	Transferências e Delegações Recebidas	N	P	C	2.3.7.1	
4.5.1.0.0.00.00	Transferências Intragovernamentais	N	P	C	2.3.7.1	
4.5.1.1.0.00.00	Transferências Recebidas para a Execução Orçamentária	N	P	C	2.3.7.1	
4.5.1.1.2.00.00	Transferências Recebidas para a Execução Orçamentária – Intra-OFSS	N	P	C	2.3.7.1	
4.5.1.1.2.01.00	Cota Recebida	N	P	C	2.3.7.1	
4.5.1.1.2.02.00	Repasse Recebido	N	P	C	2.3.7.1	
4.5.1.1.2.03.00	Sub-Repasse Recebido	N	P	C	2.3.7.1	
4.5.1.1.2.04.00	Recursos Arrecadados – Recebidos	N	P	C	2.3.7.1	
4.5.1.1.2.05.00	Valores Diferidos – Baixa	N	P	C	2.3.7.1	
4.5.1.1.2.08.00	Valores Diferidos – Inscrição	N	P	C	2.3.7.1	
4.5.1.1.2.09.00	Devolução de Transferências Concedidas	N	P	C	2.3.7.1	
4.5.1.2.0.00.00	Transferências Recebidas Independentes de Execução Orçamentária	N	P	C	2.3.7.1	
4.5.1.2.2.00.00	Transferências Recebidas Independentes de Execução Orçamentária – Intra-OFSS	N	P	C	2.3.7.1	
4.5.1.2.2.01.00	Transferências Financeiras Recebidas – Independentes de Execução Orçamentária	N	P	C	2.3.7.1	
4.5.1.2.2.01.01	Ordem de Transferências Recebidas	N	P	C	2.3.7.1	
4.5.1.2.2.01.02	Movimento de Fundos a Débito – Correspondência de Débito – Saldos não Financeiros	N	P	C	2.3.7.1	
4.5.1.2.2.01.03	Movimento de Fundos a Débito – Correspondência de Débitos – Saldos Financeiros	N	P	C	2.3.7.1	
4.5.1.2.2.01.99	Outras Transferências Financeiras Recebidas – Independentes de Execução Orçamentária	N	P	C	2.3.7.1	
4.5.1.2.2.02.00	Transferências Não Financeiras Recebidas – Independentes de Execução Orçamentária	N	P	C	2.3.7.1	
4.5.1.2.2.02.01	Transferências Recebidas de Bens Imóveis	N	P	C	2.3.7.1	
4.5.1.2.2.02.02	Doações Recebidas de Bens Imóveis	N	P	C	2.3.7.1	
4.5.1.2.2.02.03	Transferências Recebidas de Bens Móveis	N	P	C	2.3.7.1	
4.5.1.2.2.02.04	Doações Recebidas de Bens Móveis	N	P	C	2.3.7.1	
4.5.1.2.2.02.05	Transferências Concedidas de Títulos e Valores	N	P	C	2.3.7.1	
4.5.1.2.2.02.06	Transferências Concedidas de Títulos da Dívida Ativa	N	P	C	2.3.7.1	
4.5.1.2.2.02.99	Outras Transferências Não Financeiras Recebidas – Independentes de Execução Orçamentária	N	P	C	2.3.7.1	

Continua

A	B	C	D	E	F	G
CÓDIGO	DESCRIÇÃO	UN	SC	D/C	CE	SF
4.5.1.2.2.09.00	Devolução de Transferências	N	P	C	2.3.7.1	
4.5.1.3.0.00.00	Transferências Recebidas para Aportes de Recursos para o RPPS	N	P	C	2.3.7.1	
4.5.1.3.2.00.00	Transferências Recebidas para Aportes de Recursos para o RPPS – Intra OFSS	N	P	C	2.3.7.1	
4.5.1.3.2.01.00	Plano Financeiro	N	P	C	2.3.7.1	
4.5.1.3.2.01.01	Recursos para Cobertura de Insuficiências Financeiras	N	P	C	2.3.7.1	
4.5.1.3.2.01.02	Recursos para Formação de Reserva	N	P	C	2.3.7.1	
4.5.1.3.2.01.99	Outros Aportes para o RPPS	N	P	C	2.3.7.1	
4.5.1.3.2.02.00	Plano Previdenciário	N	P	C	2.3.7.1	
4.5.1.3.2.02.01	Recursos para Cobertura de Déficit Financeiro	N	P	C	2.3.7.1	
4.5.1.3.2.02.02	Recursos para Cobertura de Déficit Atuarial	N	P	C	2.3.7.1	
4.5.1.3.2.02.03	Transferência de Bens Imóveis	N	P	C	2.3.7.1	
4.5.1.3.2.02.04	Transferências de Bens Móveis	N	P	C	2.3.7.1	
4.5.1.3.2.02.99	Outros Aportes para o RPPS	N	P	C	2.3.7.1	
4.5.1.4.0.00.00	Transferências Recebidas para Aportes de Recursos para o RGPS	N	P	C	2.3.7.1	
4.5.1.4.2.00.00	Transferências Recebidas para Aportes de Recursos para o RGPS – Intra-OFSS	N	P	C	2.3.7.1	
4.5.1.4.2.01.00	Recursos para Cobertura de Insuficiências Financeiras	N	P	C	2.3.7.1	
4.5.1.4.2.01.01	Provenientes do Orçamento da Seguridade Social	N	P	C	2.3.7.1	
4.5.1.4.2.01.02	Provenientes do Orçamento Fiscal	N	P	C	2.3.7.1	
4.5.1.4.2.02.00	Recursos para Formação de Reserva	N	P	C	2.3.7.1	
4.5.1.4.2.99.00	Outros Aportes para o RGPS	N	P	C	2.3.7.1	
4.5.2.0.0.00.00	Transferências Intergovernamentais	N	P	C	2.3.7.1	
4.5.2.1.0.00.00	Transferências Constitucionais e Legais de Receitas	N	P	C	2.3.7.1	
4.5.2.1.1.00.00	Transferências Constitucionais e Legais de Receitas – Consolidação	N	P	C	2.3.7.1	
4.5.2.1.3.00.00	Transferências Constitucionais e Legais de Receitas – Inter-OFSS – União	N	P	C	2.3.7.1	
4.5.2.1.3.01.00	Cota-Parte FPE	N	P	C	2.3.7.1	
4.5.2.1.3.02.00	Cota-Parte FPM	N	P	C	2.3.7.1	
4.5.2.1.3.03.00	Cota-Parte ITR	N	P	C	2.3.7.1	
4.5.2.1.3.04.00	Cota-Parte IPI	N	SC	C	2.3.7.1	
4.5.2.1.3.05.00	Cota-Parte Imposto Sobre Operações de Crédito, Cambio e Seguro, ou Relativa a Títulos ou Valores Mobiliários – Comercialização do Ouro	N	P	C	2.3.7.1	
4.5.2.1.3.06.00	Transferência da Compensação Financeira pela Exploração de Recursos Naturais	N	P	C	2.3.7.1	
4.5.2.1.3.07.00	Transferências de Recursos do SUS	N	P	C	2.3.7.1	

Continua

Plano de Contas e Lançamentos Contábeis **291**

A	B	C	D	E	F	G
CÓDIGO	DESCRIÇÃO	UN	SC	D/C	CE	SF
4.5.2.1.3.08.00	Transferências de Recursos do Fundo Nacional de Assistência Social – FNAS	N	P	C	2.3.7.1	
4.5.2.1.3.09.00	Transferências de Recursos do Fundo Nacional do Desenvolvimento da Educação – FNDE	N	P	C	2.3.7.1	
4.5.2.1.3.10.00	Transferência Financeira do ICMS Desoneração – LC 87/96 (Lei Kandir)	N	P	C	2.3.7.1	
4.5.2.1.3.99.00	Outras Participações Na Receita da União	N	P	C	2.3.7.1	
4.5.2.1.4.00.00	Transferências Constitucionais e Legais de Receitas – Inter-OFSS – Estado	N	P	C	2.3.7.1	
4.5.2.1.4.01.00	Cota-Parte ICMS	N	P	C	2.3.7.1	
4.5.2.1.4.02.00	Cota-Parte IPVA	N	P	C	2.3.7.1	
4.5.2.1.4.03.00	Cota-Parte IPI – Exportação	N	P	C	2.3.7.1	
4.5.2.1.4.04.00	Cota-Parte da Contribuição de Intervenção no Domínio Econômico	N	P	C	2.3.7.1	
4.5.2.1.4.05.00	Transferência da Compensação Financeira pela Exploração de Recursos Naturais	N	P	C	2.3.7.1	
4.5.2.1.4.06.00	Transferência de Recursos do Estado para Programas de Saúde – Repasse Fundo a Fundo	N	P	C	2.3.7.1	
4.5.2.1.4.99.00	Outras Participações Na Receita Dos Estados	N	P	C	2.3.7.1	
4.5.2.2.0.00.00	Transferências do FUNDEB	N	P	C	2.3.7.1	
4.5.2.2.3.00.00	Transferências do FUNDEB – Inter-OFSS – União	N	P	C	2.3.7.1	
4.5.2.2.4.00.00	Transferências do FUNDEB – Inter-OFSS – Estado	N	P	C	2.3.7.1	
4.5.2.3.0.00.00	Transferências Voluntárias	N	P	C	2.3.7.1	
4.5.2.3.1.00.00	Transferências Voluntárias – Consolidação	N	P	C	2.3.7.1	
4.5.2.3.3.00.00	Transferências Voluntárias – Inter-OFSS – União	N	P	C	2.3.7.1	
4.5.2.3.3.01.00	Contribuições	N	P	C	2.3.7.1	
4.5.2.3.3.02.00	Auxílios	N	P	C	2.3.7.1	
4.5.2.3.3.03.00	Subvenções Sociais	N	P	C	2.3.7.1	
4.5.2.3.3.04.00	Subvenções Econômicas	N	P	C	2.3.7.1	
4.5.2.3.3.99.00	Demais Transferências Voluntárias	N	P	C	2.3.7.1	
4.5.2.3.4.00.00	Transferências Voluntárias – Inter-OFSS – Estado	N	P	C	2.3.7.1	
4.5.2.3.4.01.00	Contribuições	N	P	C	2.3.7.1	
4.5.2.3.4.02.00	Auxílios	N	P	C	2.3.7.1	
4.5.2.3.4.03.00	Subvenções Sociais	N	P	C	2.3.7.1	
4.5.2.3.4.04.00	Subvenções Econômicas	N	P	C	2.3.7.1	
4.5.2.3.4.99.00	Demais Transferências Voluntárias	N	P	C	2.3.7.1	
4.5.2.3.5.00.00	Transferências Voluntárias – Inter-OFSS – Município	N	P	C	2.3.7.1	
4.5.2.3.5.01.00	Contribuições	N	P	C	2.3.7.1	
4.5.2.3.5.02.00	Auxílios	N	P	C	2.3.7.1	
4.5.2.3.5.03.00	Subvenções Sociais	N	P	C	2.3.7.1	
4.5.2.3.5.04.00	Subvenções Econômicas	N	P	C	2.3.7.1	
4.5.2.3.5.99.00	Demais Transferências Voluntárias	N	P	C	2.3.7.1	
4.5.2.4.0.00.00	Outras Transferências	N	P	C	2.3.7.1	

Continua

A	B	C	D	E	F	G
CÓDIGO	DESCRIÇÃO	UN	SC	D/C	CE	SF
4.5.2.4.1.00.00	Outras Transferências – Consolidação	N	P	C	2.3.7.1	
4.5.2.4.3.00.00	Outras Transferências – Inter-OFSS – União	N	P	C	2.3.7.1	
4.5.2.4.4.00.00	Outras Transferências – Inter-OFSS – Estado	N	P	C	2.3.7.1	
4.5.2.4.5.00.00	Outras Transferências – Inter-OFSS – Município	N	P	C	2.3.7.1	
4.5.3.0.0.00.00	Transferências Das Instituições Privadas	N	P	C	2.3.7.1	
4.5.3.1.0.00.00	Transferências Das Instituições Privadas Sem Fins Lucrativos	N	P	C	2.3.7.1	
4.5.3.1.1.00.00	Transferências Das Instituições Privadas Sem Fins Lucrativos – Consolidação	N	P	C	2.3.7.1	
4.5.3.1.1.01.00	Transferências Das Instituições Privadas Sem Fins Lucrativos para Convênios	N	P	C	2.3.7.1	
4.5.3.1.1.02.00	Transferências Das Instituições Privadas Sem Fins Lucrativos para Combate à Fome	N	P	C	2.3.7.1	
4.5.3.1.1.99.00	Outras Transferências Das Instituições Privadas Sem Fins Lucrativos	N	P	C	2.3.7.1	
4.6.0.0.0.00.00	Valorização e Ganhos com Ativos	N	P	C	2.3.7.1	
4.6.0.0.0.00.00	Valorização e Ganhos com Ativos e Desincorporação de Passivos	N	P	C	2.3.7.1	
4.6.1.0.0.00.00	Reavaliação de Ativos	N	P	C	2.3.7.1	
4.6.1.1.0.00.00	Reavaliação de Imobilizado	N	P	C	2.3.7.1	
4.6.1.1.1.00.00	Reavaliação de Imobilizado – Consolidação	N	P	C	2.3.7.1	
4.6.1.1.1.02.00	Reavaliação de Bens Imóveis	N	P	C	2.3.7.1	
4.6.1.1.1.02.01	Reavaliação de Bens de Uso Especial	N	P	C	2.3.7.1	
4.6.1.1.1.02.02	Reavaliação de Bens Dominicais	N	P	C	2.3.7.1	
4.6.1.1.1.02.03	Reavaliação de Bens de Uso Comum do Povo	N	P	C	2.3.7.1	
4.6.1.1.1.02.04	Reavaliação de Bens Imóveis em Andamento	N	P	C	2.3.7.1	
4.6.1.1.1.02.05	Reavaliação de Instalações	N	P	C	2.3.7.1	
4.6.1.1.1.02.06	Reavaliação de Benfeitorias em Propriedade de Terceiros	N	P	C	2.3.7.1	
4.6.1.1.1.02.99	Reavaliação de Demais Bens Imóveis	N	P	C	2.3.7.1	
4.6.2.0.0.00.00	Ganhos com alienação	N	P	C	2.3.7.1	
4.6.2.2.0.00.00	Ganhos com alienação de Imobilizado	N	P	C	2.3.7.1	
4.6.2.2.1.00.00	Ganhos com alienação de Imobilizado – Consolidação	N	P	C	2.3.7.1	
4.6.2.2.1.01.00	Ganho Líquido com a Alienação de Bens Móveis	N	P	C	2.3.7.1	
4.6.2.2.1.01.01	Ganho Líquido com a Alienação de Máquinas, Aparelhos, Equipamentos e Ferramentas	N	P	C	2.3.7.1	
4.6.2.2.1.01.02	Ganho Líquido com a Alienação de Bens de Informática	N	P	C	2.3.7.1	
4.6.2.2.1.01.03	Ganho Líquido com a Alienação de Móveis e Utensílios	N	P	C	2.3.7.1	
4.6.2.2.1.01.04	Ganho Líquido com a Alienação de Materiais Culturais, Educacionais e de Comunicação	N	P	C	2.3.7.1	

Continua

Plano de Contas e Lançamentos Contábeis **293**

A	B	C	D	E	F	G
CÓDIGO	**DESCRIÇÃO**	**UN**	**SC**	**D/C**	**CE**	**SF**
4.6.2.2.1.01.05	Ganho Líquido com a Alienação de Veículos	N	P	C	2.3.7.1	
4.6.2.2.1.01.07	Ganho Líquido com a Alienação de Bens Móveis em Andamento	N	P	C	2.3.7.1	
4.6.2.2.1.01.08	Ganho Líquido com a Alienação de Bens Móveis em Almoxarifado	N	P	C	2.3.7.1	
4.6.2.2.1.01.09	Ganho Líquido com a Alienação de Armamentos	N	P	C	2.3.7.1	
4.6.2.2.1.01.10	Ganho Líquido com a Alienação de Semoventes	N	P	C	2.3.7.1	
4.6.2.2.1.01.99	Ganho Líquido com a Alienação de Demais Bens Móveis	N	P	C	2.3.7.1	
4.6.2.2.1.02.00	Ganho Líquido com a Alienação de Bens Imóveis	N	P	C	2.3.7.1	
4.6.2.2.1.02.01	Produto de Alienações	N	P	C	2.3.7.1	
4.6.2.2.1.02.02	Alienação de Imóveis Rurais	N	P	C	2.3.7.1	
4.6.2.2.1.02.03	Alienação de Imóveis Urbanos	N	P	C	2.3.7.1	
4.6.2.2.1.02.99	Alienação de Outros Bens Imóveis	N	P	C	2.3.7.1	
4.9.0.0.0.00.00	Outras Variações Patrimoniais Aumentativas	N	P	C	2.3.7.1	
4.9.1.0.0.00.00	Variação Patrimonial Aumentativa a Classificar	N	P	C	2.3.7.1	
4.9.1.0.1.01.00	Variação Patrimonial Aumentativa Bruta a Classificar	N	P	C	2.3.7.1	P
4.9.7.0.0.00.00	Reversão de Provisões e Ajustes de Perdas	N	P	C	2.3.7.1	
4.9.7.2.0.00.00	Reversão de Ajuste de Perdas	N	P	C	2.3.7.1	
4.9.7.2.1.00.00	Reversão de Ajuste de Perdas – Consolidação	N	P	C	2.3.7.1	
4.9.7.2.1.01.00	Reversão de Ajuste de Perdas de Créditos	N	P	C	2.3.7.1	
5.0.0.0.0.00.00	Controles da Aprovação do Planejamento e Orçamento	N	O	D	–	
5.2.0.0.0.00.00	Orçamento Aprovado	N	O	D	–	
5.2.1.0.0.00.00	Previsão da Receita	N	O	D	–	
5.2.1.1.0.00.00	Previsão Inicial da Receita	N	O	D	–	
5.2.1.1.1.00.00	Previsão Inicial da Receita Bruta	N	O	D	–	
5.2.1.1.2.00.00	(–) Previsão de Deduções da Receita	N	O	C	–	
5.2.1.1.2.01.00	(–) Deduções por Transferências Constitucionais e Legais	N	O	C	–	
5.2.1.1.2.01.01	(–) FUNDEB	N	O	C	–	
5.2.1.1.2.01.02	(–) Transferências Constitucionais e Legais a Municípios	N	O	C	–	
5.2.1.1.2.02.00	(–) Renúncias	N	O	C	–	
5.2.1.1.2.99.00	(–) Outras Deduções	N	O	C	–	
5.2.1.2.0.00.00	Alteração da Previsão da Receita	UN	O	X	–	
5.2.1.2.1.00.00	Previsão Adicional da Receita	N	O	X	–	
5.2.1.2.1.01.00	Reestimativa	N	O	D	–	
5.2.1.2.1.02.00	Correção	N	O	D	–	
5.2.1.2.9.00.00	(–) Anulação da Previsão da Receita	N	O	D	–	
5.2.2.0.0.00.00	Fixação da Despesa	N	O	D	–	
5.2.2.1.0.00.00	Dotação Orçamentária	N	O	D	–	
5.2.2.1.1.00.00	Dotação Inicial	N	O	D	–	

Continua

A	B	C	D	E	F	G
CÓDIGO	DESCRIÇÃO	UN	SC	D/C	CE	SF
5.2.2.1.1.01.00	Crédito Inicial	N	O	D	–	
5.2.2.1.2.00.00	Dotação Adicional por Tipo de Crédito	N	O	D	–	
5.2.2.1.2.01.00	Crédito Adicional Suplementar	N	O	D	–	
5.2.2.1.2.02.00	Crédito Adicional – Especial	N	O	D	–	
5.2.2.1.2.02.01	Créditos Especiais Abertos	N	O	D	–	
5.2.2.1.2.03.00	Crédito Adicional – Extraordinário	N	O	D	–	
5.2.2.1.2.03.01	Créditos Extraordinários Abertos	N	O	D	–	
5.2.2.1.3.00.00	Dotação Adicional por Fonte	N	O	D	–	
5.2.2.1.3.01.00	Superávit Financeiro Apurado no Exercício Anterior	N	O	D	–	
5.2.2.1.3.02.00	Excesso de Arrecadação	N	O	D	–	
5.2.2.1.3.03.00	Anulação de Dotação	N	O	D	–	
5.2.2.1.3.04.00	Operação de Crédito	N	O	D	–	
5.2.2.1.3.99.00	Valor Global da Dotação Adicional por Fonte	N	O	D	–	
5.2.2.1.9.00.00	Cancelamento/Remanejamento de Dotação	N	O	D	–	
5.2.2.1.9.01.00	Alteração do Quadro de Detalhamento da Despesa	N	O	D	–	
5.2.2.1.9.01.09	(–) Redução	N	O	D	–	
5.2.2.9.0.00.00	Outros Controles da Despesa Orçamentária	N	O	D	–	
5.2.2.9.2.00.00	Empenhos por Emissão	N	O	D	–	
5.2.2.9.2.01.00	Execução da Despesa por Nota de Empenho	N	O	D	–	
5.2.2.9.2.01.01	Emissão de Empenhos	N	O	D	–	
5.2.2.9.2.01.03	(–) Anulação de Empenhos	N	O	D	–	
5.3.0.0.0.00.00	Inscrição de Restos a Pagar	N	O	D	–	
5.3.1.0.0.00.00	Inscrição de Restos a Pagar Não Processados	N	O	D	–	
5.3.1.1.0.00.00	Restos a Pagar Não Processados Inscritos	N	O	D	–	
5.3.1.2.0.00.00	Restos a Pagar Não Processados – Exercícios Anteriores	N	O	D	–	
5.3.1.7.0.00.00	Restos a Pagar Não Processados – Inscrição no Exercício	N	O	D	–	
5.3.2.0.0.00.00	Inscrição de Restos a Pagar Processados	N	O	D	–	
5.3.2.1.0.00.00	Restos a Pagar Processados – Inscritos	N	O	D	–	
5.3.2.2.0.00.00	Restos a Pagar Processados – Exercícios Anteriores	N	O	D	–	
5.3.2.7.0.00.00	Restos a Pagar Processados – Inscrição no Exercício	N	O	D	–	
6.0.0.0.0.00.00	Controles da Execução do Planejamento e Orçamento	N	O	C	–	
6.2.0.0.0.00.00	Execução do Orçamento	N	O	C	–	
6.2.1.0.0.00.00	Execução da Receita	N	O	C	–	
6.2.1.1.0.00.00	Receita a Realizar	N	O	C	–	
6.2.1.2.0.00.00	Receita Realizada	N	O	C	–	
6.2.1.3.0.00.00	(–) Deduções da Receita Orçamentária	N	O	C	–	
6.2.1.3.1.00.00	(–) Transferências Constitucionais e Legais	N	O	C	–	
6.2.1.3.1.02.00	(–) Transferências Constitucionais e Legais a Municípios	N	O	C	–	

Continua

Plano de Contas e Lançamentos Contábeis **295**

A	B	C	D	E	F	G
CÓDIGO	DESCRIÇÃO	UN	SC	D/C	CE	SF
6.2.1.3.2.00.00	(–) Renúncia	N	O	C	–	
6.2.1.3.3.00.00	(–) Restituições	N	O	C	–	
6.2.2.0.0.00.00	Execução da Despesa	N	O	C	–	
6.2.2.1.0.00.00	Disponibilidades de Créditos	N	O	C	–	
6.2.2.1.1.00.00	Crédito Disponível	N	O	C	–	
6.2.2.1.2.00.00	Crédito Indisponível	N	O	C	–	
6.2.2.1.2.01.00	Bloqueio de Crédito	N	O	C	–	
6.2.2.1.2.02.00	Crédito Pré-Empenhado	N	O	C	–	
6.2.2.1.3.00.00	Crédito Utilizado	N	O	C	–	
6.2.2.1.3.01.00	Crédito Empenhado a Liquidar	N	O	C	–	
6.2.2.1.3.02.00	Crédito Empenhado em Liquidação	N	O	C	–	
6.2.2.1.3.03.00	Crédito Empenhado Liquidado a Pagar	N	O	C	–	
6.2.2.1.3.04.00	Crédito Empenhado Liquidado Pago	N	O	C	–	
6.2.2.1.3.05.00	Empenhos a Liquidar Inscritos em Restos a Pagar não Processados	N	O	C	–	
6.2.2.1.3.06.00	Empenhos em Liquidação Inscritos em Restos a pagar não Processados	N	O	C	–	
6.2.2.1.3.07.00	Empenhos Liquidados Inscritos em Restos a Pagar Processados	N	O	C	–	
6.2.2.9.0.00.00	Outros Controles da Despesa Orçamentária	N	O	C	–	
6.2.2.9.2.00.00	Empenhos de Empenho	N	O	C	–	
6.2.2.9.2.01.00	Empenhos por Nota de Empenho	N	O	C	–	
6.2.2.9.2.01.01	Empenhos a Liquidar	N	O	C	–	
6.2.2.9.2.01.02	Empenhos em Liquidação	N	O	C	–	
6.2.2.9.2.01.03	Empenhos Liquidados a Pagar	N	O	C	–	
6.2.2.9.2.01.04	Empenhos Liquidados Pagos	N	O	C	–	
6.3.0.0.0.00.00	Execução de Restos a Pagar	N	O	C	–	
6.3.1.0.0.00.00	Execução de Restos a Pagar Não Processados	N	O	C	–	
6.3.1.7.0.00.00	Restos a Pagar Não Processados – Inscritos no Exercício	N	O	C	–	
6.3.1.7.1.00.00	Restos a Pagar Não Processados a Liquidar – Inscrição no Exercício	N	O	C	–	
6.3.2.0.0.00.00	Execução de Restos a Pagar Processados	N	O	C	–	
6.3.2.1.0.00.00	Restos a Pagar Processados a Pagar	N	O	C	–	
6.3.2.7.0.00.00	Restos a Pagar Processados a Pagar – Inscrição no Exercício	N	O	C	–	
7.0.0.0.0.00.00	Controles Devedores	N	C	D	–	
7.1.0.0.0.00.00	Atos Potenciais	N	C	D	–	
7.1.1.0.0.00.00	Atos Potenciais Ativos	N	C	D	–	
7.1.1.1.0.00.00	Garantias e Contragarantias Recebidas	N	C	D	–	
7.1.1.1.1.00.00	Garantias e Contragarantias Recebidas – Consolidação	N	C	D	–	
7.1.1.1.1.01.00	Garantias Recebidas no País	N	C	D	–	

Continua

A	B	C	D	E	F	G
CÓDIGO	DESCRIÇÃO	UN	SC	D/C	CE	SF
7.1.1.1.1.01.05	Cauções	N	C	D	–	
7.1.2.0.0.00.00	Atos Potenciais Passivos	N	C	D	–	
7.1.2.3.0.00.00	Obrigações Contratuais	N	C	D	–	
7.1.2.3.1.00.00	Obrigações Contratuais – Consolidação	N	C	D	–	
7.1.2.3.1.02.00	Contratos de Serviços	N	C	D	–	
7.1.2.3.1.05.00	Contratos de Empréstimos e Financiamentos	N	C	D	–	
7.2.0.0.0.00.00	Administração Financeira	N	C	D	–	
7.2.1.0.0.00.00	Disponibilidade por Destinação	N	C	D	–	
7.2.1.1.0.00.00	Controle da Disponibilidade de Recursos	N	C	D	–	
7.2.1.1.1.00.00	Recursos Ordinários	N	C	D	–	
7.2.1.1.2.00.00	Recursos Vinculados	N	C	D	–	
7.2.1.1.3.00.00	Recursos Extraorçamentários	N	C	D	–	
7.2.2.0.0.00.00	Programação Financeira	N	C	D	–	
7.3.0.0.0.00.00	Dívida Ativa	N	C	D	–	
7.3.1.0.0.00.00	Controle do Encaminhamento de Créditos para Inscrição em Dívida Ativa	N	C	D	–	
7.3.1.1.0.00.00	Encaminhamento de Créditos para Inscrição em Dívida Ativa	N	C	D	–	
7.3.1.1.1.00.00	Encaminhamento de Créditos para Inscrição em Dívida Ativa Tributária	N	C	D	–	
7.3.1.1.1.01.00	Encaminhamento de Créditos para Inscrição em Dívida Ativa Tributária – Impostos	N	C	D	–	
7.3.1.1.1.02.00	Encaminhamento de Créditos para Inscrição em Dívida Ativa Tributária – Taxas	N	C	D	–	
7.3.1.1.1.03.00	Encaminhamento de Créditos para Inscrição em Dívida Ativa Tributária – Contribuição de Melhoria	N	C	D	–	
7.3.1.1.2.00.00	Encaminhamento de Créditos para Inscrição em Dívida Ativa Não Tributária	N	C	D	–	
7.3.1.1.2.01.00	Encaminhamento de Créditos para Inscrição em Dívida Ativa Não Tributária	N	C	D	–	
7.3.2.0.0.00.00	Controle da Inscrição de Créditos em Dívida Ativa	N	C	D	–	
7.3.2.1.0.00.00	Inscrição de Créditos em Dívida Ativa	N	C	D	–	
7.3.2.1.1.00.00	Inscrição de Créditos em Dívida Ativa Tributária	N	C	D	–	
7.3.2.1.2.00.00	Inscrição de Créditos em Dívida Ativa Não Tributária	N	C	D	–	
7.9.1.2.1.00.00	Controle de Adiantamentos/Suprimentos de Fundos Concedidos	N	C	D	–	
8.0.0.0.0.00.00	Controles Credores	–	C	C	–	
8.1.0.0.0.00.00	Execução Dos Atos Potenciais	–	C	C	–	
8.1.1.0.0.00.00	Execução Dos Atos Potenciais do Ativo	N	C	C	–	
8.1.1.1.0.00.00	Execução de Garantias e Contragarantias Recebidas	N	C	C	–	
8.1.1.1.1.00.00	Execução de Garantias e Contragarantias Recebidas – Consolidação	N	C	C	–	
8.1.1.1.1.01.00	Execução de Garantias Recebidas no País	N	C	C	–	

Continua

A	B	C	D	E	F	G
CÓDIGO	DESCRIÇÃO	UN	SC	D/C	CE	SF
8.1.1.1.1.01.09	Cauções a Executar	N	C	C	–	
8.1.1.1.1.01.10	Cauções Executadas	N	C	C	–	
8.1.2.0.0.00.00	Execução Dos Atos Potenciais do Passivo	N	C	C	–	
8.1.2.3.0.00.00	Execução de Obrigações Contratuais	N	C	C	–	
8.1.2.3.1.00.00	Execução de Obrigações – Consolidação	N	C	C	–	
8.1.2.3.1.02.00	Contratos de Serviços	N	C	C	–	
8.1.2.3.1.02.01	Contratos de Serviços a Executar	N	C	C	–	
8.1.2.3.1.02.02	Contratos de Serviços Executados	N	C	C	–	
8.1.2.3.1.05.00	Contratos de Empréstimos e Financiamentos	N	C	C	–	
8.1.2.3.1.05.02	Executados	N	C	C	–	
8.2.0.0.0.00.00	Execução da Administração Financeira	–	C	C	–	
8.2.1.0.0.00.00	Execução Das Disponibilidades por Destinação	N	C	C	–	
8.2.1.1.0.00.00	Execução da Disponibilidade de Recursos	N	C	C	–	
8.2.1.1.1.00.00	Disponibilidade por Destinação de Recursos	N	C	C	–	
8.2.1.1.2.00.00	Disponibilidade por Destinação de Recursos Comprometida por Empenho	N	C	C	–	
8.2.1.1.3.00.00	Disponibilidade por Destinação de Recursos Comprometida por Liquidação e Entradas Compensatórias	N	C	C	–	
8.2.1.1.3.01.00	Comprometida por Liquidação	N	C	C	–	
8.2.1.1.3.03.00	Comprometida por Entradas Compensatórias	N	C	C	–	
8.2.1.1.4.00.00	Disponibilidade por Destinação de Recursos Utilizada	N	C	C	–	
8.2.2.0.0.00.00	Execução da Programação Financeira	N	C	C	–	
8.2.2.1.0.00.00	Cronograma Mensal de Desembolso	N	C	C	–	
8.2.2.1.4.01.00	Execução Das Cotas de Créditos	N	C	C	–	
8.3.0.0.0.00.00	Execução da Dívida Ativa	–	C	C	–	
8.3.1.0.0.00.00	Execução do Encaminhamento de Créditos para Inscrição em Dívida Ativa		C	C	–	
8.3.1.1.0.00.00	Créditos a Encaminhar para a Dívida Ativa	N	C	C	–	
8.3.1.1.1.00.00	Créditos a Encaminhar para a Dívida Ativa Tributária	N	C	C	–	
8.3.1.1.1.01.00	Créditos a Encaminhar para a Dívida Ativa Tributária – Impostos	N	C	C	–	
8.3.1.1.1.02.00	Créditos a Encaminhar para a Dívida Ativa Tributária – Taxas	N	C	C	–	
8.3.1.1.1.03.00	Créditos a Encaminhar para a Dívida Ativa Tributária – Contribuição de Melhoria	N	C	C	–	
8.3.1.1.2.00.00	Créditos a Encaminhar para a Dívida Ativa Não Tributária	N	C	C	–	
8.3.1.1.2.01.00	Créditos a Encaminhar para a Dívida Ativa Não Tributária	N	C	C	–	
8.3.1.2.0.00.00	Créditos Encaminhados para a Dívida Ativa	N	C	C	–	

Continua

298 Contabilidade Pública na Gestão Municipal • Andrade

A	B	C	D	E	F	G
CÓDIGO	DESCRIÇÃO	UN	SC	D/C	CE	SF
8.3.1.2.0.00.00	Créditos Encaminhados para a Dívida Ativa	N	C	C	–	
8.3.1.2.1.00.00	Créditos Encaminhados para a Dívida Ativa Tributária	N	C	C	–	
8.3.1.2.1.01.00	Créditos Encaminhados para a Dívida Ativa Tributária – Impostos	N	C	C	–	
8.3.1.2.1.02.00	Créditos Encaminhados para a Dívida Ativa Tributária – Taxas	N	C	C	–	
8.3.1.2.1.03.00	Créditos Encaminhados para a Dívida Ativa Tributária – Contribuição de Melhoria	N	C	C	–	
8.3.1.2.2.00.00	Créditos Encaminhados para a Dívida Ativa Não Tributária	N	C	C	–	
8.3.1.2.2.01.00	Créditos Encaminhados para a Dívida Ativa Não Tributária	N	C	C	–	
8.3.2.0.0.00.00	Execução da Inscrição de Créditos em Dívida Ativa	N	C	C	–	
8.3.2.1.0.00.00	Créditos a Inscrever em Dívida Ativa	N	C	C	–	
8.3.2.1.1.00.00	Créditos a Inscrever em Dívida Ativa Tributária	N	C	C	–	
8.3.2.1.2.00.00	Créditos a Inscrever em Dívida Ativa Não Tributária	N	C	C	–	
8.3.2.3.0.00.00	Créditos Inscritos em Dívida Ativa a Receber	N	C	C	–	
8.3.2.3.1.00.00	Créditos Inscritos em Dívida Ativa Tributária a Receber	N	C	C	–	
8.3.2.3.1.01.00	Créditos Inscritos em Dívida Ativa Tributária a Receber em Cobrança Administrativa	N	C	C	–	
8.3.2.3.1.02.00	Créditos Inscritos em Dívida Ativa Tributária a Receber em Cobrança Judicial	N	C	C	–	
8.3.2.3.2.00.00	Créditos Inscritos em Dívida Ativa Não Tributária a Receber	N	C	C	–	
8.3.2.3.2.01.00	Créditos Inscritos em Dívida Ativa Não Tributária a Receber em Cobrança Administrativa	N	C	C	–	
8.3.2.3.2.02.00	Créditos Inscritos em Dívida Ativa Não Tributária a Receber em Cobrança Judicial	N	C	C	–	
8.9.0.0.0.00.00	Outros Controles	N	C	C	–	
8.9.1.0.0.00.00	Execução de Responsabilidade por Valores, Títulos e Bens	N	C	C	–	
8.9.1.2.0.00.00	Execução de Responsabilidade de Terceiros por Valores, Títulos e Bens	N	C	C	–	
8.9.1.2.1.00.00	Execução de Adiantamentos/Suprimentos de Fundos Concedidos	N	C	C	–	
8.9.1.2.1.01.00	Adiantamentos Concedidos a Comprovar	N	C	C	–	

Nota: Os grupos de contas classificados como "N" devem ser abertos para receber movimentação, tendo em vista que somente contas analíticas podem receber lançamentos.

11.4 Lançamentos contábeis

Os lançamentos contábeis são efetuados pelo método de partidas dobradas e tiveram uma mudança radical. Destaca-se a adequação aos moldes da contabilidade empresarial, seguida dos padrões internacionais de contabilidade, conforme as normas internacionais de contabilidade aplicadas ao setor público (IPSAS), além das contas de controles. Também chama atenção o fato de que as contas se fecham dentro das mesmas classes, ou seja: as contas das classes 1, 2, 3 e 4 se fecham entre si por sua natureza patrimonial; as contas 5 e 6 por sua natureza orçamentária, enquanto as 7 e 8 por sua natureza típica de controle. Apesar de não constar mais da 6ª edição do MCASP, apresentaremos a seguir as instruções apresentadas 5ª edição do mesmo, sendo que facilita o entendimento sobre os lançamentos contábeis.

Os lançamentos de natureza patrimonial fecham-se dentro das classes 1, 2, 3 e 4, respectivamente, Ativo, Passivo (Exigível e Não Exigível), VPA e VPD. Conforme o MCASP, 5ª edição, as possíveis combinações entre eles são as seguintes:

CLASSES		1 ATIVO	2 PASSIVO	3 VPA	4 VPD
1	Ativo	11 Permutação entre elementos do Ativo	12 Permutação entre Ativo e Passivo com aumento de ambos	13 Cancelamento de VPD correspondente a aumento de ativo	14 Criação ou aumento de Ativo por VPA
2	Passivo	21 Permutação entre Passivo e Ativo com redução de custos	22 Permutativo entre elementos do Passivo	23 Cancelamento de VPD correspondente à baixa do Passivo	24 Baixa de Passivo por VPA
3	VPD	31 VPD em contas de Ativo – registro em conta retificadora de ativo ou pagamento a vista	32 VPD correspondente à assunção de obrigação	33 Reclassificação de VPD	34 –
4	VPA	41 Cancelamento de VPA concomitante à redução do Ativo	42 Cancelamento de VPA concomitante a aumento do Passivo	43 –	44 Reclassificação de VPA

Os lançamentos de natureza orçamentária fecham-se dentro das classes 5 e 6, respectivamente, "Controle da Aprovação do Planejamento e Orçamento" e "Controle da Execução do Planejamento e Orçamento". Também, conforme o MCASP. A tabela com as prováveis combinações relacionadas a essas classes é apresentada a seguir:

CLASSES		5 CAPO	5 CEPO
5	CAPO	55 Controles orçamentários específicos	56 Aprovação ou fixação do planejamento ou orçamento
6	CEPO	65 Cancelamento da aprovação ou fixação do planejamento ou orçamento	66 Execução orçamentária

Já os lançamentos de natureza de controle fecham entre si dentro das classes 7 e 8, e se denominam, respectivamente, "Controles Credores" e "Controles Devedores". Conforme o MCASP, com as prováveis combinações relacionadas a essas classes, estão na tabela seguinte:

CLASSES		7 Controles Credores (CC)	8 Controles Devedores (CD)
7	CC	77 –	78 Registro de controles ou encerramento dos mesmos
8	CD	87 Cancelamento dos controles ou encerramento do exercício	88 Execução dos controles devedores

Recomendamos o acesso ao Anexo da 5ª edição do MCASP para a verificação de lançamentos padronizados. Também recomendamos analisar o Anexo referente ao conjunto de lançamentos contábeis. Conforme o MCASP, na dinâmica de registro contábil, várias operações rotineiras podem ser simplificadas de modo a facilitar a operação contábil dos entes públicos. Para tal, faz-se necessário o uso de um instrumento de simplificação da forma de registro, e este corresponde à tabela de Lançamentos Contábeis Padronizados (LCP) e ao Conjunto de Lançamentos Padronizados (CLP).

Os primeiros correspondem a uma codificação que representa os lançamentos contábeis de forma simplificada, facilitando a operação rotineira, sobretudo para os não contadores. Os CLPs, por sua vez, englobam os fenômenos contábeis típicos dos entes públicos e encapsulam os LCP. Correspondem, assim, a agrupamentos de lançamentos padronizados que guardem relação, seja em seus aspectos patrimoniais, orçamentários ou de controle, com um mesmo fenômeno.

Conforme o MCASP, uma transação ou evento qualquer da Administração Pública pode guardar relação com mais de uma natureza de informação ou mesmo com mais de um registro dentro de uma mesma natureza de informação. Com o objetivo de simplificar a representação destes fenômenos, desenvolveu-se a tabela de Conjunto de Lançamentos Padronizados (CLP), também constante do referido Anexo. Dessa forma, os CLP correspondem a agrupamentos de LCP para a representação de uma transação típica da Administração Pública. Os códigos dos CLP são compostos pelos identificadores apresentados no quadro seguinte:

Natureza da Informação	Categoria	Detalhamento	Código
Orçamentário	Planejamento	PPA	OPP
		LOA	OPL
	Receita (enfoque orçamentário)	Previsão	ORP
		Arrecadação	ORA
	Despesa (enfoque orçamentário)	Fixação	ODF
		Movimentação de Créditos	ODM
		Execução	ODE
	Restos a PaGar	Inscrição	OGI
		Execução	OGE
Patrimonial	AuMentativa	–	PAM
	DiMinutiva		PDM
	PerMutativa		PPM
Controle	Atos Potenciais	Ativo	CAA
		Passivo	CAP
	Financeira	Programação Financeira	CFP
		DDR	CFD
	Dívida Ativa	Inscrição	CDI
		Encaminhamento	CDE
	Riscos Fiscais	Passivos Contingentes	CRP
		Outros	CRF
	CuStos	–	CCS
	OuTros	–	COT

Fonte: MCASP – PCASP 5ª edição, p. 57.

Desta seção em diante, partiremos para lançamentos contábeis criados de acordo com a nossa prática, sendo aqueles mais comuns praticados pelos entes públicos.

Na estrutura apresentada a seguir, a primeira coluna identifica a natureza da informação, a segunda indica o número do lançamento contábil, a terceira indica se é Débito ou Crédito, a quarta indica a conta contábil utilizada, a quinta indica a nomenclatura da conta e a sétima indica se existe conta-corrente definido para aquela conta utilizada.

Na quarta coluna, as contas contábeis estão expressas com letras que indicam o seguinte: "z" para o quinto nível; "xx" para o o quarto e o sexto nível e "yy" para o sétimo nível, que significam máscaras ou opções de detalhamento em duas ou mais opções para escolha.

A seguir, apresentaremos lançamentos básicos e mais usuais junto às entidades públicas:

11.4.1 Previsão inicial da receita

Registro da previsão inicial da receita, quando da aprovação da Lei Orçamentária.

NAT. INF.	NÚM. LANC.	D/C	CONTA CONTÁBIL	DESCRIÇÃO DA CONTA	VALOR	CONTA-CORRENTE
ORC	1	D	5.2.1.1.1.00.00	Previsão Inicial da Receita Bruta	90.000,00	15
		C	5.2.1.1.2.01.01	(–) FUNDEB	10.000,00	15
		C	5.2.1.1.2.01.02	(–) Transferências Constitucionais e Legais a Municípios	10.000,00	15
		C	5.2.1.1.2.02.00	(–) Renúncias	10.000,00	15
		C	5.2.1.1.2.99.00	(–) Outras Deduções	10.000,00	15
		C	6.2.1.1.0.00.00	Receita a Realizar	50.000,00	15

11.4.2 Previsão adicional da receita

Registro da atualização da receita orçamentária, tendo em vista o acréscimo por reestimativa de receita.

ORC	2	D	5.2.1.2.1.01.00	Reestimativa	30.000,00	15
		C	5.2.1.1.2.01.01	(–) FUNDEB	1.000,00	15
		C	5.2.1.1.2.01.02	(–) Transferências Constitucionais e Legais a Municípios	1.000,00	15
		C	5.2.1.1.2.02.00	(–) Renúncias	1.000,00	15
		C	5.2.1.1.2.99.00	(–) Outras Deduções	1.000,00	15
		C	6.2.1.1.0.00.00	Receita a Realizar	26.000,00	15

Registro da atualização da receita orçamentária, tendo em vista o acréscimo por correção de receita.

ORC	3	D	5.2.1.2.1.02.00	Correção	30.000,00	15
		C	5.2.1.1.2.01.01	(–) FUNDEB	1.000,00	15
		C	5.2.1.1.2.01.02	(–) Transferências Constitucionais e Legais a Municípios	1.000,00	15
		C	5.2.1.1.2.02.00	(–) Renúncias	1.000,00	15
		C	5.2.1.1.2.99.00	(–) Outras Deduções	1.000,00	15
		C	6.2.1.1.0.00.00	Receita a Realizar	26.000,00	15

11.4.3 Anulação da previsão da receita

Registro da anulação da previsão da receita orçamentária, tendo em vista a redução da receita prevista nas metas de arrecadação.

ORC	4	D	6.2.1.1.0.00.00	Receita a Realizar	500,00	15
		C	5.2.1.2.9.00.00	Anulação da Previsão da Receita	500,00	15

11.4.4 Receita de impostos

11.4.4.1 Reconhecimento do crédito tributário relativo ao ISSQN (variação patrimonial aumentativa/receita tributária por competência – enfoque patrimonial)

PAT	5	D	1.1.2.1.5.01.07	ISS (P)	6.600,00	10
		C	4.1.1.3.1.02.00	ISS	6.600,00	26

11.4.4.2 Registro da realização da receita, conforme arrecadação e recolhimento efetuado – receita orçamentária posterior ao fato gerador – ISSQN

PAT	6	D	1.1.1.1.1.30.00	Rede Bancária – Arrecadação (F)	6.600,00	10
		C	1.1.2.1.5.01.07	ISS (P)	6.600,00	10

ORC	7	D	6.2.1.1.0.00.00	Receita a Realizar	6.600,00	15
		C	6.2.1.2.0.00.00	Receita Realizada (NR 1113.05.01)	6.600,00	15

11.4.4.3 Registro nas contas de controles devedores e credores

CONT	8	D	7.2.1.1.z.00.00	Controle da Disponibilidade de Recursos	6.600,00	13
		C	8.2.1.1.1.00.00	Disponibilidade por Destinação de Recursos	6.600,00	13

11.4.4.4 Registro do reconhecimento de renúncia de receita, considerando que através de lei houve uma diminuição na alíquota do IPTU, causando uma redução de 10% na arrecadação. Valor arrecadado: R$ 10.000,00

11.4.4.4.1 Lançamento no momento de reconhecimento do fato gerador

PAT	9	D	1.1.2.1.5.01.05	IPTU (P)	10.000,00	10
		C	4.1.1.2.1.02.00	Imposto sobre a Propriedade Predial e Territorial Urbana	10.000,00	26

11.4.4.4.2 Lançamento no momento da arrecadação do tributo

ORC	10	D	6.2.1.1.0.00.00	Receita a Realizar	10.000,00	15
		D	6.2.1.3.2.00.00	(–) Renúncia	1.000,00	15
		C	6.2.1.2.0.00.00	Receita Realizada (NR 1112.02.00)	11.000,00	15

Obs.: "Dedução da receita realizada (IPTU)", no valor de R$ 1.000,00, demonstra o valor do crédito tributário renunciado pelo ente público.

11.4.4.4.3 Lançamento nas contas de controle

CONT	11	D	7.2.1.1.z.00.00	Controle da Disponibilidade de Recursos	10.000,00	13
		C	8.2.1.1.1.00.00	Disponibilidade por Destinação de Recursos	10.000,00	13

11.4.4.4.4 Lançamento do recebimento dos créditos

PAT	12	D	1.1.1.1.1.30.00	Rede Bancária – Arrecadação (F)	10.000,00	12
		C	1.1.2.1.5.01.05	IPTU (P)	10.000,00	10

11.4.4.5 Registro do reconhecimento da receita de transferência do FPM ao município, considerando a seguinte situação: Valor da repartição federal ao município, considerando o Redutor LC 91/97.

11.4.4.5.1 Contabilização no município

PAT	13	D	1.1.1.1.1.30.00	Rede Bancária – Arrecadação (F)	6.000,00	12
		C	4.5.2.1.3.02.00	Cota-Parte FPM	6.000,00	26

		D	6.2.1.1.0.00.00	Receita a Realizar	6.000,00	15
ORC	14	D	6.2.1.3.1.02.00	(–) Transferências Constitucionais e Legais a Municípios	2.000,00	15
		C	6.2.1.2.0.00.00	Receita Realizada (NR 1721.01.02)	8.000,00	15

11.4.4.5.2 Registro nas contas de controle

		D	7.2.1.1.z.00.00	Controle da Disponibilidade de Recursos	6.000,00	15
CONT	15	C	8.2.1.1.1.00.00	Disponibilidade por Destinação de Recursos	6.000,00	15

11.4.4.6 Arrecadação de receita a classificar

Registro da arrecadação e recolhimento efetuado, mas cuja natureza da receita é desconhecida. Essa situação ocorre quando o banco arrecada a receita e disponibiliza o recurso financeiro imediatamente, porém a entidade receberá a listagem ou arquivo detalhado das receitas posteriormente, quando deverá ser feita a reclassificação contábil.

		D	1.1.1.1.1.30.00	Rede Bancária – Arrecadação (F)	1.000,00	12
PAT	16	C	4.9.1.0.1.01.00	Variação Patrimonial Aumentativa Bruta a Classificar	1.000,00	26

		D	7.2.1.1.z.00.00	Controle da Disponibilidade de Recursos	1.000,00	13
CONT	17	C	8.2.1.1.1.00.00	Disponibilidade por Destinação de Recursos	1.000,00	13

11.4.4.6.1 Classificação da receita

Registro da classificação da receita após a identificação de sua natureza.

| ORC | 18 | D | 6.2.1.1.0.00.00 | Receita a realizar | 1.000,00 | 15 |
| | | C | 6.2.1.2.0.00.00 | Receita realizada (NR 1112.02.00) | 1.000,00 | 15 |

| PAT | 19 | D | 4.9.1.0.1.01.00 | Variação Patrimonial Aumentativa Bruta a Classificar | 1.000,00 | 26 |
| | | C | 4.1.1.2.1.02.00 | Imposto sobre a Propriedade Predial e Territorial Urbana | 1.000,00 | 26 |

11.4.4.7 Restituição de receita

Registro da restituição de receita arrecadada a maior no mesmo exercício de referência, mediante estorno.

| ORC | 20 | D | 6.2.1.3.9.00.00 | (–) Outras Deduções da Receita Realizada | 280,00 | 15 |
| | | C | 6.2.1.1.0.00.00 | Receita a realizar | 280,00 | 15 |

| PAT | 21 | D | 4.1.1.2.1.97.00 | (–) Dedução | 280,00 | 26 |
| | | C | 1.1.1.1.1.30.00 | Rede Bancária – Arrecadação (F) | 280,00 | 12 |

| CONT | 22 | D | 8.2.1.1.1.00.00 | Disponibilidade por Destinação de Recursos | 280,00 | 13 |
| | | C | 7.2.1.1.z.00.00 | Controle da Disponibilidade de Recursos | 280,00 | 13 |

Obs.: Quando a restituição de receita ocorrer no exercício seguinte ao de sua referência, ela será feita por meio de despesa orçamentária.

11.4.4.8 Reclassificação de receita

Registro da reclassificação de receita contabilizada indevidamente.

PAT	23	D	4.1.1.2.1.02.00	Imposto sobre a Propriedade Predial e Territorial Urbana	50,00	26
		C	4.1.1.3.1.02.00	ISS	50,00	26

11.4.4.9 Contratação de operação de crédito de curto prazo

CONT	24	D	7.1.2.3.1.05.00	Contratos de Empréstimos e Financiamentos	1.500,00	13
		C	8.1.2.3.1.05.02	Executados	1.500,00	13

11.4.4.9.1 Arrecadação de receita orçamentária – operação de crédito externa

PAT	25	D	1.1.1.1.1.19.00	Bancos Conta Movimento – Demais Contas (F)	1.500,00	12
		C	2.1.2.2.1.02.00	Empréstimos Externos – Em Contratos (P)	1.500,00	28

ORC	26	D	6.2.1.1.0.00.00	Receita a Realizar	1.500,00	15
		C	6.2.1.2.0.00.00	Receita Realizada (NR 2122.01.00)	1.500,00	15

CONT	27	D	7.2.1.1.z.00.00	Controle da Disponibilidade de Recursos	1.500,00	13
		C	8.2.1.1.1.00.00	Disponibilidade por Destinação de Recursos	1.500,00	13

11.4.4.10 Receita de alienação de bens móveis

Registro da apuração do valor líquido contábil e do recebimento do valor de venda a vista de bens móveis. Recomenda-se trabalhar com vínculo à fonte de recursos para esta conta de receita, em vista do cumprimento do disposto na LC nº 101/00, art. 44.

a) Apuração do valor líquido contábil

PAT	28	D	1.2.3.8.1.01.yy	(–) Depreciação Acumulada – Bens Móveis (P)	300,00	10
		C	1.2.3.1.1. xx.yy	Bens Móveis – Consolidação (P)	300,00	10

b) Recebimento do valor da venda à vista

PAT	29	D	1.1.1.1.1.19.00	Bancos Conta Movimento – Demais Contas (F)	2.400,00	12
		C	1.2.3.1.1. xx.yy	Bens Móveis – Consolidação (P)	1.400,00	10
		C	4.6.2.2.1.01.yy	Ganho Líquido com a Alienação de Bens Móveis	1.000,00	26

ORC	30	D	6.2.1.1.0.00.00	Receita a Realizar	2.400,00	15
		C	6.2.1.2.0.00.00	Receita Realizada (NR 2211.00.00)	2.400.00	15

CONT	31	D	7.2.1.1.z.00.00	Controle da Disponibilidade de Recursos	2.400,00	13
		C	8.2.1.1.1.00.00	Disponibilidade por Destinação de Recursos	2.400.00	13

11.4.4.11 Arrecadações diversas

Registro referente a arrecadações e recebimentos de diversas receitas orçamentárias concomitantes ao fato gerador (receitas imobiliárias – aluguéis – R$ 350,00/receitas de indústrias de transformação – R$ 400,00/receitas de serviços diversos – R$ 1.250,00).

310 Contabilidade Pública na Gestão Municipal • Andrade

		D	1.1.1.1.1.19.00	Bancos Conta Movimento – Demais Contas (F)	2.000,00	12
PAT	32	C	4.3.3.1.1.03.00	Prestação de Serviços de Locação	350,00	26
		C	4.3.2.1.1.00.00	Venda Bruta de Produtos – Consolidação	400,00	26
		C	4.3.3.1.1.xx.00	Valor Bruto de Exploração de Bens, Direitos e Prestação de Serviços – Consolidação	1.250,00	26

		D	6.2.1.1.0.00.00	Receita a Realizar	2.000,00	15
ORC	33	C	6.2.1.2.0.00.00	Receita Realizada (NR 1311.00.00)	350,00	15
		C	6.2.1.2.0.00.00	Receita Realizada (NR 1520.99.00)	400,00	15
		C	6.2.1.2.0.00.00	Receita Realizada (NR 1600.99.00)	1.250,00	15

		D	7.2.1.1.z.00.00	Controle da Disponibilidade de Recursos	2.000,00	13
CONT	34	C	8.2.1.1.1.00.00	Disponibilidade por Destinação de Recursos	2.000,00	13

11.4.4.12 Receita orçamentária pela baixa de dívida ativa inscrita

Lançamento da baixa por recebimento do principal no órgão competente para inscrição:

		D	1.1.1.1.1.19.00	Bancos Conta Movimento – Demais Contas (F)	1.000,00	12
PAT	35	C	1.1.2.5.1.01.yy	Dívida Ativa Tributária dos Impostos (P)	1.000,00	10

		D	6.2.1.1.0.00.00	Receita a Realizar	1.000,00	15
ORC	36	C	6.2.1.2.0.00.00	Receita Realizada (NR 1931.11.00)	1.000,00	15

| CONT | 37 | D | 7.2.1.1.z.00.00 | Controle da Disponi-bilidade de Recursos | 1.000,00 | 13 |
| | | C | 8.2.1.1.1.00.00 | Disponibilidade por Destinação de Recursos | 1.000,00 | 13 |

11.5 Lançamentos da despesa

11.5.1 Fixação da despesa

Registro da fixação da despesa, conforme Lei Orçamentária.

| ORC | 38 | D | 5.2.2.1.1.01.00 | Crédito Inicial | 40.500,00 | 14 |
| | | C | 6.2.2.1.1.0.0.00 | Crédito Disponível | 40.500,00 | 14 |

11.5.2 Abertura de crédito adicional suplementar

Para todos os lançamentos de abertura de créditos adicionais, devem-se também utilizar as contas de controles, debitando-se a conta 7.2.2.1.1.xx.xx – Cronograma de desembolso mensal e creditando a conta 8.2.2.1.1.xx.xx – Programação de desembolso mensal disponível.

11.5.2.1 Recurso de anulação de dotação

Registro da abertura do crédito suplementar por meio do recurso anulação ou cancelamento de dotações.

| ORC | 39 | D | 5.2.2.1.2.01.00 | Crédito Adicional – Suplementar | 800,00 | 14 |
| | | C | 6.2.2.1.1.00.00 | Crédito Disponível | 800,00 | 14 |

| ORC | 40 | D | 5.2.2.1.3.03.00 | Anulação de Dotação | 800,00 | 14 |
| | | C | 5.2.2.1.3.99.00 | Valor Global da Do-tação Adicional por Fonte | 800,00 | 14 |

| ORC | 41 | D | 6.2.2.1.1.00.00 | Crédito Disponível | 800,00 | 14 |
| | | C | 5.2.2.1.9.01.09 | (–) Redução | 800,00 | 14 |

312 Contabilidade Pública na Gestão Municipal • Andrade

11.5.2.2 Recurso de superávit financeiro

Registro da abertura do crédito suplementar por meio do recurso de superávit financeiro. Veja a seção 6.5.2.5, no Capítulo 6.

ORC	42	D	5.2.2.1.2.01.00	Crédito Adicional – Suplementar	200,00	14
		C	6.2.2.1.1.00.00	Crédito Disponível	200,00	14

ORC	43	D	5.2.2.1.3.01.00	Superávit Financeiro de Exercício Anterior	200,00	14
		C	5.2.2.1.3.99.00	Valor Global da Dotação Adicional por Fonte	200,00	14

11.5.2.3 Recurso de excesso de arrecadação

Registro da abertura do crédito suplementar por meio do recurso de excesso de arrecadação. Veja a seção 6.5.2.5, no Capítulo 6.

ORC	44	D	5.2.2.1.2.01.00	Crédito Adicional – Suplementar	250,00	14
		C	6.2.2.1.1.00.00	Crédito Disponível	250,00	14

ORC	45	D	5.2.2.1.3.02.00	Excesso de Arrecadação	250,00	14
		C	5.2.2.1.3.99.00	Valor Global da Dotação Adicional por Fonte	250,00	14

ORC	46	D	5.2.1.1.1.00.00	Previsão Inicial da Receita Bruta	250,00	15
		C	6.2.1.1.0.00.00	Receita a Realizar	250,00	15

11.5.2.4 Recurso de operação de crédito

Registro da abertura do crédito suplementar por meio do recurso operação de crédito. Veja a seção 6.5.2.5, no Capítulo 6.

Plano de Contas e Lançamentos Contábeis **313**

| ORC | 47 | D | 5.2.2.1.2.01.00 | Crédito Adicional – Suplementar | 1.500,00 | 14 |
| | | C | 6.2.2.1.1.00.00 | Crédito Disponível | 1.500,00 | 14 |

| ORC | 48 | D | 5.2.2.1.3.04.00 | Operação de Crédito | 1.500,00 | 14 |
| | | C | 5.2.2.1.3.99.00 | Valor Global da Dotação Adicional por Fonte | 1.500,00 | 14 |

11.5.3 Abertura de crédito adicional especial

11.5.3.1 Recurso de anulação de dotação

Registro da abertura do crédito especial mediante o recurso anulação de dotações.

| ORC | 49 | D | 5.2.2.1.2.02.01 | Créditos Especiais Abertos | 700,00 | 14 |
| | | C | 6.2.2.1.1.00.00 | Crédito Disponível | 700,00 | 14 |

| ORC | 50 | D | 6.2.2.1.1.00.00 | Crédito Disponível | 700,00 | 14 |
| | | C | 5.2.2.1.9.01.09 | (–) Redução | 700,00 | 14 |

| ORC | 51 | D | 5.2.2.1.3.03.00 | Anulação de Dotações | 700,00 | 14 |
| | | C | 5.2.2.1.3.99.00 | Valor Global da Dotação Adicional por Fonte | 700,00 | 14 |

Os registros de crédito especial que utilizam os demais recursos são semelhantes ao crédito suplementar.

11.5.4 Abertura de crédito adicional extraordinário

11.5.4.1 Recursos de anulação

Registro da abertura do crédito extraordinário por meio de recurso anulação de dotações. É oportuno ressaltar que não é necessária a indicação de fonte de recurso para a abertura de crédito extraordinário, entretanto, registramos o crédito extraordinário com o recurso anulação de dotação.

| ORC | 52 | D | 5.2.2.1.2.03.01 | Créditos Extraordiná-rios Abertos | 170,00 | 14 |
| | | C | 6.2.2.1.1.00.00 | Crédito Disponível | 170,00 | 14 |

Os registros de crédito extraordinário que utilizam os demais recursos são semelhantes ao crédito suplementar.

11.5.5 Distribuição de cotas do crédito

Registro da distribuição de cotas do crédito orçamentário, conforme ato administrativo. Registro da distribuição de cotas (transferência financeira) em consonância com o Cronograma de Desembolso aprovado.

| ORC | 53 | D | 7.2.2.0.0.00.00 | Programação Finan-ceira | 9.500,00 | |
| | | C | 8.2.2.0.0.00.00 | Execução da Progra-mação Financeira | 9.500,00 | |

11.5.6 Bloqueio de crédito orçamentário

Registro do bloqueio de créditos orçamentários já disponíveis no orçamento, garantindo recurso suficiente para atender a licitações ou a abertura de créditos adicionais durante a tramitação no Poder Legislativo. É um contingenciamento da despesa, tornando a dotação ou parte desta indisponível.

| ORC | 54 | D | 6.2.2.1.1.00.00 | Crédito Disponível | 1.000,00 | 14 |
| | | C | 6.2.2.1.2.01.00 | Bloqueio de Crédito | 1.000,00 | 14 |

11.5.7 Desbloqueio de crédito orçamentário

Registro do desbloqueio do crédito orçamentário, após a homologação da licitação ou a autorização da abertura do crédito adicional.

| ORC | 55 | D | 6.2.2.1.2.01.00 | Bloqueio de Crédito | 1.000,00 | 14 |
| | | C | 6.2.2.1.1.00.00 | Crédito Disponível | 1.000,00 | 14 |

Plano de Contas e Lançamentos Contábeis **315**

A partir do desbloqueio do crédito orçamentário, o órgão deverá realizar as etapas normais da despesa (empenho, liquidação e pagamento).

11.5.8 Despesa com serviços contratados

11.5.8.1 Emissão de nota de empenho por estimativa ou global, também denominada de pré-empenho

Registro do lançamento do empenho da despesa por estimativa ou global, conforme baixa junto às dotações orçamentárias.

| ORC | 56 | D | 6.2.2.1.1.00.00 | Crédito Disponível | 1.000,00 | 14 |
| | | C | 6.2.2.1.3.01.00 | Crédito Empenhado a Liquidar (ND 3.3.90.39) | 1.000,00 | 14 |

| ORC | 57 | D | 5.2.2.9.2.01.01 | Emissão de Empenhos | 1.000,00 | 34 |
| | | C | 6.2.2.9.2.01.01 | Empenhos a Liquidar | 1.000,00 | 34 |

| CONT | 58 | D | 8.2.1.1.1.00.00 | Disponibilidade por Destinação de Recursos | 1.000,00 | 13 |
| | | C | 8.2.1.1.2.00.00 | Disponibilidade por Destinação de Recursos Comprometida por Empenho | 1.000,00 | 13 |

No subsistema orçamentário, o lançamento de empenho ou pré-empenho relaciona-se com um conta-corrente denominada "Dotação", tendo em vista que o seu saldo será controlado mediante detalhamento do orçamento. Entretanto, o MCASP criou uma conta no plano de contas com o código "5.2.2.9.0.00.00 – Emissão de empenhos", denominada de outros controles da despesa orçamentária, sendo que esta conta compreende o somatório dos valores das despesas pré-empenhadas e empenhadas por detalhamento específico, ou seja, em vez de utilizarmos o saldo da dotação orçamentária, passamos a controlar o saldo do respectivo empenho efetuado. Seu acompanhamento e execução são feitos pela conta "6.2.2.9.1.01.00 – Empenhos a liquidar", tendo em vista o acompanhamento do saldo.

No subsistema de controle, observe que as contas de disponibilidade por destinação de recursos não mais são que os controles de fontes de recursos. Sejam eles ordinários ou vinculados.

11.5.8.2 Registro do contrato de serviços

Apesar de lançarmos nesta sequência, o melhor momento para efetuar o registro do contrato é por ocasião da assinatura do mesmo, ou seja, no momento do fato gerador.

CONT	59	D	7.1.2.3.1.02.00	Contratos de Serviços	2.000,00	
		C	8.1.2.3.1.02.01	Contratos de Serviços a Executar	2.000,00	

11.5.8.3 Reconhecimento da VPD (concomitante com a liquidação orçamentária) – entrega da NF e liquidação da despesa orçamentária, vinculada ao contrato

PAT	60	D	3.3.2.3.1.xx.00	Serviços Terceiros – PJ – Consolidação	500,00	25
		C	2.1.3.1.1.01.01	Fornecedores não Financiados a Pagar (F)	500,00	17

ORC	61	D	6.2.2.1.3.01.00	Crédito Empenhado a Liquidar	500,00	14
		C	6.2.2.1.3.03.00	Crédito Empenhado Liquidado a Pagar	500,00	14

ORC	62	D	6.2.2.9.2.01.01	Empenhos a Liquidar	500,00	34
		C	6.2.2.9.2.01.03	Empenhos Liquidados a Pagar	500,00	34

CONT	63	D	8.1.2.3.1.02.01	Contratos de Serviços a Executar	500,00	
		C	8.1.2.3.1.02.02	Contratos de Serviços Executados	500,00	

CONT	64	D	8.2.1.1.2.00.00	Disponibilidade por Destinação de Recursos Comprometida por Empenho	500,00	13
		C	8.2.1.1.3.01.00	Comprometida por Liquidação	500,00	13

11.5.8.4 Pagamento da despesa orçamentária (saída do recurso financeiro)

| PAT | 65 | D | 2.1.3.1.1.01.01 | Fornecedores não Financiados a Pagar (F) | 500,00 | 17 |
| | | C | 1.1.1.1.1.19.00 | Bancos Conta Movimento – Demais Contas (F) | 500,00 | 12 |

| ORC | 66 | D | 6.2.2.1.3.03.00 | Crédito Empenhado Liquidado a Pagar | 500,00 | 14 |
| | | C | 6.2.2.1.3.04.00 | Crédito Empenhado Liquidado Pago | 500,00 | 14 |

| ORC | 67 | D | 6.2.2.9.2.01.03 | Empenhos Liquidados a Pagar | 500,00 | 34 |
| | | C | 6.2.2.9.2.01.04 | Empenhos Liquidados Pagos | 500,00 | 34 |

| CONT | 68 | D | 8.2.1.1.3.01.00 | Comprometida por Liquidação | 500,00 | 13 |
| | | C | 8.2.1.1.4.00.00 | Disponibilidade por Destinação de Recursos Utilizada | 500,00 | 13 |

11.5.9 *Aquisição de bens móveis*

11.5.9.1 Do empenho da despesa

| ORC | 69 | D | 6.2.2.1.1.00.00 | Crédito Disponível | 5.000,00 | 14 |
| | | C | 6.2.2.1.3.01.00 | Crédito Empenhado a Liquidar (ND 4.4.90.52) | 5.000,00 | 14 |

| ORC | 70 | D | 5.2.2.9.2.01.01 | Emissão de Empenhos | 5.000,00 | 34 |
| | | C | 6.2.2.9.2.01.01 | Empenhos a Liquidar | 5.000,00 | 34 |

| CONT | 71 | D | 8.2.1.1.1.00.00 | Disponibilidade por Destinação de Recursos | 5.000,00 | |
| | | C | 8.2.1.1.2.00.00 | Disponibilidade por Destinação de Recursos Comprometida por Empenho | 5.000,00 | 13 |

11.5.9.2 Da liquidação e incorporação

PAT	72	D	1.2.3.1.1.xx.yy	Bens Móveis – Consolidação (P)	5.000,00	10
		C	2.1.3.1.1.01.01	Fornecedores não Financiados a Pagar (F)	5.000,00	17

ORC	73	D	6.2.2.1.3.01.00	Crédito Empenhado a Liquidar	5.000,00	14
		C	6.2.2.1.3.03.00	Crédito Empenhado Liquidado a Pagar	5.000,00	14

ORC	74	D	6.2.2.9.2.01.01	Empenhos a Liquidar	5.000,00	34
		C	6.2.2.9.2.01.03	Empenhos Liquidados a Pagar	5.000,00	34

CONT	75	D	8.2.1.1.2.00.00	Disponibilidade por Destinação de Recursos comprometida por empenho	5.000,00	13
		C	8.2.1.1.3.01.00	Comprometida por Liquidação	5.000,00	13

11.5.9.3 Do pagamento

PAT	76	D	2.1.3.1.1.01.01	Fornecedores não Financiados a Pagar (F)	5.000,00	17
		C	1.1.1.1.1.19.00	Bancos Conta Movimento – Demais Contas (F)	5.000,00	12

ORC	77	D	6.2.2.1.3.03.00	Crédito Empenhado Liquidado a Pagar	5.000,00	14
		C	6.2.2.1.3.04.00	Crédito Empenhado Liquidado Pago	5.000,00	14

ORC	78	D	6.2.2.9.2.01.03	Empenhos Liquidados a Pagar	5.000,00	34
		C	6.2.2.9.2.01.04	Empenhos Liquidados Pagos	5.000,00	34

		D	8.2.1.1.3.01.00	Comprometida por Liquidação	5.000,00	13
CONT	79	C	8.2.1.1.4.00.00	Disponibilidade por Destinação de Recursos Utilizada	5.000,00	13

11.5.10 Depreciação

Reconhecimento da variação patrimonial diminutiva decorrente da depreciação de bem móvel, no valor de R$ 200,00.

		D	3.3.3.1.1.01.01	Depreciação de Bens Móveis	200,00	25
PAT	80	C	1.2.3.8.1.01.yy	(–) Depreciação Acumulada – Bens Móveis (P)	200,00	10

11.5.11 Despesa com construção de bens imóveis de domínio patrimonial

Registro do lançamento do empenho, liquidação e pagamento de despesa de capital autorizada.

11.5.11.1 Do empenho

		D	6.2.2.1.1.00.00	Crédito Disponível	6.000,00	14
ORC	81	C	6.2.2.1.3.01.00	Crédito Empenhado a Liquidar (ND 4.4.90.51)	6.000,00	14

		D	5.2.2.9.2.01.01	Emissão de Empenhos	6.000,00	34
ORC	82	C	6.2.2.9.2.01.01	Empenhos a Liquidar	6.000,00	34

		D	8.2.1.1.1.00.00	Disponibilidade por Destinação de Recursos	6.000,00	
CONT	83	C	8.2.1.1.2.00.00	Disponibilidade por Destinação de Recursos Comprometida por Empenho	6.000,00	13

11.5.11.2 Da liquidação

PAT	84	D	1.2.3.2.1.xx.yy	Bens Imóveis – Consolidação (P)	6.000,00	10
		C	2.1.3.1.1.01.01	Fornecedores não Financiados a Pagar (F)	6.000,00	17

ORC	85	D	6.2.2.1.3.01.00	Crédito Empenhado a Liquidar	6.000,00	14
		C	6.2.2.1.3.03.00	Crédito Empenhado Liquidado a Pagar	6.000,00	14

ORC	86	D	6.2.2.9.2.01.01	Empenhos a Liquidar	6.000,00	34
		C	6.2.2.9.2.01.03	Empenhos Liquidados a Pagar	6.000,00	34

CONT	87	D	8.2.1.1.2.00.00	Disponibilidade por Destinação de Recursos Comprometida por Empenho	6.000,00	13
		C	8.2.1.1.3.01.00	Comprometida por Liquidação	6.000,00	13

11.5.11.3 Do pagamento

PAT	88	D	2.1.3.1.1.01.01	Fornecedores não Financiados a Pagar (F)	6.000,00	17
		C	1.1.1.1.1.19.00	Bancos Conta Movimento – Demais Contas (F)	6.000,00	12

ORC	89	D	6.2.2.1.3.03.00	Crédito Empenhado Liquidado a Pagar	6.000,00	14
		C	6.2.2.1.3.04.00	Crédito Empenhado Liquidado Pago	6.000,00	14

ORC	90	D	6.2.2.9.2.01.03	Empenhos Liquidados a Pagar	6.000,00	34
		C	6.2.2.9.2.01.04	Empenhos Liquidados Pagos	6.000,00	34

CONT	91	D	8.2.1.1.3.01.00	Comprometida por Liquidação	6.000,00	13
		C	8.2.1.1.4.00.00	Disponibilidade por Destinação de Recursos Utilizada	6.000,00	13

11.5.12 Despesa com aquisição e consumo de material

11.5.12.1 Emissão de nota de empenho

Registro do lançamento do empenho da despesa, conforme baixa junto às dotações orçamentárias.

ORC	92	D	6.2.2.1.1.00.00	Crédito Disponível	500,00	14
		C	6.2.2.1.3.01.00	Crédito Empenhado a Liquidar (ND 3.3.90.30)	500,00	14

ORC	93	D	5.2.2.9.2.01.01	Emissão de Empenhos	500,00	34
		C	6.2.2.9.2.01.01	Empenhos a Liquidar	500,00	34

CONT	94	D	8.2.1.1.1.00.00	Disponibilidade por Destinação de Recursos	500,00	13
		C	8.2.1.1.2.00.00	Disponibilidade por Destinação de Recursos Comprometida por Empenho	500,00	13

11.5.12.2 Recebimento da nota fiscal e liquidação da despesa

Registro da realização da despesa empenhada, mediante sua liquidação no subsistema patrimonial, orçamentário e e nas contas de controle.

PAT	95	D	1.1.5.6.1.01.00	Material de Consumo (P)	300,00	10
		C	2.1.3.1.1.01.01	Fornecedores Não Financiados a Pagar (F)	300,00	17

		D	6.2.2.1.3.01.00	Crédito Empenhado a Liquidar	300,00	14
ORC	96	C	6.2.2.1.3.03.00	Crédito Empenhado Liquidado a Pagar	300,00	14

		D	6.2.2.9.2.01.01	Empenhos a Liquidar	300,00	34
ORC	97	C	6.2.2.9.2.01.03	Empenhos Liquidados a Pagar	300,00	34

		D	8.2.1.1.2.00.00	Disponibilidade por Destinação de Recursos Comprometida por Empenho	300,00	13
CONT	98	C	8.2.1.1.3.01.00	Comprometida por Liquidação	300,00	13

11.5.12.3 Pagamento de despesa liquidada

Registro do pagamento de despesa devidamente liquidada.

		D	2.1.3.1.1.01.01	Fornecedores não Financiados a Pagar (F)	300,00	17
PAT	99	C	1.1.1.1.1.19.00	Bancos Conta Movimento – Demais Contas (F)	300,00	12

		D	6.2.2.1.3.03.00	Crédito Empenhado Liquidado a Pagar	300,00	14
ORC	100	C	6.2.2.1.3.04.00	Crédito Empenhado Liquidado Pago	300,00	14

		D	6.2.2.9.2.01.03	Empenhos Liquidados a Pagar	300,00	34
ORC	101	C	6.2.2.9.2.01.04	Empenhos Liquidados Pagos	300,00	34

		D	8.2.1.1.3.01.00	Comprometida por Liquidação	300,00	13
CONT	102	C	8.2.1.1.4.00.00	Disponibilidade por Destinação de Recursos Utilizada	300,00	13

Plano de Contas e Lançamentos Contábeis **323**

11.5.12.4 Distribuição do material do almoxarifado

Registro contábil por ocasião da requisição de material do almoxarifado.

PAT	103	D	3.3.1.1.1.xx.00	Consumo de Material – Consolidação	100,00	25
		C	1.1.5.6.1.01.00	Material de Consumo (P)	100,00	10

11.5.13 Despesa com adiantamento a servidor sem devolução de recursos

11.5.13.1 Emissão de nota de empenho ordinário

Registro do lançamento do empenho da despesa de adiantamento entregue a servidor, conforme determina a Lei Municipal, fazendo-se a baixa junto às dotações orçamentárias.

ORC	104	D	6.2.2.1.1.00.00	Crédito Disponível	900,00	14
		C	6.2.2.1.3.01.00	Crédito Empenhado a Liquidar (ND 3.3.90.30)	900,00	14

ORC	105	D	5.2.2.9.2.01.01	Emissão de Empenhos	900,00	34
		C	6.2.2.9.2.01.01	Empenhos a Liquidar	900,00	34

CONT	106	D	8.2.1.1.1.00.00	Disponibilidade por Destinação de Recursos	900,00	13
		C	8.2.1.1.2.00.00	Disponibilidade por Destinação de Recursos Comprometida por Empenho	900,00	13

11.5.13.2 Liquidação da despesa e reconhecimento do direito

ORC	107	D	6.2.2.1.3.01.00	Crédito Empenhado a Liquidar	900,00	14
		C	6.2.2.1.3.02.00	Crédito Empenhado em Liquidação	900,00	14

| ORC | 108 | D | 6.2.2.9.2.01.01 | Empenhos a Liquidar | 900,00 | 34 |
| | | C | 6.2.2.9.2.01.02 | Empenhos em Liquidação | 900,00 | 34 |

| ORC | 109 | D | 6.2.2.1.3.02.00 | Crédito Empenhado em Liquidação | 900,00 | 14 |
| | | C | 6.2.2.1.3.03.00 | Crédito Empenhado Liquidado a Pagar | 900,00 | 14 |

| ORC | 110 | D | 6.2.2.9.2.01.02 | Empenhos em Liquidação | 900,00 | 34 |
| | | C | 6.2.2.9.2.01.03 | Empenhos Liquidados a Pagar | 900,00 | 34 |

| CONT | 111 | D | 8.2.1.1.2.00.00 | Disponibilidade por Destinação de Recursos Comprometida por Empenho | 900,00 | 13 |
| | | C | 8.2.1.1.3.01.00 | Comprometida por Liquidação | 900,00 | 13 |

| PAT | 112 | D | 1.1.3.1.1.02.00 | Suprimentos de Fundos (F) | 900,00 | 10 |
| | | C | 2.1.8.9.1.03.00 | Suprimentos de Fundos a Pagar (F) | 900,00 | 19 |

11.5.13.3 Saída do recurso financeiro

Registro do adiantamento entregue a servidor.

| PAT | 113 | D | 2.1.8.9.1.03.00 | Suprimentos de Fundos a Pagar (F) | 900,00 | 19 |
| | | C | 1.1.1.1.1.19.00 | Bancos Conta Movimento – Demais Contas (F) | 900,00 | 12 |

| CONT | 114 | D | 8.2.1.1.3.01.00 | Comprometida por Liquidação | 900,00 | 13 |
| | | C | 8.2.1.1.4.00.00 | Disponibilidade por Destinação de Recursos Utilizada | 900,00 | 13 |

| ORC | 115 | D | 6.2.2.1.3.03.00 | Crédito Empenhado Liquidado a Pagar | 900,00 | 14 |
| | | C | 6.2.2.1.3.04.00 | Crédito Empenhado Liquidado Pago | 900,00 | 14 |

| ORC | 116 | D | 6.2.2.9.2.01.03 | Empenhos Liquidados a Pagar | 900,00 | 34 |
| | | C | 6.2.2.9.2.01.04 | Empenhos Liquidados Pagos | 900,00 | 34 |

11.5.13.4 Lançamento da responsabilidade do suprido

| CONT | 117 | D | 7.9.1.2.1.00.00 | Controle de Adiantamentos/Suprimentos de Fundos Concedidos | 900,00 | |
| | | C | 8.9.1.2.1.01.00 | Adiantamentos Concedidos a Comprovar | 900,00 | |

11.5.13.5 Na prestação de contas do adiantamento

Registro da prestação de contas de adiantamento entregue a servidor sem devolução de recurso financeiro.

| PAT | 118 | D | 3.3.1.1.1.xx.00 | Consumo de Material – Consolidação | 900,00 | 25 |
| | | C | 1.1.3.1.1.02.00 | Suprimento de Fundos (F) | 900,00 | 10 |

11.5.13.6 Lançamento da baixa da responsabilidade do suprido

| CONT | 119 | D | 8.9.1.2.1.01.00 | Adiantamentos Concedidos a Comprovar | 900,00 | |
| | | C | 7.9.1.2.1.00.00 | Controle de Adiantamentos/Suprimentos de Fundos Concedidos | 900,00 | |

11.5.14 Despesa com adiantamento a servidor com devolução de recursos

11.5.14.1 Emissão de nota de empenho

Registro do lançamento do empenho da despesa de adiantamento entregue a servidor, conforme determina a Lei, fazendo-se a baixa junto às dotações orçamentárias.

ORC	120	D	6.2.2.1.1.00.00	Crédito Disponível	1.000,00	14
		C	6.2.2.1.3.01.00	Crédito Empenhado a Liquidar (ND 3.3.90.30)	1.000,00	14

ORC	121	D	5.2.2.9.2.01.01	Emissão de Empenhos	1.000,00	34
		C	6.2.2.9.2.01.01	Empenhos a Liquidar	1.000,00	34

CONT	122	D	8.2.1.1.1.00.00	Disponibilidade por Destinação de Recursos	1.000,00	13
		C	8.2.1.1.2.00.00	Disponibilidade por Destinação de Recursos Comprometida por Empenho	1.000,00	13

11.5.14.2 Liquidação da despesa e reconhecimento do direito

ORC	123	D	6.2.2.1.3.01.00	Crédito Empenhado a Liquidar	1.000,00	14
		C	6.2.2.1.3.02.00	Crédito Empenhado em Liquidação	1.000,00	14

ORC	124	D	6.2.2.9.2.01.01	Empenhos a Liquidar	1.000,00	34
		C	6.2.2.9.2.01.02	Empenhos em Liquidação	1.000,00	34

ORC	125	D	6.2.2.1.3.02.00	Crédito Empenhado em Liquidação	1.000,00	14
		C	6.2.2.1.3.03.00	Crédito Empenhado Liquidado a Pagar	1.000,00	14

		D	6.2.2.9.2.01.02	Empenhos em Liquidação	1.000,00	34
ORC	126	C	6.2.2.9.2.01.03	Empenhos Liquidados a Pagar	1.000,00	34

		D	8.2.1.1.2.00.00	Disponibilidade por Destinação de Recursos Comprometida por Empenho	1.000,00	13
CONT	127	C	8.2.1.1.3.01.00	Comprometida por Liquidação	1.000,00	13

		D	1.1.3.1.1.02.00	Suprimentos de Fundos (F)	1.000,00	10
PAT	128	C	2.1.8.9.1.03.00	Suprimentos de Fundos a Pagar (F)	1.000,00	19

11.5.14.3 Saída do recurso financeiro

Registro do adiantamento entregue a servidor.

		D	2.1.8.9.1.03.00	Suprimentos de Fundos a Pagar (F)	1.000,00	19
PAT	129	C	1.1.1.1.1.19.00	Bancos Conta Movimento – Demais Contas (F)	1.000,00	12

		D	8.2.1.1.3.01.00	Comprometida por Liquidação	1.000,00	13
CONT	130	C	8.2.1.1.4.00.00	Disponibilidade por Destinação de Recursos Utilizada	1.000,00	13

		D	6.2.2.1.3.03.00	Crédito Empenhado Liquidado a Pagar	1.000,00	14
ORC	131	C	6.2.2.1.3.04.00	Crédito Empenhado Liquidado Pago	1.000,00	14

		D	6.2.2.9.2.01.03	Empenhos Liquidados a Pagar	1.000,00	34
ORC	132	C	6.2.2.9.2.01.04	Empenhos Liquidados Pagos	1.000,00	34

11.5.14.4 Lançamento da responsabilidade do suprido

		D	7.9.1.2.1.00.00	Controle de Adiantamentos/Suprimentos de Fundos Concedidos	1.000,00
CONT	133	C	8.9.1.2.1.01.00	Adiantamentos Concedidos a Comprovar	1.000,00

11.5.14.5 Na prestação de contas do adiantamento

Registro da prestação de contas de adiantamento entregue a servidor com devolução de recurso financeiro.

a) Lançamento do reconhecimento da VPD.

		D	3.3.1.1.1.xx.00	Consumo de Material – Consolidação	950,00	25
PAT	134	C	1.1.3.1.1.02.00	Suprimentos de Fundos (F)	950,00	10

b) Lançamento da devolução de valor não aplicado e respectivos estornos nas contas orçamentárias e de controle.

		D	1.1.1.1.1.19.00	Bancos Conta Movimento – Demais Contas (F)	50,00	12
PAT	135	C	1.1.3.1.1.02.00	Suprimentos de Fundos (F)	50,00	10

		D	6.2.2.1.3.04.00	Crédito Empenhado Liquidado Pago	50,00	14
ORC	136	C	6.2.2.1.3.03.00	Crédito Empenhado Liquidado a Pagar	50,00	14

		D	6.2.2.9.2.01.04	Empenhos Liquidados Pagos	50,00	34
ORC	137	C	6.2.2.9.2.01.03	Empenhos Liquidados a Pagar	50,00	34

CONT	138	D	8.2.1.1.4.00.00	Disponibilidade por Destinação de Recursos Utilizada	50,00	13
		C	8.2.1.1.3.01.00	Comprometida por Liquidação	50,00	13

ORC	139	D	6.2.2.1.3.03.00	Crédito Empenhado Liquidado a Pagar	50,00	14
		C	6.2.2.1.3.02.00	Crédito Empenhado em Liquidação	50,00	14

ORC	140	D	6.2.2.9.2.01.03	Empenhos Liquidados a Pagar	50,00	34
		C	6.2.2.9.2.01.02	Empenhos em Liquidação	50,00	34

CONT	141	D	8.2.1.1.3.01.00	Comprometida por Liquidação	50,00	13
		C	8.2.1.1.2.00.00	Disponibilidade por Destinação de Recursos Comprometida por Empenho	50,00	13

ORC	142	D	6.2.2.1.3.02.00	Crédito Empenhado em Liquidação	50,00	14
		C	6.2.2.1.3.01.00	Crédito Empenhado a Liquidar	50,00	14

ORC	143	D	6.2.2.9.2.01.02	Empenhos em Liquidação	50,00	34
		C	6.2.2.9.2.01.01	Empenhos a Liquidar	50,00	34

ORC	144	D	6.2.2.1.3.01.00	Crédito Empenhado a Liquidar (ND 3.3.90.30)	50,00	14
		C	6.2.2.1.1.00.00	Crédito Disponível	50,00	14

ORC	145	D	6.2.2.9.2.01.01	Empenhos a Liquidar	50,00	34
		C	5.2.2.9.2.01.03	(–) Anulação de Empenhos	50,00	34

| CONT | 146 | D | 8.2.1.1.2.00.00 | Disponibilidade por Destinação de Recursos Comprometida por Empenho | 50,00 | 13 |
| | | C | 8.2.1.1.1.00.00 | Disponibilidade por Destinação de Recursos | 50,00 | 13 |

11.5.14.6 Lançamento da baixa da responsabilidade do suprido

| CONT | 147 | D | 8.9.1.2.1.01.00 | Adiantamentos Concedidos a Comprovar | 1.000,00 | |
| | | C | 7.9.1.2.1.00.00 | Controle de Adiantamentos/Suprimentos de Fundos Concedidos | 1.000,00 | |

11.5.15 Despesa com folha de salários dos servidores

11.5.15.1 Empenho e reconhecimento da VPD

| ORC | 148 | D | 6.2.2.1.1.00.00 | Crédito Disponível | 1.300,00 | 14 |
| | | C | 6.2.2.1.3.01.00 | Crédito Empenhado a Liquidar (ND 3.1.90.11) | 1.300,00 | 14 |

| ORC | 149 | D | 5.2.2.9.2.01.01 | Emissão de Empenhos | 1.300,00 | 34 |
| | | C | 6.2.2.9.2.01.01 | Empenhos a Liquidar | 1.300,00 | 34 |

| CONT | 150 | D | 8.2.1.1.1.00.00 | Disponibilidade por Destinação de Recursos | 1.300,00 | 13 |
| | | C | 8.2.1.1.2.00.00 | Disponibilidade por Destinação de Recursos Comprometida por Empenho | 1.300,00 | 13 |

| PAT | 151 | D | 3.1.1.x.z.xx.yy | Remuneração de Pessoal | 1.300,00 | 25 |
| | | C | 2.1.1.1.1.01.xx | Pessoal a Pagar (F) | 1.300,00 | 10 |

Plano de Contas e Lançamentos Contábeis **331**

11.5.15.2 Liquidação da despesa

| ORC | 152 | D | 6.2.2.1.3.01.00 | Crédito Empenhado a Liquidar | 1.300,00 | 14 |
| | | C | 6.2.2.1.3.03.00 | Crédito Empenhado Liquidado a Pagar | 1.300,00 | 14 |

| ORC | 153 | D | 6.2.2.9.2.01.01 | Empenhos a Liquidar | 1.300,00 | 34 |
| | | C | 6.2.2.9.2.01.03 | Empenhos Liquidados a Pagar | 1.300,00 | 34 |

| CONT | 154 | D | 8.2.1.1.2.00.00 | Disponibilidade por Destinação de Recursos Comprometida por Empenho | 1.300,00 | 13 |
| | | C | 8.2.1.1.3.01.00 | Comprometida por Liquidação | 1.300,00 | 13 |

11.5.15.3 Pagamento de despesa liquidada

| PAT | 155 | D | 2.1.1.1.1.01.yy | Pessoal a Pagar (F) | 1.000,00 | 10 |
| | | C | 1.1.1.1.1.19.00 | Bancos Conta Movimento – Demais Contas (F) | 1.000,00 | 12 |

| ORC | 156 | D | 6.2.2.1.3.03.00 | Crédito Empenhado Liquidado a Pagar | 1.000,00 | 14 |
| | | C | 6.2.2.1.3.04.00 | Crédito Empenhado Liquidado Pago | 1.000,00 | 14 |

| ORC | 157 | D | 6.2.2.9.2.01.03 | Empenhos Liquidados a Pagar | 1.000,00 | 34 |
| | | C | 6.2.2.9.2.01.04 | Empenhos Liquidados Pagos | 1.000,00 | 34 |

| CONT | 158 | D | 8.2.1.1.3.01.00 | Comprometida por Liquidação | 1.000,00 | 13 |
| | | C | 8.2.1.1.4.00.00 | Disponibilidade por Destinação de Recursos Utilizada | 1.000,00 | 13 |

11.5.16 Despesa com encargos patronais da folha de salários dos servidores

11.5.16.1 Empenho e reconhecimento da VPD

Registro do lançamento do empenho dos encargos patronais da folha de salários dos servidores, fazendo-se a baixa junto às dotações orçamentárias.

ORC	159	D	6.2.2.1.1.00.00	Crédito Disponível	120,00	14
		C	6.2.2.1.3.01.00	Crédito Empenhado a Liquidar (ND 3.1.90.13)	120,00	14

ORC	160	D	5.2.2.9.2.01.01	Emissão de Empenhos	120,00	34
		C	6.2.2.9.2.01.01	Empenhos a Liquidar	120,00	34

CONT	161	D	8.2.1.1.1.00.00	Disponibilidade por Destinação de Recursos	120,00	
		C	8.2.1.1.2.00.00	Disponibilidade por Destinação de Recursos Comprometida por Empenho	120,00	13

11.5.16.2 Liquidação da despesa

PAT	162	D	3.1.2.x.z.xx.00	Encargos Patronais	120,00	25
		C	2.1.1.2.z.xx.00	Benefícios Previdenciários a Pagar (F)	120,00	10

ORC	163	D	6.2.2.1.3.01.00	Crédito Empenhado a Liquidar	120,00	14
		C	6.2.2.1.3.03.00	Crédito Empenhado Liquidado a Pagar	120,00	14

ORC	164	D	6.2.2.9.2.01.01	Empenhos a Liquidar	120,00	34
		C	6.2.2.9.2.01.03	Empenhos Liquidados a Pagar	120,00	34

Plano de Contas e Lançamentos Contábeis **333**

| CONT | 165 | D | 8.2.1.1.2.00.00 | Disponibilidade por Destinação de Recursos Comprometida por Empenho | 120,00 | 13 |
| | | C | 8.2.1.1.3.01.00 | Comprometida por Liquidação | 120,00 | 13 |

11.5.16.3 Pagamento dos encargos patronais

| PAT | 166 | D | 2.1.1.2.z.xx.00 | Benefícios Previdenciários a Pagar (F) | 120,00 | 10 |
| | | C | 1.1.1.1.1.19.00 | Bancos Conta Movimento – Demais Contas (F) | 120,00 | 12 |

| ORC | 167 | D | 6.2.2.1.3.03.00 | Crédito Empenhado Liquidado a Pagar | 120,00 | 14 |
| | | C | 6.2.2.1.3.04.00 | Crédito Empenhado Liquidado Pago | 120,00 | 14 |

| ORC | 168 | D | 6.2.2.9.2.01.03 | Empenhos Liquidados a Pagar | 120,00 | 34 |
| | | C | 6.2.2.9.2.01.04 | Empenhos Liquidados Pagos | 120,00 | 34 |

| CONT | 169 | D | 8.2.1.1.3.01.00 | Comprometida por Liquidação | 120,00 | 13 |
| | | C | 8.2.1.1.4.00.00 | Disponibilidade por Destinação de Recursos Utilizada | 120,00 | 13 |

11.5.17 Despesa com serviços contratados não realizados com a respectiva anulação

11.5.17.1 Emissão de nota de empenho

Registro do lançamento do empenho da despesa, conforme baixa junto às dotações orçamentárias.

| ORC | 170 | D | 6.2.2.1.1.00.00 | Crédito Disponível | 220,00 | 14 |
| | | C | 6.2.2.1.3.01.00 | Crédito Empenhado a Liquidar (ND 3.3.90.39) | 220,00 | 14 |

		D	5.2.2.9.2.01.01	Emissão de Empenhos	220,00	34
ORC	171	C	6.2.2.9.2.01.01	Empenhos a Liquidar	220,00	34

		D	7.2.2.0.0.00.00	Programação Financeira	220,00	
CONT	172	C	8.2.2.0.0.00.00	Execução da Programação Financeira	220,00	

		D	8.2.1.1.1.00.00	Disponibilidade por Destinação de Recursos	220,00	13
CONT	173	C	8.2.1.1.2.00.00	Disponibilidade por Destinação de Recursos Comprometida por Empenho	220,00	13

11.5.17.2 Registro do cancelamento do empenho e das contas de controle

Esse registro deve ser efetuado no exercício do lançamento do fato gerador.

		D	6.2.2.1.3.01.00	Crédito Empenhado a Liquidar	220,00	14
ORC	174	C	6.2.2.1.1.00.00	Crédito Disponível	220,00	14

		D	6.2.2.9.2.01.01	Empenhos a Liquidar	220,00	34
ORC	175	C	5.2.2.9.2.01.03	(–) Anulação de Empenhos	220,00	34

		D	8.2.1.1.2.00.00	Disponibilidade por Destinação de Recursos Comprometida por Empenho	220,00	13
CONT	176	C	8.2.1.1.1.00.00	Disponibilidade por Destinação de Recursos	220,00	13

		D	8.2.2.0.0.00.00	Execução da Programação Financeira	220,00	
CONT	177	C	7.2.2.0.0.00.00	Programação Financeira	220,00	

11.5.18 Restos a pagar

11.5.18.1 Lançamentos de transferência de restos a pagar processados no início do exercício

Em 1º de janeiro

ORC	178	D	5.3.2.1.0.00.00	RP Processados – Inscritos	400,00	
		C	5.3.2.7.0.00.00	RP Processados – Inscrição no Exercício	400,00	

ORC	179	D	6.3.2.7.0.00.00	RP Processados – Inscrição no Exercício	400,00	
		C	6.3.2.1.0.00.00	RP Processados a Pagar	400,00	

11.5.18.2 Lançamentos de transferências de Restos a Pagar Não Processados, no início no exercício

Em 1º de janeiro

ORC	180	D	5.3.1.1.0.00.00	RP não Processados Inscritos	350,00	
		C	5.3.1.7.0.00.00	RP não Processados – Inscrição no Exercício	350,00	

ORC	181	D	6.3.1.7.1.00.00	RP não Processados a Liquidar – Inscrição no Exercício	350,00	
		C	6.3.1.1.0.00.00	RP não Processados a Liquidar	350,00	

11.5.19 Contratação de empresa para prestação de serviços

11.5.19.1 Do empenho

ORC	183	D	6.2.2.1.1.00.00	Crédito Disponível	410,00	14
		C	6.2.2.1.3.01.00	Crédito Empenha-do a Liquidar (ND 3.3.90.39)	410,00	14

ORC	184	D	5.2.2.9.2.01.01	Emissão de Empe-nhos	410,00	34
		C	6.2.2.9.2.01.01	Empenhos a Liquidar	410,00	34

CONT	185	D	8.2.1.1.1.00.00	Disponibilidade por Destinação de Recursos	410,00	
		C	8.2.1.1.2.00.00	Disponibilidade por Destinação de Recur-sos Comprometida por Empenho	410,00	13

11.5.19.2 Registro do contrato de prestação de serviços

CONT	182	D	7.1.2.3.1.02.00	Contratos de Serviços	410,00	
		C	8.1.2.3.1.02.01	Contratos de Serviços a Executar	410,00	

11.5.19.3 Lançamentos da liquidação da despesa com o recebimento da nota fiscal, reconhecimento da VPD, registros nas contas de controles

PAT	186	D	3.3.2.3.1.xx.00	Serviços Terceiros – PJ – Consolidação	410,00	25
		C	2.1.3.1.1.01.01	Fornecedores não Financiados a Pagar (F)	410,00	17

ORC	187	D	6.2.2.1.3.01.00	Crédito Empenhado a Liquidar	410,00	14
		C	6.2.2.1.3.03.00	Crédito Empenhado Liquidado a Pagar	410,00	14

		D	6.2.2.9.2.01.01	Empenhos a Liquidar	410,00	34
ORC	188	C	6.2.2.9.2.01.03	Empenhos Liquidados a Pagar	410,00	34

		D	8.2.1.1.2.00.00	Disponibilidade por Destinação de Recursos Comprometida por Empenho	410,00	13
CONT	189	C	8.2.1.1.3.01.00	Comprometida por Liquidação	410,00	13

		D	8.1.2.3.1.02.01	Contratos de Serviços a Executar	410,00	
CONT	190	C	8.1.2.3.1.02.02	Contratos de Serviços Executados	410,00	

11.5.19.4 Do pagamento (saída do recurso financeiro)

		D	2.1.3.1.1.01.01	Fornecedores não Financiados a Pagar (F)	410,00	17
PAT	191	C	1.1.1.1.1.19.00	Bancos Conta Movimento – Demais Contas (F)	410,00	12

		D	6.2.2.1.3.03.00	Crédito Empenhado Liquidado a Pagar	410,00	14
ORC	192	C	6.2.2.1.3.04.00	Crédito Empenhado Liquidado Pago	410,00	14

		D	6.2.2.9.2.01.03	Empenhos Liquidados a Pagar	410,00	34
ORC	193	C	6.2.2.9.2.01.04	Empenhos Liquidados Pagos	410,00	34

		D	8.2.1.1.3.01.00	Comprometida por Liquidação	410,00	13
CONT	194	C	8.2.1.1.4.00.00	Disponibilidade por Destinação de Recursos Utilizada	410,00	13

338 Contabilidade Pública na Gestão Municipal • Andrade

11.5.20 Contratação de empresa para prestação de serviços de consultoria durante o exercício X1, mediante processo licitatório

11.5.20.1 Pela emissão de empenho estimado (antes do processo licitatório)

| ORC | 195 | D | 6.2.2.1.1.00.00 | Crédito Disponível | 360,00 | 14 |
| | | C | 6.2.2.1.3.01.00 | Crédito Empenhado a Liquidar (ND 3.3.90.35) | 360,00 | 14 |

| ORC | 196 | D | 5.2.2.9.2.01.01 | Emissão de Empenhos | 360,00 | 34 |
| | | C | 6.2.2.9.2.01.01 | Empenhos a Liquidar | 360,00 | 34 |

| CONT | 197 | D | 8.2.1.1.1.00.00 | Disponibilidade por Destinação de Recursos | 360,00 | 13 |
| | | C | 8.2.1.1.2.00.00 | Disponibilidade por Destinação de Recursos Comprometida por Empenho | 360,00 | 13 |

11.5.20.2 Após a realização do processo licitatório e considerando que o contrato será assinado pelo valor de R$ 340,00, haverá a necessidade de cancelamento de parte do empenho, anteriormente emitido (valor de R$ 20,00)

Esse registro deve ser efetuado no exercício do lançamento do fato gerador.

| ORC | 198 | D | 6.2.2.1.3.01.00 | Crédito Empenhado a Liquidar (ND 3.3.90.39) | 20,00 | 14 |
| | | C | 6.2.2.1.1.00.00 | Crédito Disponível | 20,00 | 14 |

| ORC | 199 | D | 6.2.2.9.2.01.01 | Empenhos a Liquidar | 20,00 | 34 |
| | | C | 5.2.2.9.2.01.03 | (–) Anulação de Empenhos | 20,00 | 34 |

Plano de Contas e Lançamentos Contábeis **339**

CONT	200	D	8.2.1.1.2.00.00	Disponibilidade por Destinação de Recursos Comprometida por Empenho	20,00	13
		C	8.2.1.1.1.00.00	Disponibilidade por Destinação de Recursos	20,00	13

11.5.20.3 Registro do contrato de prestação de serviços

CONT	201	D	7.1.2.3.1.02.00	Contratos de Serviços	340,00	
		C	8.1.2.3.1.02.01	Contratos de Serviços a Executar	340,00	

11.5.20.4 Lançamentos da liquidação da despesa com o recebimento da nota fiscal, reconhecimento da VPD, registros nas contas de controles

PAT	202	D	3.3.2.3.1.xx.00	Serviços Terceiros – PJ – Consolidação	340,00	25
		C	2.1.3.1.1.01.01	Fornecedores não Financiados a Pagar (F)	340,00	17

ORC	203	D	6.2.2.1.3.01.00	Crédito Empenhado a Liquidar	340,00	14
		C	6.2.2.1.3.03.00	Crédito Empenhado Liquidado a Pagar	340,00	14

ORC	204	D	6.2.2.9.2.01.01	Empenhos a Liquidar	340,00	34
		C	6.2.2.9.2.01.03	Empenhos Liquidados a Pagar	340,00	34

CONT	205	D	8.2.1.1.2.00.00	Disponibilidade por Destinação de Recursos Comprometida por Empenho	340,00	13
		C	8.2.1.1.3.01.00	Comprometida por Liquidação	340,00	13

		D	8.1.2.3.1.02.01	Contratos de Serviços a Executar	340,00	
CONT	206	C	8.1.2.3.1.02.02	Contratos de Serviços Executados	340,00	

11.5.20.5 Do pagamento (saída do recurso financeiro)

		D	2.1.3.1.1.01.01	Fornecedores não Financiados a Pagar (F)	340,00	17
PAT	207	C	1.1.1.1.1.19.00	Bancos Conta Movimento – Demais Contas (F)	340,00	12

		D	6.2.2.1.3.03.00	Crédito Empenhado Liquidado a Pagar	340,00	14
ORC	208	C	6.2.2.1.3.04.00	Crédito Empenhado Liquidado Pago	340,00	14

		D	6.2.2.9.2.01.03	Empenhos Liquidados a Pagar	340,00	34
ORC	209	C	6.2.2.9.2.01.04	Empenhos Liquidados Pagos	340,00	34

		D	8.2.1.1.3.01.00	Comprometida por Liquidação	340,00	13
CONT	210	C	8.2.1.1.4.00.00	Disponibilidade por Destinação de Recursos Utilizada	340,00	13

11.5.21 *Ajuste de perdas de créditos de impostos e contribuições*

Deverão ser registradas as prováveis perdas de créditos a receber, ajustando (reduzindo) as contas de créditos relativos a impostos e contribuições. A responsabilidade pelo cálculo, registro contábil e acompanhamento é do órgão competente pela gestão em cada esfera de governo.

Plano de Contas e Lançamentos Contábeis **341**

11.5.21.1 Reconhecimento do crédito tributário – reconhecimento do direito pelo fato gerador, incluindo perda estimada de 20%

| PAT | 211 | D | 1.1.2.1.z.xx.yy | Créditos Tributários a Receber (P) | 80.000,00 | 10 |
| | | C | 4.1.1.x.z.xx.yy | Impostos | 80.000,00 | 26 |

| PAT | 212 | D | 3.6.1.7.1.01.00 | Ajuste para Perdas em Créditos Tributários | 16.000,00 | 25 |
| | | C | 1.1.2.9.1.01.00 | (–) Perdas Estimadas em Créditos Tributários a Receber | 16.000,00 | 10 |

11.5.21.2 Arrecadação de 78% dos créditos e redução da estimativa de perda

| PAT | 213 | D | 1.1.1.1.1.19.00 | Bancos Conta Movimento – Demais Contas (F) | 62.400,00 | 12 |
| | | C | 1.1.2.1.z.xx.yy | Créditos Tributários a Receber (P) | 62.400,00 | 10 |

| PAT | 214 | D | 1.1.2.9.1.01.00 | (–) Perdas Estimadas em Créditos Tributários a Receber | 12.480,00 | 10 |
| | | C | 4.9.7.2.1.01.00 | Reversão de Ajuste de Perdas de Créditos | 12.480,00 | 26 |

| ORC | 215 | D | 6.2.1.1.0.00.00 | Receita a Realizar | 62.400,00 | 15 |
| | | C | 6.2.1.2.0.00.00 | Receita Realizada (NR 1112.02.00) | 62.400,00 | 15 |

| CONT | 216 | D | 7.2.1.1.z.00.00 | Controle de Disponibilidade de Recursos | 62.400,00 | |
| | | C | 8.2.1.1.1.00.00 | Disponibilidade por Destinação de Recursos | 62.400,00 | |

11.5.21.3 Transferência (caso seja feita por despesa orçamentária – Exemplo: Subvenções Sociais)

ORC	217	D	6.2.2.1.1.00.00	Crédito Disponível	12.500,00	14
		C	6.2.2.1.3.01.00	Crédito Empenhado a Liquidar (ND 3.3.50.43)	12.500,00	14

ORC	218	D	5.2.2.9.2.01.01	Emissão de Empenhos	12.500,00	34
		C	6.2.2.9.2.01.01	Empenhos a Liquidar	12.500,00	34

ORC	219	D	6.2.2.1.3.01.00	Crédito Empenhado a Liquidar	12.500,00	14
		C	6.2.2.1.3.03.00	Crédito Empenhado Liquidado a Pagar	12.500,00	14

ORC	220	D	6.2.2.9.2.01.01	Empenhos a Liquidar	12.500,00	34
		C	6.2.2.9.2.01.03	Empenhos Liquidados a Pagar	12.500,00	34

CONT	221	D	8.2.1.1.1.00.00	Disponibilidade por Destinação de Recursos	12.500,00	13
		C	8.2.1.1.2.00.00	Disponibilidade por Destinação de Recursos Comprometida por Empenho	12.500,00	13

CONT	222	D	8.2.1.1.2.00.00	Disponibilidade por Destinação de Recursos Comprometida por Empenho	12.500,00	13
		C	8.2.1.1.3.01.00	Comprometida por Liquidação	12.500,00	13

PAT	223	D	3.5.2.3.3.03.00	Subvenções Sociais	12.500,00	
		C	1.1.1.1.1.19.00	Bancos Conta Movimento – Demais Contas (F)	12.500,00	12

Plano de Contas e Lançamentos Contábeis **343**

ORC	224	D	6.2.2.1.3.03.00	Crédito Empenhado Liquidado a Pagar	12.500,00	14
		C	6.2.2.1.3.04.00	Crédito Empenhado Liquidado Pago	12.500,00	14

ORC	225	D	6.2.2.9.2.01.03	Empenhos Liquidados a Pagar	12.500,00	34
		C	6.2.2.9.2.01.04	Empenhos Liquidados Pagos	12.500,00	34

CONT	226	D	8.2.1.1.3.01.00	Comprometida por Liquidação	12.500,00	13
		C	8.2.1.1.4.00.00	Disponibilidade por Destinação de Recursos Utilizada	12.500,00	13

11.5.22 Lançamento no ente beneficiário pelo recebimento de transferência orçamentária

11.5.22.1 Pela arrecadação

PAT	227	D	1.1.2.1.z.xx.yy	Créditos Tributários a Receber (P)	1.000,00	10
		C	4.5.2.x.z.xx.yy	Transferências Intergovernamentais	1.000,00	26

11.5.22.2 Pela transferência

PAT	228	D	1.1.1.1.1.19.00	Bancos Conta Movimento – Demais Contas (F)	1.000,00	12
		C	1.1.2.1.z.xx.yy	Créditos Tributários a Receber (P)	1.000,00	10

ORC	229	D	6.2.1.1.0.00.00	Receita a Realizar	1.000,00	15
		C	6.2.1.2.0.00.00	Receita Realizada (NR 1721.99.00)	1.000,00	15

CONT	230	D	7.2.1.1.z.00.00	Controle da Disponibilidade de Recursos	1.000,00	13
		C	8.2.1.1.1.00.00	Disponibilidade por Destinação de Recursos	1.000,00	13

11.6 Lançamentos de fatos contábeis independentes da execução orçamentária

11.6.1 Instituições financeiras

11.6.1.1 Transferência entre instituições financeiras – bancos

Registro da transferência de valores financeiros de uma conta bancária para outra. No caso de aplicação financeira, deverá ser utilizada a mesma regra.

PAT	231	D	1.1.1.1.1.50.yy	Aplicações Financeiras de Liquidez Imediata	400,00	12
		C	1.1.1.1.1.19.00	Bancos Conta Movimento – Demais Contas (F)	400,00	12

11.6.1.2 Transferência ou saque do banco para o caixa

Registro da transferência de valores financeiros de uma conta bancária para o caixa.

PAT	232	D	1.1.1.1.1.01.00	Caixa	200,00	13
		C	1.1.1.1.1.19.00	Bancos Conta Movimento – Demais Contas (F)	200,00	12

11.6.2 Depósitos

11.6.2.1 Recebimento de depósito de cauções

Registro do recebimento de caução em dinheiro.

PAT	233	D	1.1.1.1.1.01.00	Caixa	380,00	13
		C	2.1.8.8.1.04.01	Depósitos e Cauções (F)	380,00	10

CONT	234	D	7.1.1.1.1.0.105	Cauções	380,00	
		C	8.1.1.1.1.01.09	Cauções a Executar	380,00	

Plano de Contas e Lançamentos Contábeis **345**

CONT	235	D	7.2.1.1.z.00.00	Controle da Disponibilidade de Recursos	380,00	13
		C	8.2.1.1.1.00.00	Disponibilidade por Destinação de Recursos	380,00	13

CONT	236	D	8.2.1.1.1.00.00	Disponibilidade por Destinação de Recursos	380,00	13
		C	8.2.1.1.3.03.00	Comprometida por Entradas Compensatórias	380,00	13

11.6.2.2 Atualização de valor em consignação – cauções

Registro do rendimento do valor caucionado, conforme aplicação financeira.

PAT	237	D	1.1.1.1.1.01.00	Caixa	25,00	13
		C	2.1.8.8.1.04.01	Depósitos e Cauções (F)	25,00	10

CONT	238	D	7.1.1.1.1.0.105	Cauções	25,00	
		C	8.1.1.1.1.01.09	Cauções a Executar	25,00	

CONT	239	D	7.2.1.1.z.00.00	Controle da Disponibilidade de Recursos	25,00	13
		C	8.2.1.1.1.00.00	Disponibilidade por Destinação de Recursos	25,00	13

CONT	240	D	8.2.1.1.1.00.00	Disponibilidade por Destinação de Recursos	25,00	
		C	8.2.1.1.3.03.00	Comprometida por Entradas Compensatórias	25,00	13

11.6.2.3 Devolução parcial da caução recebida

PAT	241	D	2.1.8.8.1.04.01	Depósitos e Cauções (F)	180,00	10
		C	1.1.1.1.1.01.00	Caixa	180,00	13

346 Contabilidade Pública na Gestão Municipal • Andrade

| CONT | 242 | D | 8.1.1.1.1.01.09 | Cauções a Executar | 180,00 | |
| | | C | 8.1.1.1.1.01.10 | Cauções Executadas | 180,00 | |

| CONT | 243 | D | 8.2.1.1.3.03.00 | Comprometida por Entradas Compensatórias | 180,00 | 13 |
| | | C | 8.2.1.1.4.00.00 | Disponibilidade por Destinação de Recursos Utilizada | 180,00 | 13 |

11.6.3 Bens móveis

11.6.3.1 Incorporação de bens móveis

Registro da incorporação de bens móveis recebidos mediante doação. O registro é semelhante para os casos de: nascimento de semovente, transferência de bem de outra entidade etc.

| PAT | 244 | D | 1.2.3.1.1.xx.yy | Bens Móveis – Consolidação (P) | 290,00 | 10 |
| | | C | 4.5.x.x.z.xx.yy | Transferências e Delegações Recebidas | 290,00 | 26 |

11.6.3.2 Desincorporação de bens móveis – doação concedida

Considerando um valor do bem de R$ 1.200,00, sendo sua depreciação acumulada de R$ 190,00, chegaremos ao valor contábil líquido de R$ 1.010,00. O registro é semelhante para os casos de transferência de bem para outra entidade.

a) Apuração do valor contábil

| PAT | 245 | D | 1.2.3.8.1.01.yy | (–) Depreciação Acumulada – Bens Móveis (P) | 190,00 | 10 |
| | | C | 1.2.3.1.1.xx.yy | Bens Móveis – Consolidação (P) | 190,00 | 10 |

Plano de Contas e Lançamentos Contábeis **347**

b) Realização da doação concedida

PAT	246	D	3.5.9.0.1.01.00	Doações Concedidas	1.010,00	25
		C	1.2.3.1.1.xx.yy	Bens Móveis – Con-solidação (P)	1.010,00	10

11.6.4 Bens imóveis

11.6.4.1 Incorporação de bens imóveis por doação de instituições privadas

Registro da incorporação de bens imóveis, referente à doação recebida.

PAT	247	D	1.2.3.2.1.xx.yy	Bens Imóveis – Con-solidação (P)	30.000,00	10
		C	4.5.3.1.1.00.00	Transferências das Instituições Privadas sem Fins Lucrativos – Consolidação	30.000,00	26

11.6.4.2 Reavaliação de bens imóveis recebidos em doação

Registro da reavaliação de um imóvel – valor atualizado – R$ 40.000,00 e valor contábil – R$ 30.000,00, conforme o laudo de avaliação.

PAT	248	D	1.2.3.2.1.xx.yy	Bens Imóveis – Con-solidação (P)	10.000,00	10
		C	4.6.1.1.1.02.00	Reavaliação de Bens Imóveis	10.000,00	26

Nota: Recomendamos ao ente público a adoção das seguintes medidas para registro da reavaliação de ativos:

1) Quando da adoção das novas regras voltadas para a Contabilidade Pública, realizar os lançamentos de reavaliação dos ativos utilizando a conta Ajuste de Reavaliação no Patrimônio Líquido.

2) Após a adoção da Contabilidade voltada para o setor público registrar as reavaliações futuras na conta de Variação Patrimonial Aumentativa (VPA).

348 Contabilidade Pública na Gestão Municipal • Andrade

11.6.4.3 Ajuste a valor recuperável de imóvel recebido em doação

Ajuste a valor recuperável de um imóvel – valor atualizado – R$ 15.000,00, sendo o valor contábil – R$ 20.000,00.

PAT	249	D	3.6.1.1.1.02.yy	Reavaliação de Bens Imóveis	5.000,00	25
		C	1.2.3.9.1.02.yy	(–) Redução ao Valor Recuperável de Imobilizado – Bens Imóveis (P)	5.000,00	10

11.6.5 Almoxarifado

11.6.5.1 Aquisição e consumo de material

11.6.5.1.1 No empenho da despesa de material de consumo

ORC	250	D	6.2.2.1.1.00.00	Crédito Disponível	2.500,00	14
		C	6.2.2.1.3.01.00	Crédito Empenhado a Liquidar (ND 3.3.90.30)	2.500,00	14

ORC	251	D	5.2.2.9.2.01.01	Emissão de Empenhos	2.500,00	34
		C	6.2.2.9.2.01.01	Empenhos a Liquidar	2.500,00	34

CONT	252	D	8.2.1.1.1.00.00	Disponibilidade por Destinação de Recursos	2.500,00	13
		C	8.2.1.1.2.00.00	Disponibilidade por Destinação de Recursos Comprometida por Empenho	2.500,00	13

11.6.5.1.2 Recebimento da nota fiscal e liquidação da despesa

PAT	253	D	1.1.5.6.1.01.00	Material de Consumo (P)	2.000,00	10
		C	2.1.3.1.1.01.01	Fornecedores não Financiados a Pagar (F)	2.000,00	17

| ORC | 254 | D | 6.2.2.1.3.01.00 | Crédito Empenhado a Liquidar | 2.000,00 | 14 |
| | | C | 6.2.2.1.3.03.00 | Crédito Empenhado Liquidado a Pagar | 2.000,00 | 14 |

| ORC | 255 | D | 6.2.2.9.2.01.01 | Empenhos a Liquidar | 2.000,00 | 34 |
| | | C | 6.2.2.9.2.01.03 | Empenhos a Liquidados a Pagar | 2.000,00 | 34 |

| CONT | 256 | D | 8.2.1.1.2.00.00 | Disponibilidade por Destinação de Recursos Comprometida por Empenho | 2.000,00 | 13 |
| | | C | 8.2.1.1.3.01.00 | Comprometida por Liquidação | 2.000,00 | 13 |

11.6.5.1.3 Saída do recurso financeiro (pagamento da nota fiscal)

| PAT | 257 | D | 2.1.3.1.1.01.01 | Fornecedores não Financiados a Pagar (F) | 2.000,00 | 17 |
| | | C | 1.1.1.1.1.19.00 | Bancos Conta Movimento – Demais Contas (F) | 2.000,00 | 12 |

| ORC | 258 | D | 6.2.2.1.3.03.00 | Crédito Empenhado Liquidado a Pagar | 2.000,00 | 14 |
| | | C | 6.2.2.1.3.04.00 | Crédito Empenhado Liquidado Pago | 2.000,00 | 14 |

| ORC | 259 | D | 6.2.2.9.2.01.03 | Empenhos Liquidados a Pagar | 2.000,00 | 34 |
| | | C | 6.2.2.9.2.01.04 | Empenhos Liquidados Pagos | 2.000,00 | 34 |

| CONT | 260 | D | 8.2.1.1.3.01.00 | Comprometida por Liquidação | 2.000,00 | 13 |
| | | C | 8.2.1.1.4.00.00 | Disponibilidade por Destinação de Recursos Utilizada | 2.000,00 | 13 |

11.6.5.1.4 Distribuição do material de consumo pela requisição e baixa do estoque

PAT	261	D	3.3.1.1.1.xx.00	Consumo de Material – Consolidação	1.000,00	25
		C	1.1.5.6.1.01.00	Material de Consumo (P)	1.000,00	10

11.6.5.2 Apropriação de depreciação do mês sobre bens móveis

Registro do reconhecimento da depreciação de bem móvel no mês.

PAT	262	D	3.3.3.1.1.01.01	Depreciação de Bens Móveis	700,00	25
		C	1.2.3.8.1.01.yy	(–) Depreciação Acumulada – Bens Móveis (P)	700,00	10

11.6.6 Dívida ativa tributária

11.6.6.1 Formalização do processo para encaminhamento da dívida ativa

CONT	263	D	7.3.1.1.z.xx.00	Encaminhamento de Créditos para Inscrição em Dívida Ativa	5.200,00	
		C	8.3.1.1.z.xx.00	Créditos a Encaminhar para Dívida Ativa	5.200,00	

11.6.6.2 Encaminhamento para inscrição em dívida ativa (recebimento pelo órgão responsável pela execução da dívida ativa)

CONT	264	D	8.3.1.1.z.xx.00	Créditos a Encaminhar para Dívida Ativa	5.200,00	
		C	8.3.1.2.z.xx.00	Créditos Encaminhados para Dívida Ativa	5.200,00	

11.6.6.3 No órgão responsável pela execução da dívida ativa

| CONT | 265 | D | 7.3.2.1.z.00.00 | Inscrição de Créditos em Dívida Ativa | 5.200,00 | |
| | | C | 8.3.2.1.z.00.00 | Créditos a Inscrever em Dívida Ativa | 5.200,00 | |

11.6.6.4 Inscrição da dívida ativa

| PAT | 266 | D | 3.5.1.1.2.04.00 | Recursos Arrecadados – Concedidos | 5.200,00 | 25 |
| | | C | 1.1.2.1.z.xx.yy | Créditos Tributários a Receber (P) | 5.200,00 | 10 |

11.6.6.5 No órgão responsável pela execução da dívida ativa

| PAT | 267 | D | 1.1.2.5.1.01.yy | Dívida Ativa Tributária dos Impostos (P) | 5.200,00 | 10 |
| | | C | 4.5.1.1.2.04.00 | Recursos Arrecadados – Recebidos | 5.200,00 | 26 |

| CONT | 268 | D | 8.3.2.1.z.00.00 | Créditos a Inscrever em Dívida Ativa | 5.200,00 | |
| | | C | 8.3.2.3.z.xx.00 | Créditos Inscritos em Dívida Ativa a Receber | 5.200,00 | |

| CONT | 269 | D | 8.3.1.2.z.xx.00 | Créditos Encaminhados para Dívida Ativa | 5.200,00 | |
| | | C | 8.3.14.z.xx.00 | Créditos Inscritos em Dívida Ativa | 5.200,00 | |

11.6.7 Registro de precatórios judiciais na dívida consolidada

Registro de precatórios judiciais na dívida consolidada, parcelados na forma do art. 78 do ADCT.

| PAT | 270 | D | 3.1.1.x.z.xx.yy | Remuneração de Pessoal | 230,00 | 25 |
| | | C | 2.1.1.1.1.03.xx | Precatórios de Pessoal (P) | 230,00 | 10 |

11.6.7.1 Empenho dos precatórios

ORC	271	D	6.2.2.1.1.00.00	Crédito Disponível	230,00	14
		C	6.2.2.1.3.01.00	Crédito Empenha-do a Liquidar (ND 3.1.90.91)	230,00	14

ORC	272	D	5.2.2.9.2.01.01	Emissão de Empe-nhos	230,00	34
		C	6.2.2.9.2.01.01	Empenhos a Liquidar	230,00	34

ORC	273	D	6.2.2.1.3.01.00	Crédito Empenhado a Liquidar	230,00	14
		C	6.2.2.1.3.02.00	Crédito Empenhado em Liquidação	230,00	14

ORC	274	D	6.2.2.9.2.01.01	Empenhos a Liquidar	230,00	34
		C	6.2.2.9.2.01.02	Empenhos em Liqui-dação	230,00	34

CONT	275	D	8.2.1.1.1.00.00	Disponibilidade por Destinação de Recursos	230,00	
		C	8.2.1.1.2.00.00	Disponibilidade por Destinação de Recur-sos Comprometida por Empenho	230,00	13

11.6.7.2 Liquidação dos precatórios

ORC	276	D	6.2.2.1.3.02.00	Crédito Empenhado em Liquidação	230,00	14
		C	6.2.2.1.3.03.00	Crédito Empenhado Liquidado a Pagar	230,00	14

ORC	277	D	6.2.2.9.2.01.02	Empenhos em Liqui-dação	230,00	34
		C	6.2.2.9.2.01.03	Empenhos Liquida-dos a Pagar	230,00	34

		D	8.2.1.1.2.00.00	Disponibilidade por Destinação de Recursos Comprometida por Empenho	230,00	13
CONT	278	C	8.2.1.1.3.01.00	Comprometida por Liquidação	230,00	13

11.6.7.3 Pagamento dos precatórios

		D	2.1.1.1.1.03.yy	Precatórios de Pessoal (P)	100,00	10
PAT	279	C	1.1.1.1.1.19.00	Bancos Conta Movimento – Demais Contas (F)	100,00	12

		D	6.2.2.1.3.03.00	Crédito Empenhado Liquidado a Pagar	100,00	14
ORC	280	C	6.2.2.1.3.04.00	Crédito Empenhado Liquidado Pago	100,00	14

		D	6.2.2.9.2.01.03	Empenhos Liquidados a Pagar	100,00	34
ORC	281	C	6.2.2.9.2.01.04	Empenhos Liquidados Pagos	100,00	34

		D	8.2.1.1.3.01.00	Comprometida por Liquidação	100,00	13
CONT	282	C	8.2.1.1.4.00.00	Disponibilidade por Destinação de Recursos Utilizada	100,00	13

11.7 Encerramento das contas do sistema orçamentário em 31 de dezembro

11.7.1 Encerramento da despesa orçamentária

		D	6.2.2.1.3.01.00	Crédito Empenhado a Liquidar	1.200,00	14
ORC	E 1	C	6.2.2.1.3.05.00	Empenhos a Liquidar Inscritos em RP não Processados	1.200,00	14

		D	6.2.2.1.3.03.00	Crédito Empenhado Liquidado a Pagar	430,00	14
ORC	E 2	C	6.2.2.1.3.07.00	Empenhos Liquidados Inscritos em RP Processados	430,00	14

		D	6.2.2.1.3.04.00	Crédito Empenhado Liquidado Pago	30.120,00	14
ORC	E 3	D	6.2.2.1.3.05.00	Empenhos a Liquidar Inscritos em RP não Processados	1.200,00	14
		D	6.2.2.1.3.07.00	Empenhos Liquidados Inscritos em RP Processados	430,00	14
		C	5.2.2.1.1.01.00	Crédito Inicial	31.750,00	14

		D	6.2.2.1.1.00.00	Crédito Disponível	10.870,00	14
ORC	E 4	C	5.2.2.1.1.01.00	Crédito Inicial	10.870,00	14

11.7.2 Encerramento do controle de emissão de empenhos

		D	6.2.2.9.2.01.01	Empenhos a Liquidar	1.200,00	34
		D	6.2.2.9.2.01.03	Empenhos Liquidados a Pagar	430,00	34
ORC	E 5	D	6.2.2.9.2.01.04	Empenhos Liquidados Pagos	30.120,00	34
		C	5.2.2.9.2.01.01	Emissão de Empenhos	31.750,00	34

		D	5.2.2.9.2.01.03	(–) Aulação de Empenhos	290,00	34
ORC	E 6	C	5.2.2.9.2.01.01	Emissão de Empenhos	290,00	34

11.7.3 Lançamentos de Inscrições de Restos a Pagar Não Processados no Exercício – em 31 de dezembro

		D	5.3.1.7.0.00.00	RP não Processados – Inscrição no Exercício	1.200,00	33
ORC	E 7	C	6.3.1.7.1.00.00	RP não Processados a Liquidar – Inscrição no Exercício	1.200,00	33

11.7.4 Lançamentos de Inscrições de Restos a Pagar Processados do Exercício – em 31 de dezembro

ORC	E 8	D	5.3.2.7.0.00.00	RP Processados – Inscrição no Exercício	430,00	33
		C	6.3.2.7.0.00.00	RP Processados – Inscrição no Exercício	430,00	33

11.7.5 Encerramento da Receita

Registro do encerramento da receita no sistema de controle.

ORC	E 9	D	6.2.1.1.0.00.00	Receita a Realizar	8.130,00	15
		C	5.2.1.1.1.00.00	Previsão Inicial da Receita Bruta	8.130,00	15

ORC	E 10	D	6.2.1.2.0.00.00	Receita realizada	3.280,00	15
		C	6.2.1.3.1.02.00	(–) Transferências Constitucionais e Legais a Municípios	2.000,00	15
		C	6.2.1.3.9.00.00	(–) Outras Deduções da Receita Realizada	280,00	15
		C	6.2.1.3.2.00.00	(–) Renúncia	1.000,00	15

ORC	E 11	D	5.2.1.1.2.01.01	(–) FUNDEB	12.000,00	15
		D	5.2.1.1.2.01.02	(–) Transferências Constitucionais e Legais a Municípios	12.000,00	15
		D	5.2.1.1.2.02.00	(–) Renúncias	12.000,00	15
		D	5.2.1.1.2.99.00	(–) Outras Deduções	12.000,00	15
		C	5.2.1.1.1.00.00	Previsão Inicial da Receita Bruta	48.000,00	15

ORC	E 12	D	5.2.1.1.1.00.00	Previsão Inicial da Receita Bruta	60.000,00	15
		C	5.2.1.2.1.01.00	Reestimativa	30.000,00	15
		C	5.2.1.2.1.02.00	Correção	30.000,00	15

ORC	E 13	D	6.2.1.2.0.00.00	Receita Realizada	93.620,00	15
		C	5.2.1.1.1.00.00	Previsão Inicial da Receita Bruta	93.620,00	15

ORC	E 14	D	5.2.1.2.9.00.00	Anulação da Previsão da Receita	500,00	15
		C	5.2.1.1.1.00.00	Previsão Inicial da Receita Bruta	500,00	15

11.7.6 Encerramento dos créditos adicionais

ORC	E 15	D	5.2.2.1.1.01.00	Crédito Inicial	3.620,00	14
		C	5.2.2.1.2.01.00	Crédito Adicional – Suplementar	2.750,00	14
		C	5.2.2.1.2.03.01	Créditos Extraordinários Abertos	170,00	14
		C	5.2.2.1.2.02.01	Créditos Especiais Abertos	700,00	14

ORC	E 16	D	5.2.2.1.9.01.09	(–) Redução	1.500,00	14
		C	5.2.2.1.1.01.00	Crédito Inicial	1.500,00	14

ORC	E 17	D	5.2.2.1.3.99.00	Valor Global da Dotação Adicional por Fonte	3.450,00	14
		C	5.2.2.1.3.01.00	Superávit Financeiro de Exercício Anterior	200,00	14
		C	5.2.2.1.3.02.00	Excesso de Arrecadação	250,00	14
		C	5.2.2.1.3.03.00	Anulação de Dotações	1.500,00	14
		C	5.2.2.1.3.04.00	Operação de Crédito	1.500,00	14

11.7.7 Lançamentos de prorrogação de restos a pagar efetuados pelo ente público

Lançamentos referentes à prorrogação de Restos a Pagar Processados Inscritos no Exercício Anterior

Em 31 de dezembro de X1.

ORC	E 18	D	5.3.2.2.0.00.00	RP Processados – Exercício Anterior	400,00	33
		C	5.3.2.1.0.00.00	RP Processados – Inscritos	400,00	33

Plano de Contas e Lançamentos Contábeis **357**

11.7.8 Lançamentos referentes à prorrogação de Restos a Pagar Não Processados

Em 31 de dezembro de X1

ORC	E 19	D	5.3.1.2.0.00.00	RP Não Processados – Exercício Anterior	350,00	33
		C	5.3.1.1.0.00.00	RP Não Processados – Inscritos	350,00	33

11.7.9 Lançamentos de encerramento das variações patrimoniais aumentativas – contas de resultado

PAT	E 20	D	4.3.3.1.1.xx.00	Valor Bruto de Exploração de Bens, Direitos e Prestação de Serviços – Consolidação	1.250,00	26
		D	4.1.1.2.1.02.00	Imposto sobre a Propriedade Predial e Territorial Urbana	10.950,00	26
		D	4.5.2.1.3.02.00	Cota-Parte FPM	6.000,00	26
		D	4.5.x.x.z.xx.yy	Transferências e Delegações Recebidas	290,00	26
		D	4.3.2.1.1.00.00	Venda Bruta de Produtos – Consolidação	400,00	26
		D	4.5.1.1.2.04.00	Recursos Arrecadados – Recebidos	5.200,00	26
		D	4.5.2.x.z.xx.yy	Transferências Intergovernamentais	1.000,00	26
		D	4.6.1.1.1.02.00	Reavaliação de Bens Imóveis	10.000,00	26
		D	4.9.7.2.1.01.00	Reversão de Ajuste de Perdas de Créditos	12.480,00	26
		D	4.3.3.1.1.03.00	Prestação de Serviços de Locação	350,00	26
		D	4.1.1.3.1.02.00	ISS	6.650,00	26
		D	4.5.3.1.1.00.00	Transferências das Instituições Privadas sem Fins Lucrativos – Consolidação	30.000,00	26
		D	4.6.2.2.1.01.yy	Ganho Líquido com a Alienação de Bens Móveis	1.000,00	26
		D	4.1.1.x.z.xx.yy	Impostos	80.000,00	26
		C	2.3.7.1.z.01.00	Superávit ou Déficit do Exercício	165.570,00	10
		D	2.3.7.1.z.01.00	Superávit ou Déficit do Exercício	280,00	10
		C	4.1.1.2.1.97.00	(–) Dedução	280,00	26

11.7.10 Lançamentos de encerramento das variações patrimoniais diminutivas – contas de resultado

PAT	E 21	D	2.3.7.1.z.01.00	Superávit ou Déficit do Exercício	46.460,00	10
		C	3.1.1.x.z.xx.yy	Remuneração de Pessoal	1.530,00	25
		C	3.3.1.1.1.xx.00	Consumo de Material – Consolidação	2.950,00	25
		C	3.3.3.1.1.01.01	Depreciação de Bens Móveis	900,00	25
		C	3.6.1.1.1.02.yy	Reavaliação de Bens Imóveis	5.000,00	25
		C	3.1.2.x.z.xx.00	Encargos Patronais	120,00	25
		C	3.3.2.3.1.xx.00	Serviços Terceiros – PJ – Consolidação	1.250,00	25
		C	3.6.1.7.1.01.00	Ajuste para perdas em Créditos Tributários	16.000,00	25
		C	3.5.2.3.3.03.00	Subvenções Sociais	12.500,00	25
		C	3.5.9.0.1.01.00	Doações Concedidas	1.010,00	25
		C	3.5.1.1.2.04.00	Recursos Arrecadados – Concedidos	5.200,00	25

11.7.11 Transferência do resultado do exercício

PAT	E 22	D	2.3.7.1.z.01.00	Superávit ou Déficit do Exercício	118.830,00	10
		C	2.3.7.1.z.02.00	Superávit ou Déficit de Exercícios Anteriores	118.830,00	10

11.7.12 Encerramento das contas de controle

CONT	E 23	D	8.2.1.1.4.00.00	Disponibilidade por Destinação de Recursos Utilizada	30.300,00	13
		C	7.2.1.1.z.00.00	Controle da Disponibilidade de Recursos	30.300,00	13

		D	8.1.2.3.1.02.02	Contratos de Serviços Executados	1.250,00	
CONT	E 24	C	7.1.2.3.1.02.00	Contratos de Serviços	1.250,00	

		D	8.1.2.3.1.05.02	Contratos de Empréstimos Executados	1.500,00	
CONT	E 25	C	7.1.2.3.1.05.00	Contratos de Empréstimos e Financiamentos	1.500,00	

		D	8.1.1.1.1.01.10	Cauções Executadas	180,00	
CONT	E 26	C	7.1.1.1.1.0.105	Cauções	180,00	

		D	8.2.2.0.0.00.00	Execução da Programação Financeira	9.500,00	
CONT	E 27	C	7.2.2.0.0.00.00	Programação Financeira	9.500,00	

		D	8.3.14.z.xx.00	Créditos Inscritos em Dívida Ativa	5.200,00	
CONT	E 28	C	7.3.1.1.z.xx.00	Encaminhamento de Créditos para Inscrição em Dívida Ativa	5.200,00	

11.8 Modelos de lançamentos contábeis – Razonetes "T"

	1.1.1.1.1.01.00		
	Caixa		
SI	950,00	180,00	241
232	200,00		
233	380,00		
237	25,00		
	1.555,00	180,00	
	1.375,00		

	1.1.2.1.z.xx.yy		
	Créditos Tributários a Receber (P)		
211	80.000,00	62.400,00	213
226	1.000,00	1.000,00	228
		5.200,00	266
	81.000,00	68.600,00	
	12.400,00		

1.1.1.1.1.19.00				1.1.2.1.5.01.07		
Bancos Conta Movimento – Demais Contas (F)				ISS (P)		
25	1.500,00	500,00	65	5	6.600,00	6.600,00	6
29	2.400,00	5.000,00	76		=	=	
32	2.000,00	6.000,00	88				

1.1.1.1.1.19.00				1.1.2.1.5.01.05		
35	1.000,00	300,00	99	IPTU (P)		
135	50,00	900,00	113				
213	62.400,00	1.000,00	129	9	10.000,00	10.000,00	12
228	1.000,00	1.000,00	155		=	=	
		120,00	166				
		410,00	191	1.1.2.5.1.01.yy		
		340,00	207	Dívida Ativa Tributária dos Impostos (P)		
		12.500,00	223	267	5.200,00	1.000,00	35
		400,00	231		4.200,00		
		200,00	232				
		2.000,00	257	1.1.1.1.1.50.yy		
		100,00	279	Aplicações Financeiras de Liquidez Imediata		
	70.350,00	30.770,00		231	400,00		
	39.580,00						

1.2.3.9.1.02.yy				1.2.3.2.1.xx.yy		
(–) Redução ao Valor Recuperável de Imobilizado – Bens Imóveis (P)				Bens Imóveis – Consolidação (P)		
		5.000,00	249	84	6.000,00		
				247	30.000,00		
				248	10.000,00		
					46.000,00		

Plano de Contas e Lançamentos Contábeis **361**

1.1.2.9.1.01.00	
(–) Perdas estimadas em Créditos Tributários a Receber	
214 12.480,00	16.000,00 212
	3.520,00

1.1.3.1.1.02.00	
Suprimentos de Fundos (F)	
112 900,00	900,00 118
128 1.000,00	950,00 134
	50,00 135
1.900,00	1.900,00
=	=

1.1.5.6.1.01.00	
Material de Consumo (P)	
95 300,00	100,00 103
253 2.000,00	1.000,00 261
2.300,00	1.100,00
1.200,00	

1.1.1.1.1.30.00	
Rede Bancária – Arrecadação (F)	
6 6.600,00	280,00 21
12 10.000,00	
13 6.000,00	
16 1.000,00	
23.600,00	280,00
23.320,00	

1.2.3.1.1. xx.yy	
Bens Móveis – Consolidação (P)	
72 5.000,00	300,00 28
244 290,00	1.400,00 29
	190,00 245
	1.010,00 246
5.290,00	2.900,00
2.390,00	

1.2.3.8.1.01.yy	
(–) Depreciação Acumulada – Bens Móveis (P)	
28 300,00	200,00 80
245 190,00	700,00 262
490,00	900,00
	410,00

2.1.8.9.1.03.00	
Suprimentos de Fundos a Pagar (F)	
129 1.000,00	1.000,00 128
113 900,00	900,00 112
1.900,00	1.900,00
=	=

2.1.1.1.1.01.yy
Pessoal a Pagar (F)

155	1.000,00	1.300,00	151
		300,00	

2.1.2.2.1.02.00
Empréstimos Externos – Em Contratos (P)

	1.500,00	25

2.1.3.1.1.01.01
Fornecedores não Financiados a Pagar (F)

65	500,00	750,00	SI
76	5.000,00	500,00	60
88	6.000,00	5.000,00	72
99	300,00	6.000,00	84
191	410,00	300,00	95
207	340,00	410,00	186
257	2.000,00	340,00	202
		2.000,00	253
	14.550,00	15.300,00	
		750,00	

2.3.7.1.z.01.00
Superávit ou Déficit do Exercício

E 20	280,00	165.570,00	E 20
E 21	46.460,00		
	46.740,00	165.570,00	
E 22	118.830,00	118.830,00	
	=	=	

2.1.1.1.1.03.yy
Precatórios de Pessoal (P)

279	100,00	230,00	270
		130,00	

2.3.7.1.z.02.00
Superávit ou Déficit de Exercícios Anteriores

	200,00	AS
	118.830,00	E 22
	119.030,00	

2.1.8.8.1.04.01
Depósitos e Cauções (F)

241	180,00	380,00	233
		25,00	237
	180,00	405,00	
		225,00	

Plano de Contas e Lançamentos Contábeis **363**

	2.1.1.2.z.xx.00		
	Benefícios Previdenciários a Pagar (F)		
166	120,00	120,00	162
	=	=	

	3.6.1.7.1.01.00		
	Ajuste para Perdas em Créditos Tributários		
212	16.000,00	16.000,00	E 21
	=	=	

	3.6.1.1.1.02.yy		
	Reavaliação de Bens Imóveis		
249	5.000,00	5.000,00	E 21
	=	=	

	3.5.9.0.1.01.00		
	Doações Concedidas		
246	1.010,00	1.010,00	E 21
	=	=	

	3.1.2.x.z.xx.00		
	Encargos Patronais		
162	120,00	120,00	E 21
	=	=	

	3.3.1.1.1.xx.00		
	Consumo de Material – Consolidação		
103	100,00		
118	900,00		
134	950,00		
261	1.000,00		
	2.950,00	2.950,00	E 21
	=	=	

	3.3.3.1.1.01.01		
	Depreciação de Bens Móveis		
80	200,00		
262	700,00		
	900,00	900,00	E 21
	=	=	

	3.5.1.1.2.04.00		
	Recursos Arrecadados – Concedidos		
266	5.200,00	5.200,00	E 21
	=	=	

	4.5.1.1.2.04.00		
	Recursos Arrecadados – Recebidos		
E 20	5.200,00	5.200,00	267
	=	=	

	4.3.3.1.1.03.00		
	Prestação de Serviços de Locação		
E 20	350,00	350,00	32
	=	=	

364 Contabilidade Pública na Gestão Municipal • Andrade

3.5.2.3.3.03.00		
Subvenções Sociais		
223	12.500,00	12.500,00	E 21
	=	=

3.3.2.3.1.xx.00		
Serviços Terceiros – PJ – Consolidação		
60	500,00	
186	410,00	
202	340,00	
	1.250,00	1.250,00	E 21
	=	=

3.1.1.x.z.xx.yy		
Remuneração de Pessoal		
151	1.300,00	
270	230,00	
	1.530,00	1.530,00	E 21
	=	=

4.3.3.1.1.xx.00		
Valor Bruto de Exploração de Bens, Direitos e Prestação de Serviços – Consolidação		
E 20	1.250,00	1.250,00	32
	=	=

4.1.1.2.1.02.00		
Imposto sobre a Propriedade Predial e Territorial Urbana		
23	50,00	10.000,00	9
		1.000,00	19
	50,00	11.000,00	
E 20	10.950,00	10.950,00	
	=	=

4.1.1.2.1.97.00		
(–) Dedução		
21	280,00	
	280,00	280,00	E 20
	=	=

4.1.1.3.1.02.00		
ISS		
		6.600,00	5
		50,00	23
E 20	6.650,00	6.650,00	
	=	=

6.2.1.3.1.01.00		
Cota-Parte FPM		
E 20	6.000,00	6.000,00	13
	=	=

Plano de Contas e Lançamentos Contábeis **365**

4.5.2.x.z.xx.yy		
Transferências Intergoverna-mentais		
E 20	1.000,00	1.000,00	227
	=	=

4.5.3.1.1.00.00		
Transferências das Instituições Privadas sem Fins Lucrativos – Consolidação		
E 20	30.000,00	30.000,00	247
	=	=

4.5.x.x.z.xx.yy		
Transferências e Delegações Recebidas		
E 20	290,00	290,00	244
	=	=

4.6.1.1.1.02.00		
Reavaliação de Bens Imóveis		
E 20	10.000,00	10.000,00	248
	=	=

4.6.2.2.1.01.yy		
Ganho Líquido com a Alienação de Bens Móveis		
E 20	1.000,00	1.000,00	29
	=	=

4.9.1.0.1.01.00		
Variação Patrimonial Aumenta-tiva Bruta a Classificar		
19	1.000,00	1.000,00	16
	=	=

4.9.7.2.1.01.00		
Reversão de Ajuste de Perdas de Créditos		
E 20	12.480,00	12.480,00	214
	=	=

4.1.1.x.z.xx.yy		
Impostos		
E 20	80.000,00	80.000,00	211
	=	=

4.3.2.1.1.00.00		
Venda Bruta de Produtos – Con-solidação		
E 20	400,00	400,00	32
	=	=

5.2.1.1.1.00.00				
Previsão Inicial da Receita Bruta				
1	90.000,00	8.130,00	E 9
46	250,00	93.620,00	E 13
E 12	60.000,00	48.000,00	E 11
		500,00	E 14
	150.250,00	150.250,00
	=	=

Contabilidade Pública na Gestão Municipal • Andrade

5.2.1.1.2.01.01		
(–) Fundeb		
	10.000,00	1
	1.000,00	2
	1.000,00	3
E 11 12.000,00	12.000,00	
=	=	

5.2.1.1.2.01.02		
(–) Transferências Constitucionais e Legais a Municípios		
	10.000,00	1
	1.000,00	2
	1.000,00	3
E 11 12.000,00	12.000,00	
=	=	

5.2.1.2.1.02.00		
Correção		
3 30.000,00	30.000,00	E 12
=	=	

5.2.1.2.1.01.00		
Reestimativa		
2 30.000,00	30.000,00	E 12
=	=	

5.2.1.1.2.02.00		
(–) Renúncias		
	10.000,00	1
	1.000,00	2
	1.000,00	3
E 11 12.000,00	12.000,00	
=	=	

5.2.1.1.2.99.00		
(–) Outras Deduções		
	10.000,00	1
	1.000,00	2
	1.000,00	3
E 11 12.000,00	12.000,00	
=	=	

5.2.1.2.9.00.00		
Anulação da Previsão da Receita		
E 14 500,00	500,00	4
=	=	

5.2.2.1.2.03.01		
Créditos Extraordinários Abertos		
52 170,00	170,00	E 15
=	=	

5.3.1.1.0.00.00		
RP Não Processados – Inscritos		
180 350,00	350,00	E 19
=	=	

5.3.1.2.0.00.00	
RP Não Processados – Exercício Anterior	
E 19 350,00	

Plano de Contas e Lançamentos Contábeis **367**

5.2.2.1.3.04.00		
Operação de Crédito		
48	1.500,00	1.500,00 E 17
	=	=

5.2.2.1.1.01.00		
Crédito Inicial		
38	40.500,00	31.750,00 E 3
E 15	3.620,00	1.500,00 E 16
		10.870,00 E 4
	44.120,00	44.120,00
	=	=

5.2.2.1.2.01.00		
Crédito Adicional – Suplementar		
39	800,00	
42	200,00	
44	250,00	
47	1.500,00	
	2.750,00	2.750,00 E 15
	=	=

5.2.2.1.3.99.00		
Valor Global da Dotação Adicional por Fonte		
E 17	3.450,00	800,00 40
		200,00 43
		250,00 45
		1.500,00 48
		700,00 51
	3.450,00	3.450,00
	=	=

5.3.2.2.0.00.00	
RP Processados – Exercício Anterior	
E 18	400,00

5.2.2.1.2.02.01		
Créditos Especiais Abertos		
49	700,00	700,00 E 15
	=	=

5.3.1.7.0.00.00		
RP Não Processados – Inscrição no Exercício		
SI	350,00	350,00 180
E 7	1.200,00	
	1.550,00	350,00
	1.200,00	

5.2.2.9.2.01.03		
(–) Anulação de Empenhos		
		50,00 145
		220,00 175
		20,00 199
E 6	290,00	290,00
	=	=

	5.2.2.1.3.01.00				5.3.2.1.0.00.00		
	Superávit Financeiro de Exercício Anterior				RP Processados – Inscritos		
43	200,00	200,00	E 17	178	400,00	400,00	E 18
	=	=			=	=	

	5.2.2.9.2.01.01		
	Emissão de Empenhos		
57	1.000,00	31.750,00	E 5
70	5.000,00	290,00	E 6
82	6.000,00		
93	500,00		
105	900,00		
121	1.000,00		
149	1.300,00		
160	120,00		
171	220,00		
183	410,00		
196	360,00		
218	12.500,00		
251	2.500,00		
272	230,00		
	32.040,00	32.040,00	
	=	=	

	5.3.2.7.0.00.00				5.2.2.1.9.01.09		
	RP Processados – Inscrição no Exercício				(–) Redução		
SI	400,00	400,00	178			800,00	41
E 8	430,00					700,00	50
	830,00	400,00		E 16	1.500,00	1.500,00	
	430,00				=	=	

Plano de Contas e Lançamentos Contábeis **369**

5.2.2.1.3.03.00		
Anulação de Dotações		
40	800,00	
51	700,00	
	1.500,00	1.500,00 E 17
	=	=

5.2.2.1.3.02.00		
Excesso de Arrecadação		
45	250,00	
	250,00	250,00 E 17
	=	=

6.3.1.1.0.00.00		
RP não Processados a liquidar		
		350,00 181

6.2.2.1.2.01.00		
Bloqueio de Crédito		
55	1.000,00	1.000,00 54
	=	=

6.2.1.3.1.02.00		
(–) Transferências Constitucionais e Legais a Municípios		
14	2.000,00	2.000,00 E 10
	=	=

6.2.1.3.2.00.00		
(–) Renúncia		
10	1.000,00	1.000,00 E 10
	=	=

6.2.2.9.2.01.02		
Empenhos em Liquidação		
110	900,00	900,00 108
126	1.000,00	1.000,00 124
143	50,00	50,00 140
277	230,00	230,00 274
	2.180,00	2.180,00
	=	=

6.2.1.3.9.00.00		
(–) Outras Deduções da Receita Realizada		
20	280,00	280,00 E 10
	=	=

6.2.1.1.0.00.00				6.2.1.2.0.00.00		
Receita a Realizar				Receita Realizada		
4	500,00	50.000,00	1	E 10	3.280,00	6.600,00	7
7	6.600,00	26.000,00	2			11.000,00	10
10	10.000,00	26.000,00	3			8.000,00	14
14	6.000,00	280,00	20			1.000,00	18
18	1.000,00	250,00	46			1.500,00	26
26	1.500,00					2.400,00	30
30	2.400,00					2.000,00	33
33	2.000,00					1.000,00	36
36	1.000,00					62.400,00	215
215	62.400,00					1.000,00	229
229	1.000,00				3.280,00	96.900,00	
	94.400,00	102.530,00		E 13	93.620,00	93.620,00	
E 9	8.130,00	8.130,00			=	=	
	=	=					

6.3.1.7.1.00.00		
RP não Processados a Liquidar – Inscrição no Exercício		
181	350,00	350,00	SI
		1.200,00	E 7
	350,00	1.550,00	
		1.200,00	

6.3.2.1.0.00.00		
RP Processados a Pagar		
		400,00	179

Plano de Contas e Lançamentos Contábeis **371**

	6.2.2.9.2.01.01		
	Empenhos a Liquidar		
62	500,00	1.000,00	57
74	5.000,00	5.000,00	70
86	6.000,00	6.000,00	82
97	300,00	500,00	93
108	900,00	900,00	105
124	1.000,00	1.000,00	121
145	50,00	50,00	143
153	1.300,00	1.300,00	149
164	120,00	120,00	160
175	220,00	220,00	171
188	410,00	410,00	183
199	20,00	360,00	196
204	340,00	12.500,00	218
220	12.500,00	2.500,00	251
255	2.000,00	230,00	272
274	230,00		
	30.890,00	32.090,00	
E 5	1.200,00	1.200,00	
	=	=	

	6.2.2.9.2.01.03		
	Empenhos Liquidados a Pagar		
67	500,00	500,00	62
78	5.000,00	5.000,00	74
90	6.000,00	6.000,00	86
101	300,00	300,00	97
116	900,00	900,00	110
132	1.000,00	1.000,00	126
140	50,00	50,00	137
157	1.000,00	1.300,00	153
168	120,00	120,00	164
193	410,00	410,00	188
209	340,00	340,00	204
225	12.500,00	12.500,00	220
259	2.000,00	2.000,00	255
281	100,00	230,00	277
	30.220,00	30.650,00	
E 5	430,00	430,00	
	=	=	

6.2.2.9.2.01.04 — Empenhos Liquidados Pagos

	Débito	Crédito	
137	50,00	500,00	67
		5.000,00	78
		6.000,00	90
		300,00	101
		900,00	116
		1.000,00	132
		1.000,00	157
		120,00	168
		410,00	193
		340,00	209
		12.500,00	225
		2.000,00	259
		100,00	281
	50,00	30.170,00	
E 5	30.120,00	30.120,00	
	=	=	

6.2.2.1.3.03.00 — Crédito Empenhado Liquidado a Pagar

	Débito	Crédito	
66	500,00	500,00	61
77	5.000,00	5.000,00	73
89	6.000,00	6.000,00	85
100	300,00	300,00	96
115	900,00	900,00	109
131	1.000,00	1.000,00	125
139	50,00	50,00	136
156	1.000,00	1.300,00	152
167	120,00	120,00	163
192	410,00	410,00	187
208	340,00	340,00	203
224	12.500,00	12.500,00	219
258	2.000,00	2.000,00	254
280	100,00	230,00	276
	30.220,00	30.650,00	
E 2	430,00	430,00	
	=	=	

Plano de Contas e Lançamentos Contábeis **373**

6.2.2.1.3.01.00 — Crédito Empenhado a Liquidar

Débito		Crédito	
61	500,00	1.000,00	56
73	5.000,00	5.000,00	69
85	6.000,00	6.000,00	81
96	300,00	500,00	92
107	900,00	900,00	104
123	1.000,00	1.000,00	120
144	50,00	50,00	142
152	1.300,00	1.300,00	148
163	120,00	120,00	159
174	220,00	220,00	170
187	410,00	410,00	182
198	20,00	360,00	195
203	340,00	12.500,00	217
219	12.500,00	2.500,00	250
254	2.000,00	230,00	271
273	230,00		
	30.890,00	32.090,00	
E 1	1.200,00	1.200,00	
	=	=	

6.2.2.1.3.04.00 — Crédito Empenhado Liquidado Pago

Débito		Crédito	
136	50,00	500,00	66
		5.000,00	77
		6.000,00	90
		300,00	101
		900,00	116
		1.000,00	132
		1.000,00	157
		120,00	168
		410,00	193
		340,00	209
		12.500,00	224
		2.000,00	258
		100,00	280
	50,00	30.170,00	
E 3	30.120,00	30.120,00	
	=	=	

6.2.2.1.3.05.00 — Empenhos a Liquidar Inscritos em RP Não Processados

Débito		Crédito	
E 3	1.200,00	1.200,00	E 1
	=	=	

6.2.2.1.3.02.00 — Crédito Empenhado em Liquidação

Débito		Crédito	
109	900,00	900,00	107
125	1.000,00	1.000,00	123
142	50,00	50,00	139
276	230,00	230,00	273
	2.180,00	2.180,00	
	=	=	

6.3.2.7.0.00.00
RP Processados – Inscrição no Exercício

179	400,00	400,00	SI
		430,00	E 8
	400,00	830,00	
		430,00	

6.2.2.1.3.07.00
Empenhos Liquidados Inscritos em RP Processados

E 3	430,00	430,00	E 2
	=	=	

6.2.2.1.1.00.00
Crédito Disponível

41	800,00	40.500,00	38
50	700,00	800,00	39
54	1.000,00	200,00	42
56	1.000,00	250,00	44
69	5.000,00	1.500,00	47
81	6.000,00	700,00	49
92	500,00	170,00	52
104	900,00	1.000,00	55
120	1.000,00	50,00	144
148	1.300,00	220,00	174
159	120,00	20,00	198
170	220,00		
182	410,00		
195	360,00		
217	12.500,00		
250	2.500,00		
271	230,00		
	34.540,00	45.410,00	
E 4	10.870,00	10.870,00	
	=	=	

7.2.1.1.z.00.00
Controle da Disponibilidade de Recursos

8	6.600,00	280,00	22
11	10.000,00	30.300,00	E 23
15	6.000,00		
17	1.000,00		
27	1.500,00		
31	2.400,00		
34	2.000,00		
37	1.000,00		
216	62.400,00		
230	1.000,00		
235	380,00		
239	25,00		
	94.305,00	30.580,00	
	63.725,00		

	7.1.2.3.1.02.00				7.9.1.2.1.00.00		
	Contratos de Serviços				Controle de Adiantamentos/ Suprimentos de Fundos Concedidos		
59	2.000,00	1.250,00	E 24	117	900,00	900,00	119
185	410,00			133	1.000,00	1.000,00	147
201	340,00				1.900,00	1.900,00	
	2.750,00	1.250,00			=	=	
	1.500,00						

	7.1.2.3.1.05.00				7.1.1.1.1.0.105		
	Contratos de Empréstimos e Financiamentos				Cauções		
24	1.500,00	1.500,00	E 25	234	380,00	180,00	E 26
	=	=		239	25,00		
					405,00	180,00	
					225,00		

	7.2.2.0.0.00.00				7.3.1.1.z.xx.00		
	Programação Financeira				Encaminhamento de Créditos para Inscrição em Dívida Ativa		
53	9.500,00	220,00	177	263	5.200,00	5.200,00	E 28
172	220,00	9.500,00	E 27		=	=	
	9.720,00	9.720,00					
	=	=					

	7.3.2.1.z.00.00	
	Inscrição de Créditos em Dívida Ativa	
265	5.200,00	

376 Contabilidade Pública na Gestão Municipal • Andrade

8.2.1.1.1.00.00			
Disponibilidade por Destinação de Recursos			
22	280,00	6.600,00	8
58	1.000,00	10.000,00	11
71	5.000,00	6.000,00	15
83	6.000,00	1.000,00	17
94	500,00	1.500,00	27
106	900,00	2.400,00	31
122	1.000,00	2.000,00	34
150	1.300,00	1.000,00	37
161	120,00	50,00	146
173	220,00	220,00	176
184	410,00	20,00	200
197	360,00	62.400,00	216
221	12.500,00	1.000,00	230
236	380,00	380,00	235
240	25,00	25,00	239
252	2.500,00		
275	230,00		
	32.725,00	94.595,00	
		61.870,00	

8.2.1.1.2.00.00			
Disponibilidade por Destinação de Recursos Comprometida por Empenho			
64	500,00	1.000,00	58
75	5.000,00	5.000,00	71
87	6.000,00	6.000,00	83
98	300,00	500,00	94
111	900,00	900,00	106
127	1.000,00	1.000,00	122
146	50,00	50,00	141
154	1.300,00	1.300,00	150
165	120,00	120,00	161
176	220,00	220,00	173
189	410,00	410,00	184
200	20,00	360,00	197
205	340,00	12.500,00	221
222	12.500,00	2.500,00	252
256	2.000,00	230,00	275
278	230,00		
	30.890,00	32.090,00	
		1.200,00	

8.9.1.2.1.01.00			
Adiantamentos Concedidos a Comprovar			
119	900,00	900,00	117
147	1.000,00	1.000,00	133
	1.900,00	1.900,00	
	=	=	

Plano de Contas e Lançamentos Contábeis **377**

8.2.1.1.3.01.00
Comprometida por Liquidação

68	500,00	500,00	64
79	5.000,00	5.000,00	75
91	6.000,00	6.000,00	87
102	300,00	300,00	98
114	900,00	900,00	111
130	1.000,00	1.000,00	127
141	50,00	50,00	138
158	1.000,00	1.300,00	154
169	120,00	120,00	165
194	410,00	410,00	189
210	340,00	340,00	205
226	12.500,00	12.500,00	222
260	2.000,00	2.000,00	256
282	100,00	230,00	278
	30.220,00	30.650,00	
		430,00	

8.2.1.1.4.00.00
Disponibilidade por Destinação de Recursos Utilizada

138	50,00	500,00	68
		5.000,00	79
		6.000,00	91
		300,00	102
		900,00	114
		1.000,00	130
		1.000,00	158
		120,00	169
		410,00	194
		340,00	210
		12.500,00	226
		2.000,00	260
		100,00	282
		180,00	243
	50,00	30.350,00	
E 23	30.300,00	30.300,00	
	=	=	

8.1.2.3.1.02.02
Contratos de Serviços Executados

		500,00	63
		410,00	190
		340,00	206
E 24	1.250,00	1.250,00	
	=	=	

8.2.1.1.3.03.00
Comprometida por Entradas Compensatórias

243	180,00	380,00	236
		25,00	240
	180,00	405,00	
		225,00	

8.2.2.0.0.00.00
Execução da Programação Financeira

	Débito	Crédito	
177	220,00	9.500,00	53
		220,00	172
	220,00	9.720,00	
E 27	9.500,00	9.500,00	
	=	=	

8.3.2.1.z.00.00
Créditos a Inscrever em Dívida Ativa

	Débito	Crédito	
268	5.200,00	5.200,00	265
	=	=	

8.1.2.3.1.05.02
Contratos de Empréstimos Executados

	Débito	Crédito	
E 25	1.500,00	1.500,00	24
	=	=	

8.3.1.1.z.xx.00
Créditos a Encaminhar para Dívida Ativa

	Débito	Crédito	
264	5.200,00	5.200,00	263
	=	=	

8.1.2.3.1.02.01
Contratos de Serviços a Executar

	Débito	Crédito	
63	500,00	2.000,00	59
190	410,00	410,00	185
206	340,00	340,00	201
	1.250,00	2.750,00	
		1.500,00	

8.1.1.1.1.01.09
Cauções a Executar

	Débito	Crédito	
242	180,00	380,00	234
		25,00	238
	180,00	405,00	
		225,00	

8.3.2.3.z.xx.00
Créditos Inscritos em Dívida Ativa a Receber

	Débito	Crédito	
		5.200,00	268

8.3.1.2.z.xx.00
Créditos Encaminhados para Dívida Ativa

	Débito	Crédito	
269	5.200,00	5.200,00	264
	=	=	

8.1.1.1.1.01.10
Cauções Executadas

	Débito	Crédito	
E 26	180,00	180,00	242

8.3.14.z.xx.00
Créditos Inscritos em Dívida Ativa

	Débito	Crédito	
E 28	5.200,00	5.200,00	269
	=	=	

11.9 Balancete de verificação de débito e crédito

		BALANCETE DE ENCERRAMENTO					
CONTA	**DESCRIÇÃO**	**SALDO INICIAL**		**MOVIMENTO ANUAL**		**SALDO FINAL**	
		DEVEDOR	**CREDOR**	**DÉBITO**	**CRÉDITO**	**DEVEDOR**	**CREDOR**
1.1.1.1.1.01.00	Caixa	950,00	0,00	605,00	180,00	1.375,00	0,00
1.1.1.1.1.19.00	Bancos Conta Movimento – Demais Contas	0,00	0,00	70.350,00	30.770,00	39.580,00	0,00
1.1.1.1.1.30.00	Rede Bancária – Arrecadação	0,00	0,00	23.600,00	280,00	23.320,00	0,00
1.1.1.1.1.50.yy	Aplicações Financeiras de Liquidez Imediata	0,00	0,00	400,00	0,00	400,00	0,00
1.1.2.1.5.01.05	IPTU	0,00	0,00	10.000,00	10.000,00	0,00	0,00
1.1.2.1.5.01.07	ISS	0,00	0,00	6.600,00	6.600,00	0,00	0,00
1.1.2.1.z.xx.yy	Créditos Tributários a Receber	0,00	0,00	81.000,00	68.600,00	12.400,00	0,00
1.1.2.9.1.01.00	(–) Perdas Estimadas em Créditos Tributários a Receber	0,00	0,00	12.480,00	16.000,00	0,00	3.520,00
1.1.3.1.1.02.00	Suprimentos de Fundos	0,00	0,00	1.900,00	1.900,00	0,00	0,00
1.1.5.6.1.01.00	Material de Consumo	0,00	0,00	2.300,00	1.100,00	1.200,00	0,00
1.1.2.5.1.01.yy	Dívida Ativa Tributária dos Impostos (P)	0,00	0,00	5.200,00	1.000,00	4.200,00	0,00
1.2.3.1.1. xx.yy	Bens Móveis	0,00	0,00	5.290,00	2.900,00	2.390,00	0,00
1.2.3.2.1.xx.yy	Bens Imóveis	0,00	0,00	46.000,00	0,00	46.000,00	0,00
1.2.3.8.1.01.yy	(–) Depreciação Acumulada – Bens Móveis	0,00	0,00	490,00	900,00	0,00	410,00
1.2.3.9.1.02.yy	(–) Redução ao Valor Recuperável de Imobilizado – Bens Imóveis	0,00	0,00	0,00	5.000,00	0,00	5.000,00
2.1.1.1.1.01.xx	Pessoal a Pagar	0,00	0,00	1.000,00	1.300,00	0,00	300,00
2.1.1.1.1.03.xx	Precatórios de Pessoal	0,00	0,00	100,00	230,00	0,00	130,00
2.1.1.2.z.xx.00	Benefícios Previdenciários a Pagar	0,00	0,00	120,00	120,00	0,00	0,00
2.1.2.2.1.02.00	Empréstimos Externos – Em Contratos	0,00	0,00	0,00	1.500,00	0,00	1.500,00
2.1.3.1.1.01.01	Fornecedores não Financiados a Pagar	0,00	750,00	14.550,00	14.550,00	0,00	750,00
2.1.8.8.1.04.01	Depósitos e Cauções	0,00	0,00	180,00	405,00	0,00	225,00
2.1.8.9.1.03.00	Suprimentos de Fundos a Pagar	0,00	0,00	1.900,00	1.900,00	0,00	0,00
2.3.7.1.z.01.00	Superávit ou Déficit do Exercício	0,00	0,00	118.830,00	118.830,00	0,00	0,00
2.3.7.1.z.02.00	Superávit ou Déficit de Exercícios Anteriores	0,00	200,00	0,00	118.830,00	0,00	119.030,00
3.1.1.x.z.xx.yy	Remuneração de Pessoal	0,00	0,00	1.530,00	1.530,00	0,00	0,00
3.1.2.x.z.xx.00	Encargos Patronais	0,00	0,00	120,00	120,00	0,00	0,00
3.3.1.1.1.xx.00	Consumo de Material	0,00	0,00	2.950,00	2.950,00	0,00	0,00
3.3.2.3.1.xx.00	Serviços Terceiros – PJ	0,00	0,00	1.250,00	1.250,00	0,00	0,00
3.3.3.1.1.01.01	Depreciação de Bens Móveis	0,00	0,00	900,00	900,00	0,00	0,00
3.5.1.1.2.04.00	Recursos Arrecadados – Concedidos	0,00	0,00	5.200,00	5.200,00	0,00	0,00

Continua

380 Contabilidade Pública na Gestão Municipal • Andrade

		BALANCETE DE ENCERRAMENTO					
CONTA	**DESCRIÇÃO**	**SALDO INICIAL**		**MOVIMENTO ANUAL**		**SALDO FINAL**	
		DEVEDOR	**CREDOR**	**DÉBITO**	**CRÉDITO**	**DEVEDOR**	**CREDOR**
3.5.2.3.3.03.00	Subvenções Sociais	0,00	0,00	12.500,00	12.500,00	0,00	0,00
3.5.9.0.1.01.00	Doações Concedidas	0,00	0,00	1.010,00	1.010,00	0,00	0,00
3.6.1.1.1.02.yy	Reavaliação de Bens Imóveis	0,00	0,00	5.000,00	5.000,00	0,00	0,00
3.6.1.7.1.01.00	Ajuste para Perdas em Créditos Tributários	0,00	0,00	16.000,00	16.000,00	0,00	0,00
4.1.1.2.1.02.00	Imposto sobre a Propriedade Predial e Territorial Urbana	0,00	0,00	11.000,00	11.000,00	0,00	0,00
4.1.1.2.1.97.00	(–) Dedução	0,00	0,00	280,00	280,00	0,00	0,00
4.1.1.3.1.02.00	ISS	0,00	0,00	6.650,00	6.650,00	0,00	0,00
4.1.1.x.z.xx.yy	Impostos	0,00	0,00	80.000,00	80.000,00	0,00	0,00
4.3.2.1.1.00.00	Venda Bruta de Produtos	0,00	0,00	400,00	400,00	0,00	0,00
4.3.3.1.1.03.00	Prestação de Serviços de Locação	0,00	0,00	350,00	350,00	0,00	0,00
4.3.3.1.1.xx.00	Valor Bruto de Exploração de Bens, Direitos e Prestação de Serviços	0,00	0,00	1.250,00	1.250,00	0,00	0,00
4.5.1.1.2.04.00	Recursos Arrecadados – Recebidos	0,00	0,00	5.200,00	5.200,00	0,00	0,00
4.5.2.1.3.02.00	Cota-Parte FPM	0,00	0,00	6.000,00	6.000,00	0,00	0,00
4.5.2.x.z.xx.yy	Transferências Intergovernamentais	0,00	0,00	1.000,00	1.000,00	0,00	0,00
4.5.3.1.1.00.00	Transferências das Instituições Privadas sem Fins Lucrativos	0,00	0,00	30.000,00	30.000,00	0,00	0,00
4.5.x.x.z.xx.yy	Transferências e Delegações Recebidas	0,00	0,00	290,00	290,00	0,00	0,00
4.6.1.1.1.02.00	Reavaliação de Bens Imóveis	0,00	0,00	10.000,00	10.000,00	0,00	0,00
4.6.2.2.1.01.yy	Ganho Líquido com a Alienação de Bens Móveis	0,00	0,00	1.000,00	1.000,00	0,00	0,00
4.9.1.0.1.01.00	Variação Patrimonial Aumentativa Bruta a Classificar	0,00	0,00	1.000,00	1.000,00	0,00	0,00
4.9.7.2.1.01.00	Reversão de Ajuste de Perdas de Créditos	0,00	0,00	12.480,00	12.480,00	0,00	0,00
5.2.1.1.1.00.00	Previsão Inicial da Receita Bruta	0,00	0,00	150.250,00	150.250,00	0,00	0,00
5.2.1.1.2.01.01	(–) FUNDEB	0,00	0,00	12.000,00	12.000,00	0,00	0,00
5.2.1.1.2.01.02	(–) Transferências Constitucionais e Legais a Municípios	0,00	0,00	12.000,00	12.000,00	0,00	0,00
5.2.1.1.2.02.00	(–) Renúncias	0,00	0,00	12.000,00	12.000,00	0,00	0,00
5.2.1.1.2.99.00	(–) Outras Deduções	0,00	0,00	12.000,00	12.000,00	0,00	0,00
5.2.1.2.1.01.00	Reestimativa	0,00	0,00	30.000,00	30.000,00	0,00	0,00
5.2.1.2.1.02.00	Correção	0,00	0,00	30.000,00	30.000,00	0,00	0,00
5.2.1.2.9.00.00	Anulação da Previsão da Receita	0,00	0,00	500,00	500,00	0,00	0,00
5.2.2.1.1.01.00	Crédito Inicial	0,00	0,00	44.120,00	44.120,00	0,00	0,00
5.2.2.1.2.01.00	Crédito Adicional – Suplementar	0,00	0,00	2.750,00	2.750,00	0,00	0,00

Continua

Plano de Contas e Lançamentos Contábeis **381**

		BALANCETE DE ENCERRAMENTO					
CONTA	**DESCRIÇÃO**	**SALDO INICIAL**		**MOVIMENTO ANUAL**		**SALDO FINAL**	
		DEVEDOR	**CREDOR**	**DÉBITO**	**CRÉDITO**	**DEVEDOR**	**CREDOR**
5.2.2.1.2.02.01	Créditos Especiais Abertos	0,00	0,00	700,00	700,00	0,00	0,00
5.2.2.1.2.03.01	Créditos Extraordinários Abertos	0,00	0,00	170,00	170,00	0,00	0,00
5.2.2.1.3.01.00	Superávit Financeiro de Exercício Anterior	0,00	0,00	200,00	200,00	0,00	0,00
5.2.2.1.3.02.00	Excesso de Arrecadação	0,00	0,00	250,00	250,00	0,00	0,00
5.2.2.1.3.03.00	Anulação de Dotação	0,00	0,00	1.500,00	1.500,00	0,00	0,00
5.2.2.1.3.04.00	Operação de Crédito	0,00	0,00	1.500,00	1.500,00	0,00	0,00
5.2.2.1.3.99.00	Valor Global da Dotação Adicional por Fonte	0,00	0,00	3.450,00	3.450,00	0,00	0,00
5.2.2.1.9.01.09	(−) Redução	0,00	0,00	1.500,00	1.500,00	0,00	0,00
5.2.2.9.2.01.01	Emissão de Empenhos	0,00	0,00	32.040,00	32.040,00	0,00	0,00
5.2.2.9.2.01.03	(−) Aulação de Empenhos	0,00	0,00	290,00	290,00	0,00	0,00
5.3.1.1.0.00.00	RP Não Processados Inscritos	0,00	0,00	350,00	350,00	0,00	0,00
5.3.1.2.0.00.00	RP Não Processados – Exercício Anterior	0,00	0,00	350,00	0,00	350,00	0,00
5.3.1.7.0.00.00	RP Não Processados – Inscrição no Exercício	350,00	0,00	1.200,00	350,00	1.200,00	0,00
5.3.2.1.0.00.00	RP Processados – inscritos	0,00	0,00	400,00	400,00	0,00	0,00
5.3.2.2.0.00.00	RP Processados – Exercício Anterior	0,00	0,00	400,00	0,00	400,00	0,00
5.3.2.7.0.00.00	RP Processados – Inscrição no Exercício	400,00	0,00	430,00	400,00	430,00	0,00
6.2.1.1.0.00.00	Receita a Realizar	0,00	0,00	8.130,00	8.130,00	0,00	0,00
6.2.1.2.0.00.00	Receita Realizada	0,00	0,00	93.620,00	93.620,00	0,00	0,00
6.2.1.3.1.02.00	(−) Transferências Constitucionais e Legais a Municípios	0,00	0,00	2.000,00	2.000,00	0,00	0,00
6.2.1.3.2.00.00	(−) Renúncia	0,00	0,00	1.000,00	1.000,00	0,00	0,00
6.2.1.3.9.00.00	(−) Outras Deduções da Receita Realizada	0,00	0,00	280,00	280,00	0,00	0,00
6.2.2.1.1.0.0.00	Crédito Disponível	0,00	0,00	10.870,00	10.870,00	0,00	0,00
6.2.2.1.2.01.00	Bloqueio de Crédito	0,00	0,00	1.000,00	1.000,00	0,00	0,00
6.2.2.1.3.01.00	Crédito Empenhado a Liquidar	0,00	0,00	1.200,00	1.200,00	0,00	0,00
6.2.2.1.3.02.00	Crédito Empenhado em Liquidação	0,00	0,00	2.180,00	2.180,00	0,00	0,00
6.2.2.1.3.03.00	Crédito Empenhado Liquidado a Pagar	0,00	0,00	430,00	430,00	0,00	0,00
6.2.2.1.3.04.00	Crédito Empenhado Liquidado Pago	0,00	0,00	30.120,00	30.120,00	0,00	0,00
6.2.2.1.3.05.00	Empenhos a Liquidar Inscritos em RP não Processados	0,00	0,00	1.200,00	1.200,00	0,00	0,00
6.2.2.1.3.07.00	Empenhos Liquidados Inscritos em RP Processados	0,00	0,00	430,00	430,00	0,00	0,00
6.2.2.9.2.01.01	Empenhos a Liquidar	0,00	0,00	1.200,00	1.200,00	0,00	0,00

Continua

382 Contabilidade Pública na Gestão Municipal • Andrade

		BALANCETE DE ENCERRAMENTO					
CONTA	**DESCRIÇÃO**	**SALDO INICIAL**		**MOVIMENTO ANUAL**		**SALDO FINAL**	
		DEVEDOR	CREDOR	DÉBITO	CRÉDITO	DEVEDOR	CREDOR
6.2.2.9.2.01.02	Empenhos em Liquidação	0,00	0,00	2.180,00	2.180,00	0,00	0,00
6.2.2.9.2.01.03	Empenhos Liquidados a Pagar	0,00	0,00	430,00	430,00	0,00	0,00
6.2.2.9.2.01.04	Empenhos Liquidados Pagos	0,00	0,00	30.120,00	30.120,00	0,00	0,00
6.3.1.1.0.00.00	RP não Processados a Liquidar	0,00	0,00	0,00	350,00	0,00	350,00
6.3.1.7.1.00.00	RP não Processados a Liquidar – Inscrição no Exercício	0,00	350,00	350,00	1.200,00	0,00	1.200,00
6.3.2.1.0.00.00	RP Processados a Pagar	0,00	0,00	0,00	400,00	0,00	400,00
6.3.2.7.0.00.00	RP Processados – Inscrição no Exercício	0,00	400,00	400,00	430,00	0,00	430,00
7.1.1.1.1.0.105	Cauções	0,00	0,00	405,00	180,00	225,00	0,00
7.1.2.3.1.02.00	Contratos de Serviços	0,00	0,00	2.750,00	1.250,00	1.500,00	0,00
7.1.2.3.1.05.00	Contratos de Empréstimos e Financiamentos	0,00	0,00	1.500,00	1.500,00	0,00	0,00
7.2.1.1.z.00.00	Controle da Disponibilidade de Recursos	0,00	0,00	94.305,00	30.580,00	63.725,00	0,00
7.2.2.0.0.00.00	Programação Financeira	0,00	0,00	9.720,00	9.720,00	0,00	0,00
7.3.1.1.z.xx.00	Encaminhamento de Créditos para Inscrição em Dívida Ativa	0,00	0,00	5.200,00	5.200,00	0,00	0,00
7.3.2.1.z.00.00	Inscrição de Créditos em Dívida Ativa	0,00	0,00	5.200,00	0,00	5.200,00	0,00
7.9.1.2.1.00.00	Controle de Adiantamentos/Suprimentos de Fundos Concedidos	0,00	0,00	1.900,00	1.900,00	0,00	0,00
8.1.1.1.1.01.09	Cauções a Executar	0,00	0,00	180,00	405,00	0,00	225,00
8.1.1.1.1.01.10	Cauções Executadas	0,00	0,00	180,00	180,00	0,00	0,00
8.1.2.3.1.02.01	Contratos de Serviços a Executar	0,00	0,00	1.250,00	2.750,00	0,00	1.500,00
8.1.2.3.1.02.02	Contratos de Serviços Executados	0,00	0,00	1.250,00	1.250,00	0,00	0,00
8.1.2.3.1.05.02	Contratos de Empréstimos Executados	0,00	0,00	1.500,00	1.500,00	0,00	0,00
8.2.1.1.1.00.00	Disponibilidade por Destinação de Recursos	0,00	0,00	32.725,00	94.595,00	0,00	61.870,00
8.2.1.1.2.00.00	Disponibilidade por Destinação de Recursos Comprometida por Empenho	0,00	0,00	30.890,00	32.090,00	0,00	1.200,00
8.2.1.1.3.01.00	Comprometida por Liquidação	0,00	0,00	30.220,00	30.650,00	0,00	430,00
8.2.1.1.3.03.00	Comprometida por Entradas Compensatórias	0,00	0,00	180,00	405,00	0,00	225,00
8.2.1.1.4.00.00	Disponibilidade por Destinação de Recursos Utilizada	0,00	0,00	30.350,00	30.350,00	0,00	0,00
8.2.2.0.0.00.00	Execução da Programação Financeira	0,00	0,00	9.720,00	9.720,00	0,00	0,00
8.3.1.1.z.xx.00	Créditos a Encaminhar para Dívida Ativa	0,00	0,00	5.200,00	5.200,00	0,00	0,00
8.3.1.2.z.xx.00	Créditos Encaminhados para Dívida Ativa	0,00	0,00	5.200,00	5.200,00	0,00	0,00

Continua

Plano de Contas e Lançamentos Contábeis 383

BALANCETE DE ENCERRAMENTO							
CONTA	DESCRIÇÃO	SALDO INICIAL		MOVIMENTO ANUAL		SALDO FINAL	
		DEVEDOR	CREDOR	DÉBITO	CRÉDITO	DEVEDOR	CREDOR
8.3.14.z.xx.00	Créditos Inscritos em Dívida Ativa	0,00	0,00	5.200,00	5.200,00	0,00	0,00
8.3.2.1.z.00.00	Créditos a Inscrever em Dívida Ativa	0,00	0,00	5.200,00	5.200,00	0,00	0,00
8.3.2.3.z.xx.00	Créditos Inscritos em Dívida Ativa a Receber	0,00	0,00	0,00	5.200,00	0,00	5.200,00
8.9.1.2.1.01.00	Adiantamentos Concedidos a Comprovar	0,00	0,00	1.900,00	1.900,00	0,00	0,00
TOTAL		1.700,00	1.700,00	1.435.870,00	1.435.870,00	203.895,00	203.895,00

ENCERRAMENTO DAS VARIAÇÕES AUMENTATIVAS E DIMINUTIVAS

E 20	4.3.3.1.1.xx.00	Valor Bruto de Exploração de Bens, Direitos e Prestação de Serviços – Consolidação	1.250,00	
	4.1.1.2.1.02.00	Imposto sobre a Propriedade Predial e Territorial Urbana	10.670,00	
	4.5.2.1.3.02.00	Cota-Parte FPM	6.000,00	
	4.5.x.x.z.xx.yy	Transferências e Delegações Recebidas	290,00	
	4.3.2.1.1.00.00	Venda Bruta de Produtos – Consolidação	400,00	
	4.5.1.1.2.04.00	Recursos Arrecadados – Recebidos	5.200,00	
	4.5.2.x.z.xx.yy	Transferências Intergovernamentais	1.000,00	
	4.6.1.1.1.02.00	Reavaliação de Bens Imóveis	10.000,00	
	4.9.7.2.1.01.00	Reversão de Ajuste de Perdas de Créditos	12.480,00	
	4.3.3.1.1.03.00	Prestação de Serviços de Locação	350,00	
	4.1.1.3.1.02.00	ISS	6.650,00	
	4.5.3.1.1.00.00	Transferências das Instituições Privadas sem Fins Lucrativos – Consolidação	30.000,00	
	4.6.2.2.1.01.yy	Ganho Líquido com a Alienação de Bens Móveis	1.000,00	
	4.1.1.x.z.xx.yy	Impostos	80.000,00	
	2.3.7.1.z.01.00	Superávit ou Déficit do Exercício		165.290,00
E 21	3.1.1.x.z.xx.yy	Remuneração de Pessoal		1.530,00
	3.3.1.1.1.xx.00	Consumo de Material – Consolidação		2.950,00
	3.3.3.1.1.01.01	Depreciação de Bens Móveis		900,00
	3.6.1.1.1.02.yy	Reavaliação de Bens Imóveis		5.000,00
	3.1.2.x.z.xx.00	Encargos Patronais		120,00
	3.3.2.3.1.xx.00	Serviços Terceiros – PJ – Consolidação		1.250,00
	3.6.1.7.1.01.00	Ajuste para Perdas em Créditos Tributários		16.000,00
	3.5.9.0.1.01.00	Doações Concedidas		1.010,00
	3.5.2.3.3.03.00	Subvenções Sociais		12.500,00
	3.5.1.1.2.04.00	Recursos Arrecadados – Concedidos		5.200,00
	2.3.7.1.z.01.00	Superávit ou Déficit do Exercício	46.460,00	
E 22	2.3.7.1.z.01.00	Superávit ou Déficit do Exercício	118.830,00	
	2.3.7.1.z.02.00	Superávit ou Déficit de Exercícios Anteriores		118.830,00
SOMA			330.580,00	330.580,00
DIFERENÇA VERIFICADA			0,00	

Plano de Contas e Lançamentos Contábeis **385**

OUTROS ENCERRAMENTOS			
E 1	6.2.2.1.3.01.00	Crédito Empenhado a Liquidar	1.200,00	
	6.2.2.1.3.05.00	Empenhos a Liquidar Inscritos em RP não Processados		1.200,00
E 2	6.2.2.1.3.03.00	Crédito Empenhado Liquidado a Pagar	430,00	
	6.2.2.1.3.07.00	Empenhos Liquidados Inscritos em RP Processados		430,00
E 3	6.2.2.1.3.04.00	Crédito Empenhado Liquidado Pago	30.120,00	
	6.2.2.1.3.05.00	Empenhos a Liquidar Inscritos em RP não Processados	1.200,00	
	6.2.2.1.3.07.00	Empenhos Liquidados Inscritos em RP Processados	430,00	
	5.2.2.1.1.01.00	Crédito Inicial		31.750,00
E 4	6.2.2.1.1.00.00	Crédito Disponível	10.870,00	
	5.2.2.1.1.01.00	Crédito Inicial		10.870,00
E 5	6.2.2.9.2.01.01	Empenhos a Liquidar	1.200,00	
	6.2.2.9.2.01.03	Empenhos Liquidados a Pagar	430,00	
	6.2.2.9.2.01.04	Empenhos Liquidados Pagos	30.120,00	
	5.2.2.9.2.01.01	Emissão de Empenhos		31.750,00
E 6	5.2.2.9.2.01.03	(–) Anulação de Empenhos	290,00	
	5.2.2.9.2.01.01	Emissão de Empenhos		290,00
E 7	5.3.1.7.0.00.00	RP não Processados – Inscrição no Exercício	1.200,00	
	6.3.1.7.1.00.00	RP não Processados a Liquidar – Inscrição no Exercício		1.200,00
E 8	5.3.2.7.0.00.00	RP processados – Inscrição no Exercício	430,00	
	6.3.2.7.0.00.00	RP Processados – Inscrição no Exercício		430,00
E 9	6.2.1.1.0.00.00	Receita a Realizar	7.850,00	
	5.2.1.1.1.00.00	Previsão Inicial da Receita Bruta		7.850,00
E 10	6.2.1.2.0.00.00	Receita Realizada	3.280,00	
	6.2.1.3.1.02.00	(–) Transferências Constitucionais e Legais a Municípios		2.000,00
	6.2.1.3.9.00.00	(–) Outras Deduções da Receita Realizada		280,00
	6.2.1.3.2.00.00	(–) Renúncia		1.000,00
E 11	5.2.1.1.2.01.01	(–) FUNDEB	12.000,00	
	5.2.1.1.2.01.02	(–) Transferências Constitucionais e Legais a Municípios	12.000,00	
	5.2.1.1.2.02.00	(–) Renúncias	12.000,00	
	5.2.1.1.2.99.00	(–) Outras Deduções	12.000,00	
	5.2.1.1.1.00.00	Previsão Inicial da Receita Bruta		48.000,00
E 12	5.2.1.1.1.00.00	Previsão Inicial da Receita Bruta	60.000,00	
	5.2.1.2.1.01.00	Reestimativa		30.000,00
	5.2.1.2.1.02.00	Correção		30.000,00
E 13	6.2.1.2.0.00.00	Receita Realizada	93.900,00	
	5.2.1.1.1.00.00	Previsão Inicial da Receita Bruta		93.900,00

Continua

OUTROS ENCERRAMENTOS			
E 14	5.2.1.2.9.00.00	Anulação da Previsão da Receita	500,00	
	5.2.1.1.1.00.00	Previsão Inicial da Receita Bruta		500,00
E 15	5.2.2.1.1.01.00	Crédito Inicial	3.620,00	
	5.2.2.1.2.01.00	Crédito Adicional – Suplementar		2.750,00
	5.2.2.1.2.03.01	Créditos Extraordinários Abertos		170,00
	5.2.2.1.2.02.01	Créditos Especiais Abertos		700,00
E 16	5.2.2.1.9.01.09	(–) Redução	1.500,00	
	5.2.2.1.1.01.00	Crédito Inicial		1.500,00
E 17	5.2.2.1.3.99.00	Valor Global da Dotação Adicional por Fonte	3.450,00	
	5.2.2.1.3.01.00	Superávit Financeiro de Exercício Anterior		200,00
	5.2.2.1.3.02.00	Excesso de Arrecadação		250,00
	5.2.2.1.3.03.00	Anulação de Dotações		1.500,00
	5.2.2.1.3.04.00	Operação de Crédito		1.500,00
E 18	5.3.2.2.0.00.00	RP Processados – Exercício Anterior	400,00	
	5.3.2.1.0.00.00	RP Processados – Inscritos		400,00
E 19	5.3.1.2.0.00.00	RP Não Processados – Exercício Anterior	350,00	
	5.3.1.1.0.00.00	RP Não Processados – Inscritos		350,00
E 24	8.2.1.1.4.00.00	Disponibilidade por Destinação de Recursos Utilizada	30.300,00	
	7.2.1.1.z.00.00	Controle da Disponibilidade de Recursos		30.300,00
E 25	8.1.2.3.1.02.02	Contratos de Serviços Executados	1.250,00	
	7.1.2.3.1.02.00	Contratos de Serviços		1.250,00
E 26	8.1.2.3.1.05.02	Contratos de Empréstimos Executados	1.500,00	
	7.1.2.3.1.05.00	Contratos de Empréstimos e Financiamentos		1.500,00
E 27	8.1.1.1.1.01.10	Cauções Executadas	180,00	
	7.1.1.1.1.0.105	Cauções		180,00
E 28	8.2.2.0.0.00.00	Execução da Programação Financeira	9.500,00	
	7.2.2.0.0.00.00	Programação Financeira		9.500,00
E 29	8.3.14.z.xx.00	Créditos Inscritos em Dívida Ativa	5.200,00	
	7.3.1.1.z.xx.00	Encaminhamento de Créditos para Inscrição em Dívida Ativa		5.200,00
SOMA			348.700,00	348.700,00
DIFERENÇA VERIFICADA			0,00	

12

Demonstrativos Contábeis e Consolidações

12.1 Demonstrativos contábeis

Incialmente definidos pela Lei nº 4.320/64, conforme autorizado pelo art. 113, e adaptados pelos conceitos trazidos pela NBCT 16.6 do Conselho Federal de Contabilidade, a Secretaria do Tesouro Nacional por meio do Manual de Contabilidade Aplicada ao Setor Público apresentou as Instruções de Procedimentos Contábeis que definiram os novos demonstrativos contábeis, devidamente especificados.

Se um dos objetivos da Contabilidade Aplicada ao Setor Público é fornecer aos seus usuários informações sobre os resultados alcançados nos aspectos de natureza orçamentária, econômica, patrimonial e financeira das entidades públicas, os demonstrativos têm grande importância em apoio ao processo de tomada de decisão, à adequada prestação de contas, à transparência da gestão fiscal e à instrumentalização do controle social.

As Demonstrações Contábeis Aplicadas ao Setor Público (DCASP) são as seguintes:

a) Balanço Orçamentário;

b) Balanço Financeiro;

c) Balanço Patrimonial;

d) Demonstração das Variações Patrimoniais; e

e) Demonstração dos Fluxos de Caixa (DFC).

12.2 Conceito de balanço

Conforme expressa Heilio Kohama,

> *"Balanço é a apuração da situação de determinado patrimônio, em determinado instante, representada sinteticamente, num quadro de duas seções: Ativo e Passivo. É também entendido como a igualdade de duas somas, de uma conta ou de um quadro."*[1]

O art. 101 da Lei nº 4.320/64 expressa:

> *"Os resultados gerais do exercício serão demonstrados no Balanço Orçamentário, no Balanço Financeiro, no Balanço Patrimonial e na Demonstração das Variações Patrimoniais, segundo os Anexos 12, 13, 14, 15 e os quadros demonstrativos constantes dos Anexos 1, 6, 7, 8, 9, 10, 11, 16 e 17."*

12.2.1 Balanço orçamentário

Definido pelo art. 102 da Lei nº 4.320/64, na forma do Anexo 12, e alterado pelo MCASP, o balanço orçamentário demonstra as receitas e despesas previstas em confronto com as realizadas, atendendo à administração como instrumento de auxílio no controle da legalidade e eficiência das operações realizadas, bem como fornecendo aos órgãos fiscalizadores condições para verificar, de forma global, o desempenho da administração e o emprego dos recursos públicos.

O balanço orçamentário objetiva basicamente:

- registrar os elementos do orçamento público, nos termos em que o mesmo foi aprovado pelo Poder Legislativo;

- registrar a execução do orçamento e as alterações orçamentárias ocorridas no exercício;

- registrar a posição final dos valores executados quando do encerramento do exercício, comparando com as previsões iniciais do orçamento.

O balanço orçamentário apresenta as receitas detalhadas por categoria econômica, origem e espécie, especificando a previsão inicial, a previsão atualizada para o exercício, a receita realizada e o saldo a realizar. Demonstra também as despesas por categoria econômica e grupo de natureza da despesa, discriminando a dotação inicial, a dotação atualizada para o exercício, as despesas empenhadas, as despesas liquidadas, o crédito pago e o saldo da dotação.

---

[1] KOHAMA, Heilio. *Contabilidade pública*: teoria e prática. 3. ed. São Paulo: Atlas, 1991. p. 245.

A identificação das receitas e despesas intraorçamentárias, quando necessária, deverá ser apresentada em notas explicativas.

Os valores referentes ao refinanciamento de dívida mobiliária e de outras dívidas devem constar, destacadamente, nas receitas de operações de crédito internas e externas e, nesse mesmo nível de agregação, nas despesas com amortização da dívida de refinanciamentos.

Em função da utilização do superávit financeiro de exercícios anteriores para abertura de créditos adicionais, apurado no balanço patrimonial do exercício anterior ao de referência, o balanço orçamentário demonstrará uma situação de desequilíbrio entre a receita prevista e a despesa autorizada. Essa situação também pode ser causada pela reabertura de créditos adicionais, especificamente os créditos especiais e extraordinários que tiveram o ato de autorização promulgado nos últimos quatro meses do ano anterior, caso em que esses créditos serão reabertos nos limites de seus saldos e incorporados ao orçamento do exercício financeiro em referência.

Esse desequilíbrio ocorre porque o superávit financeiro de exercícios anteriores, quando utilizado como fonte de recursos para abertura de créditos adicionais, não pode ser demonstrado como parte da receita orçamentária do balanço orçamentário que integra o cálculo do resultado orçamentário. O superávit financeiro não é receita do exercício em referência, pois já o foi em exercício anterior, mas constitui disponibilidade para utilização no exercício de referência. Por outro lado, as despesas executadas à conta do superávit financeiro são despesas do exercício de referência, por força legal, visto que não foram empenhadas no exercício anterior. Esse desequilíbrio também ocorre pela reabertura de créditos adicionais porque aumentam a despesa fixada sem necessidade de nova arrecadação. Tanto o superávit financeiro utilizado quanto a reabertura de créditos adicionais estão detalhados no campo SALDO DE EXERCÍCIOS ANTERIORES, do balanço orçamentário.

Dessa forma, o equilíbrio entre a receita prevista e despesa fixada no balanço orçamentário pode ser verificado (sem influenciar o seu resultado) somando-se os valores da linha TOTAL (item V) e da linha SALDOS DE EXERCÍCIOS ANTERIORES, constantes da coluna PREVISÃO ATUALIZADA, e confrontando-se esse montante com o total da coluna DOTAÇÃO ATUALIZADA (item X).

Recomenda-se a utilização de notas explicativas para esclarecimentos a respeito da utilização do superávit financeiro e de reabertura de créditos adicionais, bem como suas influências no resultado orçamentário, de forma a possibilitar a correta interpretação das informações.

Com a efetiva análise dos valores apresentados no balanço orçamentário, apresentado de forma consolidada, e levando-se em conta os valores previstos, executados e suas diferenças, é que se pode ter uma real noção das informações contábeis a serem extraídas de tal ferramenta gerencial.

O balanço orçamentário é uma posição estática em determinado momento; porém, uma análise comparativa de dois ou mais exercícios, considerando seus detalhamentos (Demonstração da Receita e Despesa segundo as Categorias Econômicas, Comparativo da Receita Orçada com a Arrecadada e Comparativo da Despesa Autorizada com a Realizada), transparecerá inúmeras informações dos rumos que está tomando determinada Administração Pública. E se durante essa análise forem constatados alguns desvios de objetivos, ações corretivas podem e devem ser tomadas para realinhar, novamente, os objetivos da administração com suas ações concretas.

Atrelado a esse pensamento, destaca-se que se deve observar o detalhamento dos valores consolidados no referido balanço, que deve ser apresentado por meio do Anexo nº 1 – Demonstração da Receita e Despesa segundo as Categorias Econômicas –, do Anexo nº 10 – Comparativo da Receita Orçada com a Arrecadada – e do Anexo nº 11 – Comparativo da Despesa Autorizada com a Realizada –, todos criados pela Lei Federal nº 4.320/64, com as nomenclaturas das contas atualizadas pelo MCASP e com a metodologia para a sua elaboração apresentada pela Instrução de Procedimento Contábil – IPC 07.

Demonstrativos Contábeis e Consolidações **391**

Tabela 12.1 *Balanço orçamentário.*

NOME DA ENTIDADE OU DO ENTE PÚBLICO BALANÇO ORÇAMENTÁRIO ORÇAMENTOS FISCAL E DA SEGURIDADE SOCIAL				
Exercício: 20X1				
RECEITAS ORÇAMENTÁRIAS	Previsão Inicial (a)	Previsão Atualizada (b)	Receitas Realizadas (c)	Saldo (d)=(c–b)
Receitas Correntes (I)	97.250,00	97.250,00	89.720,00	7.530,00
Receita Tributária	83.750,00	83.750,00	79.720,00	4.030,00
Receita de Contribuições	0,00	0,00	0,00	0,00
Receita Patrimonial	500,00	500,00	350,00	150,00
Receita Agropecuária	0,00	0,00	0,00	0,00
Receita Industrial	500,00	500,00	400,00	100,00
Receita de Serviços	1.500,00	1.500,00	1.250,00	250,00
Transferências Correntes	10.000,00	10.000,00	7.000,00	3.000,00
Outras Receitas Correntes	1.000,00	1.000,00	1.000,00	0,00
Receitas de Capital (II)	4.250,00	4.500,00	3.900,00	600,00
Operações de Crédito	1.250,00	1.500,00	1.500,00	0,00
Alienação de Bens	3.000,00	3.000,00	2.400,00	600,00
Amortizações de Empréstimos	0,00	0,00	0,00	0,00
Transferências de Capital	0,00	0,00	0,00	0,00
Outras Receitas de Capital	0,00	0,00	0,00	0,00
Recursos Arrecadados em Exercícios Anteriores (III)	0,00	0,00	0,00	0,00
SUBTOTAL DAS RECEITAS (IV) = (I + II + III)	**101.500,00**	**101.750,00**	**93.620,00**	**8.130,00**
Operações de Crédito / Refinanciamento (V)	0,00	0,00	0,00	0,00
Operações de Crédito Internas	0,00	0,00	0,00	0,00
Mobiliária	0,00	0,00	0,00	0,00
Contratual	0,00	0,00	0,00	0,00
Operações de Crédito Externas	0,00	0,00	0,00	0,00
Mobiliária	0,00	0,00	0,00	0,00
Contratual	0,00	0,00	0,00	0,00

Continua

392 Contabilidade Pública na Gestão Municipal • Andrade

SUBTOTAL COM REFINANCIAMENTO (VI) = (IV+V)	101.500,00	101.750,00	93.620,00	8.130,00
Déficit (VII)	0,00	0,00	0,00	0,00
TOTAL (VIII) = (VI + VII)	101.500,00	101.750,00	93.620,00	8.130,00
Saldos de Exercícios Anteriores (Utilizados p/ Créditos Adicionais)	0,00	0,00	0,00	0,00
Superávit Financeiro	0,00	0,00	200,00	0,00
Reabertura de Créditos Adicionais	0,00	0,00	0,00	0,00

DESPESAS ORÇAMENTÁRIAS	Dotação Inicial (e)	Dotação Atualizada (f)	Despesas Empenhadas (g)	Despesas Liquidadas (h)	Despesas Pagas (i)	Saldo da Dotação (j) = (f – g)
Despesas Correntes (IX)	25.500,00	29.120,00	20.750,00	19.600,00	19.120,00	8.370,00
Pessoal e Encargos Sociais	5.500,00	7.620,00	1.650,00	1.650,00	1.220,00	5.970,00
Juros e Encargos da Dívida	0,00	0,00	0,00	0,00	0,00	0,00
Outras Despesas Correntes	20.000,00	21.500,00	19.100,00	17.950,00	17.900,00	2.400,00
Despesas de Capital (X)	15.000,00	13.500,00	11.000,00	11.000,00	11.000,00	2.500,00
Investimentos	15.000,00	13.500,00	11.000,00	11.000,00	11.000,00	2.500,00
Inversões Financeiras	0,00	0,00	0,00	0,00	0,00	0,00
Amortização da Dívida	0,00	0,00	0,00	0,00	0,00	0,00
Reserva de Contingência (XI)	0,00	0,00	0,00	0,00	0,00	0,00
Reserva do RPPS (XII)	0,00	0,00	0,00	0,00	0,00	0,00
SUBTOTAL DAS DESPESAS (XIII) = (IX + X + XI + XII)	40.500,00	42.620,00	31.750,00	30.600,00	30.120,00	10.870,00
Amortização da Dívida/ Refinanciamento (XIV)	0,00	0,00	0,00	0,00	0,00	0,00
Amortização da Dívida Interna	0,00	0,00	0,00	0,00	0,00	0,00
Dívida mobiliária	0,00	0,00	0,00	0,00	0,00	0,00
Outras Dívidas	0,00	0,00	0,00	0,00	0,00	0,00
Amortização da Dívida Externa	0,00	0,00	0,00	0,00	0,00	0,00
Dívida Mobiliária	0,00	0,00	0,00	0,00	0,00	0,00
Outras Dívidas	0,00	0,00	0,00	0,00	0,00	0,00
SUBTOTAL C/ REFINANCIAMENTO (XV) = (XIII + XIV)	40.500,00	42.620,00	31.750,00	30.600,00	30.120,00	10.870,00
Superávit (XVI)	0,00	0,00	0,00	0,00	0,00	0,00
TOTAL (XVII) = (XV + XVI)	40.500,00	42.620,00	31.750,00	30.600,00	30.120,00	10.870,00

Nota 1: A apuração do superávit orçamentário (receita arrecadada – despesas empenhadas).

Nota 2: As demonstrações contábeis devem ser assinadas por contabilistas e pelo responsável do órgão/entidade.

Deve-se, ainda, observar que a receita prevista no orçamento pode ser arrecadada a maior, sem nenhum agravo para a entidade pública, mas a menor deve ser justificada conforme determina a Lei nº 101/00, em seu art. 13.

O ente público somente poderá possuir empenho emitido até o valor definido na lei do orçamento, ou seja, das despesas fixadas legalmente autorizadas até aquele determinado limite orçamentário, mediante existência de saldo financeiro para seu cumprimento. Por esse motivo, verifica-se que o equilíbrio entre as receitas e as despesas orçamentárias deverá ocorrer, pelo menos a princípio, na elaboração do orçamento, e quando da execução orçamentária seu equilíbrio será buscado por meio dos diversos artifícios legais presentes na legislação pública.

Na execução orçamentária, poderá ocorrer a possibilidade da não realização de receitas previstas e despesas empenhadas, as quais poderemos denominar de resíduos, que podem ser definidos da seguinte forma:

- resíduos ativos: considerando que o regime de caixa pode não ser praticado para a receita, sendo que o lançamento da inscrição de tributos seria registrado como créditos a receber, no ativo, o que exigiria maior atenção à integração dos dados e a interatividade das funções dos departamentos envolvidos. A não integração poderá provocar divergência nas informações entre o controle tributário e o controle contábil. Recomenda-se que por ocasião da inscrição de tributos haja a integração de dados com a contabilidade, proporcionando aos usuários a visualização do que se tem a receber dos contribuintes, prática esta hoje adotada apenas com o controle da dívida ativa;

- resíduos passivos: registram-se em conta de contrapartida denominada "Restos a Pagar e/ou Serviços da Dívida Pública a Pagar". Esse assunto é abordado nas seções 6.7 e 6.8 deste livro.

A execução orçamentária, na administração federal direta e indireta, utiliza-se de um sistema informatizado para o processamento da execução orçamentária, financeira e patrimonial, cuja denominação é Sistema Integrado de Administração Financeira (SIAFI).

12.2.1.1 Demonstrativos de restos a pagar – anexo ao balanço orçamentário

Considerando que já descrevemos sobre este tema junto à seção 6.7, apresentamos nesta oportunidade apenas os demonstrativos contábeis, conforme as Tabelas 12.2 e 12.3.

394 Contabilidade Pública na Gestão Municipal • Andrade

Tabela 12.2 Quadro B – *Execução de restos a pagar não processados.*

RESTOS A PAGAR NÃO PROCESSADOS	Inscritos		Liquidados (c)	Pagos (d)	Cancelados (e)	Saldo (f)=(a+b–c–e)
	Em Exerc. Anteriores (a)	Em 31 Dez. do Exerc. Ant. (20X0) (b)				
Despesas Correntes	0,00	350,00	0,00	0,00	0,00	350,00
Pessoal e Encargos Sociais	0,00	0,00	0,00	0,00	0,00	0,00
Juros e Encargos da Dívida	0,00	0,00	0,00	0,00	0,00	0,00
Outras Despesas Correntes	0,00	350,00	0,00	0,00	0,00	350,00
Despesas de Capital	0,00	0,00	0,00	0,00	0,00	0,00
Investimentos	0,00	0,00	0,00	0,00	0,00	0,00
Inversões Financeiras	0,00	0,00	0,00	0,00	0,00	0,00
Amortização da Dívida	0,00	0,00	0,00	0,00	0,00	0,00
TOTAL	0,00	350,00	0,00	0,00	0,00	350,00

(NOME DA ENTIDADE OU DO ENTE PÚBLICO / EXECUÇÃO DE RESTOS A PAGAR NÃO PROCESSADOS / Exercício: 20X1)

Nota: As demonstrações contábeis devem ser assinadas por contabilistas e pelo responsável do órgão/entidade.

Tabela 12.3 *Quadro C: Execução de restos a pagar processados e não processados liquidados.*

RESTOS A PAGAR PROCESSADOS E NÃO PROCESSADOS LIQUIDADOS	Inscritos		PAGOS	CANCE-LADOS	SALDO
	Em Exerc. Ante-riores	Em 31 Dez. do Exerc. Ant. (20X0)			
	(a)	(b)	(c)	(d)	(e)=(a+b – c – d)
Despesas Correntes	0,00	400,00	0,00	0,00	400,00
Pessoal e Encargos Sociais	0,00	0,00	0,00	0,00	0,00
Juros e Encargos da Dívida	0,00	0,00	0,00	0,00	0,00
Outras Despesas Correntes	0,00	400,00	0,00	0,00	400,00
Despesas de Capital	0,00	0,00	0,00	0,00	0,00
Investimentos	0,00	0,00	0,00	0,00	0,00
Inversões Financeiras	0,00	0,00	0,00	0,00	0,00
Amortização da Dívida	0,00	0,00	0,00	0,00	0,00
TOTAL	0,00	400,00	0,00	0,00	400,00

(NOME DA ENTIDADE OU DO ENTE PÚBLICO / EXECUÇÃO DE RESTOS A PAGAR PROCESSADOS E NÃO PROCESSADOS LIQUIDADOS / Exercício: 20X1)

Nota: As demonstrações contábeis devem ser assinadas por contabilistas e pelo responsável do órgão/entidade.

12.2.2 Balanço financeiro

Definido pelo art. 103 da Lei nº 4.320/64, na forma do Anexo 13, e revisto pelo MCASP, o balanço financeiro demonstra a receita e a despesa orçamentária realizadas, bem como os ingressos e os dispêndios de natureza extraorçamentária, conjugados com os saldos em espécie provenientes do exercício anterior, e os que se transferem para o exercício seguinte. Portanto, o balanço financeiro evidencia a situação de disponibilidade, depois de conhecido o total da receita arrecadada e seu emprego na realização das despesas.

O balanço financeiro é uma síntese do registro do antigo sistema financeiro que atualmente passou a integrar parte do subsistema patrimonial e parte do subsistema de compensação; é demonstrado em duas colunas, uma de receita e outra de despesa.

Na coluna da receita, consideram-se:

- a receita orçamentária realizada, que se subdivide em receitas próprias, vinculadas, as de previdência social, de convênios, de operações de créditos e de alienação de bens, demonstrando ainda as deduções destas;
- as transferências financeiras recebidas de outros órgãos do ente;
- os ingressos extraorçamentários, incluindo-se a inscrição de restos a pagar processados e não processados, depósitos, débitos de tesouraria e outros movimentos que façam parte das consignações contábeis e da dívida flutuante;
- saldo financeiro disponível do exercício anterior (caixa e equivalentes de caixa).

Na coluna da despesa, consideram-se:

- a despesa orçamentária realizada por meio de recursos próprios, vinculados, as de previdência social, de convênios e de operações de créditos;
- as transferências financeiras recebidas de outros órgãos do ente;
- os dispêndios extraorçamentários, subdivididos em pagamentos de restos a pagar, de depósitos e demais contas que compõem as consignações contábeis e a dívida flutuante;
- saldo financeiro disponível para o exercício seguinte (caixa e equivalentes de caixa).

Ressalta-se que todas as contas do balanço financeiro apresentar-se-ão por seus totais de valores ou operações realizadas. Há outros relatórios que permitem a análise individualizada por conta, durante o exercício. Importante destacar também que os valores apresentados da receita e da despesa orçamentária neste demonstrativo são relacionados com as Disponibilidades por Destinação de Recursos, devidamente identificadas pelos contas-correntes denominados "fontes de recursos".

Tabela 12.4 *Balanço financeiro*.

NOME DA ENTIDADE OU DO ENTE PÚBLICO BALANÇO FINANCEIRO			
			Exercício: 20X1
INGRESSOS			
Especificação	Nota	Exercício Atual (20X1)	Exercício Anterior (20X0)
Receita Orçamentária (I)		**93.620,00**	0,00
Ordinária		**55.032,00**	0,00
Vinculada		**38.588,00**	0,00
Recursos Vinculados à Educação		21.680,00	0,00
Recursos Vinculados à Saúde		13.008,00	0,00
Recursos Vinculados à Previdência Social – RPPS		0,00	0,00
Recursos Vinculados à Previdência Social – RGPS		0,00	0,00
Recursos Vinculados à Seguridade Social		0,00	0,00
Outras Destinações de Recursos		3.900,00	0,00
Transferências Financeiras Recebidas (II)		**0,00**	**0,00**
Transf. Recebidas para a Execução Orçamentária		0,00	0,00
Transf. Recebidas Independentes de Execução Orçamentária		0,00	0,00
Transf. Recebidas para Aportes de Recursos para o RPPS		0,00	0,00
Transf. Recebidas para Aportes de Recursos para o RGPS		0,00	0,00
Recebimentos Extraorçamentários (III)		**1.855,00**	**750,00**
Inscrição de Restos a Pagar Não Processados		1.200,00	350,00
Inscrição de Restos a Pagar Processados		430,00	400,00
Depósitos Restituíveis e Valores Vinculados		225,00	0,00
Outros Recebimentos Extraorçamentários		0,00	0,00
			0,00
Saldo do Exercício Anterior (IV)		**950,00**	**950,00**
Caixa e Equivalentes de Caixa		950,00	950,00
Depósitos Restituíveis e Valores Vinculados		0,00	0,00
TOTAL (V) = (I + II + III + IV)		**96.425,00**	**1.700,00**

Continua

DISPÊNDIOS			
Especificação	Nota	Exercício Atual (20X1)	Exercício Anterior (20X0)
Despesa Orçamentária (VI)		**31.750,00**	**750,00**
Ordinária		**19.050,00**	**750,00**
Vinculada		**12.700,00**	**0,00**
Recursos Destinados à Educação		7.937,50	0,00
Recursos Destinados à Saúde		4.762,50	0,00
Recursos Destinados à Previdência Social – RPPS		0,00	0,00
Recursos Destinados à Previdência Social – RGPS		0,00	0,00
Recursos Destinados à Seguridade Social		0,00	0,00
Outras Destinações de Recursos		0,00	0,00
Transferências Financeiras Concedidas (VII)		**0,00**	**0,00**
Transf. Concedidas para a Execução Orçamentária		0,00	0,00
Transf. Concedidas Independentes de Execução Orça- mentária		0,00	0,00
Transf. Concedidas para Aportes de Recursos para o RPPS		0,00	0,00
Transf. Concedidas para Aportes de Recursos para o RGPS		0,00	0,00
Pagamentos Extraorçamentários (VIII)		**0,00**	**0,00**
Pagamentos de Restos a Pagar Não Processados		0,00	0,00
Pagamentos de Restos a Pagar Processados		0,00	0,00
Depósitos Restituíveis e Valores Vinculados		0,00	0,00
Outros Pagamentos Extraorçamentários		0,00	0,00
Saldo para o Exercício Seguinte (IX)		**64.675,00**	**950,00**
Caixa e Equivalentes de Caixa		64.275,00	950,00
Depósitos Restituíveis e Valores Vinculados		400,00	0,00
TOTAL (X) = (VI + VII + VIII + IX)		**96.425,00**	**1.700,00**

Nota: As demonstrações contábeis devem ser assinadas por contabilistas e pelo responsável do órgão/entidade.

12.2.3 Balanço patrimonial

O balanço patrimonial demonstra a situação das contas que formam o ativo e o passivo de uma entidade, como o patrimônio líquido. O ativo demonstra os recursos controlados pela entidade como resultado de eventos passados dos quais se espera que resultem para a entidade benefícios econômicos futuros ou potencial de serviços. O passivo representa as obrigações presentes da entidade, derivadas de eventos passados, cujos pagamentos se espera que resultem para a entidade saídas de recursos capazes de gerar benefícios econômicos ou potencial de serviços. O patrimônio líquido é o valor residual dos ativos da entidade depois de deduzidos todos os seus passivos A Tabela 12.5 é o modelo recomendado pelo MCASP, considerando as instruções apresentadas pela IPC 05, e é um demonstrativo que foi baseado nos dados aplicados nos lançamentos contábeis apresentados neste livro com todas as regras de encerramento anual e entendimento da movimentação patrimonial. Tem o objetivo de comparar o balanço do exercício anterior com o atual. É um demonstrativo perfeito para análise, quando se pode comparar horizontalmente a movimentação de um exercício em relação ao outro.

O balanço patrimonial possui as seguintes divisões e subdivisões:

- Ativo circulante
- Ativo não circulante
- Passivo circulante
- Passivo não circulante
- Patrimônio líquido
- Ativo financeiro
- Ativo permanente
- Passivo financeiro
- Passivo permanente
- Contas de compensação
- Superávit financeiro

Para melhor entendimento é necessário apresentar algumas definições e critérios para elaboração do balanço patrimonial:

12.2.3.1 Ativo circulante

Compreende os ativos que atendem a qualquer um dos seguintes critérios: sejam caixa ou equivalente de caixa; sejam realizáveis ou mantidos para venda ou consumo dentro do ciclo operacional da entidade; sejam mantidos para fins comerciais; sejam realizáveis dentro dos 12 meses seguintes à data da publicação das demonstrações contábeis.

12.2.3.2 Ativo não circulante

Caracterizado pelos bens e direitos realizáveis após os 12 meses seguintes à data da publicação das demonstrações contábeis, composto por ativo realizável a longo prazo, investimentos, imobilizado e intangível.

12.2.3.3 Passivo circulante

Compreende as obrigações conhecidas que atendam aos seguintes critérios: tenham prazos estabelecidos ou esperados dentro do ciclo operacional da entidade; sejam mantidos para fins comerciais; tenham prazos estabelecidos ou esperados dentro dos 12 meses após a data da publicação das demonstrações contábeis; sejam valores de terceiros ou retenções em nome deles, quando a entidade do setor público for fiel depositária, independentemente do prazo de exigibilidade.

12.2.3.4 Passivo não circulante

Representa as obrigações conhecidas e estimadas, cujos prazos estabelecidos ou esperados ultrapassem os 12 meses seguintes à data de publicação das demonstrações contábeis.

12.2.3.5 Patrimônio líquido

Pode se dizer que o PL representa o valor residual dos ativos depois de deduzidos todos os passivos. Quando o valor do passivo é maior que o valor do ativo, o resultado é denominado passivo a descoberto. Portanto, a expressão patrimônio líquido deve ser substituída por passivo a descoberto. Os grupos de contas que compõem o PL são:

a) 2.3.1 Patrimônio social e capital social

b) 2.3.2 Adiantamento para futuro aumento de capital

c) 2.3.3 Reservas de capital

d) 2.3.4 Ajustes de avaliação patrimonial

e) 2.3.5 Reservas de lucro

f) 2.3.6 Demais reservas

g) 2.3.7 Resultados acumulados

h) 2.3.9 (–) Ações em tesouraria

12.2.3.6 Ativo financeiro

Compreende os créditos, os valores realizáveis independentemente de autorização orçamentária e os valores numéricos (§ 1º, art. 105, da Lei nº 4.320/64). Exemplos: caixa, bancos, aplicações de curto prazo, devedores diversos etc. Em síntese, para atender às exigências da Lei nº 4.320/64, figurarão no ativo financeiro as contas cujo atributo de superávit financeiro seja igual a "F".

12.2.3.7 Ativo permanente

Compreende os bens, créditos e valores, cuja imobilização ou alienação depende de autorização legislativa (§ 2º, art. 105, da Lei nº 4.320/64). Exemplos: bens móveis, imóveis e de natureza industrial, almoxarifado, dívida ativa, empréstimos concedidos etc. Em síntese, para atender às exigências da Lei nº 4.320/64, figurarão no ativo permanente as contas cujo atributo de superávit financeiro seja igual a "P".

12.2.3.8 Passivo financeiro

O passivo financeiro é representado pelas dívidas de curto prazo ou dívidas flutuantes, ou melhor, compromissos exigíveis cujo pagamento independa de autorização orçamentária, com exceção dos débitos de tesouraria, que incluem as antecipações de receitas orçamentárias, ou ARO. Esses compromissos representam, portanto, a dívida flutuante ou a dívida de curto prazo, e destinam-se a atender a insuficiência de caixa durante o exercício financeiro, que se pode realizar somente a partir de 11 de janeiro e deve ser liquidada, com juros e outros encargos incidentes, até o dia 10 de dezembro de cada ano.[2] Em síntese, para atender às exigências da Lei nº 4.320/64, figurarão no passivo financeiro as contas cujo atributo de superávit financeiro seja igual a "F".

12.2.3.9 Passivo permanente

Compreende as dívidas fundadas ou consolidadas, interna ou externa, que dependem de autorização legislativa para o ingresso dos recursos e consequentemente para amortização ou resgate. Portanto, o passivo permanente compreende as dívidas de longo prazo com exigibilidade superior a um ano, representada por títulos ou contratos.[3] Exemplos: parcelamentos, empréstimos e financiamentos.

---

[2] Lei nº 4.320/64, arts. 92 e 105, § 3º, e Lei Complementar nº 101, art. 38, I e II.

[3] Lei nº 4.320/64, arts. 94 e 105, § 4º.

Em síntese, para atender às exigências da Lei nº 4.320/64, figurarão no passivo permanente as contas cujo atributo de superávit financeiro seja igual a "F".

12.2.3.10 Contas de compensação

São contas representativas de atos que possam vir a afetar o patrimônio, seja ativa ou passivamente. Na nova modalidade do plano de contas passaram a compor o grupo de controles devedores e controles credores, que podem ser identificados dentro dos seguintes subgrupos: Atos potenciais (7.1 e 8.1), Administração financeira (7.2 e 8.2), Dívida ativa (7.3 e 8.3), Riscos fiscais (7.4 e 8.4), Consórcios Públicos (7.5 e 8.5), Custos (7.8 e 8.8) e outros controles (7.9 e 8.9). Os números entre parênteses são os códigos das classes e grupos apresentados no plano de contas.

12.2.3.11 Superávit financeiro

Corresponde à diferença positiva entre o ativo financeiro e o passivo financeiro. Para fins de abertura de crédito adicional, devem-se conjugar, ainda, os saldos dos créditos adicionais transferidos e as operações de crédito a eles vinculadas, em cumprimento ao § 2º do art. 43 da Lei nº 4.320/64. Cabe ressaltar que o resultado deste quadro anexo do balanço patrimonial deve ser igual à diferença entre o ativo financeiro e o passivo financeiro, que figuram no Quadro B, denominado "Quadro dos Ativos e Passivos Fianceiros e Permanentes".

Demonstrativo da receita por natureza e fonte de recursos

Considerando a necessidade de informação para o fechamento dos balanços, foi elaborado o Quadro 12.1, que identifica a receita por conta contábil, natureza da receita e fonte de recursos de modo a facilitar a elaboração e o entendimento dos dados do balanço financeiro.

Quadro 12.1 *Demonstrativo da receita por natureza e fonte de recursos.*

DEMONSTRATIVO DE EXECUÇÃO ORÇAMENTÁRIA DA RECEITA POR CONTA-CORRENTE			
Conta Contábil	**Conta-Corrente**		**Valor**
	Natureza da Receita	**Fonte**	
6.2.1.2.0.00.00	1112.02.00 IPTU	100	43.872,00
6.2.1.2.0.00.00	1112.02.00 IPTU	101	18.280,00
6.2.1.2.0.00.00	1112.02.00 IPTU	102	10.968,00
6.2.1.2.0.00.00	1113.05.01 ISS	100	3.960,00
6.2.1.2.0.00.00	1113.05.01 ISS	101	1.650,00
6.2.1.2.0.00.00	1113.05.01 ISS	102	990,00
6.2.1.2.0.00.01	1311.00.00 Patrimonial	100	350,00
6.2.1.2.0.00.01	1520.99.00 Industrial	100	400,00
6.2.1.2.0.00.00	1600.99.00 Serviços	100	1.250,00
6.2.1.2.0.00.00	1721.01.02 FPM	100	3.600,00
6.2.1.2.0.00.00	1721.01.02 FPM	101	1.500,00
6.2.1.2.0.00.00	1721.01.02 FPM	102	900,00
6.2.1.2.0.00.00	1721.99.00 Transf	100	1.000,00
6.2.1.2.0.00.00	1931.11.00 DA	100	600,00
6.2.1.2.0.00.01	1931.11.00 DA	101	250,00
6.2.1.2.0.00.02	1931.11.00 DA	102	150,00
6.2.1.2.0.00.00	2122.01.00 Empréstimos	191	1.500,00
6.2.1.2.0.00.00	2211.00.00 Alienação	192	2.400,00
TOTAL			**93.620,00**

Demonstrativo da despesa por natureza e fonte de recursos

Também considerando a necessidade de informação para o fechamento dos balanços, foi elaborado o Quadro 12.2, que identifica a despesa por conta contábil e natureza da receita, de modo a facilitar a elaboração e o entendimento dos dados do Balanço Financeiro e Orçamentário.

Quadro 12.2 *Demonstrativo da despesa por conta contábil e natureza.*

DEMONSTRATIVO DE EXECUÇÃO ORÇAMENTÁRIA DA DESPESA POR CONTA CORRENTE								
Empenhado			Liquidado			Pago		
Conta Contábil	Conta-Corrente	Valor	Conta Contábil	Conta-Corrente	Valor	Conta Contábil	Conta-Corrente	Valor
	Natureza da Despesa			Natureza da Despesa			Natureza da Despesa	
6.2.2.1.3.01.00	3.1.90.11 Pessoal	1.300,00	6.2.2.1.3.03.00	3.1.90.11 Pessoal	1.300,00	6.2.2.1.3.04.00	3.1.90.11 Pessoal	1.000,00
6.2.2.1.3.01.00	3.1.90.13 Encargos	120,00	6.2.2.1.3.03.00	3.1.90.13 Encargos	120,00	6.2.2.1.3.04.00	3.1.90.13 Encargos	120,00
6.2.2.1.3.01.00	3.1.90.91 Precatórios	230,00	6.2.2.1.3.03.00	3.1.90.91 Precatórios	230,00	6.2.2.1.3.04.00	3.1.90.91 Precatórios	100,00
6.2.2.1.3.01.00	3.3.50.43 Subvenções	12.500,00	6.2.2.1.3.03.00	3.3.50.43 Subvenções	12.500,00	6.2.2.1.3.04.00	3.3.50.43 Subvenções	12.500,00
6.2.2.1.3.01.00	3.3.90.30 Mat Consumo	4.850,00	6.2.2.1.3.03.00	3.3.90.30 Mat Consumo	4.200,00	6.2.2.1.3.04.00	3.3.90.30 Mat Consumo	4.150,00
6.2.2.1.3.01.00	3.3.90.35 Consultoria	360,00	6.2.2.1.3.03.00	3.3.90.35 Consultoria	340,00	6.2.2.1.3.04.00	3.3.90.35 Consultoria	340,00
6.2.2.1.3.01.00	3.3.90.39 Serviços PJ	1.390,00	6.2.2.1.3.03.00	3.3.90.39 Serviços PJ	910,00	6.2.2.9.2.01.04	3.3.90.39 Serviços PJ	910,00
6.2.2.1.3.01.00	4.4.90.51 Imóveis	6.000,00	6.2.2.1.3.03.00	4.4.90.51 Imóveis	6.000,00	6.2.2.1.3.04.00	4.4.90.51 Imóveis	6.000,00
6.2.2.1.3.01.00	4.4.90.52 Móveis	5.000,00	6.2.2.1.3.03.00	4.4.90.52 Móveis	5.000,00	6.2.2.9.2.01.04	4.4.90.52 Móveis	5.000,00
TOTAL		31.750,00	TOTAL		30.600,00	TOTAL		30.120,00

404   Contabilidade Pública na Gestão Municipal • Andrade

Tabela 12.5 *Balanço patrimonial de 20x1.*

NOME DA ENTIDADE OU DO ENTE PÚBLICO BALANÇO PATRIMONIAL Exercício: 20X1			
ATIVO	Nota	Exercício Atual (20X1)	Exercício Anterior (20X0)
Ativo Circulante		**78.955,00**	**950,00**
Caixa e Equivalentes de Caixa		64.275,00	950,00
Créditos a Curto Prazo		13.080,00	0,00
Investimentos e Aplicações Temporárias a Curto Prazo		400,00	0,00
Estoques		1.200,00	0,00
VPD Pagas Antecipadamente		0,00	0,00
Total do Ativo Circulante		**78.955,00**	**950,00**
Ativo Não Circulante		**42.980,00**	**0,00**
Realizável a Longo Prazo		0,00	0,00
Créditos a Longo Prazo		0,00	0,00
Investimentos Temporários a Longo Prazo		0,00	0,00
Estoques		0,00	0,00
VPD Pagas Antecipadamente		0,00	0,00
Investimentos		0,00	0,00
Imobilizado		42.980,00	0,00
Intangível		0,00	0,00
Total do Ativo Não Circulante		**42.980,00**	**0,00**
TOTAL DO ATIVO		**121.935,00**	**0,00**
PASSIVO E PATRIMÔNIO LÍQUIDO	Nota	Exercício Atual (20X1)	Exercício Anterior (20X0)
Passivo Circulante		**2.905,00**	**750,00**
Obrigações Trab., Prev. e Assist. a Pagar Curto Prazo		430,00	0,00
Empréstimos e Financiamentos a Curto Prazo		1.500,00	0,00
Fornecedores e Contas a Pagar a Curto Prazo		750,00	750,00
Obrigações Fiscais a Curto Prazo		0,00	0,00
Obrigações de Repartições a Outros Entes		0,00	0,00
Provisões a Curto Prazo		0,00	0,00
Demais Obrigações a Curto Prazo		225,00	0,00
Total do Passivo Circulante		**2.905,00**	**750,00**
Passivo Não Circulante		**0,00**	**0,00**
Obrigações Trab., Prev. e Assist. a Pagar a Longo Prazo		0,00	0,00
Empréstimos e Financiamentos a Longo Prazo		0,00	0,00
Fornecedores e Contas a Pagar a Longo Prazo		0,00	0,00
Obrigações Fiscais a Longo Prazo		0,00	0,00
Provisões a Longo Prazo		0,00	0,00
Demais Obrigações a Longo Prazo		0,00	0,00
Resultado Diferido		0,00	0,00
Total do Passivo Não Circulante		**0,00**	**0,00**

Continua

Patrimônio Líquido	Nota	Exercício Atual (20X1)	Exercício Anterior (20X0)
Patrimônio Social e Capital Social		0,00	0,00
Adiantamento Para Futuro Aumento de Capital		0,00	0,00
Reservas de Capital		0,00	0,00
Ajustes de Avaliação Patrimonial		0,00	0,00
Reservas de Lucros		0,00	0,00
Demais Reservas		0,00	0,00
Resultados Acumulados		119.030,00	200,00
Resultado do Exercício		118.830,00	200,00
Resultado de Exercícios Anteriores		200,00	0,00
(-) Ações/Cotas em Tesouraria		0,00	0,00
Total do Patrimônio Líquido		**119.030,00**	**200,00**
TOTAL DO PASSIVO E DO PATRIMÔNIO LÍQUIDO		**121.935,00**	**950,00**

NOME DA ENTIDADE OU DO ENTE PÚBLICO		
QUADRO DOS ATIVOS E PASSIVOS FINANCEIROS E PERMANENTES (Lei nº 4.320/64)		
		Exercício: 20X1
Ativo (I)	Exercício Atual (20X1)	Exercício Anterior (20X0)
Ativo Financeiro	78.955,00	950,00
Ativo Permanente	42.980,00	0,00
Total do Ativo	**121.935,00**	**950,00**
Passivo (II)	Exercício Atual (20X1)	Exercício Anterior (20X0)
Passivo Financeiro	2.905,00	750,00
Passivo Permanente	0,00	0,00
Total do Passivo	**2.905,00**	**750,00**
Saldo Patrimonial (III) = (I – II)	**119.030,00**	**200,00**

Continua

406 Contabilidade Pública na Gestão Municipal • Andrade

NOME DA ENTIDADE OU DO ENTE PÚBLICO		
QUADRO DAS CONTAS DE COMPENSAÇÃO (Lei nº 4.320/64)		
		Exercício: 20X1
Atos Potenciais Ativos	Exercício Atual (20X1)	Exercício Anterior (20X0)
Garantias e contragarantias recebidas	225,00	0,00
Direitos conveniados e outros instrumentos congêneres	0,00	0,00
Direitos contratuais	1.500,00	0,00
Outros atos potenciais ativos	5.200,00	0,00
Total dos Atos Potenciais Ativos	6.925,00	0,00
Atos Potenciais Passivos	Exercício Atual (20X1)	Exercício Anterior (20X0)
Garantias e contragarantias concedidas	0,00	0,00
Obrigações conveniadas e outros instrumentos congêneres	0,00	0,00
Obrigações contratuais	0,00	0,00
Outros atos potenciais passivos	0,00	0,00
Total dos Atos Potenciais Passivos	0,00	0,00

NOME DA ENTIDADE OU DO ENTE PÚBLICO		
QUADRO DO SUPERÁVIT / DÉFICIT FINANCEIRO (Lei nº 4.320/1964)		
		Exercício: 20X1
Fontes de Recursos	Exercício Atual (20X1)	Exercício Anterior (20X0)
100 – Ordinária	0,00	200,00
101 – Educação	0,00	0,00
102 – Saúde	0,00	0,00
Total das Fontes de Recursos	0,00	200,00

Demonstrativos Contábeis e Consolidações **407**

12.2.4 *Demonstração das variações patrimoniais*

A demonstração das variações patrimoniais, na forma do Anexo 14, está expressa pelo art. 104 da Lei Federal nº 4.320/64, devidamente atualizada pelo MCASP. Evidenciará as alterações verificadas durante o transcurso de um exercício no patrimônio e ainda indicará o resultado patrimonial do exercício.

A demonstração das variações patrimoniais é elaborada utilizando-se as classes 3 (variações patrimoniais diminutivas) e 4 (variações patrimoniais aumentativas) do plano de contas, para as variações quantitativas, e as classes 1 e 2 para as variações qualitativas.

Por se tratar de uma demonstração que envolve a execução patrimonial, recomendamos consultar o Capítulo 8, Execução de Informação Patrimonial. O quadro Demonstração das variações patrimoniais divide-se em duas seções: variações patrimoniais diminutivas e variações patrimoniais aumentativas. Os componentes das variações diminutivas e aumentativas são estudados na seção 8.7 deste livro (veja Tabela 12.6).

Tabela 12.6 *Demonstração das variações patrimoniais.*

NOME DA ENTIDADE OU DO ENTE PÚBLICO DEMONSTRAÇÃO DAS VARIAÇÕES PATRIMONIAIS Exercício: 20X1			
Variações Patrimoniais Aumentativas	**Nota**	**Exercício Atual (20X1)**	**Exercício Anterior (20X0)**
Impostos, Taxas e Contribuições de Melhoria		0,00	0,00
Impostos		97.320,00	0,00
Taxas		0,00	0,00
Contribuições de Melhoria		0,00	0,00
		0,00	0,00
Contribuições		0,00	0,00
Contribuições Sociais		0,00	0,00
Contribuições de Intervenção no Domínio Econômico		0,00	0,00
Contribuição de Iluminação Pública		0,00	0,00
Contribuições de Interesse das Categorias Profissionais		0,00	0,00
		0,00	0,00
Exploração e Venda de Bens, Serviços e Direitos		0,00	0,00
Venda de Mercadorias		0,00	0,00
Venda de Produtos		400,00	0,00
Exploração de Bens e Direitos e Prestação de Serviços		1.600,00	0,00
		0,00	0,00
Variações Patrimoniais Aumentativas Financeiras		0,00	0,00

Continua

		0,00	0,00
Juros e Encargos de Empréstimos e Financiamentos Concedidos		0,00	0,00
Juros e Encargos de Mora		0,00	0,00
Variações Monetárias e Cambiais		0,00	0,00
Descontos Financeiros Obtidos		0,00	0,00
Remuneração de Depósitos Bancários e Aplicações Financeiras		0,00	0,00
Outras Variações Patrimoniais Aumentativas – Financeiras		0,00	0,00
		0,00	0,00
Transferências e Delegações Recebidas		0,00	0,00
Transferências Intragovernamentais		5.200,00	0,00
Transferências Intergovernamentais		7.000,00	0,00
Transferências das Instituições Privadas		30.290,00	0,00
Transferências das Instituições Multigovernamentais		0,00	0,00
Transferências de Consórcios Públicos		0,00	0,00
Transferências do Exterior		0,00	0,00
Delegações Recebidas		0,00	0,00
Transferências de Pessoas Físicas		0,00	0,00
		0,00	0,00
Valorização e Ganhos com Ativos e Desincorporação de Passivos		0,00	0,00
Reavaliação de Ativos		10.000,00	0,00
Ganhos com Alienação		1.000,00	0,00
Ganhos com Incorporação de Ativos		0,00	0,00
Desincorporação de Passivos		0,00	0,00
Reversão de Redução ao Valor Recuperável		0,00	0,00
		0,00	0,00
Outras Variações Patrimoniais Aumentativas		0,00	0,00
VPA a classificar		0,00	0,00
Resultado Positivo de Participações		0,00	0,00
Reversão de Provisões e Ajustes para Perdas		12.480,00	0,00
Diversas Variações Patrimoniais Aumentativas		0,00	0,00
		0,00	0,00
Total das Variações Patrimoniais Aumentativas (I)		**165.290,00**	**0,00**
Variações Patrimoniais Diminutivas	**Nota**	**Exercício Atual (20X1)**	**Exercício Anterior (20X0)**
Pessoal e Encargos		0,00	0,00
Remuneração a Pessoal		1.530,00	0,00
Encargos Patronais		120,00	0,00
Benefícios a Pessoal		0,00	0,00
Outras Variações Patrimoniais Diminutivas – Pessoal e Encargos		0,00	0,00
		0,00	0,00

Continua

Benefícios Previdenciários e Assistenciais		0,00	0,00
Aposentadorias e Reformas		0,00	0,00
Pensões		0,00	0,00
Benefícios de Prestação Continuada		0,00	0,00
Benefícios Eventuais		0,00	0,00
Políticas Públicas de Transferência de Renda		0,00	0,00
Outros Benefícios Previdenciários e Assistenciais		0,00	0,00
		0,00	0,00
Uso de Bens, Serviços e Consumo de Capital Fixo		0,00	0,00
Uso de Material de Consumo		2.950,00	0,00
Serviços		1.250,00	0,00
Depreciação, Amortização de Exaustão		900,00	0,00
		0,00	0,00
Variações Patrimoniais Diminutivas Financeiras		0,00	0,00
Juros e Encargos de Empréstimos e Financiamentos Obtidos		0,00	0,00
Juros e Encargos de Mora		0,00	0,00
Variações Monetárias e Cambiais		0,00	0,00
Descontos Financeiros Concedidos		0,00	0,00
Outras Variações Patrimoniais Diminutivas – Financeiras		0,00	0,00
		0,00	0,00
Transferências e Delegações Concedidas		0,00	0,00
Transferências Intragovernamentais		5.200,00	0,00
Transferências Intergovernamentais		0,00	0,00
Transferências a Instituições Privadas		12.500,00	0,00
Transferências a Instituições Multigovernamentais		0,00	0,00
Transferências a Consórcios Públicos		0,00	0,00
Transferências ao Exterior		0,00	0,00
Execução Orçamentária Delegada a Entes		0,00	0,00
Outras Transferências e Delegações Concedidas		1.010,00	0,00
		0,00	0,00
Desvalorização e Perdas de Ativos e Incorporação de Passivos		0,00	0,00
Redução a Valor Recuperável e Ajuste para Perdas		21.000,00	0,00
Perdas com Alienação		0,00	0,00
Perdas Involuntárias		0,00	0,00
Incorporação de Passivos		0,00	0,00
Desincorporação de Ativos		0,00	0,00
		0,00	0,00
Tributárias		0,00	0,00
Impostos, Taxas e Contribuições de Melhoria		0,00	0,00
Contribuições		0,00	0,00

Continua

		0,00	0,00
Custo das Merc. Produtos Vendidos, Serviços Prestados		0,00	0,00
Custos das Mercadorias Vendidas		0,00	0,00
Custos dos Produtos Vendidos		0,00	0,00
Custos dos Serviços Prestados		0,00	0,00
		0,00	0,00
Outras Variações Patrimoniais Diminutivas		0,00	0,00
Premiações		0,00	0,00
Resultado Negativo de Participações		0,00	0,00
Incentivos		0,00	0,00
Subvenções Econômicas		0,00	0,00
Participações e Contribuições		0,00	0,00
Constituição de Provisões		0,00	0,00
Diversas Variações Patrimoniais Diminutivas		0,00	0,00
		0,00	0,00
Total das Variações Patrimoniais Diminutivas (II)		46.460,00	0,00
RESULTADO PATRIMONIAL DO PERÍODO (III) = (I – II)		118.830,00	200,00

Nota: As demonstrações contábeis devem ser assinadas por contabilistas e pelo responsável do órgão/entidade.

12.2.5 *Demonstração de controle devedores e credores*

Demonstra saldos anteriores e seguintes, além da movimentação de cada conta dos grupos 7 e 8 do plano de contas, especificando o que é realmente movimento realizado, tanto de inscrição como de baixa, e o que pode ser cancelado ou restabelecido.

Destacam-se os atos potenciais, que figuram neste demonstrativo, mas também conta no anexo do balanço patrimonial, como forma de registro e de controle de convênios, contratos, acordos desde o momento em que é assinado até o momento de sua efetiva prestação de contas (veja Tabela 12.7). É um demonstrativo semelhante ao balancete mensal que foi disponibilizado no Capítulo 11 deste livro, com os dados reais dos lançamentos contábeis, razão pela qual não foi preenchido.

Tabela 12.7 *Demonstração de controles devedores e credores.*

					Cancelamento/			
	NOME DA ENTIDADE							
	DEMONSTRAÇÃO DE CONTROLES DEVEDORES E CREDORES							
							Data Emissão	
Exercício:		Período: Mês						Pág.
Conta	Descrição	Saldo Mês Anterior	Movimento até o Mês		Cancelamento/ restabelecimento até o mês do Mês		Saldo Atual	D/C
			Débito	Crédito	Débito	Crédito		
SALDO ATUAL (7–8)								

Fonte: Demonstrativo criado pelo autor.

Nota: As demonstrações contábeis devem ser assinadas por contabilistas e pelo responsável do órgão/entidade.

12.2.6 Demonstração dos fluxos de caixa

É um demonstrativo que visa contribuir para a transparência da gestão pública, facilitando o gerenciamento e o controle financeiro dos órgãos e entidades do setor público. Permite aos usuários a avaliação da situação de caixa e equivalente de caixa, bem como as necessidades de liquidez em cenários futuros. Tem origem em um demonstrativo que não é mais utilizado, ou seja, o demonstrativo de origem e aplicação de recursos – conhecido como a DOAR, que a partir de 1º-1-2008 foi extinta, por força da Lei nº 11.638/07.

Segundo o MCASP, a demonstração dos fluxos de caixa deve ser elaborada pelo método direto ou indireto, sendo o mais indicado o método direto, e, além disso, deve evidenciar as movimentações havidas no caixa e seus equivalentes, nos seguintes fluxos:

- das operações;
- dos investimentos; e
- dos financiamentos.

O primeiro compreende os ingressos, inclusive decorrentes de receitas originárias e derivadas, e os desembolsos relacionados com a ação pública e os demais fluxos que não se qualificam como de investimento ou financiamento. Segundo a doutrina, as receitas originárias são aquelas arrecadadas por meio da exploração

412 Contabilidade Pública na Gestão Municipal • Andrade

de atividades econômicas pela Administração Pública e advêm, principalmente, de rendas do patrimônio mobiliário e imobiliário do Estado (receita de aluguel), de preços públicos, de prestação de serviços comerciais e de venda de produtos industriais ou agropecuários. Já as derivadas são obtidas pelo poder público por meio da soberania estatal, e estão definidas no art. 9º da Lei nº 4.320/64. Decorreriam de imposição constitucional ou legal e, por isso, auferidas de forma impositiva, como, por exemplo, as receitas tributárias e as de contribuições especiais.

Este demonstrativo permite avaliar a capacidade da administração em assumir compromissos futuros, com base nos recursos destinados para tal. Cabe ressaltar que para se trabalhar um fluxo de caixa é preciso levar em consideração o passado, o presente e o futuro, de forma que forneça dados gerenciais para a tomada de decisão. Veja também a seção 7.7.4.1.

O segundo inclui os recursos relacionados à aquisição e à alienação de ativo não circulante, bem como recebimentos em dinheiro por liquidação de adiantamentos ou amortização de empréstimos concedidos e outras operações da mesma natureza.

O terceiro inclui os recursos relacionados à captação e à amortização de empréstimos e financiamentos. Veja Tabela 12.8.

Em todos são incluídos os pagamentos de restos a pagar. Ressalta-se a importância de notas explicativas que possam subsidiar as informações e facilitar o entendimento do usuário.

Tabela 12.8 *Demonstração dos fluxos de caixa.*

NOME DA ENTIDADE OU DO ENTE PÚBLICO DEMONSTRAÇÃO DOS FLUXOS DE CAIXA			Exercício: 20X1
FLUXOS DE CAIXA DAS ATIVIDADES OPERACIONAIS	Nota	Exercício Atual (20X1)	Exercício Anterior (20X0)
Ingressos		**90.125,00**	**0,00**
Receitas Derivadas e Originárias		82.720,00	0,00
Transferências Correntes Recebidas		7.000,00	0,00
Outros Ingressos Operacionais		405,00	0,00
Desembolsos		**19.300,00**	**0,00**
Pessoal e Demais Despesas		6.620,00	0,00
Juros e Encargos da Dívida		0,00	0,00
Transferências Concedidas		12.500,00	0,00
Outros Desembolsos Operacionais		180,00	0,00
Fluxo de Caixa Líquido das Atividades Operacionais (I)		**70.825,00**	**0,00**

Continua

Demonstrativos Contábeis e Consolidações   **413**

FLUXOS DE CAIXA DAS ATIVIDADES DE INVESTIMENTO	Nota	Exercício Atual (20X1)	Exercício Anterior (20X0)
Ingressos		**2.400,00**	**0,00**
Alienação de Bens		2.400,00	0,00
Amortização de Empréstimos e Financiamentos Concedidos		0,00	0,00
Outros Ingressos de Investimentos		0,00	0,00
Desembolsos		**11.000,00**	**0,00**
Aquisição de Ativo Não Circulante		11.000,00	0,00
Concessão de Empréstimos e Financiamentos		0,00	0,00
Outros Desembolsos de Investimentos		0,00	0,00
Fluxo de Caixa Líquido Das Atividades de Investimento (II)		**-8.600,00**	**0,00**

FLUXOS DE CAIXA DAS ATIVIDADES DE FINANCIAMENTO	Nota	Exercício Atual (20X1)	Exercício Anterior (20X0)
Ingressos		**1.500,00**	**0,00**
Operações de Crédito		1.500,00	0,00
Integralização do Capital Social de Empresas Dependentes		0,00	0,00
Transferências de Capital Recebidas		0,00	0,00
Outros Ingressos de Financiamentos		0,00	0,00
Desembolsos		**0,00**	**0,00**
Amortização/Refinanciamento da Dívida		0,00	0,00
Outros Desembolsos de Financiamentos		0,00	0,00
Fluxo de Caixa Líquido das Atividades de Financiamento (III)		**1.500,00**	**0,00**
GERAÇÃO LÍQUIDA DE CAIXA E EQUIVALENTE DE CAIXA (I+II+III)		**63.725,00**	**0,00**
Caixa e Equivalentes de Caixa Inicial		950,00	0,00
Caixa e Equivalente de Caixa Final		64.675,00	0,00

NOME DA ENTIDADE OU DO ENTE PÚBLICO

QUADRO DE RECEITAS DERIVADAS E ORIGINÁRIAS

Exercício: 20X1

RECEITAS DERIVADAS E ORIGINÁRIAS	Exercício Atual (20X1)	Exercício Anterior (20X0)
Receita Tributária	79.720,00	0,00
Receita de Contribuições	0,00	0,00
Receita Patrimonial	350,00	0,00
Receita Agropecuária	0,00	0,00
Receita Industrial	400,00	0,00
Receita de Serviços	1.250,00	0,00
Remuneração das Disponibilidades	0,00	0,00
Outras Receitas Derivadas e Originárias	1.405,00	0,00
Total das Receitas Derivadas e Originárias	**83.125,00**	**0,00**

Continua

414 Contabilidade Pública na Gestão Municipal • Andrade

NOME DA ENTIDADE OU DO ENTE PÚBLICO QUADRO DE TRANSFERÊNCIAS RECEBIDAS E CONCEDIDAS Exercício: 20X1		
TRANSFERÊNCIAS RECEBIDAS	**Exercício Atual (20X1)**	**Exercício Anterior (20X0)**
Intergovernamentais	7.000,00	0,00
da União	7.000,00	0,00
de Estados e Distrito Federal	0,00	0,00
de Municípios	0,00	0,00
Intragovernamentais	0,00	0,00
Outras Transferências Recebidas	0,00	0,00
Total das Transferências Recebidas	7.000,00	
TRANSFERÊNCIAS CONCEDIDAS	**Exercício Atual (20X1)**	**Exercício Anterior (20X0)**
Intergovernamentais	0,00	0,00
a União	0,00	0,00
a Estados e Distrito Federal	0,00	0,00
a Municípios	0,00	0,00
Intragovernamentais	0,00	0,00
Outras Transferências Concedidas	12.500,00	0,00
Total das Transferências Concedidas	**12.500,00**	**0,00**

NOME DA ENTIDADE OU DO ENTE PÚBLICO QUADRO DE JUROS E ENCARGOS DA DÍVIDA Exercício: 20X1		
QUADRO DE JUROS E ENCARGOS DA DÍVIDA	**Exercício Atual (20X1)**	**Exercício Anterior (20X0)**
Juros e Correção Monetária da Dívida Interna	0,00	0,00
Juros e Correção Monetária da Dívida Externa	0,00	0,00
Outros Encargos da Dívida	0,00	0,00
Total dos Juros e Encargos da Dívida	**0,00**	**0,00**

NOME DA ENTIDADE OU DO ENTE PÚBLICO QUADRO DE DESEMBOLSOS DE PESSOAL E DEMAIS DESPESAS POR FUNÇÃO Exercício: 20X1		
QUADRO DE DESEMBOLSOS DE PESSOAL E DEMAIS DESPESAS POR FUNÇÃO	**Exercício Atual (20X1)**	**Exercício Anterior (20X0)**
Legislativa	0,00	0,00
Judiciária	0,00	0,00
Essencial à Justiça	0,00	0,00
Administração	680,00	0,00
Defesa Nacional	0,00	0,00
Segurança Pública	0,00	0,00
Relações Exteriores	0,00	0,00
Assistência Social	200,00	0,00
Previdência Social	100,00	0,00
Saúde	993,00	0,00

Continua

Demonstrativos Contábeis e Consolidações **415**

		0,00	0,00
Trabalho		0,00	0,00
Educação		1.655,00	0,00
Cultura		1.000,00	0,00
Direitos da Cidadania		0,00	0,00
Urbanismo		0,00	0,00
Habitação		872,00	0,00
Saneamento		600,00	0,00
Gestão Ambiental		0,00	0,00
Ciência e Tecnologia		0,00	0,00
Agricultura		0,00	0,00
Organização Agrária		0,00	0,00
Indústria		0,00	0,00
Comércio e Serviços		0,00	0,00
Comunicações		200,00	0,00
Energia		0,00	0,00
Transporte		500,00	0,00
Desporto e Lazer		0,00	0,00
Encargos Especiais		0,00	0,00
Total dos Desembolsos de Pessoal e Demais Despesas por Função		**6.800,00**	**0,00**

Nota: As demonstrações contábeis devem ser assinadas por contabilistas e pelo responsável do órgão/entidade.

12.2.7 Demonstração das mutações do patrimônio líquido/social

Trata-se de demonstrativo exigido a partir do Pronunciamento Técnico CPC 26, e tornou-se obrigatório para as empresas a partir da Resolução CFC nº 1.185/09, quando substituiu a demonstração de lucros e prejuízos acumulados. Segundo o MCASP, a demonstração das mutações no patrimônio líquido (DMPL) é obrigatória apenas para as empresas estatais dependentes e para os entes que as incorporarem no processo de consolidação das contas.

Este demonstrativo visa apresentar ao usuário da informação o seguinte:

- o déficit ou superávit patrimonial do período;
- cada mutação no patrimônio líquido reconhecida diretamente no mesmo;
- o efeito decorrente da mudança nos critérios contábeis e os efeitos decorrentes da retificação de erros cometidos em exercícios anteriores;
- as contribuições dos proprietários e distribuições recebidas por eles como proprietários.

Torna-se um demonstrativo útil, pois fornece informações de movimentações ocorridas durante o exercício nas contas que compõem o patrimônio líquido, indicando cada acréscimo ou diminuição no mesmo. As alterações no patrimônio líquido de uma entidade entre as datas de duas demonstrações financeiras consecutivas refletem o aumento ou diminuição da riqueza durante o período.

A demonstração das mutações do patrimônio líquido (DMPL) contemplará, no mínimo, os itens contidos na estrutura descrita, segregados em colunas, discriminando, por exemplo:

- Patrimônio social e capital social;
- Adiantamento para futuro aumento de capital;
- Reservas de capital;
- Ajustes de avaliação patrimonial;
- Reservas de lucros;
- Demais reservas;
- Resultados acumulados;
- (–) Ações em tesouraria.

A Tabela 12.9, apresentada pelo DCASP/STN, apresenta a estrutura conforme a 6ª edição do MCASP.

Tabela 12.9 *Demonstração das mutações do patrimônio líquido.*

DEMONSTRAÇÃO DAS MUTAÇÕES DO PATRIMÔNIO LÍQUIDO/SOCIAL									
MCASP									
Nome da Entidade						Pág.			
Exercício: X1						Período: DEZEMBRO			
Especificação	Patrimônio Social/ Capital Social	Adiant. para Futuro Aumento de Capital	Reserva de Capital	Ajustes de Avaliação Patrimonial	Reservas de Lucros	Demais Reservas	Resultado Acum.	Ações/ Cotas em Tesouraria (–)	TOTAL
Saldo Inicial Exercício Anterior									
Ajustes de Exercícios Anteriores									
Aumento de Capital									
Resultado do Exercício									
Constituição/ Reversão de Reservas									
Dividendos									
Saldo Final Exercício Anterior/Saldo Inicial Exercício Atual									

Continua

Ajustes de Exercícios Anteriores									
Aumento de Capital									
Resultado do Exercício									
Constituição/ Reversão de Reservas									
Dividendos									
Saldo Final Ex. Atual									

Nota: As demonstrações contábeis devem ser assinadas por contabilistas e pelo responsável do órgão/entidade.

12.2.8 Demonstração do resultado econômico (DRE)

Apesar de estudos desse demonstrativo terem sido excluídos do MCASP – 5ª edição, em vista de o mesmo ser apenas uma demonstração gerencial não obrigatória, segundo a 4ª edição do MCASP, a crescente exigência popular acerca da transparência na gestão dos recursos públicos, objetivando a verificação da otimização dos benefícios gerados à sociedade, revela a necessidade de implantação de um sistema de informações que permita a evidenciação de resultados alcançados sob a égide da eficiência, eficácia e efetividade da gestão. Assim, Slomski afirma que tal resultado econômico é integralmente transferido à sociedade.

A NBCT 16.6 criou a demonstração do resultado econômico (DRE), como um novo demonstrativo que visa evidenciar a eficiência na gestão dos recursos no serviço público. Para demonstrá-la é necessária a integração dos dados orçamentários e patrimoniais com os dados do sistema de custos, considerando que os custos compõem os grupos de contas 7.8 e 8.8 no plano de contas, apesar de serem tratados na NBCT 16.2 – Patrimônio e Sistemas Contábeis como um subsistema. O subsistema de custos tem como objetivo registrar, processar e evidenciar os custos dos bens e serviços, produzidos e ofertados à sociedade pela entidade pública.

Considerando que ainda é facultativo o controle de custos para os Municípios, deve-se aguardar a prática da União e dos Estados para que se adote uma metodologia adequada, de forma a facilitar o referido controle. A objetivação dos resultados no setor público passará por um sistema informatizado capaz de gerar as informações necessárias à administração pública e que integre a contabilidade, garantindo-as por meio de eventos gerados automaticamente, pelo menos num primeiro momento, até que haja o domínio do conhecimento e a verdadeira prática dos usuários. Confirmando esta premissa, o MCASP considera que a elaboração da demonstração do resultado econômico é facultativa. A Tabela 12.10 apresenta a estrutura da DRE.

Tabela 12.10 *Demonstração do resultado econômico.*

DEMONSTRAÇÃO DO RESULTADO ECONÔMICO		
MCASP 6ª edição, seção 05.07.02		
Nome da Entidade Pág.		
Exercício: X1 Período: DEZEMBRO		
DEMONSTRAÇÃO DO RESULTADO ECONÔMICO		
Especificação	20X1	20X0
1 – Receita econômica dos serviços prestados e dos bens ou dos produtos fornecidos		
2 – (–) Custos diretos identificados com a execução da ação pública		
3 – Margem bruta		
4 – (–) Custos indiretos identificados com a execução da ação pública		
5 – (=) Resultado econômico apurado		

Nota: As demonstrações contábeis devem ser assinadas por contabilistas e pelo responsável do órgão/entidade.

12.2.9 *Demonstração da dívida fundada*

Demonstra a dívida da entidade pública a longo prazo, ou seja, a dívida cuja exigibilidade de pagamento superior a 12 meses é definida na forma do Anexo 16 e está expressa no art. 98 da Lei nº 4.320/64, incluindo para efeito de controle dos limites as operações de créditos com exigibilidade inferior a 12 meses, cujas receitas tenham constado do orçamento, conforme prevê o art. 29, § 3º, da Lei Complementar nº 101/00, assim como os precatórios judiciais não pagos durante a execução do orçamento em que foram incluídos, conforme prevê o art. 30, § 7º, da mesma Lei. A Tabela 12.11, a seguir, apresenta contas e valores aleatórios.

Tabela 12.11 *Demonstração da dívida fundada interna.*

DEMONSTRAÇÃO DA DÍVIDA FUNDADA INTERNA

Anexo 16 – Art. 98 da Lei Federal nº 4.320/64

Entidade: Prefeitura Municipal de Modelo   Ano: 20X2

Autorizações					Saldo anterior em circulação (R$)	Movimento no Exercício				Saldo para o exercício seguinte
Leis (nº e data)	Contrato/Processo	Credor	Conta Contábil	Descrição		Emissão	Atualização	Resgate	Cancelamento	Valor
Por Contratos										
1311 1º-3-X1	15/20X1	Banco "Z"	2.1.2.2.1.02.00	Empréstimos Externos	0,00	1.500,00	0,00	0,00	0,00	1.500,00
				– Em Contratos						
Soma					0,00	1.500,00	0,00	0,00	0,00	1.500,00
Por Decisões Judiciais										
	16/20X1	Servidor "A"	2.1.1.1.1.03.xx	Precatórios de Pessoal	0,00	100,00	0,00	100,00	0,00	0,00
	17/20X1	Servidor "B"	2.1.1.1.1.03.xx	Precatórios de Pessoal	0,00	130,00	0,00	0,00	0,00	130,00
Soma					0,00	230,00	0,00	100,00	0,00	130,00
Total					0,00	1.730,00	0,00	100,00	0,00	1.630,00

420 Contabilidade Pública na Gestão Municipal • Andrade

12.2.10 Demonstração da dívida flutuante

Demonstra a dívida da entidade pública a curto prazo, ou seja, a dívida cuja exigibilidade é inferior a 12 meses. A dívida flutuante está expressa no art. 92 da Lei nº 4.320/64, na forma do Anexo 17 (Tabelas 12.15 e 12.16, que apresentam valores e contas aleatórias). Em se tratando de resultado negativo, a conta deixa de ser credora para ser devedora; esta figurará no ativo realizável do balanço patrimonial, nas contas 113x.z.xx.yy como depósitos restituíveis e valores vinculados e consequentemente figurará nos saldos iniciais e finais do balanço financeiro.

Cabe ressaltar que nos conceitos contábeis a dívida de curto prazo se estende até o final do exercício seguinte, devido à sua exigibilidade. Nesse caso, é importante separar o que é tratado pela legislação das finanças públicas do que é norma contábil praticada. Na seção 9.2.1 são encontrados mais detalhes sobre esse assunto. Veja a Tabela 12.12, a seguir.

Tabela 12.12 *Demonstração da dívida flutuante.*

			Movimento no Exercício				
DEMONSTRAÇÃO DA DÍVIDA FLUTUANTE							
Anexo 17 – Art. 92 da Lei Federal nº 4.320/64							
Entidade: Prefeitura Municipal de Modelo					**Ano: 20X2**		
Títulos		Saldo do exercício anterior (R$)	Inscrição	Resta-belecido	Baixa	Cancela-mento	Saldo para o exercício seguinte (R$)
2.1.1.1.1.01.xx	Pessoal a Pagar	0,00	1.300,00	0,00	1.000,00	0,00	300,00
2.1.1.2.z.xx.00	Benefícios Previdenciários a Pagar	0,00	120,00	0,00	120,00	0,00	0,00
2.1.3.1.1.01.01	Fornecedores não Financiados a Pagar	750,00	14.550,00	0,00	14.550,00	0,00	750,00
2.1.8.8.1.04.01	Depósitos e Cauções	0,00	405,00	0,00	180,00	0,00	225,00
2.1.8.9.1.03.00	Suprimentos de Fundos a Pagar	0,00	1.900,00	0,00	1.900,00	0,00	0,00
Total		**750,00**	**18.275,00**	**0,00**	**17.750,00**	**0,00**	**1.275,00**

12.2.11 Notas explicativas

A NBC T 16.7, item 13, editada pelo Conselho Federal de Contabilidade estabelece a elaboração da nota explicativa pelo ente público.

A nota explicativa é anexada às demonstrações contábeis e constitui um demonstrativo essencial para a compreensão das peças contábeis e dos critérios operacionais utilizados na gestão pública. Este importante instrumento deve ser elaborado com o objetivo de destacar pontos importantes definidos na gestão, que influenciam na forma e nos critérios de apresentação das demonstrações contábeis. Também serve para prestar esclarecimentos complementares sobre a *performance* do ente público, cujos dados aparentemente não são visíveis somen-

Demonstrativos Contábeis e Consolidações **421**

te com uma simples análise dos demonstrativos contábeis. Dessa forma, a nota explicativa constitui um dos principais documentos para entendimento dos atos praticados na gestão pública.

Em se tratando de sistema informatizado, e considerando as Instruções de Procedimentos Contábeis – IPC, os demonstrativos já apresentam uma coluna específica para indicar a nota explicativa, de acordo com a conta apresentada. Neste caso, recomenda-se um cadastro numerado de nota explicativa.

Tais notas explicativas devem, na sua introdução, ressaltar que as demonstrações contábeis foram elaboradas em observância aos dispositivos legais que regulam os orçamentos e a contabilidade pública, em especial a Lei Federal nº 4.320/64, Lei Complementar nº 101/2000, assim como aos Princípios de Contabilidade definidos pelas Normas Brasileiras de Contabilidade emitidas pelo Conselho Federal de Contabilidade, e ainda às Instruções de Procedimentos Contábeis, editadas pela Secretaria do Tesouro Nacional (STN) e demais disposições normativas vigentes. Também deve ser afirmado que os demonstrativos contábeis são expressos em moeda nacional e em geral possuem colunas comparativas de exercícios atual e anterior, com exceção do balanço orçamentário, cujo critério é diferente.

Devem também realçar os critérios adotados na elaboração das demonstrações contábeis informando que eles obedeceram as regras nacionais de consolidação, com base no 5º nível das contas patrimoniais, de forma a evitar duplicidade de informações quando das transações intraorçamentárias, ou seja, dentro da mesma esfera de governo.

Quanto ao balanço patrimonial, no que se refere à dívida ativa, deve-se informar se houve ou não o ajuste a valor recuperável, em decorrência do grau de incerteza no recebimento dos valores inscritos em dívida ativa, se foi realizado levantamento dos montantes dos créditos tributários passíveis de cobrança administrativa e judicial e efetuado o referido lançamento contábil.

Para a conta de ativo imobilizado, deve-se relatar a relevância da conta obras em andamento e se os bens foram avaliados segundo seu custo de aquisição ou outro critério. Destacar possíveis reavaliações a valor justo, os métodos praticados nos registros de depreciação, amortização e exaustão, ciente de que a STN tenha adiado o prazo de aplicação destas funções para a partir do exercício de 2018.

É importante também explicar a diferença existente entre os valores apresentados como Ativo e Passivo Circulante que diferem dos valores de Ativo e Passivo Financeiro, constante do Quadro Anexo ao Balanço Patrimonial. Ressaltar que os primeiros adotam o critério proposto pelo MCASP; enquanto os segundos adotam critérios da Lei nº 4.320/64. Logo, tais valores não se podem comparar, pois os conceitos são diferentes. O mesmo deve ser considerado para os conceitos de Ativo e Passivo Circulante em relação ao Ativo e Passivo Permanente.

422 Contabilidade Pública na Gestão Municipal • Andrade

Vale a pena também destacar que os valores de restos a pagar processados estão inseridos nas contas do passivo, conforme a sua natureza, seja ela de pessoal, de benefícios previdenciários ou de fornecedores e outras contas a pagar, dentro do conceito patrimonial.

Quanto ao Balanço Financeiro, vale manifestar que o mesmo evidencia as receitas e despesas orçamentárias, bem como os ingressos e dispêndios extraorçamentários, devidamente identificados pelas respectivas fontes de recursos, conjugados com os saldos de caixa e equivalentes de caixa do exercício anterior e os que se transferem para o início do exercício seguinte.

Quanto ao Balanço Patrimonial e a Demonstração das Variações Patrimoniais informarem que os mesmos foram elaborados em consonância de forma a validar as contas de resultado com o Patrimônio Líquido, respeitando a equiparação das contas de 5º nível para efeito de encerramento anual.

Mesmo que já sabido, informar que no Demonstrativo dos Fluxos de Caixa são apresentadas as entradas e saídas de caixa classificadas em três fluxos distintos: operacional, de investimento e de financiamento, e neste caso deve-se dar destaque aos itens de maior relevância.

12.3 Prestação de contas

A prestação de contas é o demonstrativo organizado pelo agente, entidade ou pessoa responsável, acompanhado ou não de documentos comprobatórios das operações de receita e despesa, dos demonstrativos contábeis e seus anexos, que devem sofrer análises do ordenador de despesas, e que, se não encaminhada ao órgão responsável dentro do prazo preestabelecido, fará parte integrante de sua tomada de contas pelos órgãos fiscalizadores. Trata-se de um processo elaborado pelo órgão de contabilidade das entidades da Administração Pública, ou de quem fez uso de recursos públicos, mediante autorização legal e com termo pactuado, no qual constarão os atos de gestão efetuados em determinado período, por agente devidamente qualificado.

Podem ser considerados como prestação de contas: o envio eletrônico de dados para o Tribunal de Contas jurisdicionado, sendo eles bimestrais, quadrimestrais ou anuais; ou entregues ao Poder Legislativo; os relatórios entregues aos diversos conselhos existentes, como por exemplo o do FUNDEB, o de Assistência Social, o de Segurança Pública, entre outros.

Destacam-se também as prestações de contas de verbas voluntárias, cujos recursos advêm de outras esferas de governo com fins específicos pactuados por meio de convênios ou contratos de repasse.

Neste capítulo, apresentam-se formulários diversos de demonstrativos de prestação de contas, incluindo os anexos propostos pelo MCASP, assim como outros que facilitarão a análise dos dados e informações.

12.4 Consolidação de balanços

Para atender ao disposto nos arts. 111 e 112 da Lei Federal nº 4.320/64 e no art. 51 da Lei Complementar nº 101/00, a Secretaria de Tesouro Nacional publicou a Portaria nº 109, em 8 de março de 2002, com o intuito de padronizar as demonstrações a serem apresentadas à União e ao Estado, o que continuou atualizado pelas novas versões do MCASP, publicadas nas páginas da STN.

Portaria estabeleceu os modelos do balanço orçamentário, das despesas por função e do balanço patrimonial, assim como as instruções para seu preenchimento. As informações relativas ao exercício deverão ser encaminhadas para a STN até o dia 30 de abril do exercício subsequente. A partir de 2015, houve normatização do envio dos dados contábeis e fiscais à STN por meio do Sistema de Informações Contábeis e Fiscais do Setor Público Brasileiro – SICONFI, divulgada pela Portaria STN nº 702, de 10-12-2014, tendo destaque também em uma Nota Técnica STN nº 11, de 23-12-2014.

Os dados devem ser inseridos no SICONFI, atualmente de três formas, tendendo a ficar apenas com a última opção:

a) via planilha Excel (semelhante ao ano passado);

b) via formulário *web* (digita na *web*, semelhante ao SISTN);

c) via importação de dados em instâncias XBRL FR, segundo a taxonomia do SICONFI (esta especificação da STN ainda está incompleta e contém exemplos apenas aplicáveis aos Estados. Assim que for divulgada a especificação completa, poderemos desenvolver os programas de exportação automática.

Os entes públicos que não prestarem contas por meio do SICONFI terão punições previstas no art. 51, § 2º, da Lei de Responsabilidade Fiscal, sendo que conectará a informação para o Serviço Auxiliar de Informações para Transferências Voluntárias (CAUC) e, no caso de inadimplência, haverá o bloqueio de transferências voluntárias e de operações de crédito:

"Art. 51. O Poder Executivo da União promoverá, até o dia trinta de junho, a consolidação, nacional e por esfera de governo, das contas dos entes da Federação relativas ao exercício anterior, e a sua divulgação, inclusive por meio eletrônico de acesso público.

§ 1º Os Estados e os Municípios encaminharão suas contas ao Poder Executivo da União nos seguintes prazos:

I – Municípios, com cópia para o Poder Executivo do respectivo Estado, até trinta de abril;

II – Estados, até trinta e um de maio.

§ 2º O descumprimento dos prazos previstos neste artigo impedirá, até que a situação seja regularizada, que o ente da Federação receba transferências voluntárias e contrate operações de crédito, exceto as destinadas ao refinanciamento do principal atualizado da dívida mobiliária."

A entidade pública deverá indicar os usuários para acesso a esse sistema, por meio de um ofício à agência da Caixa Econômica Federal onde ela mantém relacionamento ou à agência de maior proximidade, o que permitirá que o usuário indicado tenha seu cadastro homologado, para operar o programa denominado SISTN.

Esses relatórios poderão ser gerados automaticamente pelos sistemas informatizados ou digitados pelo Portal dos Estados e Municípios da Caixa Econômica Federal.

12.5 Diário

O Diário geral, como o próprio nome já diz, é um relatório analítico que registra pela ordem cronológica os lançamentos contábeis, relacionando a movimentação contábil de acordo com as ocorrências do dia. Gera um relatório mensal com páginas numeradas de 01 em diante, o qual deve ser encadernado com capa dura, no final do exercício, contendo os termos de abertura e encerramento, devidamente assinado pelo contador, pelo tesoureiro e pelo ordenador de despesas. Veja o Quadro 12.10 na seção 12.9.

12.6 Razão

O Razão geral é um relatório analítico que contém também os registros em ordem cronológica, porém trata isoladamente cada conta pertencente ao plano de contas da entidade. Isso quer dizer que seus dados respeitam os códigos do plano de contas da entidade, relacionando primeiro o movimento da conta 1, da conta 2 e assim por diante. Suas páginas são numeradas de 01 em diante e, após sua impressão completa, deverá ser também encadernado com capa dura, no final do exercício, contendo os termos de abertura e encerramento devidamente assinados pelo contador, pelo tesoureiro e pelo ordenador de despesas. Veja o Quadro 12.9 na seção 12.9.

12.7 *Home page* contas públicas

Com o objetivo de elucidar dúvidas quanto ao que rege o controle das contas públicas, o Governo Federal, pelo Tribunal de Contas da União (TCU), fez publicar a Lei nº 9.755/98 e a Instrução Normativa nº 28/99, que dispõem sobre a criação de *home page* na Internet, e suas regras para divulgação dos dados e informações diretamente relacionados aos entes públicos nacionais. Além disso, a LC nº 131, a chamada lei da transparência fiscal, determinou que as contas sejam publicadas de forma *online*, ou seja, em tempo real. Para definir o conceito de tempo real, o Governo Federal publicou o Decreto nº 7.185/10, adotando-se o conceito de tempo real para o primeiro dia útil seguinte (veja seção 10.11).

Veja também o Quadro 12.3 sintetizado para melhor entendimento da Instrução Normativa nº 28/99 do TCU, direcionado exclusivamente ao município:

Quadro 12.3 *O que publicar para o TCU*.

Inciso	Demonstrativo	Periodicidade
I	Tributos Arrecadados.	01 Relatório Mensal – Prazo até o último dia do mês subsequente ao da arrecadação.
IV	Demonstrativo bimestral de Execução dos Orçamentos Existentes.	06 Relatórios – Prazo até o último dia do segundo mês subsequente.
V	Demonstrativos anuais de Receitas e Despesas.	01 Relatório Anual – até 30 de setembro do exercício seguinte.
VI	Orçamentos Fiscal, da Seguridade Social e de Investimentos das Empresas Estatais, ou Orçamentos existentes.	01 Relatório Anual – Prazo até 31 de maio do exercício de vigência da lei.
VII	Balanços Orçamentários dos Orçamentos Fiscal, da Seguridade Social e do Orçamento de Investimentos das Empresas Estatais, ou Orçamentos existentes.	01 Relatório Anual – Prazo até 31 de julho do exercício seguinte.
VIII	Resumos dos Instrumentos de Contrato, ou de seus aditivos, firmados.	Sempre que Houver – Prazo até o quinto dia útil do segundo mês seguinte à assinatura do instrumento.
IX	Relações de todas as compras feitas pela administração direta ou indireta.	12 Relatórios Anuais – Prazo até o último dia útil do segundo mês seguinte ao da aquisição.

Todos esses demonstrativos devem estar à disposição do TCU, de maneira instantânea e via Internet. Assim, é notório que qualquer contribuinte pode acessar tais demonstrativos e checar a transparência de todos os recursos públicos administrados por seus respectivos agentes políticos. Nada deve ser efetuado com o intuito de ludibriar ou camuflar disparidades entre esses demonstrativos e a realidade da instituição. Deve-se prezar por instituições claras, corretas e transparentes, capazes de promover o desenvolvimento social e cumprir seu papel mais importante: transformar realidades em benefício popular. Alguns *sites* podem ser consultados, os quais apresentam os formulários que atendem ao Tribunal de Contas da União. Como exemplo citamos também o <www.sif.netgov.com.br>.

Todos esses objetivos foram ampliados pela Lei Complementar nº 101/00, por meio, inclusive, dos quadros demonstrativos criados pela STN conforme o MCASP.[4]

12.8 Prazos e datas para prestação de contas

Entre tantos compromissos que os responsáveis pela gestão pública devem cumprir, algumas datas e prazos são importantes e devem ser destacados, de forma a garantir o real cumprimento da legislação, assim como dar à sociedade respostas e atenção.

Algumas obrigações têm datas fixas e outras são definidas por prazos determinados, proporcionando vencimentos em datas móveis. Entre tantas obrigações, destacam-se:

Quadro 12.4 *Agenda do gestor público.*

AGENDA BASE		
Prazo	**Legislação**	**Obrigação**
Até o último dia do segundo mês subsequente ao da arrecadação	Art. 2º, I, IN 28/99 do TCU	O órgão municipal responsável pela arrecadação dos tributos e contribuições, incluídas as destinadas à seguridade social, se houver, tornará disponível, na Internet, os dados e as informações relativos aos montantes de cada um dos tributos e contribuições arrecadados.
Até o dia 31 de maio do exercício de vigência da respectiva Lei Orçamentária	Art. 2º, X, IN 28/99 do TCU	O órgão municipal responsável pela consolidação dos respectivos orçamentos tornará disponível, na Internet, os dados e as informações constantes da Lei Orçamentária Anual competente, para cada um dos respectivos orçamentos que houver.
Até 60 dias após o encerramento de cada período fixado, em lei, para o respectivo Município	Art. 2º, XII, IN 28/99 do TCU	O órgão municipal responsável pela elaboração e pela divulgação dos demonstrativos periódicos da execução dos orçamentos existentes tornará disponível, na Internet, os correspondentes dados e informações.
Até o dia 31 de julho de cada ano	Art. 2º, XIV, IN 28/99 do TCU	O órgão municipal responsável pela elaboração e pela divulgação dos balanços orçamentários anuais, acerca da execução dos orçamentos existentes, tornará disponível, na Internet, os correspondentes dados e informações.

Continua

---

4 Alterações da STN estarão disponíveis no *site* <www.stn.gov.br> ou por meio de *link* no <www.niltonandrade.com.br>.

AGENDA BASE		
Prazo	**Legislação**	**Obrigação**
Até 30 de setembro de cada ano	Art. 2º, XVI, IN 28/99 do TCU	O órgão municipal responsável pela elaboração e pela divulgação dos demonstrativos anuais de receitas e despesas do Município, referentes aos respectivos orçamentos existentes, tornará disponível, na Internet, os correspondentes dados e informações.
Até o quinto dia útil do segundo mês seguinte ao da assinatura do instrumento	Art. 2º, XX, IN 28/99 do TCU	Os órgãos e entidades municipais dos Poderes Executivo e Legislativo, individualmente ou por intermédio de órgão centralizador ou de sistema gerenciador de dados e informações, tornarão disponível, na Internet, os dados e as informações acerca dos resumos dos instrumentos de contratos e seus aditivos.
Até o último dia do segundo mês seguinte ao da aquisição	Art. 2º, XXIV, IN 28/99 do TCU	Os órgãos e as entidades municipais dos Poderes Executivo, Legislativo e Judiciário, individualmente ou por intermédio de órgão centralizador ou de sistema gerenciador de dados e informações, tornarão disponível, na Internet, os dados e as informações acerca das relações mensais de todas as compras realizadas.
Até x dias após a entrada em exercício do servidor/empregado	Art. 1º – Decisões dos Tribunais de Contas	Os órgãos e as entidades da administração direta e indireta dos Poderes do Município deverão encaminhar ao Presidente do Tribunal de Contas, por ofício do titular da entidade, ou de quem tenha qualidade para representá-lo, os documentos para fins de apreciação da legalidade e registro dos atos de admissão de pessoal, a qualquer título.
Até 30 dias após a publicação do orçamento	Art. 8º – LC nº 101/00	O Poder Executivo estabelecerá a programação financeira e o cronograma de execução mensal de desembolso.
	Arts. 8º e 13 – LC nº 101/00	As receitas previstas serão desdobradas, pelo Poder Executivo, em metas bimestrais de arrecadação, com a especificação, em separado, quando cabível, das medidas de combate à evasão e à sonegação, da quantidade e valores de ações ajuizadas para cobrança da dívida ativa, bem como da evolução do montante dos créditos tributários passíveis de cobrança administrativa.
Ao final de cada bimestre	Art. 9º – LC nº 101/00	Se verificado que a realização da receita poderá não comportar o cumprimento das metas de resultado primário ou nominal estabelecidas no Anexo de Metas Fiscais, os Poderes e o Ministério Público promoverão, por ato próprio e nos montantes necessários, nos 30 dias subsequentes, limitação de empenho e movimentação financeira (corte de despesas), segundo os critérios fixados pela Lei de Diretrizes Orçamentárias.

Continua

AGENDA BASE		
Prazo	**Legislação**	**Obrigação**
Decorridos 30 dias após o encerramento de cada bimestre	Art. 9º, § 3º – LC nº 101/00	No caso de o Poder Legislativo não promover a limitação de empenho e movimentação financeira, o Poder Executivo é autorizado a limitar os valores financeiros segundo os critérios fixados pela Lei de Diretrizes Orçamentárias.
Até o final dos meses de maio, setembro e fevereiro	Art 9º, § 4º – LC nº 101/00	O Poder Executivo demonstrará e avaliará o cumprimento das metas fiscais de cada quadrimestre em audiência pública na Casa Legislativa municipal.
No mínimo 30 dias antes do prazo final para encaminhamento de suas propostas orçamentárias	Art. 12, § 3º – LC nº 101/00	O Poder Executivo municipal colocará à disposição do Poder Legislativo os estudos e as estimativas das receitas para o exercício subsequente, inclusive da corrente líquida, e as respectivas memórias de cálculo.
Até 30 dias após a publicação do orçamento	Art. 13 – LC nº 101/00	As receitas previstas serão desdobradas, pelo Poder Executivo, em metas bimestrais de arrecadação, com a especificação, em separado, quando cabível, das medidas de combate à evasão e à sonegação, da quantidade e valores de ações ajuizadas para cobrança da dívida ativa, bem como da evolução do montante dos créditos tributários passíveis de cobrança administrativa.
A partir de 1º-7 do último ano de mandato	Art. 21, parágrafo único – LC nº 101/00	É vedado aumentar as despesas com pessoal nos últimos 180 dias do mandato.
Ao final de cada quadrimestre	Art. 22 – LC nº 101/00	Verificação do cumprimento dos limites estabelecidos para a despesa total com pessoal. É facultado aos municípios com menos de 50 mil habitantes optar pela verificação ao final de cada semestre (art. 63, I) e divulgação até 30 dias após o encerramento do semestre (art. 63, § 1º).
Nos dois quadrimestres seguintes à verificação do excesso	Art. 23 – LC nº 101/00	É obrigatória a eliminação do excedente das despesas com pessoal, caso os limites (de 54% para o Poder Executivo ou 6% para o Poder Legislativo) das receitas correntes líquidas tenham sido ultrapassados, sendo que pelo menos 1/3 do excesso deverá ser eliminado no primeiro quadrimestre subsequente.
Ao final de cada quadrimestre	Art. 30, § 4º – LC nº 101/00 e art. 4º, II, da Resolução nº 40/01 do Senado Federal	Verificação do atendimento aos limites do montante da dívida consolidada. É facultado aos municípios com menos de 50 mil habitantes optar pela verificação ao final de cada semestre (art. 63, I) e divulgação até 30 dias após o encerramento do semestre (art. 63, § 1º).

Continua

AGENDA BASE

Prazo	Legislação	Obrigação
Ao final de cada quadrimestre	Art. 31 – LC nº 101/00	Se a dívida consolidada ultrapassar o respectivo limite, deverá ser a ele reconduzida até o término dos três quadrimestres subsequentes, reduzindo o excedente em pelo menos 25% no primeiro.
Último ano de mandato	Art. 38 – LC nº 101/00	É vedada a contratação de operações de crédito por antecipação de receita orçamentária. Caso a contratação se realize no último ano de mandato, deverá ser liquidada dentro deste.
Nos dois últimos quadrimestres de mandato	Art. 42, IV, b – LC nº 101/00	É vedado contrair obrigação de despesa que não possa ser cumprida integralmente dentro do exercício ou que tenha parcelas a serem pagas no exercício seguinte sem que haja suficiente disponibilidade de caixa.
Até 30 de abril	Art. 51 – LC nº 101/00	Os Municípios encaminharão suas contas ao Poder Executivo da União, com cópia para o Poder Executivo do Estado.
Até 30 dias após o encerramento de cada bimestre	Art. 52 – LC nº 101/00	O Poder Executivo publicará o relatório resumido da execução orçamentária.
	Art. 53 – LC nº 101/00	O Poder Executivo publicará, com o relatório resumido da execução orçamentária, demonstrativos da receita corrente líquida, receitas e despesas previdenciárias, despesas com juros, resultado primário e nominal e restos a pagar. É facultado aos municípios com menos de 50 mil habitantes optar pela verificação ao final de cada semestre (art. 63, II, c) e divulgação até 30 dias após o encerramento do semestre (art. 63, § 1º).
Ao final de cada quadrimestre	Art. 54 – LC nº 101/00	Elaborar o relatório de gestão fiscal. É facultado aos municípios com menos de 50 mil habitantes optar pela verificação ao final de cada semestre (art. 63, II, b) e divulgação até 30 dias após o encerramento do semestre (art. 63, § 1º).
Até 31-8 do primeiro exercício de mandato do Prefeito*	Art. 35, § 2º, I – Ato das Disposições Constitucionais Transitórias	Enviar ao Poder Legislativo o projeto da Lei do Plano Plurianual (devolvido ao Poder Executivo até a entrada do recesso legislativo).
Até 15-4 de cada exercício*	Art. 35, § 2º, II – Ato das Disposições Constitucionais Transitórias	Enviar ao Poder Legislativo o projeto da Lei de Diretrizes Orçamentárias (devolvido ao Poder Executivo até a entrada em recesso da primeira Sessão Legislativa, sendo provavelmente a data de 30 de junho de cada exercício).

Continua

AGENDA BASE		
Prazo	**Legislação**	**Obrigação**
Até 31-8 de cada exercício*	Art. 35, § 2º, III – Ato das Disposições Constitucionais Transitórias	Enviar ao Poder Legislativo o projeto da Lei Orçamentária Anual (devolvido ao Poder Executivo até a entrada do recesso legislativo).
Diariamente	Art. 48, II – LC nº 101/00	Liberação ao pleno conhecimento e acompanhamento da sociedade, em tempo real, de informações pormenorizadas sobre a execução orçamentária e financeira, em meios eletrônicos de acesso público; (Incluído pela Lei Complementar nº 131, de 2009).(Receita e despesa)
Durante todo o exercício	Art. 49I – LC nº 101/00	As contas apresentadas pelo Chefe do Poder Executivo ficarão disponíveis, durante todo o exercício, no respectivo Poder Legislativo e no órgão técnico responsável pela sua elaboração, para consulta e apreciação pelos cidadãos e instituições da sociedade.
Lei de Acesso à informação Lei nº 12.527/11	Art. 8º – Transparência Ativa	É dever dos órgãos e entidades públicas, delimita ainda um rol de informações mínimas que deverão ser objeto de iniciativas de transparência pública, quais sejam (§ 1º do art. 8º): I – registro das competências e estrutura organizacional, endereços e telefones das respectivas unidades e horários de atendimento ao público; II – registros de quaisquer repasses ou transferências de recursos financeiros; III – registros das despesas; IV – informações concernentes a procedimentos licitatórios, inclusive os respectivos editais e resultados, bem como a todos os contratos celebrados; V – dados gerais para o acompanhamento de programas, ações, projetos e obras de órgãos e entidades e; VI – respostas a perguntas mais frequentes da sociedade.

* Apesar de muitas leis orgânicas definirem essas datas, na hermenêutica e na análise conjunta dos dispositivos constitucionais, especialmente os arts. 24, 30, 165 e 35 do ADCT, entende-se que o município só poderia legislar suplementarmente à matéria orçamentária, cabendo matéria complementar como prazos apenas à União e aos Estados.

Quadro 12.5 *Proibições de ações dos gestores públicos.*

PROIBIÇÕES DE AÇÕES DOS GESTORES PÚBLICOS		
Datas	Legislação	Descrição
A partir de 4-5-00 (início de vigência da LRF)	Art. 43, §§ 1º e 2º, I e II, LC nº 101/00	É vedada a aplicação das disponibilidades do Fundo de Previdência em: títulos da dívida pública estadual e municipal, bem como em ações e outros papéis; empréstimos, de qualquer natureza, aos segurados e ao Poder Público.
A partir de 4-5-00 (início de vigência da LRF)	Art. 44, LC nº 101/00	É vedada a aplicação de receita de capital derivada de alienação de bens e direitos que integram o patrimônio público para o financiamento de despesa corrente, salvo se destinada por lei aos regimes de previdência.
A partir de 4-5-00 (início de vigência da LRF)	Art. 62, LC nº 101/00	Os Municípios só contribuirão para o custeio de despesas de competência de outros entes da federação se houver: I – autorização na Lei de Diretrizes Orçamentárias e na Lei Orçamentária Anual; II – convênio, acordo, ajuste ou congênere, conforme sua legislação.
A partir de 4-5-00 (início de vigência da LRF)	Art. 45, LC nº 101/00	A Lei Orçamentária e as de créditos adicionais só incluirão novos projetos após, adequadamente, atendidos os em andamento e contempladas as despesas de conservação do patrimônio público, nos termos em que dispuser a Lei de Diretrizes Orçamentárias.
Após 5-10-88	Art. 19, CF	Estabelecer cultos religiosos ou igrejas, subvencioná-los, embaraçar-lhes o funcionamento ou manter com eles ou seus representantes relações de dependência ou aliança, ressalvada na forma da lei, a colaboração de interesse público.
Após 5-10-88	Art. 5º, § 4º, LC nº 101/00	É vedado consignar, na Lei Orçamentária, crédito com finalidade imprecisa ou com dotação ilimitada.

12.9 Modelos de demonstrativos

Além dos balanços e demonstrativos já tratados neste capítulo e também pela LC nº 101/00, vários são os demonstrativos utilizados pelas entidades públicas para os controles contábeis. Entre eles destacam-se, a seguir, os mais úteis no cotidiano do contador público, a saber:

- Demonstração da Despesa por Unidades Orçamentárias, segundo as Categorias Econômicas;
- Comparativo da Receita Orçada com a Arrecadada;
- Comparativo da Despesa Autorizada com a Realizada;
- Razão;
- Diário.

432 Contabilidade Pública na Gestão Municipal • Andrade

Quadro 12.6 *Demonstração da despesa por unidades orçamentárias, segundo as categorias econômicas.*

DEMONSTRAÇÃO DA DESPESA POR UNIDADES ORÇAMENTÁRIAS, SEGUNDO AS CATEGORIAS ECONÔMICAS									
ENTIDADE:				MÊS:				EXERCÍCIO:	
Unidades Orçamentárias	DESPESAS CORRENTES				DESPESAS DE CAPITAL				Total Geral (R$)
	Pessoal e Encargos Sociais	Juros e Encargos da Dívida	Outras Despesas Correntes	Total (R$)	Investimentos	Inversões Financeiras	Amortizações da Dívida	Total (R$)	

Quadro 12.7 *Comparativo da receita orçada com a arrecadada.*

COMPARATIVO DA RECEITA ORÇADA COM A ARRECADADA Anexo 10 – Art. 101 – LF nº 4.320/64					
ENTIDADE:				EXERCÍCIO:	
Código	Títulos	Previsão Inicial (R$) (a)	Previsão Atualizada (R$) (b)	Receitas Realizadas (R$) (c)	Diferenças (R$) saldo (d) = (b – c)
	Total:				

Quadro 12.8 *Comparativo da despesa autorizada com a realizada.*

COMPARATIVO DA DESPESA AUTORIZADA COM A REALIZADA Anexo 11 – Art. 101 – LF nº 4.320/64							
ENTIDADE:				EXERCÍCIO:			
Código da Despesa	Títulos	Autorizada (R$)		Despesas Empenhadas (R$) (c)	Despesas Liquidadas (R$) (d)	Despesas Pagas (R$) (e)	Saldo (R$) (f) = (b – c)
		Fixação inicial (a)	Fixação Atualizada (b)				

Quadro 12.9 *Razão.*

RAZÃO						
CÓD. CONTA:			DESCRIÇÃO:			MÊS/ANO:
Data	Contrapartida		Valor (R$)	Documento	Histórico	Saldo (R$)
	Cód.	Descrição				

Quadro 12.10 *Diário*.

DIÁRIO					
ENTIDADE:				MÊS/ANO:	
Data	Histórico	Débito	Crédito	Documento	Valor (R$)

13

Análise das Demonstrações Contábeis

Nos estudos da contabilidade das instituições públicas, verifica-se que há certa escassez do assunto "análise de balanços" nessas entidades, inclusive em fundações e autarquias. Comparativamente, esse artifício gerencial é muito difundido e utilizado na contabilidade privada para o conhecimento técnico da situação financeira, patrimonial e estrutural da entidade privada. Contudo, somente na atualidade esse item de gerência parece ter exaltado aos olhos dos administradores públicos, os quais estão utilizando a análise de balanços para verificar aumentos, diminuições e anormalidades nas variações patrimoniais ano a ano.

Outro ponto que deve ser lembrado é a pouca confiabilidade dos dados e relatórios da contabilidade pública que vinham tendo no decorrer do tempo. Hoje, é possível se deparar com serviços de empresas de assessoria e consultoria, com estrutura sólida e confiável e programas de alto nível, capazes de fornecer a confiabilidade que faltava nos relatórios contábeis dessas instituições.

Deve-se vislumbrar um futuro em que a análise das demonstrações contábeis das entidades públicas surgirá, impreterivelmente, à medida que o controle interno e planejamento das instituições começarem a surtir efeitos e os ordenadores de despesas sentirem a necessidade de informações mais completas sobre o planejamento, a execução e a correção de distorções de seus orçamentos e atitudes.

Pode-se observar que a escrituração contábil das entidades públicas, até bem pouco tempo atrás, resumia-se no cumprimento legal dos demonstrativos exigidos pela Lei nº 4.320/64. Contudo, a convergência da Contabilidade e com a profissionalização do setor de contabilidade pública, atreladas à crescente exigência legal de resultados financeiros positivos e aplicação de limites máximos e mínimos de recursos da administração pública, mais a massificação do controle interno, fizeram com que a análise de balanços ressaltasse as variações quantitativas e qualitativas dos diversos dados presentes nos demonstrativos contábeis.

Outro quadro a ser destacado é que a maioria dos autores considera a análise de balanço uma arte, já que, apesar de se utilizarem diversos cálculos, teoricamente, padronizados, não há uma forma científica e metódica de relacionar os índices de maneira a fornecer as informações na medida exata da necessidade do gestor dos recursos. Há, sim, análises de profissionais distintos que podem aproximar-se, entre si, da interpretação dos índices encontrados, sem todavia jamais conseguir encontrar exatamente o mesmo resultado. Esse diferencial fornece, ao analista de balanços, ainda mais responsabilidade sobre suas conclusões.

É bom lembrar que uma análise criteriosa e bem-feita dos balanços e demonstrativos das entidades públicas, quando embasada em dados e relatórios confiáveis, permitirá ao administrador público a tomada de decisão que tenderá ao real cumprimento dos princípios da Administração Pública, tais como os de economicidade, equilíbrio, eficiência, assim como promoverá uma mudança cultural nos usuários dos recursos públicos.

Mais uma vez, é necessária uma mudança estrutural e conjuntural das entidades, a fim de cumprir o planejamento, efetuar o controle interno e dar notoriedade e confiança às informações geradas pela contabilidade.

A existência e a ação do controle interno nas entidades da Administração Pública municipal, do ponto de vista legal, são regidas pela Constituição Federal, pela Lei Federal nº 4.320/64, pela Lei Complementar nº 101/00, pelas Constituições Estaduais e pelas Leis Orgânicas Municipais, assim como as dos Tribunais de Contas.

O que se está tentando dizer é que a análise de balanços está relacionada ao comportamento organizacional no tocante aos critérios de controle contábil e documental, além de exaltar alinhamento de desvios de conduta quanto aos objetivos da entidade à qual está subordinado. Os avanços que precedem a análise de balanço devem ser objetos de imediata assimilação por parte dos entes públicos a fim de consolidar o novo cenário de administração.

Para uma análise ser iniciada, além do cumprimento da situação descrita, deve-se proceder a uma padronização ou reestruturação das demonstrações, criticando e amarrando suas contas e justificativas.

Segue esquema de fluxo contábil, na Figura 13.1.

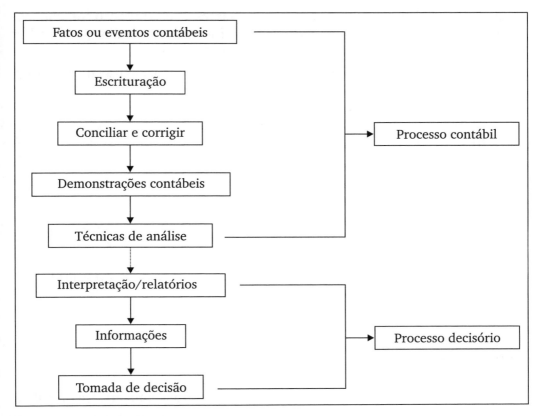

Figura 13.1 *Fluxo contábil.*

Deve-se entender ente público como uma entidade em constante mutação, que sofre influência de mercados, tendências, política e até especulações diversas. Os demonstrativos aos quais nos referimos são, na verdade, uma síntese das funções, ações e acontecimentos no ambiente interno e externo da entidade em questão.

A LC nº 101/00, em seu art. 12, exige a emissão de demonstrativo da evolução das receitas arrecadadas nos últimos três anos, os valores orçados do ano em curso, acompanhados da proposta para o ano seguinte e da estimativa para dois anos subsequentes. Tal exigência consolida a necessidade de se analisarem os balanços e os demonstrativos do ente público, a fim de mensurar, em termos reais, essa estimativa de dados que poderão ser utilizados na tomada de decisão.

13.1 Objetivos da análise de balanços

A contabilidade não se resume ao registro de fatos contábeis. Tem sua maior e melhor função na procura das causas e efeitos destes sobre o patrimônio da

438 Contabilidade Pública na Gestão Municipal • Andrade

entidade. Ao analisar os demonstrativos, resultantes da escrituração contábil, decompondo-os em partes segmentadas, é que fornecerá os subsídios para melhor interpretação e absorção de informações para seus componentes.

Podem-se enumerar alguns objetivos básicos para a análise de balanços, quais sejam:

a) delimitação da abrangência dos dados;

b) verificação da confiabilidade dos dados;

c) detecção de erros ou fraudes;

d) precisão na classificação de contas;

e) comparabilidade;

f) simplificação no entendimento;

g) adequação aos objetivos da análise;

h) intimidade do analista com as demonstrações contábeis da entidade;

i) meio para a tomada de decisão.

13.2 Metodologia da análise de balanços

Diversas formas poderiam ser utilizadas para efetuar uma análise de balanço, considerando a técnica contábil propriamente dita, assim como a utilização de quocientes na busca de utilizar determinada conta contábil em relação a um parâmetro de interesse do gestor. Após a vigência da Lei Complementar nº 101, alguns parâmetros foram criados para definir limites de aplicações de despesas em relação à receita, os quais passaram a ser ferramentas obrigatórias de análise, visando em primeira mão ao cumprimento da legalidade, assim como da gerência e do controle.

Entre os parâmetros, pode-se citar a receita corrente líquida. Na seção 4.7, aparece o conceito de *receita corrente líquida*.

13.2.1 Análise horizontal ou de evolução

É a forma de demonstrar a variação orçamentária ou de realização das receitas e despesas públicas, presente nos demonstrativos legais, comparativamente e restritos a períodos predefinidos.

Adota-se o percentual 100% (cem por cento) como representativo dos valores monetários do ano que servirá de parâmetro com os valores dos exercícios anteriores ou seguintes.

Alinhados esses dados, efetua-se a atualização dos valores de acordo com a necessidade do momento, a fim de proporcionar melhor análise comparativa. Após essa etapa, procede-se à aplicação da fórmula matemática de regra de três simples, para cálculo dos índices correspondentes aos períodos que serão comparados ao exercício ou período-base. Os índices encontrados demonstrarão a evolução, ou queda, dos valores monetários consignados nos relatórios contábeis.

Segue exemplo de análise horizontal:

Tabela 13.1 *Receitas e despesas segundo a categoria econômica.*

Receitas públicas	2000	AH%	1999	AH%
Receitas Correntes	**750.000,00**	**100,00**	**685.000,00**	**91,33**
Receita Tributária	30.000,00	100,00	25.000,00	83,33
Receita de Contribuição	10.000,00	100,00	10.000,00	–
Receita Patrimonial	15.000,00	100,00	10.000,00	66,67
Receita Agropecuária	1.000,00	100,00	0,00	–
Receita Industrial	4.000,00	100,00	5.000,00	125,00
Receita de Serviços	5.000,00	100,00	7.000,00	140,00
Transferências Correntes	680.000,00	100,00	620.000,00	91,18
Outras Receitas Correntes	5.000,00	100,00	8.000,00	160,00
Receitas de Capital	**100.000,00**	**100,00**	**108.000,00**	**108,00**
Operações de Crédito	1.000,00	100,00	5.000,00	500,00
Alienação de Bens	29.000,00	100,00	23.000,00	79,31
Amortização de Empréstimos	10.000,00	100,00	8.000,00	80,00
Transferência de Capital	50.000,00	100,00	60.000,00	120,00
Outras Receitas de Capital	10.000,00	100,00	12.000,00	120,00
Total das Receitas	**850.000,00**	**100,00**	**793.000,00**	**93,29**

Continua

Despesas públicas	2000	AH%	1999	AH%
Despesas Correntes	**715.000,00**	**100,00**	**660.000,00**	**92,31**
Despesas com Pessoal e Encargos Sociais	575.000,00	100,00	545.000,00	94,78
Despesas com Juros e Encargos da Dívida	40.000,00	100,00	15.000,00	37,50
Outras Despesas Correntes	100.000,00	100,00	100.000,00	–
Superávit Orçamento Corrente	35.000,00	100,00	25.000,00	71,43
Despesas de Capital	**115.000,00**	**100,00**	**95.000,00**	**82,61**
Investimentos	45.000,00	100,00	35.000,00	77,78
Inversões Financeiras	15.000,00	100,00	20.000,00	133,33
Amortização da Dívida	55.000,00	100,00	40.000,00	72,73
Superávit	**20.000,00**	**100,00**	**38.000,00**	**190,00**
Total das Despesas	**850.000,00**	**100,00**	**793.000,00**	**93,29**

13.2.2 Análise vertical ou de estrutura

Análise da estrutura orçamentária ou de realização no tocante à variação de representatividade (ou porcentagem) de cada conta, ou grupo de contas, no montante geral designado no orçamento ou em sua realização.

Como na análise horizontal, utiliza-se a regra de três simples, para se calcular a proporção de cada parte em relação ao montante. Tais resultados demonstrarão, claramente, a distribuição dos valores no total de recursos orçamentários, financeiros e patrimoniais, conforme o caso, fornecendo subsídios para avaliar a existência de descompasso entre receitas e despesas, excesso de imobilizações ou até insuficiência de recursos ou disponibilidades.

Segue exemplo de análise vertical:

Tabela 13.2 *Receitas e despesas segundo a categoria econômica.*

Receitas públicas	2000	AV%	1999	AV%
Receitas Correntes	**750.000,00**	**88,24**	**685.000,00**	**86,38**
Receita Tributária	30.000,00	3,53	25.000,00	3,15
Receita de Contribuição	10.000,00	1,18	10.000,00	1,26
Receita Patrimonial	15.000,00	1,76	10.000,00	1,26
Receita Agropecuária	1.000,00	0,12	0,00	–
Receita Industrial	4.000,00	0,47	5.000,00	0,63
Receita de Serviços	5.000,00	0,59	7.000,00	0,88
Transferências Correntes	680.000,00	80,00	620.000,00	78,18
Outras Receitas Correntes	5.000,00	0,59	8.000,00	1,01
Receitas de Capital	**100.000,00**	**11,76**	**108.000,00**	**13,62**
Operações de Crédito	1.000,00	0,12	5.000,00	0,63
Alienação de Bens	29.000,00	3,41	23.000,00	2,90
Amortização de Empréstimos	10.000,00	1,18	8.000,00	1,01
Transferência de Capital	50.000,00	5,88	60.000,00	7,57
Outras Receitas de Capital	10.000,00	1,18	12.000,00	1,51
Total das Receitas	**850.000,00**	**100,00**	**793.000,00**	**100,00**

Despesas públicas	2000	AV%	1999	AV%
Despesas Correntes	**715.000,00**	**84,12**	**685.000,00**	**86,38**
Despesas com Pessoal e Encargos Sociais	575.000,00	67,65	545.000,00	68,73
Despesas com Juros e Encargos da Dívida	140.000,00	16,47	115.000,00	14,50
Superávit Orçamento Corrente	35.000,00	4,12	25.000,00	3,15
Despesas de Capital	**115.000,00**	**13,53**	**95.000,00**	**11,98**
Investimentos	45.000,00	5,29	35.000,00	4,41
Inversões Financeiras	15.000,00	1,76	20.000,00	2,52
Amortização de Dívida	55.000,00	6,47	40.000,00	5,04
Superávit	**20.000,00**	**2,35**	**38.000,00**	**4,79**
Total das Despesas	**850.000,00**	**100,00**	**793.000,00**	**100,00**

13.2.3 Análise de índices ou quocientes

Esta é a forma mais criteriosa de análise. A utilização de quocientes extraídos de fórmulas preestabelecidas, que relacionam itens ou grupos de itens entre si, permite ao analista inferir sobre tendências e checar os resultados apurados com índices padrões de resultados.

Deve-se observar que, para a contabilidade privada, os chamados índices padrões são de relativa facilidade de cálculo e análise, devido principalmente à grande difusão de conhecimentos e de resultados padrões desses índices nos livros técnicos da área de contabilidade privada. No entanto, na contabilidade pública não se pode definir estruturalmente quais índices são mais utilizados, ou melhor, interpretados, por exclusiva falta de difusão do conhecimento, padrões ou utilização dos mesmos. Esse é um dos entraves da análise de índices na Administração Pública.

A obtenção de um índice ou quociente é de relativa simplicidade, ou seja, exalta-se pela simples relação entre dois dados. Tal facilidade aparente sofre marcante influência à medida que se quer extrair determinada informação, e se tem de efetuar a escolha da mais adequada relação, a fim de suprir a necessidade do momento.

Alguns cuidados devem ser tomados para chegar ao resultado esperado quando se quer utilizar os índices como medidores de satisfação, quais sejam:

a) qual o ponto de interesse: endividamento, liquidez, capacidade de pagamento etc.;

b) quais questões devem ser respondidas;

c) qual será o período-base para análise;

d) qual índice será utilizado para adequar as contas de períodos distintos;

e) qual servidor ficará encarregado de consolidar tais informações, entre outros.

Infere-se que a utilização da análise de índices depende intrinsecamente do objetivo que se quer atingir, da pergunta que deve ser respondida pelo resultado do índice etc.

Respeitando esta particularidade de análise, serão enumeradas algumas fórmulas, sem, no entanto, esgotar o assunto, que, por si só, é muito extenso e complexo.

13.2.3.1 Índices de liquidez

Esses índices relacionam o ativo circulante com o passivo circulante, demonstrando quanto de ativo circulante a instituição possui para cada passivo circulante. Melhor dizendo, conseguem medir a capacidade do ente público de saldar seus compromissos já exigíveis. Conseguem-se vislumbrar esses dados no chamado balanço patrimonial, no qual se verificam recursos e débitos a pagar imediatamente sem nenhum entrave contábil, monetário ou litigioso, assim como no Balanço orçamentário, em que se depara com a comparação do orçado com a execução orçamentária propriamente dita.

É de extrema importância ressaltar que a análise de índices pode ser trabalhada de inúmeras formas, fornecendo diversos itens de comparabilidade, de comprometimento ou de simples relação etc. Sua versatilidade é ilimitada. Cabe ao gestor definir a pergunta que deseja responder, para aí sim definir qual índice melhor suprirá suas dúvidas.

Podem ser classificados em:

13.2.3.1.1 Índice de liquidez corrente

Determina quanto a instituição possui de disponibilidade e créditos para cada unidade de obrigações exigíveis.

Liquidez Corrente = Ativo Circulante/Passivo Circulante.

Supondo um total de Ativo Circulante de R$ 5.000.000,00 e Passivo Circulante de R$ 6.000.000,00 no exercício de X1:

$$\text{LC} \ \frac{\text{AF}}{\text{PF}} \Rightarrow \frac{5.000.000,00}{6.000.000,00} = \mathbf{83,33\%} \Rightarrow \text{Liquidez Corrente}$$

Esse índice de liquidez corrente demonstra que o ativo circulante só cobre 83,33% do passivo circulante. Fica evidente a necessidade de se fazer uma "poupança" de 16,67% ao ano ou, ainda, 1,39% ao mês para se atingir o ideal. Em termos monetários, conclui-se que o índice atual demonstra que, para cada R$ 1,00 de dívida, esta instituição dispõe de R$ 0,83 para sua liquidação.

13.2.3.1.2 Índice de liquidez imediata

Determina a relação de quanto a instituição possui de disponibilidade imediata ou de alta liquidez para cada unidade de obrigação exigível no passivo financeiro.

Liquidez Imediata = Disponibilidade + Vinculados em Conta-Corrente/Passivo Circulante.

Supondo um total de disponibilidades de R$ 300.000,00, vinculados em conta-corrente no valor de R$ 400.000,00 e passivo circulante de R$ 6.000.000,00 no exercício de X1:

$$LI = \frac{\text{Disp. + Vinc. C/C}}{\text{Passivo Circulante}} \Rightarrow \frac{300.000,00 + 500.000,00}{6.000.000,00} \Rightarrow = 13,33\% \Rightarrow$$

$$\Rightarrow \text{Liq. Imediata}$$

Esse índice de liquidez imediata demonstra que os recursos financeiros disponíveis, incluindo o saldo dos bancos, são suficientes para liquidar apenas 13,33% do montante das obrigações dessa instituição. Assim, conclui-se que para cada R$ 1,00 de dívida devidamente registrada no passivo circulante da instituição, esta só possui R$ 0,13 em espécie ou em direitos de alta liquidez para sua quitação.

13.2.3.1.3 *Índice da situação financeira líquida*

Demonstra qual é a relação entre a diferença do montante do ativo circulante, subtraído do passivo circulante, em relação à receita total. Supondo uma receita total de R$ 10.000.000,00, no exercício de X1:

$$\text{Situação Financeira Líquida} = \frac{\text{Ativo Circulante – Passivo Circulante}}{\text{Receita Total}}$$

$$SFL = \frac{\text{AC – PC}}{\text{RT}} \Rightarrow \frac{5.000.000,00 - 6.000.000,00}{10.000.000,00} = -10,00\% \Rightarrow$$

$$\Rightarrow \text{Situação Financeira Líquida}$$

Significa que o déficit financeiro atual é de 10% da receita total executada. Tal resultado demonstra que há uma defasagem entre o que se arrecada e o que se gasta na ordem de 10%, ou seja, para cada R$ 1,00 de receita, a instituição possui R$ 0,10 de déficit, ou seja, gasta R$ 0,10 a mais do que arrecada. Outra análise a que se pode chegar é que há um mês e seis dias de comprometimento da próxima arrecadação, ou seja, 10% de 365 dias.

13.2.3.1.4 *Índice do resultado orçamentário*

Este índice relaciona as receitas orçamentárias menos despesas orçamentárias, em relação à receita total. Supondo receita orçamentária de R$ 9.300.000,00 e despesa orçamentária de R$ 10.000.000,00 no exercício de X1:

$$RO = \frac{\text{Receita – Despesas}}{\text{Receita Total}} = \frac{9.300.000,00 - 10.000.000,00}{10.000.000,00} = -7,00\%$$

Esse índice representa que existe uma defasagem da ordem de 7,00% das receitas, para cobertura das despesas, ou, ainda, que a execução da receita corresponde apenas a 93,00% da execução das despesas. Em outras palavras, significa que, para cada R$ 1,00 de execução orçamentária, essa instituição adiciona mais R$ 0,07 em seu déficit.

13.2.3.1.5 *Índice de comprometimento da receita corrente líquida com a despesa com pessoal*

Gasto com Pessoal em relação à Receita Corrente Líquida = Despesa com Pessoal/Receita Corrente Líquida.

$$\text{DP.RCL} = \frac{\textbf{Despesa com Pessoal}}{\textbf{Receita Corrente Líquida}} = \frac{3.250.000,00}{9.100.000,00} = 35,71\%$$

Verifica-se que essa instituição está em boas condições de comprometimento de suas receitas correntes com seus gastos com pessoal, sempre lembrando que a Lei Complementar nº 101/00, em seu art. 19, III, definiu limites de comprometimento da receita corrente líquida com o gasto com pessoal em até 60% (sessenta por cento). Vislumbra-se a figura da própria legislação exaltando a importância dos controles dos índices. Outros índices poderão ser criados, relacionando os gastos com a receita própria ou total.

13.2.3.1.6 *Índices de endividamento dos municípios (IETR, IAD, IDC e IDCL)*

Demonstra os critérios utilizados pela Lei Complementar nº 101/00, para verificar a representatividade dos encargos com a amortização de dívida interna ou externa em relação à receita corrente líquida, assim como o comprometimento anual com as amortizações e saldos da dívida.

O índice de empréstimos tomados em relação à RCL (IETR) verifica qual o impacto do ingresso de operações de créditos sobre o montante da RCL, visando atender ao dispositivo da Resolução do Senado Federal nº 43/01, art. 7º, I, e ao art. 30 da LRF, que estabelecem que o montante global realizado em um exercício financeiro deve ser menor ou igual a 16% da RCL. Logo, o IETR é obtido por meio da seguinte equação: IETR = Operações de créditos/RCL.

A análise permite demonstrar que os empréstimos podem atingir o limite máximo e nesse caso haverá necessidade de freio para os novos empréstimos.

O índice de amortização de dívidas em relação à RCL (IAD) permite apontar qual é o impacto da amortização da dívida consolidada e seus encargos sobre o montante da RCL. Este tem por objetivo verificar o atendimento ao dispositivo da Resolução do Senado Federal nº 43/01, art. 7º, II, e ao art. 30 da LRF, que limita o comprometimento anual em até 11,5% da RCL. Logo, a equação é a seguinte: IAD = Amortizações e encargos/RCL.

Apesar de não ser um índice exigido pela LRF, o índice de dívida consolidada (IDC) é calculado pela fórmula IDC = Montante da Dívida Consolidada/Receita Corrente Líquida. Verifica-se por este índice que o município pode apresentar um percentual de dívida elevado ou baixo e também pode ser utilizado para comparar a evolução com o exercício anterior.

Considerando que a LRF controla o limite da dívida consolidada líquida (IDCL) em 1,2 (um, vírgula duas) vezes o valor da receita corrente líquida, este índice tem a seguinte equação: IDCL = dívida consolidada líquida/RCL. Ele aponta o impacto da dívida consolidada líquida sobre o montante da RCL, visando verificar o atendimento ao dispositivo da Resolução do Senado Federal nº 40/01, art. 3º, II, que é a norma regulamentadora do art. 30 da LRF. Os Municípios têm 15 anos a partir do exercício de 2001 para ajustarem o percentual da dívida ao parâmetro normativo.

13.2.3.1.7 *Índice de comportamento da arrecadação*

Demonstra qual é a diferença entre a receita prevista e a receita arrecadada, em relação à receita prevista total.

Ao considerar que a execução orçamentária da receita poderá não se realizar conforme o previsto no orçamento fiscal, verificado pelo balanço orçamentário, quando se comparam tais dados, podem-se obter informações que nos levam a corrigir as distorções, buscando atingir as metas fixadas ou mesmo elaborar um orçamento dentro da realidade da instituição. Nesse caso, denomina-se a ocorrência de insuficiência de arrecadação.

Também poderá ocorrer o inverso, ou seja, a arrecadação poderá ser superior ao previsto, sendo que, nesse caso, denomina-se a ocorrência de excesso de arrecadação.

$$ICA = \frac{\text{Receita Arrecadada } (-) \text{ Receita Prevista}}{\text{Receita Prevista}}$$

Supondo que o orçamento previa uma arrecadação de R$ 10.000,00, obtendo uma arrecadação de apenas R$ 8.500,00.

$$ICA = \frac{8.500,00 \ (-) \ 10.000,00}{10.000,00} = -\frac{1.500,00}{10.000,00} = -15\%$$

Esse índice representa que existe uma defasagem da ordem de 15% entre a previsão da receita e sua arrecadação, a qual denominamos de insuficiência de arrecadação. Em outras palavras, significa que, para cada R$ 1,00 de previsão orçamentária, essa instituição somente arrecadou R$ 0,85.

Caso tenha ocorrido o contrário, afirmaríamos que a arrecadação havia-se realizado além do esperado, ocorrendo um excesso de arrecadação.

13.2.3.1.8 Índice de comportamento da execução da despesa

Demonstra qual é a diferença entre a despesa prevista e a despesa realizada, em relação à despesa prevista total.

Ao considerar que a execução orçamentária da despesa nunca poderá realizar-se acima do valor previsto no orçamento fiscal, a não ser com a autorização legislativa em forma de créditos adicionais, é possível verificar pelo balanço orçamentário, quando comparamos os valores de um exercício com os de outro, que o critério de planejamento extrapolou as regras. Podem-se obter informações que nos levam a corrigir as distorções, buscando atingir as metas fixadas, ou mesmo elaborar um orçamento dentro da realidade da instituição.

No caso de ter sido utilizado crédito adicional, verifica-se que a previsão foi aquém do necessário, caracterizando o que denominamos de excesso de despesa. Esse critério poderá ser verificado em cada dotação orçamentária, assim como no orçamento global.

Também poderá ocorrer o inverso, ou seja, a execução da despesa poderá ser inferior ao previsto, sendo que, nesse caso, denomina-se a ocorrência de economia de despesa.

$$ICD = \frac{\text{Despesa Realizada } (-) \text{ Despesa Prevista}}{\text{Despesa prevista}}$$

Supondo que o orçamento previa uma despesa de R$ 10.000,00, sendo realizada uma despesa de R$ 9.200,00:

$$ICD = \frac{9.200,00 \ (-) \ 10.000}{10.000,00} - \frac{800,00}{10.000,00} = -8\%$$

Esse índice representa que houve uma economia de despesa da ordem de 15% entre a previsão da despesa e sua execução. Em outras palavras, significa que, para cada R$ 1,00 de previsão orçamentária, essa instituição somente realizou R$ 0,92. Essa análise não poderá ser feita apenas em relação à previsão da despesa, mas com base na receita arrecadada, o que se assemelha ao índice do resultado orçamentário, constante do estudo apresentado na seção 13.2.3.1.4.

13.2.3.1.9 Índice entre a receita e despesa (IRD)

O Índice do resultado geral entre a Receita e a Despesa é obtido por meio da relação entre os totais da receita e da despesa orçamentários, realizadas em um período, ou seja, IRD = Receita/Despesa. Este índice demonstra o déficit ou superávit da entidade, ignorando a existência de saldos anteriores.

448 Contabilidade Pública na Gestão Municipal • Andrade

O IRD igual ou maior que 1 pode ser considerado como ideal, uma vez que demonstra que o município arrecadou um valor suficiente ou superior àquele que necessitou para cumprir com as obrigações assumidas no período. A receita superior à despesa caracteriza um superávit.

13.2.3.1.10 Índice de gastos com pessoal (IGP)

Apuram-se os IGPs por meio da equação "IGP = Despesa com Pessoal Total/ RCL". Devem-se considerar os dados consolidados dos municípios, tendo em vista que há determinação da LRF de manter os gastos com pessoal abaixo do limite permitido (60% da RCL).

A análise deste índice permite apontar a variação positiva ou negativa em relação aos gastos com pessoal no decorrer do período analisado, podendo para tal impedir inclusive novas contratações no caso de percentual próximo ao limite prudencial de 57%, ou seja, 95% de 60%.

13.2.3.1.11 Índice de restos a pagar (IRPDC e IRPMD)

Por ser exigência do art. 42 da LRF, não se podem inscrever em restos a pagar as despesas que não estejam cobertas por disponibilidade de caixa. O índice IRPDC é apurado pela equação: IRPDC = Restos a Pagar/Disponibilidade de Caixa. Por meio deste índice é possível verificar o quanto a entidade possui de disponibilidade de caixa para quitar cada unidade de restos a pagar. Considera-se como disponibilidade de caixa a diferença entre o ativo financeiro e o passivo financeiro.

Considera-se resultado desfavorável quando os municípios se encontram entre as faixas de valores negativos e de valores maiores que 1, porque o compromisso supera a disponibilidade de caixa. Quando este índice assume o valor igual a 1 a referência torna-se nula, pois o que se tem de disponibilidade de caixa fica comprometido com os restos a pagar. Se o índice estiver entre o intervalo de 0 e 1 tem-se uma situação favorável, ou seja, o município apresenta disponibilidade de caixa suficiente para cobrir os seus compromissos de curto prazo.

O índice de restos a pagar em relação à despesa (IRPMD) identifica o valor da inscrição de restos a pagar sobre o montante da despesa de cada ano. Sua equação é IRPMD = Restos a Pagar/Despesa orçamentária total. Por meio deste índice é possível verificar quanto da despesa representam os restos a pagar.

13.2.3.1.12 Outros índices

Outros índices podem ser trabalhados, como, por exemplo, de Resultado Primário (IRP) e o Índice de Resultado Nominal (IRN), que deixamos de detalhar neste capítulo por já fazerem parte de estudos no Capítulo 9, seções 9.2.4 e 9.2.5.

Considerações Finais

A nosso ver, a principal mudança que deve acontecer nos entes governamentais é a capacidade de cada candidato a "representante do povo" de mensurar seu próprio comprometimento com suas promessas de campanha e, concomitantemente, pesquisar a saúde financeira do ente ao qual ele irá eleger-se. Tais medidas seriam simples, se todos os candidatos tivessem a coragem de admitir restrições políticas e pessoais, para atingir determinados pedidos de seu povo, evitando promessas astronômicas e impossíveis.

Durante o exercício de seu mandato, cada político deve desenvolver e manter um interesse consciente e permanente no sentido de divulgação de suas contas públicas e respectivas demonstrações contábeis de forma clara e acessível para o contribuinte comum. Tal fato geraria um poderoso instrumento de informação à sociedade, fortalecendo não só o governante, mas principalmente a democracia popular.

Exalta-se a preocupação dos governantes, principalmente em início de mandato, com o combate aos sonegadores de impostos, como forma de garantir o nível de arrecadação do Estado e, consequentemente, o equilíbrio das finanças públicas. Contudo, deve-se instruir que um dos maiores problemas, no controle dos recursos públicos, é a negligência quanto ao controle das finanças públicas, seu orçamento, seu planejamento e efetivas soluções definitivas dos problemas estruturais.

Quanto à população, fica notória a existência de um interesse eminente no que se refere às prestações de contas de todos os seus representantes. Mesmo assim, tal necessidade só se realizará se houver interesse de abertura do Estado, principalmente no tocante à participação dos cidadãos na descentralização de informações e na transparência dos atos públicos. Deve-se defender, veementemente, a publicação desses atos administrativos, dando-lhes publicidade, desburocratizando procedimentos, maximizando a participação dos cidadãos e favorecendo a expressão de toda a sociedade.

Fica, ainda, evidente que uma das maiores necessidades da sociedade quanto à transparência das contas públicas é uma prestação de contas do uso dos recursos públicos e seu "real" benefício atingido e, paralelamente, a preocupação, tanto do governo como da população, de se atingir um resultado financeiro positivo, intrinsecamente atrelado a um resultado social de destaque.

Ademais, está o administrador público sujeito a sanções advindas de várias legislações e a exigências da Lei Complementar nº 101, promulgada em 4 de maio de 2000, a qual estabelece normas de finanças públicas voltadas para a responsabilidade na gestão fiscal, inclusive conforme determina o § 1º do art. 1º da referida norma legal: *"responsabilidade na gestão fiscal pressupõe a ação planejada e transparente, em que se previnem riscos e corrigem desvios capazes de afetar o equilíbrio das contas públicas".*

Observa-se a evolução no meio político de uma conscientização quanto às responsabilidades de cada cidadão, às necessidades de bons políticos e principalmente à evolução dos sistemas de prestação de contas, inclusive com as diversas publicações mensais, em jornais, diários oficiais, revistas especializadas e pela Internet em tempo real, exigidas pela legislação e pelos Tribunais de Contas.

Sabe-se que há forte pressão popular para fiscalizações mais rotineiras, a fim de minimizar eventuais desvios de conduta dos gestores públicos; contudo, é notório que o contingente de pessoal para essa fiscalização é cada vez mais escasso, o que faz com que a informática exalte-se como forte ferramenta capaz de assessorar e realizar conferências a distância, indicando erros, omissões ou desvios.

Devem-se incentivar projetos de livre acesso às prestações de contas de todos os entes, por qualquer cidadão, a qualquer hora ou dia, sem restrições e sem retaliações. O que é lei foi feito para ser cumprido. Resta saber se aqueles que, realmente, se interessam pelo assunto estão devidamente preparados para uma análise mais criteriosa desses papéis e se saberão reconhecer um erro ou omissão, sem utilizá-lo como peça de marketing para reeleição ou politicagem.

Esta obra é uma de nossas contribuições para a melhoria do serviço público. Esperamos ter atingido o objetivo de oferecer subsídio teórico e prático àqueles que, mesmo com conhecimento incipiente, buscam incessantemente o aperfeiçoamento pessoal, para cumprir seu papel de auxiliar o ordenador da despesa no caminho para a melhoria de vida de toda a população. O município é a base da democracia e é por ele que se busca estender esse conhecimento.

Ainda com relação à Contabilidade Pública, é cada dia mais notória a necessidade de se trabalhar com sistemas de Contabilidade integrados com outros sistemas periféricos, tais como compras, licitações, almoxarifado, patrimônio, frotas, folha de pagamento, tributos, controle de contratos e de convênios, controle de dívidas e de precatórios, controle de centro de custos, entre outros.

Além disso, é preciso ressaltar que esta modalidade de sistema caracteriza um GRP, cuja sigla vem do inglês (*Government Resource Planning*, ou Planejamento dos Recursos do Governo). Este seria um *software* que contém a gestão de processos integrados dentro de um governo.

Assim também, a Contabilidade passa a ser vista como uma ferramenta gerencial e portadora de informações úteis de forma a satisfazer todos os interesses de seus usuários internos e externos. É preciso fortalecer este pensamento, de forma a buscar a segurança do gestor e também dos usuários internos, que ainda estão convivendo as famosas planilhas Excel, buscando dados em arquivos diversos e que muitas vezes se contradizem ou não espelham a realidade.

Neste contexto, o que se busca é o saneamento geral das finanças dos governos em todas as suas esferas, convivendo-se em contraponto com a escassez de recursos financeiros para processar as grandes e variadas demandas da sociedade cada vez mais complexa. Diante desse quadro, fica evidenciada a questão de que é preciso a modernização da administração pública e de que é principalmente necessária a capacitação de equipe de gestão.

Além disso, os entes e entidades públicas devem estar vigilantes ao processo de transparência e atendimento à Lei da Informação, inclusive pontuando de zero a 10 os municípios, os estados e o Distrito Federal no *ranking* de Transparência divulgado anualmente pelo Ministério Público.

Dessa forma, a transparência só se fará visível quando qualquer cidadão, a qualquer momento, puder acessar as contas dos entes públicos e ver em tempo real o quanto se gastou, com o quê, quem venceu uma licitação, qual o salário de cada servidor etc. Assim também se espera que os resultados sejam demonstrados com crianças na escola, atendimento à saúde com eficiência e dignidade de forma a reduzir os índices de doença, de segurança ao cidadão e outros.

Por fim, convido aos leitores a terem acesso ao *site* do Grupo GEN, de forma a obter as questões de contabilidade pública, desenvolvidas com a solução e os comentários, a fim de facilitar o estudo desta disciplina. Um bom estudo a todos.

Referências

AICPA – AMERICAN INSTITUTE OF CERTIFIED PUBLIC ACCOUNTANTS. Disponível em: <http://www.aicpa.com>. Acesso em: 10. nov. 2010.

ANDRADE, Nilton de Aquino. *Boletim técnico do SIM Instituto de Gestão Fiscal*. Belo Horizonte: Grupo Sim, 1999/2009.

_____. *Boletim técnico da Mérito Público Assessoria e Consultoria*. Belo Horizonte: Grupo Sim, 2011/2012.

ANGÉLICO, João. *Contabilidade pública*. 8. ed. São Paulo: Atlas, 1994.

ASSIS, José Luiz Ferreira de. *Atualização em controles internos*. 4. ed. Belo Horizonte: Departamento de Ciências Contábeis, Face/UFMG, 1999.

ATTIE, William. *Auditoria*: conceitos e aplicações. São Paulo: Atlas, 1983.

BANCO NACIONAL DE DESENVOLVIMENTO – BNDES. Responsabilidade fiscal: guia de orientação para os municípios. Disponível em: <www.federativo.bnds.gov.br>. Acesso em: 20 set. 2005.

BIO, Sérgio Rodrigues de. *Sistemas de informação*: um enfoque gerencial. São Paulo: Atlas, 1985.

BOLETIM DE LICITAÇÕES E CONTRATOS. São Paulo: NDJ, ano IX, nº 3, 1996.

BRASIL. *Constituição da República Federativa do Brasil*. São Paulo: Revista dos Tribunais, 2000.

_____. Manual de Contabilidade Aplicada ao Setor Público – MCASP, conforme Portarias da Secretaria do Tesouro Nacional e Secretaria de Orçamento e Finanças.

_____. Normas Brasileiras de Contabilidade Aplicada ao Setor Público – NBCASP, conforme Resoluções do Conselho Federal de Contabilidade.

_____. Normas Internacionais de Contabilidade para o setor público – IPSAS, conforme tradução do Conselho Federal de Contabilidade. Brasília: CFC, 2010.

454 Contabilidade Pública na Gestão Municipal • Andrade

CAMPELO, Carlos A. G. B.; MATIAS, Alberto Borges. *Administração financeira municipal*. São Paulo: Atlas, 2000.

CAMPIGLIA, Américo Oswaldo; CAMPIGLIA, Oswaldo Roberto P. *Controles de gestão*: controladoria financeira das empresas. São Paulo: Atlas, 1995.

CARDOSO, Alexandre; DUVAL, Margareth. *Improbidade administrativa*. 2. ed. Belo Horizonte: Associação Mineira do Ministério Público (AMMP), 1999.

CASTRO, José Nilo de. *Responsabilidade fiscal nos municípios*. Belo Horizonte: Del Rey, 2001.

CAVALHEIRO, Jader Branco. A integração formal e informal do sistema de controle interno e externo. *Revista de Contabilidade do Conselho Regional do Rio Grande do Sul*, Porto Alegre, 1997.

CITADINI, Antônio Roque. Instrumentos de controle no setor público do Estado de São Paulo. In: SEMINÁRIO NACIONAL: O CONTROLE INTERNO NO CONTEXTO DA MODERNIZAÇÃO DO ESTADO. São Paulo (SP). *Anais...* São Paulo: Secretaria de Estado dos Negócios da Fazenda, 1998.

CRUZ, Flávio da. *Auditoria governamental*. São Paulo: Atlas, 1997.

FERNANDES, Jorge Ulisses Jacoby. *Contratação direta sem licitação*. Brasília: Brasília Jurídica, 1997.

_____. A lei de responsabilidade fiscal e os novos desafios do ordenador de despesa. *Fórum Administrativo*, Belo Horizonte: Fórum, 2001.

FERNANDES, Pedro O. Análise de balanços no setor público. *Revista Brasileira de Contabilidade*, Brasília, nº 108, nov./dez. 1997.

FIGUEIREDO, Lúcia Valle. *Direitos dos licitantes*. 2. ed. São Paulo: Revista dos Tribunais, 1981.

FILOMENA, Sérgio F. E. Análise de balanços do setor público – Estado do Rio Grande do Sul, análise de índice e quocientes. *Revista do CRC/RS*, Porto Alegre, nº 87, out./dez. 1996.

GIACOMONI, James. *Orçamento público*. São Paulo: Atlas, 1998.

IUDÍCIBUS, Sérgio de. *Análise de balanços*. São Paulo: Atlas, 1977.

KHAIR, Amir Antônio. Lei de Responsabilidade Fiscal: guia para orientação para as Prefeituras. Brasília, Ministério do Planejamento, Orçamento e Gestão; BNDES, 2000. 144 p. Disponível em: <http://www.planejamento.gov.br/arquivos_down/lrf/publicacoes/guia_orientacao.pdf>.

KOHAMA, Heilio. *Balanços públicos*. São Paulo: Atlas, 1999.

_____. *Contabilidade pública*: teoria e prática. 10. ed. São Paulo: Atlas, 2006.

LEMES, Fábio Nogueira. Orçamentos municipais e procedimentos legislativos: Lei 4.320/64. São Paulo: Edipro, 1991.

LIMA, Diana Vaz de et al. *Contabilidade pública*. São Paulo: Atlas, 2000.

MACHADO JUNIOR, J. Teixeira; REIS, Heraldo da Costa. *A Lei nº 4.320 comentada*. 35. ed. Rio de Janeiro: Ibam, 2015.

MARION, José Carlos. *Contabilidade básica*. 2. ed. São Paulo: Atlas, 1993.

MATIAS, Alberto Borges et al. *Administração financeira municipal*. São Paulo: Atlas, 2000.

MINAS GERAIS. Lei Complementar nº 33, de 28 de junho de 1994. Lei Orgânica do Tribunal de Contas do Estado de Minas Gerais: Legislação Estadual. Belo Horizonte, 1994.

MOTA, Francisco Glauber Lima. *Contabilidade aplicada ao setor público*. Brasília: Gestão Pública, 2009.

NOGUEIRA, Cris Anderson da Silva. Reserva orçamentária para o Regime Próprio de Previdência Social. *Boletim Técnico*, Belo Horizonte: Grupo SIM, nº 165, set. 2004.

OLIVEIRA, Juarez de. *Constituição da República Federativa do Brasil*. São Paulo. Saraiva, 1991. (Legislação Brasileira).

PAULA, Eduardo Henrique Alves de. *Análise e interpretação de dados na contabilidade pública*. Belo Horizonte: FACE/UFMG, 1998.

PEIXE, Blênio César Severo. Orçamento e contabilidade: uma contribuição relevante ao redesenho do controle interno na administração pública. *Revista de Contabilidade do Conselho Regional do Rio Grande do Sul*, Porto Alegre, 1997.

PELLINI, Ana Maria et al. *Sistema de controle interno*: estudos e sugestões para a área municipal. In: SEMINÁRIO RIO-GRANDENSE DE ORÇAMENTO PÚBLICO, 4. Porto Alegre (RS). *Anais...* Porto Alegre, 1991.

PIRES, João Batista Fortes de Souza. *Contabilidade pública*. Brasília: Franco & Fortes, 1998.

PISCITELLI, Roberto Bocaccio et al. *Contabilidade pública*: uma abordagem da administração financeira. 6. ed. São Paulo: Atlas, 1999.

ROSA, Maria Berenice. *Contabilidade do setor público*. São Paulo: Atlas, 2011.

SÁ, Antônio Lopes de. *Teoria da contabilidade*. 2. ed. São Paulo: Atlas, 1999.

SANCHES, Osvaldo Maldonado. *Dicionário de orçamento, planejamento e áreas afins*. Brasília: Prisma, 1997.

SILVA, Daniel Salgueiro da. *Guia contábil da lei de responsabilidade fiscal*. 3. ed. Brasília, 2001.

SILVA, Sebastião Sant'Anna e. *Os princípios orçamentários*. Rio de Janeiro: FGV, 1962.

SLOMSKI, Valmor. *Manual de contabilidade pública*: um enfoque na contabilidade municipal. 2. ed. São Paulo: Atlas, 2008.

TOLEDO JUNIOR, Flávio C. de; ROSSI, Sérgio Ciqueira. *Lei de Responsabilidade Fiscal comentada artigo por artigo*. 2. ed. São Paulo: Editora NDJ, 2002.

TORRES JÚNIOR, Fabiano. *A importância do controle contábil e extra-contábil dos bens permanentes adquiridos pela administração pública federal*: um estudo de caso no Comando da 1ª Região Militar. 2003. Dissertação (Mestrado em Ciências Contábeis) – Universidade do Estado do Rio de Janeiro, Rio de Janeiro.

Legislações básicas e acessórias ao estudo deste livro

Faça consultas ao *site* <www.niltonandrade.com.br>. Estas legislações estarão sempre atualizadas, e este *site* é interativo para estudo.

Portarias Ministeriais:

Portaria SOF nº 42, de 14 de abril de 1999

Portaria STN nº 471, de 19 de setembro de 2000

Portaria STN nº 59, de 1º de março de 2001

Portaria STN nº 113, de 18 de abril de 2001

Portaria Interministerial STN/SOF nº 163, de 4 de maio de 2001

Portaria STN nº 180, de 21 de maio de 2001

Portaria STN nº 339, de 29 de agosto de 2001

Portaria Interministerial STN/SOF 519, de 27 de novembro de 2001

Portaria STN nº 4, de 18 de janeiro de 2002

Portaria STN nº 109, de 8 de março de 2002

Portaria STN nº 300, de 27 de junho de 2002

Portaria STN nº 524, de 15 de outubro de 2002

Portaria STN nº 90, de 12 de março de 2003

Portaria STN nº 248, de 29 de abril de 2003

Portaria STN nº 504, de 3 de outubro de 2003

Portaria STN nº 219, de 29 de abril de 2004

Portaria STN nº 303, de 28 de abril de 2005

Portaria STN nº 860, de 12 de dezembro de 2005

Portaria Interministerial STN/SOF nº 688, de 14 de outubro de 2005

Portaria STN nº 869, de 15 de novembro de 2005

Portaria Interministerial nº 338, de 26 de abril de 2006

Portaria STN nº 340, de 26 de abril de 2006

Portaria Ministério da Saúde nº 399/GM, de 22 de fevereiro de 2006

Portaria nº 437, de 12 de julho de 2012, da STN – Aprova as Partes II – Procedimentos Contábeis Patrimoniais, III – Procedimentos Contábeis Específicos, IV – Plano de Contas Aplicado ao Setor Público, V – Demonstrações Contábeis Aplicadas ao Setor Público, VI – Perguntas e Respostas e VII – Exercício Prático, da 5ª edição do Manual de Contabilidade Aplicada ao Setor Público (MCASP)

Portaria nº 438, de 12 de julho de 2012, da STN (Anexos) – Aprova a alteração dos Anexos nº 12 (Balanço Orçamentário), nº 13 (Balanço Financeiro), nº 14 (Balanço Patrimonial), nº 15 (Demonstração das Variações Patrimoniais), nº 18 (Demonstração dos Fluxos de Caixa) e nº 19 (Demonstração das Mutações no Patrimônio Líquido) da Lei nº 4.320, de 17 de março de 1964, revoga a Portaria STN nº 665, de 30 de novembro de 2010, e dá outras providências

Portaria Conjunta nº 1, de 13 de julho de 2012, da STN – Altera a Portaria Interministerial STN/SOF nº 163, de 4 de maio de 2001

Portaria Conjunta nº 2, de 13 de julho de 2012, da STN – Aprova as Partes I – Procedimentos Contábeis Orçamentários e VIII – Demonstrativo de Estatísticas de Finanças Públicas, da 5ª edição do Manual de Contabilidade Aplicada ao Setor Público (MCASP)

Resoluções do Senado Federal

Resolução nº 40, de 20 de dezembro de 2001

Resolução nº 43, de 21 de dezembro de 2001

Resolução nº 3, de 2 de abril de 2002

Resolução nº 5, de 3 de abril de 2002

Resolução nº 20, de 7 de novembro de 2003

Leis Federais

Lei nº 4.320, de 17 de março de 1964

Lei nº 8.080, de 19 de setembro de 1990

Lei nº 8.142, de 28 de dezembro de 1990

Lei nº 8.666, de 21 de junho de 1993

Lei nº 8.742, de 7 de dezembro de 1993

Lei nº 9.394, de 20 de dezembro de 1996

Lei nº 9.424, de 24 de dezembro de 1996

Lei nº 9.604, de 5 de fevereiro de 1998

Lei nº 9.755, de 16 de dezembro de 1998

Constituição Federal, de 5 de outubro de 1988

Lei Complementar nº 101, de 4 de maio de 2000

Lei nº 10.028, de 19 de outubro de 2000

Lei nº 11.494, de 20 de junho de 2007

Lei nº 12.527, de 17 de maio de 2011

Lei Complementar nº 131, de 27 de maio de 2009

Lei Complementar nº 141, de 13 de janeiro de 2012

Índice Remissivo

Abertura de crédito adicional especial, 313

Abertura de crédito adicional extraordinário, 313

Abertura de crédito adicional suplementar, 311

Ações de governo, 31

Administração direta, 21

Administração financeira, 146

Administração indireta, 22

Ajuste de perdas de créditos de impostos e contribuições, 340

Alienação de bens, 68

Almoxarifado, 348

Amortização de dívida, 95

Amortização de empréstimos, 69

Análise de balanços, 435

Anulação da previsão da receita, 303

Aquisição de bens móveis, 317

Assistência Social, 226

Atos potenciais e sua execução, 144

Audiência pública, 246

Autarquia, 22

Avaliação de imobilizado, 181

Balancete de verificação, 379

Balanço financeiro, 185, 395

Balanço orçamentário, 388

Balanço patrimonial, 395

Balanços e consolidações, 423

Bancos, 186

Bens de consumo, 170

Bens incorporados e desincorporados, 175

Bens intangíveis, 174

Bens móveis, 346

Bloqueio de crédito orçamentário, 314

Boletim diário de caixa, 187

Caixa, 186

Caixa e bancos, 186

Carga patrimonial, 176

Categoria econômica da despesa, 92

Classificação das células ou dotações orçamentárias, 104

Classificação das despesas orçamentárias, 78

Classificação das receitas orçamentárias, 62

Classificação dos serviços públicos, 20

Classificação funcional, 50, 83

Classificação institucional, 50, 79

Classificação por elemento da despesa, 101

Classificação por grupo de natureza da despesa, 92

Classificação por modalidade de aplicação, 95

Classificação programática, 51

460 Contabilidade Pública na Gestão Municipal • Andrade

Comparativo da receita arrecadada e a meta bimestral de arrecadação, 152

Competências constitucionais dos tribunais de contas, 16

Competências legais dos tribunais de contas, 16

Conceito da informação orçamentária, 121

Conceito de balanço, 388

Conceito de contabilidade pública, 5

Conceito de contas de controles, 144

Conceito de despesa, 78

Conceito de dívida, 190

Conceito de entidade pública, 19

Conceito de execução de informação patrimonial, 164

Conceito de receita, 61

Condições para a realização das despesas, 106

Conselho Federal de Contabilidade, 18

Consolidação de balanços, 423

Consórcios de saúde, 218

Contabilidade aplicada ao setor público, 5

Contabilidade das instituições públicas, 5

Contabilidade pública, 5

Contabilização das contribuições ao regime próprio de previdência, 55

Contabilização de transferências ao Poder Legislativo, 243

Contas de controles devedores e credores, 144

Contas públicas, 424

Conta-corrente, 252, 258

Conta única, 187

Controle da informação orçamentária, 121

Controle de custos, 147

Controle externo, 15

Cotas, 149

Créditos adicionais, 127

Créditos especiais, 128

Créditos extraordinários, 129

Créditos suplementares, 128

Cronograma mensal de desembolso, 109

Demonstração da dívida flutuante, 420

Demonstração da dívida fundada, 418

Demonstração das mutações do patrimônio líquido/social, 415

Demonstração das variações patrimoniais, 176, 407

Demonstração de controle devedores e credores, 410

Demonstração do resultado econômico (DRE), 180, 417

Demonstração dos fluxos de caixa, 411

Depósitos, 344

Depreciação, 319

Desbloqueio de crédito orçamentário, 314

Despesas, 78

Despesas afetas e não afetas à saúde, 214

Despesas correntes, 93

Despesas de capital, 94

Despesas de exercícios anteriores, 244

Despesas obrigatórias de caráter continuado, 120

Despesas orçamentárias, 78

Despesas previdenciárias, 211

Despesa segundo sua natureza, 91

Diário, 424

Diretrizes de governo, 30

Diretrizes e programas de governo, 30

Dispêndios extraorçamentários, 108

Distribuição de cotas do crédito, 314

Dívida ativa, 157

Dívida ativa tributária, 350

Dívida ativa não tributária, 160

Dívida ativa *versus* dívida passiva, 188

Dívida flutuante, 190

Dívida fundada ou consolidada, 193

Dívida passiva, 190

Dívidas, 190

Educação × Ensino – Financiamento, 227

Elementos de despesa, 101

Empenho, 111

Empresa estatal dependente, 26

Empresa pública, 24

Encerramento diário da contabilidade, 189

Entidades públicas, 19

Estágios da despesa, 109

Estágios da receita, 71

Estimativa do impacto orçamentário-financeiro, 75

Estrutura do sistema contábil, 9

Execução de informação patrimonial, 164

Execução orçamentária, 123

Fatos modificativos, 11

Fatos permutativos, 11

Financiamento da educação e ensino, 227

Financiamento da saúde, 213

Fiscalização e controle externo, 15

Fluxos de caixa, 154

Fontes de recursos para abertura de créditos adicionais, 129

Funções da contabilidade, 7

Fundação pública, 25

FUNDEB, 233

Fundo especial, 221

Fundo municipal de assistência social, 226

Fundo municipal de saúde, 221

Fundos especiais, 22

Gastos com pessoal do Legislativo, 243

Gestão fiscal, 126

Grupo de natureza da despesa, 92

Home page contas públicas, 424

Ingressos extraorçamentários, 70

Instituições financeiras, 344

Institutos de previdência, 23

Instrumentos básicos de planejamento, 28

Inventário, 166

Inversões financeiras, 94

Investimentos, 94

Juros e encargos da dívida, 94

Lançamentos contábeis, 299

Lançamentos patrimoniais, 188

Legendas e convenções para o plano de contas, 256

Lei da informação, 250

Lei de Diretrizes Orçamentárias, 35

Lei Orçamentária Anual, 46

Licitação, 110

Licitação e pré-empenho, 110

Limitação de empenho, 122

Limitação de gastos do Legislativo, 246

Limites constitucionais e legais, 207

Limites da despesa com pessoal, 207

Limites de aplicações na saúde, 220

Limites, exigências legais, 207

Liquidação, 112

Liquidação da despesa, 112

Livros contábeis, 11

Meta bimestral de arrecadação, 152

Metas fiscais da administração, 37

Metas físicas, 31

Método de partidas dobradas, 12

Modalidades de aplicação, 95

Modelos de demonstrativos, 431

Natureza da despesa, 91

Nomenclatura usual, 89

Normas do Conselho Federal de Contabilidade, 18

Notas explicativas, 420

Objetivos, 30

Orçamento-programa, 48

Orçamento público, 47

Órgão e unidade orçamentária, 81, 82

Órgãos e unidades administrativas e/ou orçamentárias municipais, 80, 81

Os atos potenciais e sua execução, 144

Outras despesas correntes, 94

Pagamento, 115

Pagamento da despesa, 115

Partidas dobradas, 12

Passivos contingentes, 46, 53
Pensionistas, 212
Pessoal e encargos sociais, 93
Plano de contas, 260
Plano de contas e lançamentos contábeis, 252
Plano plurianual, 29, 33
Por elementos de despesa, 101
Por modalidades de aplicação, 95
Prazos e datas de prestação de contas, 422
Precatórios, 195
Prestação de contas, 422
Previdência, 23
Previsão adicional da receita, 302
Previsão inicial da receita, 302
Prioridades da gestão pública, 36
Programas de governo, 30
Programação financeira, 149
Projetos, atividades e operações especiais, 88

Razão, 424
Realização das despesas, 106
Receita corrente líquida, 76
Receita de impostos, 304
Receita extraorçamentária ou ingressos extraor-
    çamentários, 70
Receita líquida real, 77
Receitas, 61
Receitas agropecuárias, 67
Receitas correntes, 66
Receitas de capital, 68
Receitas de contribuições, 67
Receitas de serviços, 68
Receitas industriais, 67
Receitas orçamentárias, 62
Receitas patrimoniais, 67

Receitas tributárias, 66
Regime de caixa, 9
Regime de competência, 10
Regime misto, 10
Regime próprio de previdência, 44
Regimes contábeis, 9
Registro de precatórios judiciais na dívida con-
    solidada, 351
Relatório de gestão fiscal, 126
Relatório resumido da execução orçamentária,
    123
Renúncia de receita, 72
Repasses financeiros, 163
Reserva de contingência, 53
Restos a pagar, 191
Resultado nominal, 202
Resultado patrimonial, 180
Resultado primário, 200
Riscos fiscais, 46, 161

Saúde, 213
Serviços da dívida pública a pagar, 142
Serviços de terceiros, 212
Sistemas contábeis, 9
Sociedade de economia mista, 24
Subsistema patrimonial, 165
Suprimento, 115

Transferências de créditos orçamentários, 134
Transparência pública, 248
Transposição, remanejamento e transferência
    de dotações, 131
Tribunais de contas, 15

Variações aumentativas e diminutivas, 384
Variações patrimoniais, 407

atlas
www.grupogen.com.br

Impressão e acabamento:
Geográfica
editora